Mathias Hofmann, Susanne Recknagel,
Louisa Reisert, Friederike Michel (Hrsg.)

Stress-Kompass

Strategisches Stress-Management für Ihr Unternehmen aufbauen – Konzepte und Umsetzung

managerSeminare Verlags GmbH – Edition Training aktuell

M. Hofmann, S. Recknagel, L. Reisert, F. Michel (Hrsg.)
Stress-Kompass
Strategisches Stress-Management für Ihr Unternehmen aufbauen –
Konzepte und Umsetzung

© 2015 managerSeminare Verlags GmbH
Endenicher Str. 41, D-53115 Bonn
Tel: 0228-977910, Fax: 0228-9779199
info@managerseminare.de
www.managerseminare.de/shop

Der Verlag hat sich bemüht, die Copyright-Inhaber aller verwendeten Zitate, Texte, Abbildungen und Illustrationen zu ermitteln. Sollten wir jemanden übersehen haben, so bitten wir den Copyright-Inhaber, sich mit uns in Verbindung zu setzen.

Alle Rechte, insbesondere das Recht der Vervielfältigung und der Verbreitung sowie der Übersetzung vorbehalten.

Printed in Germany

ISBN: 978-3-95891-004-1

Herausgeber der Edition Training aktuell:
Ralf Muskatewitz, Jürgen Graf, Nicole Bußmann

Lektorat: Jürgen Graf
Cover: Depositphotos © 3dconceptsman
Fotos der Kapiteleinstiege: Mathias Hofmann, www.culture-matters.de
Druck: Kösel GmbH und Co. KG, Krugzell

Inhalt

Vorwort 7

I. Stress-Management und Change-Management 12

1.1 Strategisches Stress-Management – was macht es aus? 14
von Mathias Hofmann

1.2 Modelle zum strategischen Stress-Management 20
von Susanne Recknagel, Friederike Michel und Louisa Reisert

1.3.1 Change-Management ist selten stressfrei 36
von Frank Strikker

1.3.2 Gemeinsam gegen Stress – eine Fallbeschreibung zur
Partizipation in Change-Prozessen 41
von Rainer Radloff und Ralph Lauhoff-Baker

1.4 Strategisches Stress-Management als Projekt einführen 50
von Mathias Hofmann, Henning Matthes und Frank Strikker

1.4.1 Projekt-Controlling – Planung heißt,
vom Ende her denken 59
von Mathias Hofmann

1.4.2 Hospitation – die Situation vor Ort erfassen 66
von Mathias Hofmann und Louisa Reisert

1.5 Evaluation von Stress-Management-Trainings 71
von Carmen Gronau

1.6 Konzeptentwicklung für ein nachhaltiges Stress-Management .. 82
von Volker Walpuski und Sebastian Grab

II. Großgruppenformate – Vielfältigkeit und Beteiligung 94

2.1 ChangeCentive 95
von Susanne Recknagel

2.2 Die Zukunftskonferenz als Analyseinstrument 98
von Thomas Sehlen und Andreas Dünow

2.2.1 Konzept und Ablauf der Zukunftskonferenz 104
von Thomas Sehlen und Andreas Dünow

2.2.2 Tool: Trends und Faktoren 118
von Thomas Sehlen und Andreas Dünow

2.2.3 Tool: Zukunft erleben 123
von Thomas Sehlen und Andreas Dünow

2.2.4 Tool: Konsens einmal anders 128
von Thomas Sehlen und Andreas Dünow

Zusammenfassung Zukunftskonferenz 133

2.3 Aufbau und Konzept der Transferkonferenz 134
von Susanne Recknagel, Heidrun Strikker und Juliane Bohnsack

III. Stress-Management-Trainings für Führungskräfte 144

3.1 Führungskräfte – Schlüsselpersonen im Stress-Management .. 145
von Mathias Hofmann

3.2 Konzept für Führungskräfte-Trainings 151
von Gerlind Pracht und Louisa Reisert

3.3 Tool: Die Führungskraft als Krisenpilot 167
von Mathias Hofmann und Frank Strikker

3.4 Tool: (Stress-)Umleitung – Think positive! 176
von Gerlind Pracht und Friederike Michel

3.5 Tool: Stress – Erschöpfung – Burnout 185
von Mathias Hofmann, Friederike Michel und Louisa Reisert

3.6 Tool: Was ist das Wertvolle am Sandwich? 193
von Gerlind Pracht und Mathias Hofmann

Zusammenfassung 206

IV. Stress-Management-Trainings für Mitarbeitende 208

4.1 Erfolgsfaktor Mensch – Mitarbeitende und Stress 209
von Friederike Michel

4.2 Konzept für Mitarbeiter-Trainings 213
von Friederike Michel

4.3 Tool: Strategien zum kurzfristigen Stressabbau 228
von Louisa Reisert

4.4 Tool: Just say „No" 234
von Melanie Hyll und Mathias Hofmann

4.5 Tool: Ressourcen und Selbstkompetenz im Stress 240
von Friederike Michel

4.6 Tool: Sinnesfreuden – Ausgleich und Genuss 246
von Friederike Michel

Zusammenfassung 252

V. Stress-Management-Workshops für Teams 254

5.1 Teams und Stress 255
von Sebastian Grab und Melanie Hyll

5.2 Konzept für Team-Workshops 261
von Melanie Hyll

5.3 Tool: Bild der Zusammenarbeit 272
von Melanie Hyll

5.4 Tool: Ist denn heut' schon Weihnachten? 276
von Mathias Hofmann

5.5 Tool: Aufgabentisch 281
von Mathias Hofmann

5.6 Tool: Krisen im Team 285
von Louisa Reisert und Lena Jeckel

5.7 Tool: Regeln und Rituale 290
von Sebastian Grab und Melanie Hyll

Zusammenfassung 294

VI. Multiplikatorentrainings: Stress-Lotsen qualifizieren 296

6.1 Wir sind da und kümmern uns! 297
von Klaus Schuler, Sandra Masemann, Susanne Recknagel und Mathias Hofmann

6.2 Konzept zum Stress-Lotsen-Training 308
von Sandra Masemann und Gerlind Pracht

6.3 Tool: Kritische Trainingssituationen 325
von Susanne Recknagel und Louisa Reisert

6.4 Tool: Reingeschaut und angepackt 334
von Sandra Masemann

6.5 Tool: „Ich sehe was, was du nicht siehst" 342
von Gerlind Pracht und Sandra Masemann

6.6 Tool: Lerntandems 350
von Juliane Bohnsack und Susanne Recknagel

Zusammenfassung 357

Die Autorinnen und Autoren 360

Stichwortverzeichnis 367

Vorwort

Ein Kompass bietet dem Wanderer Orientierung im unübersichtlichen Gelände. Er – oder sie – kann mithilfe des Kompasses die eigene Position bestimmen und die umliegenden Wegmarken nach Ansicht oder mit einer Landkarte identifizieren. Er kann nachvollziehen, woher er kommt, und die nächste Wegstrecke planen. Selbst bei schlechter Sicht ist es möglich, die eingeschlagene Richtung einzuhalten und auch im nebligen Umfeld schließlich ein Ziel zu erreichen. Ist eine Gruppe unterwegs und ist sich über die Richtung nicht sicher: Der Kompass reduziert den Stress. Wollen sich mehrere Gruppen koordiniert bewegen: Mit dem Kompass lassen sich gemeinsame Ziele anvisieren und Wege kommunizieren. Ein Kompass dient der Orientierung und stiftet einzelnen Personen und Gruppen Sicherheit. Ein Kompass hilft, sich im System zu verorten.

Für das strategische Stress-Management ist uns der Kompass daher das passende Leitmotiv, das den individuellen Umgang der Beschäftigten mit Stress immer in Verbindung sieht: mit dem Kontext der Zusammenarbeit im Team, mit dem Handeln der Führungskräfte und mit der strategischen Aufstellung der Organisation. Für uns Herausgeber ist es als Berater und Trainer von SHS CONSULT selbstverständlich, Mensch und System komplementär zu verbinden – und dies spiegelt sich im vorliegenden Buch. Wir fokussieren den Umgang mit Stress genauso auf der Ebene der Beschäftigten (4. Kapitel) wie bezüglich der Zusammenarbeit in Teams (5. Kapitel). Wir richten den Blick ebenso auf die Führungskräfte (3. Kapitel) wie auf die Gesamtorganisation (1. und 2. Kapitel). Auch die für das Buch grundlegenden Modelle und Theorien zu Stress im ersten Kapitel beziehen wir zum einen auf das individuelle und zum anderen auf das organisationale Stress-Management.

Mit dem Begriff des strategischen Stress-Managements verbinden wir unser Anliegen, über den Tag hinauszudenken und ökonomisch wie kulturell nachhaltig zu handeln. Der Nutzen des strategischen Stress-Managements für die einzelnen Beschäftigten wie für die Organisation realisiert sich in höherer Arbeitszufriedenheit wie einer Optimierung der Unternehmenskultur und besseren Mitarbeiterbindung, in einer erhöhten Veränderungsbereitschaft und -kompetenz und einer langfristigen Qualitätsentwicklung. In diesem Buch stellen wir Instrumente hierfür bereit: die Projektierung und Konzipierung von strategischem Stress-Management als Organisationsentwicklung mit Change-Management (1. Kapitel), die Moderation von Großgruppen (2. Kapitel) und die Qualifizierung und der Einsatz von Stress-Lotsen (6. Kapitel).

Das erste Kapitel liefert Ihnen die Grundlagen zu Stress und Stress-Management, erläutert die Verbindung von Stress-Management und Change-Management und legt dar, wie die Einführung des strategischen Stress-Managements als Projekt angegangen wird. Die Kapitel II bis VI beschreiben die konkrete Umsetzung mit verschiedenen Zielgruppen und gleichen sich in ihrer Struktur: Einer grundlegenden Betrachtung folgt jeweils die ausführliche Darstellung der Konzepte, ergänzt durch Tools für die Durchführung. Neben den Print-Texten stehen Ihnen online ergänzende Unterlagen zur Verfügung, auf die Sie über den Link in der Umschlagklappe Zugriff haben.

Stress-Kompass ist ein Buch für die Praktiker, seien sie extern beratend und trainierend unterwegs oder intern in der Personalentwicklung oder Mitarbeiterqualifizierung von Organisationen tätig. Alles, was wir hier darstellen, ist von uns mit SHS CONSULT in der Praxis erprobt. Jedes Training und jedes Tool ist, wie beschrieben, vielfach erfolgreich durchgeführt bzw. eingesetzt worden. Die Instrumente der Moderation und des Change-Managements haben sich im strategischen Stress-Management und darüber hinaus seit Jahren bewährt. Sechs Projekte, in denen wir von 2012 bis 2014 konsolidiert Stress-Management umgesetzt haben, waren der Prüfstein für den konzeptionellen Ansatz, die Methodik und Kommunikation sowie für die Nachhaltigkeit des Erfolges. Die Geschichte dieser Praxis finden Sie unter *www.shsconsult.de/kompass.html*.

Wir möchten mit Stress-Kompass den Leserinnen und Lesern eine Grundlage für die Planung ihrer strategischen Stress-Management-Projekte bieten, sie beim Design von Großgruppenmoderationen und Trainings unterstützen und bei Bedarf auch die Möglichkeit bieten, schnell ein weiteres Tool für Trainings zu finden. Die Kapitel bauen aufeinander auf, gleichwohl ist das Buch auch gerne kreuz und quer zu lesen, denn die Inhalte liefern verschiedene Aspekte in einem Gesamtrahmen, der sich auch in einer anderen Reihenfolge erschließt. Zur Orientierung haben wir zu Beginn der Kapitel die Inhalte jeweils kurz zusammengefasst und viele Verweise eingefügt.

Bewusst haben wir für Stress-Kompass verschiedenste Personen zusammengebracht: das Buch vereint die Sicht von Beraterinnen, Geschäftsführerinnen, Trainerinnen, Projektleiterinnen, Moderatorinnen, Personalentwicklerinnen und Wissenschaftlerinnen. Und ebenso von Beratern, Geschäftsführern, Trainern, Projektleitern, Moderatoren, Personalentwicklern und Wissenschaftlern. Nicht alle, die Gedanken beigetragen haben, haben als Autorinnen und Autoren mitgewirkt; den vielen, deren Ideen und Hinweise zwischen den Zeilen stehen, danken wir ausdrücklich für die Zusammenarbeit in der Praxis und für die wertvolle Diskussion.

Die Herausgeberinnen und Herausgeber

Ein wichtiger Hinweis: Wir haben uns um eine weitgehend gendergerechte Sprache bemüht. Dem Lesefluss haben wir indes Vorrang eingeräumt und an all den Textstellen, die den Lesefluss oder die Verständlichkeit übermäßig behindert hätten, wahlweise die weibliche oder männliche Variante verwendet. Angesprochen sind in diesen Fällen selbstverständlich immer alle Leserinnen und Leser.

Services und Orientierungshilfen

Ergänzend zu den Inhalten dieses Buches werden Ihnen weiterführende Beiträge, Arbeitshilfen, Handouts etc. als Download-Ressource angeboten. Über die Internet-Adresse

▶ www.managerseminare.de/tmdl/b,235799

haben Sie darauf Zugriff und können sich diese Materialien herunterladen und ausdrucken. Im Buch weist das entsprechende Symbol links auf diese Möglichkeit hin.

Eine Kurzübersicht am Beginn jedes Kapitels beschreibt die zentralen Inhalte der einzelnen Beiträge und erlaubt Ihnen so eine schnelle Orientierungshilfe sowie ein gezieltes Nachschlagen.

Dieses Icon verweist auf einen Beitrag oder auch Textabschnitt, der ein Tool bzw. Werkzeug beschreibt, das Sie unmittelbar im Training oder Workshop einsetzen können.

Dieses Icon steht für die Beschreibung eines detaillierten und umfassenden Trainings- bzw. Workshop-Konzepts.

Dieses Icon steht für ein Handout, eine Checkliste oder eine Arbeitshilfe.

Dieses Icon verweist auf Kommentare und Erfahrungen aus Sicht der Teilnehmerinnen und Teilnehmer.

Neben diesem Icon sind zentrale Inhalte und Erkenntnisse zusammengefasst.

Stress-Management und
Change-Management

Kapitel 1 – Kurzübersicht

Im 1. Kapitel widmen wir uns den Grundlagen des Stress-Managements und des Change-Managements und der Verbindung von Veränderung und Belastung. Mit dieser Basis erläutern wir die realistische Umsetzung des strategischen Stress-Managements in der Praxis – sowohl seine Einführung in einer Organisation als Projekt als auch die Verstetigung in einen dauerhaften Prozess mit einem strategischen Konzept.

Zur Einführung stellt *Mathias Hofmann* das Konzept des strategischen Stress-Managements dar. **„Strategisches Stress-Management – was macht es aus?"** beschreibt die zugrunde liegende Idee dieses Buches, die das individuelle und organisatorische Stress-Management in einem strategischen Gesamtkonzept verbindet.
▶▶ *Seite 14*

Susanne Recknagel, Friederike Michel und *Louisa Reisert* führen anschließend in die relevanten Theorien und **„Modelle zum strategischen Stress-Management"** ein. Interessanterweise werden sowohl Resilienz als auch Burnout-Rad in der Literatur vom ursprünglichen individuellen Ansätzen auf strategische Sichtweise übertragen. Die Autorinnen führen diese Überlegungen für das Anforderungs-Kontroll-Modell und das Transaktionale Stressmodell nach Lazarus fort. ▶▶ *Seite 20*

Für Organisationen folgen aus Veränderungen am Markt immer wieder Anpassungsbedarfe. *Frank Strikker* stellt im Beitrag **„Change-Management ist selten stressfrei"** das entsprechende Change-Management als ständige Herausforderung für Unternehmen dar und fokussiert dabei den Umgang mit Unsicherheiten. Er diskutiert die Voraussetzungen für eine Veränderungskompetenz und die Einflussmöglichkeiten auf Veränderungsbereitschaft als wesentliche Elemente im strategischen Stress-Management. Dabei spielt Partizipation eine zentrale Rolle. ▶▶ *Seite 36*

Seit dem Jahr 2011 stand das Jobcenter Arbeit*plus* Bielefeld vor großen Herausforderungen. In einem umfassenden Organisationsentwicklungsprozess wurden nicht nur die Struktur, die Führung und die Kultur entwickelt, sondern als Anliegen der Geschäftsführung und der Beschäftigten zusätzlich die Themen Stress und Stress-Management explizit thematisiert. Der Geschäftsführer *Rainer Radloff* und *Ralph Lauhoff-Baker* beschreiben in **„Gemeinsam gegen Stress"** dieses Projekt unter dem besonderen Fokus der Partizipation in Organisationsentwicklungs- und Change-Prozessen. ▶▶ *Seite 41*

Im Beitrag **„Strategisches Stress-Management als Projekt einführen"** stellt *Mathias Hofmann* den Planungs- und Umsetzungsprozess am Beispielprojekt „100 Tage – 100 Aktive" vor. *Henning Matthes* und *Frank Strikker* beschreiben eine effektive Organisation, in der Geschäftsführung, Führungskräfte und Mitarbeitende Verantwortung übernehmen und initiativ beteiligt sind. ▶▶ *Seite 50*

Für die Einführung eines nachhaltigen strategischen Stress-Managements gilt es, vom Ende her zu denken, von dem gewünschten Zielzustand und dem Projekterfolg. *Mathias Hofmann* erläutert in **„Projektcontrolling – Planung heißt, vom Ende her denken"** wie Zieldefinition und Erfolgscontrolling am Anfang des Projektes gelingen, sodass es von Beginn an zum gewünschten Erfolg gesteuert werden kann. ▶▶ *Seite 59*

Für externe Berater und Trainer ist der Anfang eines Projekts in einer fremden Organisation immer besonders spannend: Wie stimmen die Beobachtungen und eigenen Erlebnisse in der Organisation mit den Aussagen der Gesprächspartner bei den vorbereitenden Gesprächen überein? *Louisa Reisert* und *Mathias Hofmann* beschreiben mit **„Hospitation – die Situation vor Ort erfassen"** den entsprechenden Ansatz und geben die dafür notwendigen Tipps, damit ein Nutzen für die Organisation, die Beraterinnen und Berater und das Projekt entsteht. ▶▶ *Seite 66*

Carmen Gronau beschreibt ihre Projekterfahrungen bei der **„Evaluation von Stress-Management-Trainings"** für Mitarbeiterinnen und Mitarbeiter. Sie zeigt detailliert die Planung der Instrumente und ihre Vorgehensweise auf – bis hin zur Kommunikation der Ergebnisse in das Projekt. Ihr beispielhafter Fragebogen verdeutlicht die praktische Umsetzung und beschreibt eindrücklich die Chancen einer guten Evaluation für die Projektsteuerung. ▶▶ *Seite 71*

Für ein dauerhaft wirksames strategisches Stress-Management bedarf es eines professionellen Konzeptes, das während der Projektphase entsteht. *Volker Walpuski* und *Sebastian Grab* geben im Kapitel 1.6 Tipps zur **„Konzeptentwicklung für ein nachhaltiges Stress-Management"** und beschreiben die dafür notwendigen Schritte und Vorgehensweisen. ▶▶ *Seite 82*

Strategisches Stress-Management – was macht es aus?

Von der individuellen Stressbewältigung zum organisationalen Veränderungsprojekt

Von Mathias Hofmann

Immer schneller, höher, weiter. Die Zunahme von Geschwindigkeit und Leistungsanforderungen im beruflichen Leben sind ein allgemeines Thema – seit Jahrhunderten. Schon Seneca beschrieb kurz nach Beginn unserer Zeitrechnung das Lamentieren über die kurze Spanne an Lebenszeit, die so rasch ablaufe (Seneca 2008, S. 7). Seitdem denken viele Generationen, dass die Geschwindigkeit und der Stress im Arbeitsleben zunehmen und nicht mehr zu bewältigen seien – zunächst angesichts technischer Errungenschaften der Fortbewegung (Eisenbahn und Automobil), seit Mitte des vergangenen Jahrhunderts vor allem aufgrund der Kommunikationsmittel Telefon, Fax, E-Mail, Internet und Social Media. Technische Errungenschaften verändern das Arbeitsleben und verändern unsere Interaktionsmuster und unsere Kultur. Stress – verstanden als empfundene übermäßige Belastung, Fremdsteuerung durch externe Bedingungen und Zwänge – wird heute wesentlich verbunden mit dem Wandel der Kommunikationskultur, der uneingeschränkten Erreichbarkeit und einer ständigen Kommunikationsflut. Der technische Fortschritt führt parallel dazu – ebenfalls seit Menschengedenken – zu immer weiter steigender Produktivität und damit einhergehenden zunehmenden Leistungserwartungen. Prozessoptimierung, Arbeitsverdichtung, Lean Management lauten in diesem Zusammenhang die bekannten Schlagworte. In der Kombination von Produktivitätssteigerung und dem Wandel der Kommunikationskultur erleben wir eine Markttransparenz mit erhöhtem Wettbewerbsdruck für Unternehmen (Shareholder Value) wie für Beschäftigte (Leistungsorientierte Bewertung und Performance Management). Das alles bedeutet wiederum Stress für Unternehmen wie Beschäftigte – eigentlich schon immer, und doch immer wieder überraschend.

Unsere Gesellschaft prägt in den vergangenen Jahrzehnten die Zunahme von Markt und Wettbewerb. Weite Bereiche des öffentlichen Sektors werden für den Wettbewerb freigegeben und sollen sich nach Marktgesetzen steuern (Post, Bahn, Energie, öffentliche Verwaltungsleitungen). Die Öffnung der Weltmärkte und die Einführung des europäischen Binnenmarktes verstärken den internationalen Wettbewerb. Begleitend hierzu wird der Arbeitnehmer zunehmend verantwortlich für seine Wettbewerbsfähigkeit am Arbeitsmarkt, der transparente Arbeitsmarkt fordert die richtigen Entscheidungen für den Lebensweg und eine latent hohe Leistungsbereitschaft. An den „Unternehmer im Unternehmen" werden zunehmend Entscheidungen delegiert und Verantwortung wird leistungsorientiert vergütet. Damit ist auch die Verantwortung zum Setzen von Grenzen und für die Work-Life-Balance mehr und mehr zum Arbeitnehmer gewandert (Neckel/Wagner 2013).

Aus gesundem Wettbewerb auf den Märkten und in den Unternehmen wird ungesunder Stress – und die Mitarbeiter sind die Ersten, bei denen es auffällt. Mittlerweile ist das betriebliche Gesundheitsmanagement weit verbreitet und das nicht etwa als Luxusprogramm, sondern weil es einen wesentlichen Beitrag zur Wettbewerbsfähigkeit der Organisationen und Unternehmen leistet. Und mittlerweile kennt jeder einen, der einen Burnout-Fall im engsten Bekannten- oder Kollegenkreis hat.

Auch in der Ausbildung von Führungskräften ist mittlerweile das Modul „Stress-Management" angekommen. Hier ist das klassische Zeitmanagement (das ja eher ein Aufgabenmanagement ist) weiterhin ein Thema. Für Führungskräfte ist es eine besondere Herausforderung, unter den vielen Anforderungen zu priorisieren, zu delegieren und knappe Zeit zu verteilen. Mehr als bisher im Fokus sind für die Führungskräfte aber die Fragen und Fälle zum Umgang mit überlasteten Mitarbeiterinnen und Mitarbeitern, auf die es keine einfachen und schnellen Antworten gibt. Außerdem sind Führungskräfte diejenigen im Unternehmen, die bei Arbeitsverdichtung, Veränderungen und Fachkräftemangel als Erste die Spannungen zwischen den Anforderungen seitens des Managements und der geäußerten Überlastung der Mitarbeiter zu spüren bekommen. Diese Situation wird von vielen als „Sandwich" beschrieben, der Druck von mehreren Seiten gleichzeitig macht viele Führungskräfte ratlos.

Ebenso erleben wir in Teamentwicklungen eine Veränderung in der Themenstellung weg vom Blick nach vorne und zur strategischen Ausrichtung hin zur Lösung von Überlastungssituationen bei mangelnder Vertretungskompetenz und zum Wunsch nach besserer Kommunikation. Mit dem Fokus „Bei uns ist Stress im Team, wir wollen ihn lösen" suchen auch immer mehr Mittelständler und kleinere Unternehmen den Rat von professionellen Teamentwicklern. Teamspirit, ein gemeinsames Ziel und die Klärung der Aufgabenverteilung reichen nicht mehr. Ständig wechselnde Anforderungen und Strukturen, Szenarien drohender Krisen und die Einbindung in unternehmensweite Projekte erfordern eine dynamische, aktive Steuerung des eigenen Umfelds und eine besondere Motivation bei der Zusammenarbeit.

Schließlich empfinden aufgrund der schnellen Marktveränderungen und des Wandels der Umfeldbedingungen Unternehmen und Organisationen zunehmend hohen Marktdruck. Die Zunahme an Kompetenz, sich mit schnellen Innovationen und der entsprechend schnellen Veränderung interner Prozesse hier zu behaupten, hat das Change-Management professionalisiert. Aus generischer Organisationsentwicklung und lernender Organisation ist heute eine Organisation mit hoher Veränderungskompetenz und ständiger Veränderungsbereitschaft geworden. Veränderungsprozesse überlappen sich und laufen parallel, das damit verbundene Management von Unsicherheit und Stress für die Gesamtorganisation fällt in die Verantwortung des Vorstands.

Die Entstehung von Stress und der Umgang mit Belastungen kann heute nicht mehr isoliert nur für Mitarbeiter oder nur für Führungskräfte gesehen werden. Die Prozesse entsprechen sich und es ist richtig, sie ganzheitlich zu betrachten. Die Arbeitsverdichtung am einzelnen Arbeitsplatz in der kommunalen Verwaltung hat etwas mit der unfassbar angespannten Finanzsituation der Kommune (am Markt!) zu tun, Konflikte zwischen Teams in einem Entwicklungsprozess der Automobilindustrie mit der Dynamik der Markteinführung vieler Modelle, und die Ratlosigkeit von Führungskräften in Sandwich-Positionen mit dem Fachkräftemangel bei gleichzeitiger Expansion des Unternehmens.

Ein strategisches Stress-Management beansprucht, einen Beitrag zur wertschöpfenden Entwicklung eines Unternehmens oder einer Organisation zu liefern. Über den Beitrag, den gesunde, Belastungen meisternde, motivierte Beschäftigte für die Organisation jeden Tag liefern, über diesen großen Wert hinaus gilt es, die Organisation selbst mit ihren Wertschöpfungs-, Kommunikations- und Führungsprozessen so aufzustellen, dass sie die strategischen Anforderungen des Marktes meistert. Diese umfassende Betrachtungsweise gibt dem Stress-Management einen positiven Sinnzusammenhang: weg von der reinen Burnout-Prävention hin zu einer zielorientierten organisationalen Aufgabe, die motivierend die Chancen aufgreift, etwas zu leisten, wahrgenommen zu werden und Wirkung zu erzielen – und die dabei die Grenzen der Leistungsfähigkeit Einzelner und die limitierenden Faktoren in der Zusammenarbeit realistisch respektiert und einbezieht.

1.1 Strategisches Stress-Management – was macht es aus?

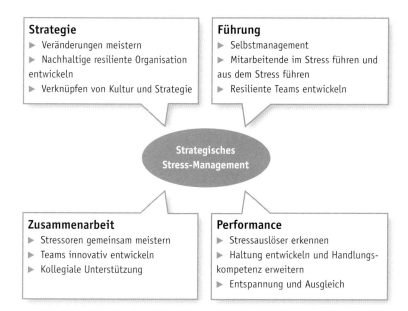

Abb. 1: Vier Felder des strategischen Stress-Managements

Die einzelnen Elemente, die vier Felder dieses strategischen Stress-Managements (siehe Abb. 1), sind in den vergangenen Jahren vielfach weiterentwickelt worden. Die Ideen zum Zeitmanagement für Führungskräfte von Dwight D. Eisenhower stammen aus dem zweiten Weltkrieg, Beiträge zur Gruppendynamik und zur Teamentwicklung (Tuckman 1964) kennen wir aus den 50er- und 60er-Jahren des vorigen Jahrhunderts, mit Change-Management befassen sich (aufbauend auf Lewin) Kotter, Krüger, Greiff und viel andere intensiv seit den 1990er-Jahren. Das ist alles nicht neu.

Die neue Idee ist, unter dem Dach eines strategischen Stress-Managements die individuellen wie organisationalen Themen von Stress und Stressbewältigung in einem Programm zu konsolidieren und fokussiert auf den gemeinsamen Nutzen für alle und die Organisation anzugehen und konzentriert zu bearbeiten. Zunächst als Projekt, das Energien freisetzt und neue Ideen fördert und umsetzt – und anschließend als dauerhaftes Programm, das selbstverständlich und ständig in Personal- und Organisationsentwicklung mitgedacht wird, das die Führungsinstrumente sinnvoll ergänzt und in Teamentwicklungen genutzt wird.

Die neue Idee ist, Stress-Management als gemeinsame strategische Aufgabe von Organisation und Beschäftigten zu verstehen, um als Organisation mit den Beschäftigten dauerhaft am Markt die immer wieder neuen und zunehmenden Anforderungen zu bewältigen. Dies kann gelingen, wenn die Sozialpartner die Chance gemeinsam nutzen. Die Ursachen für den Stress jeweils beim anderen auszumachen, erhöht den

I. Stress-Management und Change-Management

Abb. 2: Stakeholder partizipieren am Prozess

Stress für alle Beteiligten, weil dadurch innerorganisationale Konflikte erst richtig geschürt werden. Viele kaum veränderbare Ursachen für Stress in Organisationen sind in aller Regel außerhalb der Organisation im Marktgeschehen zu verorten. Die innerorganisationalen Stressoren gemeinsam zu analysieren und zu verringern setzt Ressourcen frei, um externe Stressoren und Belastungen anzugehen. Strategisches Stress-Management ist ein konstruktives Konfliktmanagement auf der Basis gemeinsamer Interessen der Sozialpartner und funktioniert nur unter Einbindung der relevanten Stakeholder, also gleichermaßen von Management und Vertretern der Arbeitnehmer (siehe Abb. 2).

Abb. 3: Leitbild: Stress-Management als Veränderungsprojekt

Die neue Idee ist, strategisches Stress-Management als Kulturentwicklung zu gestalten. Es geht um die identitätsstiftenden Interaktionsmuster (Simon 2004): „So gehen *wir* mit Belastungen und hohen Anforderungen in unserer Organisation gemeinsam miteinander um!" Eine bewusste, zielgesteuerte, also strategische Entwicklung, die sich nur mit einem Beteiligungsprozess und mit vielfältiger Kommunikation gestalten lässt. Aus diesem Grund ist ein strategisches Stress-Management auch immer selbst ein Veränderungsprojekt, das mit einem Change-Management verbunden ist. Es benötigt Führung, eine durchgehende Steuerung, ein Projektmanagement, Beteiligung und eine intensive Kommunikation (siehe Abb. 3).

Stress-Management ist strategisch sinnvoll, wenn der Ertrag den Aufwand rechtfertigt. Der Ertrag ist für verschiedene Organisationen

1.1 Strategisches Stress-Management – was macht es aus?

verschieden, er kann in der höheren Veränderungskompetenz und -bereitschaft bestehen, in der höheren Attraktivität als Arbeitgeber bei gleichzeitig geringerer Fluktuation, in effizienteren Geschäftsprozessen oder in einer höheren Produktivität einzelner Beschäftigter. Der Aufwand kann gering gehalten werden: Eine Einheit von 500 Personen können 100 Aktive mit punktuellen Maßnahmen in 100 Tagen wirkungsvoll verändern. Controlling und Evaluation sind unterstützende Prozesse zur Bewertung des Verhältnisses von Ertrag zu Aufwand und zur Steuerung (siehe Abb. 4).

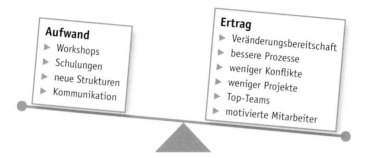

Abb. 4: Return on Stress-Management

Strategisches Stress-Management geht die unausweichlichen Belastungen und Stress aktiv und positiv an. Stress gehört zum Leben dazu, Stress macht Spaß, mit Stress ist Erfolg und Zukunftsbewältigung verbunden. Zu viel Stress macht krank und steht Glück und Erfolg im Weg. Über Stress muss in der Organisation öffentlich und formal geredet werden. Auf den Fluren, in den Teams, auf allen informellen Wegen ist Stress sowieso ein Thema. Sich an dieser Kommunikation zu Stress zu beteiligen sowie ein glaubwürdiges Marketing zu hilfreichen Maßnahmen im Stress-Management zu gestalten, ist eine strategische Managementaufgabe, um auf die Stimmung bei Einzelnen und im Unternehmen Einfluss zu nehmen. Marketing beginnt mit den richtigen Produkten, und hier sind wir wieder bei der Einheit eines strategischen Stress-Managements.

Quellen, Literaturhinweise

- Seneca (2008): De brevitate Vita. Das Leben ist kurz! Ditzingen: Reclam.
- Neckel, S./Wagner, G. (Hrsg.) (2013): Leistung und Erschöpfung – Burnout in der Wettbewerbsgesellschaft. Frankfurt/M.: Suhrkamp.
- Simon F. (2004): Gemeinsam sind wir blöd? Die Intelligenz von Unternehmen, Managern und Märkten. Heidelberg: Carl-Auer.
- Tuckman, B. W. (1965): Developmental sequence in small groups, Psychological Bulletin, 63, S. 384–399.

Modelle zum strategischen Stress-Management

Individuelle Stressmodelle auf Organisationen übertragen

Von Susanne Recknagel, Friederike Michel und Louisa Reisert

Die Auseinandersetzung mit theoretischen Stressmodellen hilft, Stressentstehen zu erklären, Einflussfaktoren zu erkennen und aus dem Erkennen genaue Handlungsmöglichkeiten abzuleiten. Bisher gibt es kaum Modelle oder Konzepte, die Stress in Organisationen und Stress als organisationale Aufgabe beschreiben. Einige Autoren haben erste Versuche in diese Richtung unternommen und wir stellen im Folgenden zwei auf Organisationen übertragene Modelle und Konzepte vor (Resilienz und Burnout). Zudem greifen wir weitere bekannte individuelle Stressmodelle auf und übertragen diese auf den organisationalen Kontext, um Stress als organisationales Phänomen zu erklären sowie Stellschrauben und Lösungsansätze daraus abzuleiten. Die vier wesentlichen Stressmodelle und -konzepte sind:

- ▶ Das Resilienzkonzept auf Basis Werner und Smith (2001)
- ▶ Das Phasenmodell zum Burnout von Freudenberger und North (1992)
- ▶ Das Anforderungs-Kontroll-Modell von Karasek und Theorell (1979)
- ▶ Das Transaktionale Stressmodell von Lazarus (1974)

Bei der Auswahl der Ansätze ist für uns handlungsleitend, dass wir sie in Trainings zu Stress-Management als gute Erklärungsgrundlage und zur Bearbeitung von Stress schätzen gelernt haben. Sie zeigen sowohl auf, wo Stress entsteht und wie er beeinflussbar ist, als auch, wo Grenzen der Einflussnahme liegen.

1.2.1 Das Konzept der Resilienz

Das wohl bekannteste Konzept, welches sich auf organisationalen Stress bezieht, ist das Konzept der Resilienz. Das Modell wurde zunächst auf Individuen angewendet und erst später auf Organisationen übertragen.

1.2 Modelle zum strategischen Stress-Management

Der Begriff kommt aus der Material- und Werkstoffkunde und wurde in diesem Zusammenhang für Materialien verwendet, die nach starken Verformungen wieder in ihren ursprünglichen Zustand zurückkehren. Übertragen auf Menschen steht Resilienz für Personen, die von außen oder innen kommende Irritationen und Druck ausgleichen oder an sich abprallen lassen. Dabei beschreibt Resilienz die Eigenschaften und Fähigkeiten, die Individuen nutzen, um mit Schwierigkeiten umzugehen und gestärkt aus der Situation hervorzugehen. Resilienz steht dementsprechend für „eine Veranlagung, die bei jedem unterschiedlich ausgeprägt ist, aber aktiv angestoßen und gestärkt werden kann" (Wellensiek/Kleinschmidt 2013, S. 10). Das Besondere an dem Konzept ist die Fokussierung von Ressourcen und Schutzfaktoren. Forschungsergebnisse weisen darauf hin, dass Organisationen durch die Arbeit an Resilienz positiv auf die Gesundheit und den Leistungserhalt ihrer Beschäftigten einwirken können (vgl. Scharnhorst 2008, S. 52). Dementsprechend rückt das Resilienzkonzept vermehrt in den Fokus der Personalentwicklung, hat in deutschen Organisationen allerdings noch keine Tradition (Götze 2013, S. 38). Seinen Ursprung hat das Resilienzkonzept in der „Kauai-Studie" von Werner und Smith (2001), in welcher sie die positive Entwicklung von Kindern und Jugendlichen erforschten, die unter erschwerten Bedingungen aufwuchsen und folglich eine hohe Resilienz zeigten.

Abb. 1: Die sieben Säulen der Resilienz (nach M. Rampe 2004)

Das Modell der „Sieben Säulen der Resilienz" von Micheline Rampe (2004, siehe Abb. 1) identifiziert sieben Faktoren, die Einfluss auf die persönliche Resilienz haben:

1. **Optimismus:** Resiliente Personen glauben daran, dass sie Einfluss auf ihr Leben nehmen können und dass Krisen zeitlich begrenzt und für sie überwindbar sind. Gleichzeitig sind sie davon überzeugt, dass ihnen langfristig mehr Gutes als Schlechtes im Leben widerfährt.
2. **Akzeptanz:** Resiliente Personen akzeptieren schwierige Situationen als real und nehmen sie an. Dadurch sind sie in der Lage, neue Handlungsmöglichkeiten zu entwickeln.
3. **Lösungsorientierung:** Aufbauend auf Optimismus und Akzeptanz richten resiliente Personen ihren Fokus weg von den Problemen und konzentrieren sich auf deren Lösung.
4. **Opferrolle verlassen/Selbstwirksamkeit:** Resiliente Personen gehen davon aus, dass sie selbst Einfluss auf Dinge nehmen können, sie interpretieren die Realität angemessen, richten sich auf und

konzentrieren sich auf eigene Stärken. Sie sind davon überzeugt, dass sie Herausforderungen mit ihren Kompetenzen bewältigen können.[1]

5. **Verantwortungsbewusstsein:** Resiliente Personen sind bereit zu reflektieren, was ihre eigenen Anteile an einer Situation sind und übernehmen hierfür die Verantwortung.
6. **Netzwerkorientierung:** Resiliente Personen pflegen ein stabiles, soziales Netzwerk, welches ihnen hilft, Krisen zu überwinden.
7. **Zukunftsplanung:** Resiliente Personen setzen sich aktiv mit ihrer Zukunft auseinander, bereiten sich auf mögliche Krisen vor und schaffen es so, diese abzupuffern bzw. zu vermeiden.

Neben der individuellen Resilienz wird vor allem in den USA vermehrt die Resilienz von Organisationen betrachtet (Scharnhorst 2008, S. 52 f.). Bisher ist der Begriff der organisationalen Resilienz noch nicht eindeutig definiert (vgl. Adolph/Lafrenz/Grauel 2012, S. 270, Fathi 2014, S. 2 f.). Die in der Literatur beschriebenen Eigenschaften resilienter Organisationen lassen sich drei zentralen Punkten zuordnen:

- **Akzeptanz und Verarbeitung von Krisen:** Resiliente Organisationen können „Niederlagen und Rückschläge verarbeiten" (Buchholz/Knorre 2012, S. 3). Ihre Beschäftigten sind fähig, „die Realität zu akzeptieren und anzupacken" (Scharnhorst 2008, S. 53). Important for that is a „Proactive identification of possible failures" (Adolph/Lafrenz/Grauel 2012, S. 270). „A company must become entirely free of denial, nostalgia, and arrogance" (Hamel & Välikangas 2013).

- **Lösungsorientierung und Flexibilität:** Resiliente Organisationen „sind fähig, zu improvisieren und alle Ressourcen zur Problembewältigung einzusetzen" (Scharnhorst 2008, S. 53). „Resilience requires alternatives as well as awareness – the ability to create a plethora of new options as compelling alternatives to dying strategies" (Hamel & Välikangas 2013). „The important goal is to give employees, work teams, organisational systems and networks of companies, room to manoeuvre to act flexible in unexpected situations" (Adolph/Lafrenz/Grauel 2012, S. 270).

- **Anpassungsfähigkeit und Zukunftsplanung:** „Ein resilientes Unternehmen ist agil, d.h., es registriert wachsam Veränderungen im wettbewerblichen, politischen oder sozialen Umfeld, es verarbeitet

---

[1] Rampe nennt diesen Faktor „Opferrolle verlassen". Das Konzept der „Selbstwirksamkeit" stammt von Bandura (1997).

diese Beobachtungen intern im Sinne eines organisationalen Lernens und nutzt dann diese Lerneffekte dazu, die Geschäftsstrategie und das gesamte Geschäftsmodell zu überprüfen und, wenn nötig, neu zu erfinden – und dies alles als Teil ihrer alltäglichen Entscheidungsprozesse" (Buchholz/Knorre 2012, S. 4). „It must be deeply conscious of what's changing and perpetually willing to consider how those changes are likely to affect its current success" (Hamel & Välikangas 2013). „Das Überleben der Organisation wird trainiert, schon bevor es kritisch wird" (Scharnhorst 2008, S. 53).

Das Konzept der organisationalen Resilienz zeigt deutliche Parallelen zu Veränderungsprozessen: In beiden Fällen sind Veränderungsbereitschaft, -fähigkeit und -kompetenz von zentraler Bedeutung (siehe Kap. 1.3.1, S. 36 ff.)

Organisationen bietet das Resilienz-Konzept die Möglichkeit, ihre Widerstandsfähigkeit zu reflektieren, um eine bessere Selbstwahrnehmung zu entwickeln und ihr Verhalten zu verstehen. Darüber hinaus können Maßnahmen abgeleitet werden, um die organisationale Resilienz zu erhöhen:

▶ Ihren Umgang mit Krisen verbessern Unternehmen durch eine Analyse der Rückschläge, beispielsweise in Form von Lessons Learned und transparenter Kommunikation, womit sie auch die Akzeptanz in der Organisation erhöhen.
▶ Bei der Lösungsorientierung und Flexibilität nimmt Improvisation in Organisationen einen zunehmenden Stellenwert ein. Gerade in Veränderungsprozessen lassen sich nicht alle Situationen planen. Um die Improvisation als legitime Problemlösetechnik im Unternehmen zu etablieren, können Trainings auf Führungsebene oder für Teams unterstützend wirken. Über die Etablierung regelmäßiger Runden zur Kollegialen Beratung kann zudem ein breiteres Verständnis von unterschiedlichen Lösungsansätzen entwickelt werden, auf die beim Lösen von Problemen zurückgegriffen werden kann.
▶ Anpassungsfähigkeit und Zukunftsplanung trainieren Organisationen beispielsweise in Führungskräfte- und Team-Workshops (siehe Kap. 3 und Kap. 5) oder mithilfe eines Business Contingency Plans und eines Environmental Safety and Health Managements. Die Installation von Feedback-Schleifen hilft, Prozesse und Ergebnisse fortlaufend zu überprüfen und ggf. nachzusteuern. Zudem bauen Organisationen Veränderungsfähigkeit und -kompetenz auf, um mit verändernden Bedingungen und Herausforderungen widerstandsfähig umzugehen (siehe Kap. 1.3.2, S. 41 ff.).

I. Stress-Management und Change-Management

Die Anwendung des Resilienz-Konzeptes für strategisches Stress-Management bedeutet für Organisationen, die Realität zu akzeptieren, Rückschläge zu verarbeiten und Lösungen zu fokussieren. Weiter heißt es für Organisationen, ihre Umwelt aufmerksam wahrzunehmen und sich an sie anzupassen sowie das eigene Überleben und die Improvisationsfähigkeit zu trainieren.

1.2.2 Das Phasenmodell zu Burnout von Freudenberger und North (1992)

Der Begriff des Burnouts wurde 1973 erstmals durch den Psychoanalytiker Herbert Freudenberger geprägt. Mit Burnout ist ein Zustand des „Ausgebranntseins" gemeint, der durch eine vermehrte Anstrengung über einen längeren Zeitraum mit zu geringer Wirkung und mangelndem Energienachschub entsteht (vgl. Burisch 1994). Im Allgemeinen äußert sich Burnout anhand dreier Variablen: emotionale Erschöpfung, Depersonalisierung und Leistungseinbußen. In seinem Modell formulierte Freudenberger Phasen, die die Entwicklung von Burnout exemplarisch beschreiben (siehe Abb. 2 sowie Kap. 3.5, S. 185 ff.).

Abb. 2: Das Phasenmodell nach Freudenberger und North (1992)

Freudenberger und North zeigen in ihrem Modell die Phasen auf, die bei einem Burnout häufig vorkommen. In der Praxis treten die Stadien nicht immer in derselben Reihenfolge auf und lassen sich aufgrund von Überlagerungen nicht klar voneinander abgrenzen. Einzelne Phasen können sowohl übersprungen werden als auch gleichzeitig stattfinden. Ein Kritikpunkt an der Phasentheorie ist, dass sie nicht auf empirischen Studien beruht. Die Abgrenzung der Stadien untereinander ist zudem meist willkürlich gewählt, was von den Forschern auch selbst betont wird.

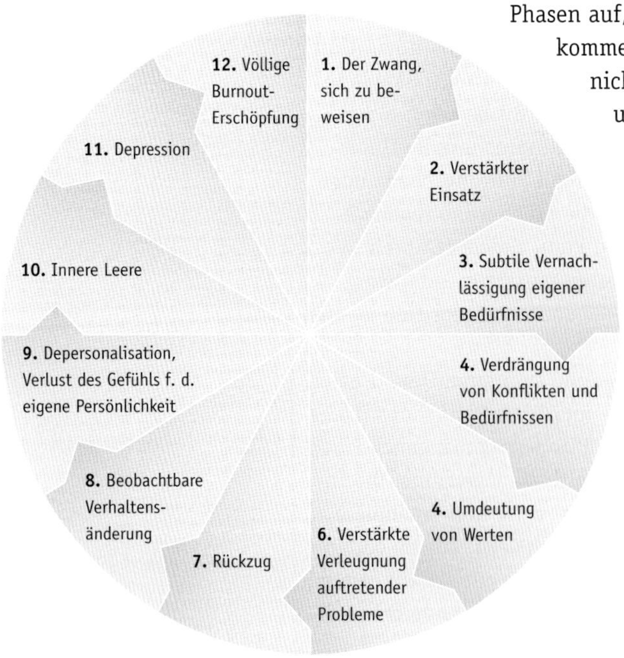

1. Der Zwang, sich zu beweisen
2. Verstärkter Einsatz
3. Subtile Vernachlässigung eigener Bedürfnisse
4. Verdrängung von Konflikten und Bedürfnissen
4. Umdeutung von Werten
6. Verstärkte Verleugnung auftretender Probleme
7. Rückzug
8. Beobachtbare Verhaltensänderung
9. Depersonalisation, Verlust des Gefühls f. d. eigene Persönlichkeit
10. Innere Leere
11. Depression
12. Völlige Burnout-Erschöpfung

1.2 Modelle zum strategischen Stress-Management

Ursachen für einen Burnout liegen u.a. in persönlichen Veranlagungen wie Perfektionismus, Helfersyndrom, übersteigerter Ehrgeiz, mangelnde Abgrenzungsfähigkeit gegenüber Wünschen und Bitten sowie mangelndes Selbstbewusstsein. Neben den personellen Ursachen sind auch Umweltbedingungen ausschlaggebend wie Über- bzw. Unterforderung am Arbeitsplatz, unklare Aufgaben- und Zielsetzungen, kontroverse Wertevorstellungen sowie mangelnde Rückmeldung und Anerkennung.

Die Übertragung der Burnout-Entwicklung von einem Individuum auf eine Organisation wird als möglich erachtet, da Organisationen soziale Systeme darstellen. Als solch ein System verfügen Organisationen über die Eigenschaften, sich selbst zu steuern, sich weiterzuentwickeln, sich zu engagieren und auch zu verausgaben (vgl. Greve 2012). Hierzu hat der Betriebswirt und Organisationsberater Gustav Greve in seinem Buch „Organizational Burnout" bereits ausführliche Überlegungen aufgeführt, die im Folgenden kurz dargestellt werden. So hat er einen Ursachenvergleich zwischen individuellem und organisationalem Burnout angestellt (siehe Tab. 1). Analog zu den Phasen des individuellen Burnouts nach Freudenberger und North (1992) formuliert Greve Phasen des Organizational Burnouts (OBO). Er betont, dass die in vier Phasen beschriebenen 20 Symptome nicht zwingend in der benannten

Typische Ursachen des individuellen Burnouts	Analoge Ursachen des organisationalen Burnouts
Labiles Selbstbewusstsein	Unsicherheit über die eigene Marktakzeptanz durch Umsatzrückgang
Persönliches Perfektionsstreben	Übersteigerter Qualitätsanspruch
Beruflicher und gesellschaftlicher Ehrgeiz	Unrealistische Leistungsvorgaben
Der Wunsch, persönliche Defizite auszugleichen	Unqualifizierter Vergleich mit nachhaltig überlegenem Wettbewerber
Ziel- und Aufgabenunsicherheit	Unqualifizierte Ziele und fehlende Konkretisierung
Differenz zwischen persönlichen Werten und der Wertigkeit der Aufgabenstellung	Wertearmut des Unternehmensleitbildes, Sinn des Unternehmens allein materiell orientiert
Soziale Instabilität und fehlendes Feedback	Hohe Fluktuation und wenig aktive Bewerbungen
Verantwortungseinsamkeit	Isolation der mittleren Führungsebene zwischen den Hierarchien
Gesellschaftlicher Druck, den Erwartungen genügen zu müssen	Ergebnisdruck von den Kunden, den Eigentümern oder der Öffentlichkeit
Angst vor den negativen Konsequenzen des eigenen Verhaltens	Angst vor Verlust des Vertrauens des Kapital- und Absatzmarktes

Tab. 1: Individueller versus organisationaler Burnout

Abb. 3: Die vier Phasen des Organizational Burnouts (OBO) nach Greve (2012)

Reihenfolge auftreten müssen und sich die vier Phasen überlappen (siehe Abb. 3):

1. Phase: latentes OBO
2. Phase: akutes OBO
3. Phase: chronisches OBO
4. Phase: letales OBO

Als wichtig wird erachtet, die Frage nach einem möglichen vorhandenen OBO zu stellen und nicht zu ignorieren. Hinweis auf ein OBO ist nach Greve, „wenn allein die Tatsache, dass es ungewohnte Negativentwicklungen an der Kundenfront gibt, eher beschönigt und verschleiert als aktiv zur Diskussion gestellt wird" (S. 93). Als besonders gefährdet können u.a. Organisationen gesehen werden, die einseitig auf Effektivität und Effizienz ausgerichtet sind. Bei anstehenden Veränderungen kann hier oftmals die notwendige Flexibilität fehlen, um angemessen darauf zu reagieren. Hat eine Organisation Veränderungsbedarf und sind vermehrte Versuche der Umsetzung von Veränderungen gescheitert, kann dies ebenfalls auf einen bevorstehenden Burnout hindeuten.

Laut Greve ist festzustellen, dass in ausgebrannten Organisationen oftmals vermehrt kundenferne Aktivitäten stattfinden, sich Meetings häufen und die Entscheidungsfähigkeit abnimmt. Dies kann mit einem Mangel an Informationen zur Gesamtlage und der Kommunikation

1.2 Modelle zum strategischen Stress-Management

über eine zukünftige Unternehmensausrichtung erklärt werden. Das Management scheint sich in ausgebrannten Organisationen vermehrt zurückzuziehen und somit weniger präsent und erreichbar zu sein. Auch erfolgt wenig direkter Kontakt zwischen strategischer Führung und dem Endkunden.

Solche organisationalen Veränderungen wirken sich wiederum direkt auf die Beschäftigten aus. Aus diesem Grund kann das Burnout einzelner Mitarbeiterinnen und Mitarbeiter als ein wichtiger Indikator und als ein Warnsignal für die Organisation gesehen werden.

Wichtig bei der Anwendung des Modells ist ein kritischer Blick auf Ursachen und Zusammenhänge von Symptomen. Um ein vorschnelles Urteil und eine unzutreffende Zuschreibung eines OBO zu vermeiden, bedarf es einer umfangreichen Analyse. Es ist zu berücksichtigen, dass viele Ursachen zu zeitweisen Leistungs- und Finanzeinbußen führen können. Deshalb ist bei der Verallgemeinerung eines schematischen Modells auf verschiedene Organisationen Vorsicht geboten, da unterschiedliche Handlungsoptionen sinnvoll sein können.

Die Anwendung des Phasenmodells von Burnout im strategischen Stress-Management hilft, Merkmale von Erschöpfungszuständen zu identifizieren und Ansatzpunkte für Interventionen sowie den Aufbau von Veränderungskompetenz zu erstellen.

1.2.3 Anforderungs-Kontroll-Modell nach Karasek und Theorell (1979)

Der amerikanische Soziologe Robert Karasek und der schwedische Facharzt und Professor Töres Theorell identifizieren in ihrem Modell die Stressbelastung im Arbeitskontext anhand dreier Dimensionen und deren Zusammenspiel (siehe Abb. 4, S. 28).

▶ **Dimension 1** beschreibt die Arbeitsanforderungen, die von außen an die Person gestellt werden.
  • *Beispiele:* Zeitdruck, hohe quantitative und qualitative Aufgaben
▶ **Dimension 2** erklärt den Entscheidungs- und Kontrollspielraum, der zur Erfüllung der Aufgaben und Anforderungen gegeben ist.
  • *Beispiele:* Zeiteinteilung, Möglichkeiten der Terminierung, Delegationsmöglichkeiten, Anwendung persönlicher Kompetenzen

I. Stress-Management und Change-Management

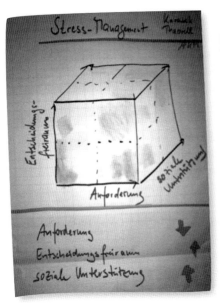

Abb. 4: Anforderungs-Kontroll-Modell nach Karasek und Theorell

▶ **Dimension 3** betrachtet das Maß der subjektiv erlebten sozialen Unterstützung.
• *Beispiele:* Unterstützung durch Kolleginnen und Kollegen, Ausgleich im privaten Umfeld

Übertragen wir die Dimensionen aus dem Modell auf den organisationalen Kontext, ergeben sich für uns folgende Dimensionsbeschreibungen:

▶ **Dimension 1** beschreibt die Anforderungen, die auf die Organisation einwirken und diese von außen beeinflussen.
• *Beispiele:* Marktveränderungen (Öffnungen, Ausweitung, Verkleinerung), Wettbewerb, Innovationen, Veränderungen im gesellschaftlichen Umfeld, gesetzliche Veränderungen, betriebliche Veränderungen (Personal, demografischer Wandel, Fachkräftemangel etc.), Finanzierungskonditionen, Image in der Öffentlichkeit, Ergebnisdruck von Kunden oder anderen Abteilungen.

▶ **Dimension 2** erklärt den Entscheidungs- und Kontrollspielraum der Organisation, um die Herausforderungen zu meistern, die zur Erfüllung der Organisationsziele und der daraus resultierenden Aufgaben und Anforderungen erforderlich sind. Dies betrifft sämtliche unternehmerischen Entscheidungen mit allen Konsequenzen.
• *Beispiele:* Produktion, Kommunikation, Marketing, Personalentwicklung, Vertrieb und Controlling.

▶ **Dimension 3** betrachtet die Unternehmenskultur, die Zufriedenheit und Motivation sowie die Identifikation mit dem Unternehmen und den Umwelt-Organisations-Beziehungen.
• *Beispiele:* Sinnhaftigkeit der Arbeit, gelebte Unternehmenswerte und Wertekultur, Umsetzung der Führungsleitlinien, Zufriedenheit der Mitarbeitenden mit der Führung, Unternehmensvision, Vernetzung und Beziehung mit Lieferanten und Kunden.

Daraus lassen sich Aussagen ableiten, wie hoch oder niedrig das Stresserleben in der Organisation ausgeprägt ist. Stehen beispielsweise hohen Anforderungen niedrige Kontroll- und Einflussmöglichkeiten entgegen, kann dies den organisationalen Stress massiv steigern. Auslöser hierfür können beispielsweise Technologiesprünge sein. So werden im Einzelhandel aktuell Konzepte präsentiert, bei denen Kühlschränke auf Basis ihrer aktuellen Befüllung in der Lage sind, ein direktes Einkaufssignal an Online-Plattformen zu übermitteln, um fehlende Lebensmittel automatisch nachzuliefern. Klassische Einzelhandelsunternehmen stehen damit vor der Frage, wie sie mit solchen Veränderungen umgehen und sich im Wettbewerb halten können. Durch die hohen Anforderungen und gleichzeitig niedrigen Kontroll- und Einflussmöglichkeiten erzeugt dies nicht nur Stress innerhalb der Organisation, sondern auch bei den einzelnen Beschäftigten, die um ihre Arbeitsplätze fürchten. Ist zudem die soziale Unterstützung in der Organisation beispielsweise durch ein fehlendes gemeinsames Wertverständnis nur unzureichend ausgeprägt, kann dies den organisationalen Stress (z.B. Personalfluktuation, weniger Absatz am Markt ▸ weniger Gewinn) zusätzlich erhöhen.

Aus dem Modell können Organisationen Maßnahmen für die drei Dimensionen ableiten, um ihr Stresserleben zu reduzieren:

▸ Anforderungen (Dimension 1) verringern Organisationen beispielsweise über eine Konzentration auf den Markt durch gezielte Fokussierung von Produkten und Aktivitäten. Procter und Gamble gab in 2014 bekannt, sich von einer Reihe von Marken zu trennen, um ihr Marken-Portfolio zu straffen und zu vereinfachen und so bessere Resultate zu erzielen. Die Batteriemarke Duracell wurde in diesem Rahmen an den Investor Warren Buffett veräußert. Opel zog sich 2014 aus China zurück und konzentriert sich seitdem auf den europäischen Markt. Die Kosten, um die Marke bekannt zu machen und ein Vertriebsnetz aufzubauen, hätten sich nicht rentiert.

▸ Ihren Entscheidungs- und Kontrollspielraum (Dimension 2) bauen Organisationen über strategische Entscheidungen, Marketing und Produktionsentscheidungen aus. Die interne Organisation und Prozesse werden infrage gestellt. Veränderungsfähigkeit und -bereitschaft werden aufgebaut. Ein klassisches Beispiel ist das Toyota-Produktionssystem, welches versucht, Qualität durch kontinuierliche Prozessoptimierung und den schonenden Umgang mit Ressourcen zu steigern. Hieraus entwickelte sich das Lean Management, welches von vielen Unternehmen übernommen wurde. Zudem wird einzelnen Unternehmensbereichen mehr Entscheidungsspielraum zugestanden oder es werden interne strategische Veränderungen angestrebt – z.B. durch Innovation –, um sich mehr Wahlmöglichkeiten zu verschaffen. Der Aufbau neuer Lieferanten verringert die Abhängigkeit in Single-Source-Situationen.

▸ Organisationen fördern eine attraktive Unternehmenskultur (Dimension 3), um die Identifikation mit der Organisation intern und extern zu erhöhen und ihre soziale bzw. gesellschaftliche Einbindung zu stärken. Hierzu dienen beispielsweise Maßnahmen zum Employer Branding und zur Mitarbeiterbindung in den Bereichen Führung, Work-Life-Balance und Frauenförderung. Die hohe Relevanz dieser Bereiche verdeutlichen verschiedene Auszeichnungen für beste Arbeitgeber wie „Great place to work" oder „Top Arbeitgeber". Hinzu kommen Beziehungsarbeit mit Kunden, Lieferanten und Beschäftigten sowie Verbandsarbeit und Networking.

Die Anwendung des Anforderungs-Kontroll-Modells im Rahmen des strategischen Stress-Managements bedeutet, die Anforderungen einer Organisation im bearbeitbaren Maß sowie deren Entscheidungs- und Kontrollspielräume hochzuhalten und gleichzeitig die soziale Einbindung zu stärken.

1.2.4 Transaktionales Stressmodell nach Richard Lazarus (1974)

Das Wort Transaktion leitet sich aus der Interaktion zwischen Person und Umwelt ab. Stressoren haben demnach keinen unmittelbaren Einfluss auf das Stresserleben, vielmehr prägen subjektive Bewertungsprozesse das Stressempfinden. Jeder Mensch nimmt somit Einflüsse anders wahr und bewertet sie unterschiedlich.

Lazarus formuliert drei aufeinanderfolgende Bewertungsprozesse, durch die individuelle Unterschiede im Stresserleben erklärt werden. Ein Ereignis, z.B. die Einführung einer neuen Software, kann sowohl eine Bedrohung als auch eine Entwicklungsmöglichkeit darstellen.

Bei der primären Bewertung wird der Stressor als positiv (das ist genau mein Themengebiet), irrelevant (das ist für mich Routine) oder gefährlich (ich weiß nicht, wie ich damit umgehen soll) interpretiert. Wird der Stressor als gefährlich eingestuft, werden erneut drei Kategorien der Interpretation unterschieden: Herausforderung (risikoreiche, aber zu bewältigende Anforderung), Bedrohung (wird vorweggenommen) oder Schaden/Verlust (bereits eingetreten). Diese Bewertung muss noch nicht zu einer Stressreaktion führen. Dies passiert erst nach der sekundären Bewertung, bei der der Stressor im Hinblick auf vorhandene Ressourcen und Bewältigungsmöglichkeiten betrachtet wird. Werden diese als nicht ausreichend in Bezug auf die Anforderung eingeschätzt, kommt es zum Stresserleben. Nach Abschluss der ersten beiden Bewertungen werden Strategien zur Stressbewältigung mit unterschiedlichem

1.2 Modelle zum strategischen Stress-Management

Fokus (problemorientiert/emotionsorientiert) entworfen. Im dritten Bewertungsschritt wird die eingesetzte Strategie bewertet und die Situation entsprechend neu eingeschätzt. Dies kann bewirken, dass eine Bedrohung zu einer Herausforderung wird oder umgekehrt (siehe Abb. 5).

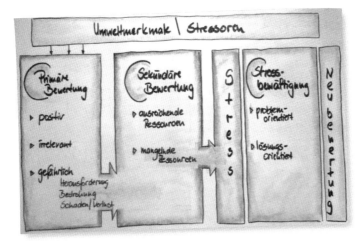

Abb. 5: Stress als Transaktion nach Krohne (2010)

Die drei Bewertungsprozesse auf Organisationen übertragen erklären, dass diverse Ereignisse – je nach Geschichte des Unternehmens – unterschiedliche Interpretationen hervorrufen und Organisationen in Stress versetzen können. Beispielsweise können sich verändernde Marktbedingungen (siehe Kap. 1.1, S. 16) oder Entwicklungen im Management als Bedrohung oder als Entwicklungsmöglichkeit klassifiziert werden.

Diese Ereignisse können in der Primärbewertung entweder als positiv („Das ist genau unsere Unternehmensstärke."), irrelevant („Operational gut zu bewältigen, wir sind passend aufgestellt, Prozesse und Zuständigkeiten sind geregelt.") oder gefährlich („Wir haben keine wirkliche Strategie, um damit umzugehen; das ist bisher noch nie gut gegangen.") interpretiert werden. Wird die Anforderung als gefährlich eingestuft, werden auch organisational erneut drei Bewertungen unterschieden. Die Gefahr kann als Herausforderung, Bedrohung oder Schaden/Verlust verstanden werden.

Bei der sekundären Bewertung wird der Stressor in Hinblick auf vorhandene Ressourcen und Bewältigungsmöglichkeiten (Personal, Zeit, Produkte) abgeglichen. Werden diese als nicht ausreichend in Bezug auf die Anforderung eingeschätzt, kommt es zum Stresserleben. Stress oder „Angst" kann in Organisationen in ganz unterschiedlicher Weise zum Ausdruck kommen. Indikatoren sind beispielsweise die sprunghafte Zunahme der Kommunikation, Produktivitätsverlust, Beschäftigung mit der Bedrohung und nicht mit dem Tagesgeschäft, erhöhter Flurfunk, Tendenz von Abwanderung, Widerstand.

Bezogen auf die Organisation zeigt das Modell nun mögliche Handlungsschritte auf, wie die Organisation auf das Stresserleben reagieren kann. Dabei werden die Strategien zur Stressbewältigung nach emotionsorientiert und problemorientiert unterschieden (siehe Abb. 6).

Abb. 6: Organisationale Stressbewältigungsstrategien nach dem transaktionalen Stressmodell

Wird der Stressor als risikoreiche Herausforderung betrachtet und sind operational kaum Handlungsmöglichkeiten vorhanden, setzt strategisches Stress-Management auf der Ebene der Kompetenz und des Strategieaufbaus an.

Emotionsorientierte Beispiele zur Stressbewältigung können organisationsinterne und -externe Beteiligungsprozesse beinhalten, aber auch unternehmensinterne Maßnahmen und Produkte, die die Beschäftigten direkt ansprechen sowie positive Stimmung und Energie erzeugen. Beispielsweise hat die Wirtschaftskrise 2009 dazu geführt, dass der Absatz der Neuwagen immer mehr zurückging. Durch erhöhte Lobbyarbeit hat es die Automobilindustrie geschafft, gemeinsam mit dem deutschen Staat die Abwrackprämie, die Kfz-Steuerbefreiung für Erstzulassungen und eine CO_2-basierte Kfz-Steuer zu ermöglichen, um dadurch die Kaufkraft und den Kaufwillen am Markt wieder zu erhöhen und einen Schritt aus der Krise zu gehen.

Beispiele, die auf eine problemorientierte Bewältigung der Situation abzielen, können der Ausbau des Kerngeschäftes oder die Minimierung

1.2 Modelle zum strategischen Stress-Management

von Kosten sein. Letzteres zeigt sich aktuell am Beispiel des LKW-Bauers MAN, der 2014 aufgrund eines schwachen Auftragseingangs die Produktion für zwei Tage schloss und Kurzarbeit anordnete.

Wird ein Ereignis als Bedrohung oder Schaden betrachtet, richtet strategisches Stress-Management sein Hauptaugenmerk auf die Fach- oder Strategieberatung, um Handlungsmöglichkeiten und Kompetenzen für die Stressbewältigung zu definieren, eine Neubewertung der Situation herbeizuführen und weiteren Schaden zu minimieren.

Das Modell im strategischen Stress-Management dient zum einen als Analysetool, um zu definieren, wo genau ein „Erschrecken" der Organisation stattfindet und wo Herausforderungen zu sehen sind oder auch Bedrohungen entstehen. Zum anderen findet nach dem Analyseprozess eine Rationalisierung der Erkenntnisse statt:

- Woran genau können wir arbeiten?
- Welche Handlungsspielräume möchten wir ausbauen?
- Wo möchten wir weniger machen?

Zudem beschreibt das transaktionale Stressmodell von Lazarus den Einfluss der eigenen organisationalen Haltung und der individuellen Bewertung in Bezug auf tägliche Stressoren. Ansatzpunkt für ein strategisches Stress-Management kann hier die Entwicklung einer positiven und ressourcenorientierten Haltung sein, Stressoren als Herausforderungen zu betrachten. Es werden Bewusstseinsfaktoren in der Organisation geschaffen, was passiert, wenn Stress in der Organisation entsteht und wie damit umgegangen wird.

Das transaktionale Stressmodell im strategischen Stress-Management unterstützt das Management, zu reflektieren, auf welcher Ebene Stress vorhanden ist, um Entscheidungen zum Umgang damit zu treffen. Auf strategischer Ebene zählen dazu vorausschauendes Denken, die Formulierung klarer Werte als stabilisierender Faktor für die Zusammenarbeit sowie eine ausgeprägte Veränderungskompetenz verbunden mit der Entscheidung zu operationalen und/oder emotionalen Strategien.

Das transaktionale Stressmodell im strategischen Stress-Management unterstützt das Unternehmen, sich nachhaltig stressresistent und flexibel aufzubauen, vorhandene und zukünftige Stressauslöser zu analysieren sowie Handlungsmöglichkeiten und Ergebnisse für die Zukunft abzuleiten und zu sichern.

Die Betrachtungen verdeutlichen, dass sich die Modelle im strategischen Stress-Management anwenden sowie zur Selbstreflexion und Stressbewältigung sehr wohl nutzen lassen. Sie bieten insgesamt eine solide Grundlage zur Analyse der Ist-Situation und zum Aufbau entsprechender Strategien im strategischen Stress-Management.

Quellen, Literaturhinweise

- Adolph, L./Lafrenz, B./Grauel, B. (2012): Safety Management Systems, Safety Culture and Resilience engineering: Comparison of Concepts. In: de Waard, D., Brookhuis, K., Dehais, F., Weikert, C., Röttger, S., Manzey, D., Biede, S., Reuzeau, F. und Terrier, P. (Eds.): Human Factors: a view from an integrative perspective. Proceedings HFES Europe Chapter Conference Toulouse. Abrufbar im Internet. URL: http://hfes-europe.org, Stand: 27.02.2015.
- Bandura, A. (1997): Self-Efficacy. The Exercise of Control. New York: Worth Publishers.
- Buchholz, U./Knorre, S. (2012): Interne Unternehmenskommunikation in resilienten Organisationen. 16. Aufl., Heidelberg, Berlin: Springer-Verlag.
- Burisch, M. (1994): Das Burnout-Syndrom – Theorie der inneren Erschöpfung. Berlin, Heidelberg: Springer.
- Fathi, K. (2014): Resilienz – taugt dieser Begriff als „Ein-Wort-Antwort" auf die Häufung von Krisen? In: Forschungsjournal Soziale Bewegungen – PLUS, Supplement Heft 4/2014. Abrufbar im Internet. URL: http://www.forschungsjournal.de/fjsb-plus, Stand: 27.02.2015.
- Freudenberger, H./North, G. (1992): Burnout bei Frauen. Über das Gefühl des Ausgebranntseins. Frankfurt/M.: Krüger.
- Götze, U. (2013): Resilienzentwicklung im Personalmanagement: Angebote zur Steigerung psychischer Widerstandsfähigkeit von MitarbeiterInnen. Wiesbaden: Springer Fachmedien.
- Greve, G. (2012): Organisational Burnout. Wiesbaden: Gabler.
- Hamel, G./Välikangas, L. (2013): The Quest for Resilience. In: Harvard Business Review, 09/2013. Abrufbar im Internet. URL: https://hbr.org/2003/09/the-quest-for-resilience, Stand: 27.02.2015.
- Karasek, R. A./Theorell, T. (1990). Healthy work, stress, productivity, and the construction of the working life. New York: Basis Books.
- Krohne, H. W. (2010): Psychologie der Angst: Ein Lehrbuch. Stuttgart: Kohlhammer.
- Lazarus, R. S. (1991): Emotion and Adaptation. New York: Oxford University Press.

- Lazarus, R. S. (2006): Stress and Emotion. A new Synthesis. New York: Springer Publishing Company.
- Rampe, M. (2004): Der R-Faktor. Das Geheimnis unserer inneren Stärke. Frankfurt: Eichborn.
- Scharnhorst, J. (2008): Resilienz – neue Arbeitsbedingungen erfordern neue Fähigkeiten. In: Vorstand des Berufsverbandes Deutscher Psychologinnen und Psychologen e.V. (BDP) (Hrsg.): Psychische Gesundheit am Arbeitsplatz in Deutschland.
- Wellensiek, S./Kleinschmidt, C. (2013): Ressourcenförderung in Zeiten ständigen Wandels. Resilienz für Mitarbeiter, Führungskräfte und Unternehmen. Gütersloh: Bertelsmann Stiftung.
- Werner, E./Smith, R. (2001): Journeys from Childhood to Midlife. Risk, Resilience and Recovery. New York: Cornell.

Change-Management ist selten stressfrei

Veränderungen und Unsicherheiten gehören zum organisationalen Alltag und verursachen individuellen Stress. Gefragt ist daher eine Kultur, die persönliche Veränderungsbereitschaft in kompetentes Handeln überführt.

Von Frank Strikker

Ein grundlegendes Ziel für jede Organisation ist die eigene Überlebensfähigkeit, mit der die wirtschaftliche Existenz der Beteiligten in einer Organisation gesichert werden soll. Die Geschäftsleitung sowie die Mitarbeitenden als Repräsentanten ihrer Organisation haben somit prinzipiell ein gemeinsames Interesse.

Das Gros der Unternehmen muss dabei sein Überleben in einem von starkem Wettbewerb geprägten Umfeld sichern. Es reicht also meist nicht aus, sich der Umwelt anzupassen, diese Anpassung muss sogar besser gelingen als bei vergleichbaren Unternehmen. Öffentliche oder gesellschaftliche Institutionen haben demgegenüber zwar relativ gesehen eine höhere Sicherheit, da sie oft unbeeinflusst von Wettbewerbsvergleichen agieren können. Mittlerweile geraten allerdings auch öffentliche Institutionen unabhängig von einer Wettbewerbssituation zunehmend unter einen politischen Druck, bei dem sie ihre Aktionen, ihre Tätigkeit und ihr Verhalten überzeugend legitimieren müssen.

Veränderungen sind ergebnisoffen – und schaffen immer Unsicherheit

Veränderungen sind auch in Zukunft eine grundlegende Herausforderung für jede Organisation und bringen letztlich immer Unsicherheiten bei den Beteiligten mit sich. Zum einen sind einige Veränderungen nur schwer zu beobachten oder frühzeitig zu erkennen, zum anderen ist nur sehr ungenau vorherzusagen, welche Veränderung für eine Organisation eine besondere, vielleicht sogar tief greifende oder existenzielle Bedeutung besitzt. Da Organisationen von Menschen geleitet und gesteuert werden und die Verhaltens- und Denkweisen von Menschen nur begrenzt vorhersagbar sind, fällt diese Unsicherheit in einem entschei-

1.3.1 Change-Management ist selten stressfrei

denden Maße auch auf die Entwicklung der Organisation selbst zurück. Soziale Systeme entziehen sich im Unterschied zu technischen Systemen einer klaren Determination. In der Theorie der Organisationsentwicklung und des Change-Managements spricht man von Kontingenz, was bedeutet, dass trotz aller Planungsmethoden und Steuerungstechniken Veränderungsprozesse grundlegend ergebnisoffen sind. Man kann nicht genau vorhersagen, was bei einem Veränderungsprozess erreicht wird, wie er ausgehen wird und was nicht erreicht werden kann.

Alle Verantwortlichen für Veränderungsprozesse müssen sich der Tatsache stellen, dass wirtschaftliches und organisatorisches Handeln immer Handeln unter Risiko ist. Selbstverständlich werden sie bestrebt sein, die anfangs formulierten Ziele erreichen zu wollen. Dennoch sind permanente Anpassungen und Nachjustierungen notwendig und sollten von Beginn an mitgedacht und „eingeplant" werden. Es kann sein, dass die externen Einflüsse während einer organisatorischen Veränderung weiter wirken. Diese Einflüsse können dazu führen, dass eine Veränderung plötzlich schneller oder breiter durchgeführt werden muss, dass doch ein höherer Betrag investiert werden muss oder, im Gegenteil, das Budget eher reduziert werden muss. Es gibt nur eine geringe Planungssicherheit, da viele Dinge ständig im Umbruch sind.

Diese unterschiedlichen Einflussfaktoren, ihre Dynamik und ihre Wechselwirkungen werden unter dem soziologischen Begriff der Komplexität zusammengefasst. Der Begriff bringt zum Ausdruck, dass die Beziehungen der einzelnen Elemente, ihre Interaktionen und Rückkopplungen nicht mehr direkt zu erkennen sind, sie unterliegen einem permanenten Wandel und generieren dadurch eine neue Qualität (vgl. Czerwick 2012, S. 207).

Wenig Hilfe von der Organisation: Unsicherheiten müssen individuell bewältigt werden

Kontingenz und Unsicherheit werden weder von einer Organisation noch von der Leitung oder den Mitarbeitenden geschätzt. Alle versuchen vielmehr, durch die Interpretation von Daten und den Einsatz von professionellen Instrumenten ihre Handlungssicherheit zu erhöhen bzw., soziologisch gesprochen, die Komplexität zu reduzieren. Dennoch: Die Verwandlung von Unsicherheit in Sicherheit funktioniert nur begrenzt. Folglich bringen nicht nur organisatorische, strukturelle oder technische Veränderungen Stress für alle Beteiligten, diese müssen zudem den psychischen und physischen Stress eines ergebnisoffenen Veränderungsprozesses individuell verarbeiten und bewältigen.

Dabei ist es kaum vorhersagbar, wie Mitarbeitende auf Veränderungen reagieren. Das Spektrum reicht von „Endlich mal etwas anderes" über „Darauf haben wir schon lange gewartet" bis hin zu „Bloß nicht" oder „Auf keinen Fall".

Mitarbeitende erwarten von Führungskräften Antworten, die diese selbst oft nicht haben

Führungskräfte sind in Sachen Stressbewältigung gleich mehrfach gefordert. Sie werden als Beispiel angesehen, ihr Verhalten wird von Mitarbeiterinnen und Mitarbeitern genau beobachtet, begutachtet und oftmals übernommen. Führungskräfte, die Hektik ausstrahlen, Anforderungen nicht bewältigen oder permanent in Zeitnot sind, bieten für eine positive Stressbewältigung ein fragwürdiges Vorbild. Dabei übertragen viele Führungskräfte ihr Verhalten auch noch als Erwartung an die nächste Ebene, die ihrerseits meint, die Erwartungen erfüllen zu müssen – und sich vergleichbar verhält. Auf diese Weise entsteht in Organisationen schnell eine stressverstärkende Rückkopplung, bei der sich nach kurzer Zeit die Assoziation von Henne und Ei und der Frage „Wer war zuerst da?" aufdrängt. Alle Beteiligten können sich dem Stress nicht mehr entziehen.

Für Führungskräfte ist eine solche Situation insbesondere dann eine Herausforderung, wenn sie selbst von Unsicherheit ergriffen werden und den Druck der Ungewissheit physisch wie psychisch spüren. Daher sollten sie ihr Verhalten und ihre Haltung regelmäßig reflektieren, sich öfter Feedback einholen und die Wirkung ihres Auftretens überdenken. Hierfür bieten sich Auszeiten, Seminare oder Coachings an. Darüber hinaus sind die kollegiale Kommunikation auf gleicher Ebene und die Rücksprache mit der eigenen Führungskraft notwendig. Führungskräfte müssen sich darüber austauschen, ob ihre Wahrnehmungen eher individuell sind, ob andere eine gleiche Wahrnehmung haben und was man ggf. gemeinsam machen kann. In einer derartigen Situation ist die Organisationsleitung gefordert, sich mit den Überlegungen und Sorgen der Führungskräfte zu beschäftigen.

Allerdings gibt es genügend Beispiele, in denen auch eine Organisationsleitung keine überzeugenden Versprechen formulieren kann. In diesem Moment ist das offene Bekenntnis, dass sich alle in einer unsicheren Phase befinden, eine faire Aussage. Dieses Statement kann mit dem Wunsch verbunden werden, Spannungen, Unklarheiten und Unwägbarkeiten gemeinsam zu bewältigen.

1.3.1 Change-Management ist selten stressfrei

Führungskräfte sind ein Motor des Wandels, sie bestimmen die Geschwindigkeit, die Richtung und den Takt. Für die erfolgreiche Umsetzung von Veränderungen benötigen sie in besonderem Maße sozial-kommunikative Veränderungskompetenzen. Ein aktuelles Führungsmodell fasst diese Anforderungen mit der transformationalen Führung passend zusammen (vgl. Hofmann/Strikker Leading Change).

Veränderungsfähigkeit wird gefordert, aber nicht trainiert
Die Bewältigung von Stress wird in einem großen Maße von den Rahmenbedingungen bestimmt, in denen der Stress auftritt. Organisationen haben eine besondere Verantwortung, die Stressbewältigung für ihre Mitglieder zu steuern und zu erleichtern.

Veränderungen erfordern besondere Kompetenzen von den Beteiligten. Offen bleibt allerdings häufig, wo sie diese Kompetenzen erlernt haben sollen. Gefordert sind überwiegend kognitiv erlernte, aber auch emotional ausgeprägte Fähigkeiten und Fertigkeiten, mit denen Menschen Probleme lösen können. Eine Organisation sollte bewusst entsprechende Lernanreize und Lernmöglichkeiten anbieten, die von Mitarbeitenden genutzt werden können. Derartige Angebote können sein: Zeiten für Lernphasen in Seminaren oder Workshops, Coaching für ausgewählte Personen, Diskussionsrunden zum kreativen Austausch. Weitere Instrumente sind z.B. neue Arbeitszeitmodelle als Anpassung an neue Wertvorstellungen und neue Kommunikationsstrukturen.

Unterstützende Impulse können von den Führungskräften gegeben werden, die ihre Mitarbeitenden immer wieder zu neuen Überlegungen anregen, in den persönlichen Dialog gehen, bei Fehlern eine neue Lösung entdecken wollen oder selbst ungewohnte Fragestellungen aufgreifen. Durch dieses Verhalten kann eine Veränderungskultur angestoßen und eingeleitet werden, die durch die Akzeptanz von Unsicherheit, das bewusste Eingehen von Risiken oder die direkte Anerkennung für persönliche Veränderungsschritte geprägt wird. Wenn Mitarbeitende erkennen, dass ihnen der Rücken gestärkt wird, um Neues zu wagen, ist ein Grundpfeiler für Veränderung gelegt.

Die Organisation kann die Lernbereitschaft der Mitarbeitenden durch entsprechende Lernangebote entscheidet fördern. Eine dauerhafte Veränderungsfähigkeit der Mitarbeitenden in einer Organisation ist ein wichtiger Indikator, um Veränderungen wirklich realisieren zu können. Veränderungsmöglichkeiten herzustellen und anzubieten, ist Aufgabe der Organisation. Sind diese Möglichkeiten gewährleistet, kann sich eine lebendige Veränderungskultur entwickelt, die die Veränderungsbe-

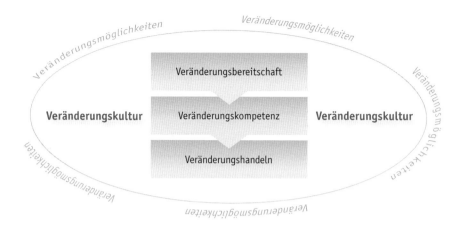

Abb.: Veränderungskultur

reitschaft der Mitarbeitenden fördert, ihre Veränderungskompetenzen erhöht und damit das Veränderungshandeln verbessert (siehe Abb.). Dann verstärken sich die einzelnen Elemente und ermöglichen insgesamt ein höheres Veränderungsniveau der Organisation.

Quellen, Literaturhinweise

- Czerwick, E. (2012): Komplexität. In: Wirth, J. V./Kleve, H. (Hrsg.): Lexikon des systemischen Arbeitens. Grundbegriffe der systemischen Praxis, Methodik und Theorie. Heidelberg: Carl Auer.
- Hofmann, M./Strikker, F. (2013): Leading Change. Studienheft der Euro-FH Hamburg zum Masterstudiengang Business Coaching und Change Management. Hamburg.
- von Rosenstiel, L./Erpenbeck, J. (2003): Handbuch Kompetenzmessung. Erkennen, verstehen und bewerten von Kompetenzen in der betrieblichen, pädagogischen und psychologischen Praxis. Stuttgart: Schäffer-Poeschel.

Gemeinsam gegen Stress

Wie die Partizipation in Organisationsentwicklungs- und Change-Prozessen gelingen kann – eine Fallbeschreibung aus dem Jobcenter Arbeit*plus* Bielefeld

Von Rainer Radloff und Ralph Lauhoff-Baker

Wenn Organisationen beginnen, ihre Strukturen und Prozesse infrage zu stellen und verändern zu wollen, gibt es ein auslösendes Moment. Dies kann das Überschreiten einer Belastungsgrenze sein, ein Umstand, der ein „Weiter so" unmöglich macht. Oder es ist im positiven Falle eine grundlegende Veränderung der (Rahmen-)Bedingungen der Organisation – und damit eine Chance. In diesem Beispiel – dem Organisationsentwicklungsprozess des Jobcenters Arbeit*plus* Bielefeld – ist beides der Fall. Die den Wunsch nach Veränderung auslösenden Faktoren, die Belastung der Organisation und ihrer Mitglieder auf der einen Seite und die sich plötzlich ergebende Möglichkeit zur Weiterentwicklung auf der anderen, haben einen maßgeblichen Einfluss auf das, worum es hier gehen soll: wie die Beteiligung der Mitarbeiterinnen und Mitarbeiter an einem beginnenden Organisationsentwicklungsprozess gelingen kann.

Organisationsentwicklung (erst) nach der Organisationsreform

Im Jobcenter Arbeit*plus* Bielefeld begann der Organisationsentwicklungsprozess im Herbst 2011 unter dem Motto „Selbstständig denken – gemeinsam handeln", das sowohl den Wunsch nach möglichst weitreichenden Freiheitsgraden der Organisationsmitglieder widerspiegelt als auch die Anforderung, die gefundenen Lösungen gemeinschaftlich in der Organisation umzusetzen.

In fünf Mitarbeiter- und drei Führungskräfteforen wurden durch alle Mitarbeiterinnen und Mitarbeiter zentrale Handlungsfelder als Grundlage für die Einrichtung von Projekt- und Arbeitsgruppen gesucht. Bereits in der ersten dieser jeweils ganztägigen Veranstaltungen (und in den darauf folgenden immer wieder) gab es eine zentrale, klare Rückmeldung der Beschäftigten: den Wunsch, arbeitsbedingten Stress und Stressfaktoren abzubauen und neue Wege zum Umgang mit der Arbeitsbelastung zu finden. Daneben gab es weitere organisatorische und personalpolitische Themen, die parallel bearbeitet wurden. Aus diesem Wunsch resultierte die Beteiligung des Jobcenters Arbeit*plus* Bielefeld am Projekt „Kompass – Stress-Management".

Komplexe Aufgaben, viel Arbeit, wenig Einfluss – externe Stressoren im Jobcenter

Einer der zentralen Faktoren, die die Arbeit der Organisation Jobcenter ausmachen, ist die *Komplexität der Arbeit*. Jobcenter gehen von einer Einarbeitungszeit von mindestens einem Jahr bei zuvor akademisch qualifizierten Fachkräften aus. Hinzu kommen über 60 Gesetzesänderungen allein in den ersten zehn Jahren nach der Gesetzesreform. Bei der ohnehin schon anspruchsvollen Materie verlangt dies von den Beschäftigten viel Lernbereitschaft und Flexibilität. Die Einhaltung der zahlreichen Vorgaben wird zudem engmaschig überprüft.

Neben den Ansprüchen an die Qualität der Arbeitsleistung ist auch die *Quantität der Arbeitslast* seit Jahren hoch. Sie drückt sich in der Zahl der Fälle aus, die durch die Beschäftigten in den operativen Bereichen Geldleistungen sowie Beratung und Vermittlung bewältigt werden müssen. Die aufwendige Einarbeitung muss während des laufenden Betriebes durch die Mitarbeiterinnen und Mitarbeiter erfolgen, die bereits ein hohes Arbeitsaufkommen haben. Angesichts dieser hohen Belastung verlassen auch zahlreiche gut qualifizierte und unbefristet Beschäftigte das Jobcenter. Das Maß der Mitarbeiterfluktuation und die geminderte Produktivität aufgrund von Einarbeitungen sind wesentliche Belastungen, mit denen sich die Organisation Jobcenter auseinandersetzen muss.

Ein hoher Stress entsteht durch die *Wahrnehmung und Einordnung der Situation* im Jobcenter. Im Blick zurück stellen die Mitarbeiterinnen und Mitarbeiter fest, dass die Belastungen bereits seit Jahren existieren und bisher nur wenige Entlastungen geschahen. Zu einer wahrgenommenen Erschöpfung aufgrund des Dauerzustands einer hohen Arbeitsbelastung kann eine Resignation hinzutreten, die dann schwer aufzulösen ist.

Diese drei genannten Stressoren – die Komplexität der Materie, die Quantität der Arbeit und die Unentrinnbarkeit aus der Misere – werden von den Mitarbeiterinnen und Mitarbeitern als „Hard Facts" und damit als zentrales Problem beschrieben, wenn sie von ihrer belastenden Arbeit im Jobcenter sprechen. Zudem wirkt als zusätzlicher Stressor zumindest indirekt das schlechte Image der Arbeit in der Öffentlichkeit.

1.3.2 Gemeinsam gegen Stress – eine Fallbeschreibung

Die eigene Haltung, wenig Erfahrung – interne Stressverstärker

Zu den externen Stressoren kommen Aspekte, die weitaus weniger von Mitarbeiterinnen und Mitarbeitern betrachtet und beschrieben werden. Sie setzen eine kritische Auseinandersetzung mit den eigenen Haltungen voraus und erfordern die Aufgabe der rein passiven Rolle. So teilen beispielsweise viele Beschäftigte in der Grundsicherung die Einschätzung, dass ihr Arbeitsalltag in sehr hohem Maße durch bundesweite Weisungen fremdbestimmt ist. Zeiten zur Entlastung und zum bewussten Umgang mit Stress werden kaum gesehen.

Durch die hohe Personalfluktuation arbeiten sehr viele junge Beschäftigte im Jobcenter. Diese sind in der Regel hoch qualifiziert, verfügen aber über eine geringe Berufserfahrung und können folglich nur in geringem Maße auf positive Erfahrungen im Umgang mit beruflichem Stress bzw. mit der Bewältigung von Stresssituationen zurückgreifen.

Die Arbeit im Jobcenter stellt zudem eine hohe soziale Herausforderung für jede Mitarbeiterin und jeden Mitarbeiter mit Kundenkontakt dar. Das zentrale gesellschaftliche Problem – Arbeitslosigkeit – in allen individuellen Ausprägungen, zahlreiche schwere Problemlagen bei den Kundinnen und Kunden müssen tagtäglich ausgehalten, das Mitgefühl mit den Betroffenen mit den Weisungen und Zielvorgaben des SGB II in Einklang gebracht werden.

Diese Aspekte sind Stressoren, die durch die Haltung und Handlungen der Mitarbeiterinnen und Mitarbeiter beeinflussbar sind.

Stressoren zu managen heißt, die Organisation zu entwickeln

Es gibt also zahlreiche Stressoren, unter denen die Arbeit im Jobcenter zu betrachten ist. Ihre Menge kann beim Kampf gegen berufsbedingten Stress entmutigen und an Windmühlen denken lassen. Oder aber eine Organisation nutzt die hohe Zahl ihrer Akteurinnen und Akteure, um mehrere Handlungsfelder zu identifizieren und viele Lösungen anzugehen.

Die unabänderlichen Herausforderungen der Arbeit in der Grundsicherung resultieren in erheblichem Maße aus der Komplexität und der Dynamik des Geschehens in der Organisation. Im folgenden Dynaxity-Modell (der Begriff setzt sich zusammen aus Dynamics und Complexity) nach Rieckmann (1997) konnten Führungskräfte des Jobcenters ihre Wahrnehmung der Arbeitswelt beschreiben (siehe Abb., S. 44): Komplexe Entscheidungen sind unter einem hohen Zeitdruck zu treffen. Das Geschehen in der Organisation Jobcenter ist turbulent und viel-

I. Stress-Management und Change-Management

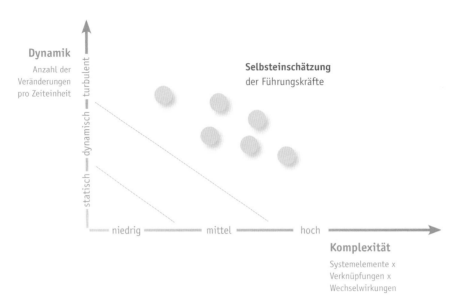

Abb.: Dynaxity-Modell nach Rieckmann

schichtig. Dies erzeugt zwangsläufig Stress, der sich allerdings dann besser bewältigen lässt, wenn deutlich wird, dass Oberziele verfolgt und erreicht werden und die Belastung nicht als „sinnloses" Opfer erscheint.

Eine solche beschriebene Situation lässt sich nur dann bewältigen, wenn sich das Jobcenter weiterentwickelt: hin zu einer Lernenden Organisation, deren Ziel es ist, ihre Mitglieder handlungsfähig zu machen, in der Dynamik komplexe Probleme eigenständig im Sinne des Ziels der Organisation zu lösen. Beschäftigte und Teams müssen dabei unterstützt werden, im vorgegebenen Rahmen eigenständig zu handeln.

Herausforderung: Mit dem Change die Emotionen managen

Zunächst müssen die Führungskräfte für das Projektvorhaben gewonnen werden. Sie als „Stakeholder" sind die zentralen Akteure, um den Beschäftigten den Sinn der Aktivitäten zu vermitteln, sie zu ermutigen und einzuladen sich zu beteiligen. Ihre Aufgabe ist es, Change-Management als Führungsaufgabe zu begreifen und anzunehmen. Sie müssen gegenüber ihren Mitarbeiterinnen und Mitarbeitern den Veränderungsprozess als Chance kennzeichnen und mit ihnen ein neues Verständnis, neue Einstellungen und zum Teil neue Werte zum gemeinsamen Handeln entwickeln. Das „von oben" angeordnete Aufgeben des Alten, Bekannten und vermeintlich Bewährten erzeugt bei vielen Beschäftigten Sorgen, nicht selten Ablehnung und Emotionen bis hin zu

1.3.2 Gemeinsam gegen Stress – eine Fallbeschreibung

Wut. Die Übergangszeit ohne akzeptierte neue Regeln führt eventuell zu Unruhe, Ungewissheit und Verwirrung. Andere Beschäftigte sind positiv eingestellt und gehen teils mit Übereifer Veränderungen an: „Endlich passiert was!" Diese Spannungen und hoch emotionalen Prozesse müssen von den Führungskräften wahrgenommen, akzeptiert und ausgehalten werden. Grund für das Scheitern vieler Organisationsentwicklungsprozesse ist das Ignorieren der emotionalen Komponenten.

Erfolgsfaktoren für eine gelungene Beteiligung in OE- und Change-Prozessen

Den Auftakt der Beteiligung der Mitarbeiterinnen und Mitarbeiter am Organisationsentwicklungsprozess und dem daraus hervorgegangenen Stress-Management bildeten die eingangs erwähnten fünf Mitarbeiterforen an einem externen Veranstaltungsort. Diese Möglichkeit zur Mitwirkung war für zahlreiche Beschäftigte neu und herausfordernd. Neben der ungewohnten teamübergreifenden Arbeit in fremden Settings verlangte vor allem das neue Maß der Beteiligung den Beschäftigten und der Organisation viel Offenheit und Veränderungsbereitschaft ab. Das Verlassen der „Komfortzone", aus der betrachtet „die da oben" für alle negativen Begleitumstände der Arbeit verantwortlich zu machen waren, bedeutete Verantwortung für das Gelingen des Prozesses zu übernehmen. Dieser Paradigmenwechsel produzierte bereits zu einem frühen Zeitpunkt viel Reibung: Ein nennenswerter Anteil der Beschäftigten lehnte den Rollenwechsel mit der Begründung ab, die Ergebnisse der Veränderungsprozesse seien durch die Geschäftsführung bereits vorgegeben.

Die Geschäftsführung als notwendiger Machtpromoter tat deshalb gut daran, sowohl die Herausforderungen des Rollenwechsels ernst zu nehmen und den beteiligten Akteuren genügend Zeit einzuräumen als auch den Rahmen der Freiheiten wie die Grenzen ihrer Entscheidungsbefugnisse genau zu erläutern. So sollte glaubhaft kommuniziert werden, dass die identifizierten Änderungsbedarfe auch angegangen werden. Gleichzeitig müssen aber klar Grenzen gesetzt und benannt werden, wenn die durch die Geschäftsführung verantworteten Ziele mitunter konkrete Vorgaben für die ausarbeitenden Projektgruppen bedeuten. Bleiben den Mitarbeitenden diese grundsätzlichen Einschränkungen ihrer Handlungsfreiräume aufgrund der Geschäftsführungsvorgaben unklar, besteht das Risiko, dass während des gesamten Entwicklungsprozesses immer wieder Konflikte über vermeintlich spontane und willkürliche Vorgaben auftauchen und zu Belastungen führen.

Neben dem **Machtpromoter**, der die Umsetzung der Projektergebnisse verantwortet, bedarf es eines **Fachpromotors**, des fachlichen Verantwortlichen, der im hier beschriebenen Fall die Projektleitung im Jobcenter Arbeit*plus* Bielefeld übernommen hat. Aufgabe des Fachpromoters ist es, das Gelingen des Projektvorhabens aufgrund seiner Kompetenz für das Thema zu gewährleisten. Bei seiner Steuerung des Vorhabens bieten sich Chancen zur Beteiligung von Mitarbeitenden aus den relevanten Organisationsbereichen in der Steuerungsgruppe, um den Projektzielen durch eine breite Aufstellung fachlich gerecht zu werden.

▶ *Partizipation im Projekt ...*

Die Partizipation möglichst vieler Mitglieder der Organisation geschah also auf und in mehreren Stufen. Nach den beschriebenen Mitarbeiterforen zur Identifikation von Problemen und von Handlungsstrategien für alle Beschäftigten konnten sich auf der Ebene der Projektgruppen besonders am jeweiligen Thema Interessierte oder aufgrund ihrer Position relevante Akteure einbringen. Die Einbindung dieser Personen bedeutete nicht nur die Anerkennung ihrer Eignung und ihres Engagements, sondern strahlte auch auf die Organisationsmitglieder aus, die um ihre Verbundenheit mit dem bearbeiteten Schwerpunkt wussten.

▶ *... oder aktiv in einer Steuerungsgruppe*

In besonderem Maße trifft dies auf die Stress-Lotsen, also die internen Multiplikatoren zu, die aus der Belegschaft durch ein Interessenbekundungsverfahren gewonnen werden konnten. Sie führen die internen Seminare zum Stress-Management für ihre Kolleginnen und Kollegen durch und sorgen so für die Akzeptanz des Projektes als organisationseigene Unternehmung. Ihnen kommt zudem die Aufgabe zu, mit ihrem Know-how das Stress-Management-Konzept für das eigene Jobcenter auszugestalten und dauerhaft in der Organisation zu verankern.

An den durch die Stress-Lotsen durchgeführten Seminaren nehmen wiederum alle Beschäftigten und Teams des Jobcenters teil. In Abschlussrunden mit der Geschäftsführung erhalten sie die Gelegenheit, dem Machtpromoter sowohl bereits länger belastende als auch im Rahmen des Seminars neu identifizierte organisationsbedingte Stressoren und Lösungen zur Kenntnis zu bringen. Das direkte Gespräch ermöglicht es, ohne große Verluste an Informationen und emotionaler Betroffenheit über die verschiedenen Hierarchieebenen hinweg, zentrale Punkte der persönlichen Belastung deutlich zu platzieren. Diese direkten Feedback-Schleifen zwischen Mitarbeitenden und Geschäftsführung wurden aufgrund der starken positiven Wirkung für vergleichbare Veranstaltungsangebote eingeführt.

1.3.2 Gemeinsam gegen Stress – eine Fallbeschreibung

Eine wichtige Rolle über die direkte Einbindung der Beschäftigten hinaus spielt eine ausreichende Information über aktuelle Entwicklungen und die Einflussmöglichkeiten der Geschäftsführung auf die Rahmenbedingungen der Arbeit im Jobcenter. Als neue Kommunikationswege im Jobcenter Arbeit*plus* Bielefeld wurden ein Vertrauensleutesystem und ein interner Blog eingerichtet, welcher mittlerweile zu einem Intranet mit Forengruppen weiterentwickelt wurde. Die Beschäftigten erhielten dadurch weitere Möglichkeiten zu einem direkten Austausch über die organisationalen Ebenen und Bereichsgrenzen hinweg.

Bei Betrachtung der Ziele, die mit der Einführung eines Stress-Management-Konzepts verfolgt werden, wird deutlich, wie wichtig die Partizipation der Mitarbeitenden ist. Was immer im Rahmen des Projektes unternommen wird, es geht um die Bedürfnisse jedes einzelnen Beschäftigten und der kleinsten Organisationseinheiten, der Teams:

Organisational (Teams)
- Es gilt, die Punkte im Jobcenter zu identifizieren, an denen Belastungen abgebaut werden können, und an diesen Stellen substanzielle Verbesserungen herbeizuführen.
- Teams sollen in die Lage versetzt werden, die Zusammenarbeit dahingehend zu verbessern, dass Belastungen reduziert werden.

Personenbezogen
- Mitarbeiterinnen und Mitarbeiter des Jobcenters sollen lernen, besser mit organisatorischem, aber auch individuellem Stress umzugehen.
- Es soll eine „radikale Akzeptanz" innerhalb der Organisation für unabänderliche Herausforderungen der Arbeit im Jobcenter erreicht werden.

Das Konzept der „radikalen Akzeptanz" beschreibt Strategien zum Umgang mit verschiedensten Belastungen wie physikalischen, körperlichen, sozialen und Leistungs-Stressoren. Nach diesem Konzept sind die Akteure in der Lage, belastende Bedingungen dahingehend zu unterscheiden, ob sie der unmittelbaren Einflusssphäre unterliegen, unter Umständen mittelbar (mit-)beeinflussbar oder aber selbst durch das Handeln in der eigenen Organisation nicht zu ändern sind. Durch einen „inneren Frieden" mit diesen unveränderlichen Stressoren kann der Kampf gegen Windmühlen und die damit verbundene unnötige Verschwendung von Energie vermieden werden.

Die Auswirkungen des gedanklichen Umschwenkens von einer stetigen kritischen Haltung hin zum Arrangieren mit nicht veränderbaren Gegebenheiten (bei gleichzeitigem Vertrauen in die Veränderungskompetenz von sich selbst und anderen) sind enorm – sowohl was die persönliche Stressbelastung als auch was den organisationalen „Frieden" betrifft.

Fazit: Nicht alles gelingt, aber es verändert sich viel

Partizipation in Organisations- und Change-Prozessen – hier beschrieben am Projekt „Kompass" zu Einführung eines Stress-Management-Systems im Jobcenter Arbeit*plus* Bielefeld – ist mehr als eine lohnende Herausforderung. Die frühe, dauerhafte und mehrdimensionale Information und Beteiligung von Mitarbeiterinnen und Mitarbeitern ist dabei von grundlegender Bedeutung für das Gelingen des Vorhabens, die Organisation weiterzuentwickeln. Bereits bei der Konzeption sollte die Frage immer mitlaufen, wie alle Organisationsmitglieder eingebunden werden können.

Wenn die Partizipation zumindest eines umfangreichen Teils der Beschäftigten alternativlos ist, muss den Akteuren selbstverständlich auch Zeit, Geduld und Raum gewährt werden. Für das Jobcenter Arbeit*plus* Bielefeld lassen sich nach über drei Jahren einer neuen Form von Mitarbeiterpartizipation folgende Erfahrungen festhalten:

▸ Auch wenn nicht alle Mitarbeiterinnen und Mitarbeiter erreicht bzw. für die aktive Mitwirkung am Veränderungsprozess gewonnen wurden, so ist doch eine andere Organisationskultur entstanden. Unter einem Großteil der Beschäftigten gibt es mittlerweile nicht nur eine neue Offenheit für Veränderung, sondern auch die Bereitschaft, an der Suche nach neuen Lösungen mitzuwirken und Verantwortung für die Ergebnisse zu übernehmen.

▸ Indem bestimmte Rahmenbedingungen durch die Auseinandersetzung mit den organisationalen Belastungen als unveränderlich identifiziert wurden, kam es zunächst zu Momenten der Desillusionierung und Dämpfung der Motivation. Auf lange Sicht lässt sich jedoch positiv feststellen, dass heute weit weniger Energie für „sinnlose" Diskussionen über nur vermeintliche Chancen verwendet wird.

▸ Der Prozess hat den Blick für Herausforderungen geöffnet, die es noch zu bearbeiten gilt. So steht nach der Verabschiedung von Leitlinien zur Zusammenarbeit und Führung im Jobcenter Arbeit*plus* Bielefeld die Diskussion um das Kundenbild und das Verständnis als Dienstleister an.

Ist eine ausreichende Zahl an Mitarbeiterinnen und Mitarbeitern für den Veränderungsprozess gewonnen, muss die Geschäftsführung bzw. der Machtpromoter schließlich mit den eigenen Ansprüchen großzügig sein. Es kann nicht alles gelingen und die Ergebnisse sind mitunter ganz andere, als erwartet. Die Enttäuschungen wiegen schwerer als die Erfolge, weshalb es Letztere zu feiern und zu wiederholen gilt.

Aufgabe des Machtpromotors ist es schließlich, den Spagat zwischen „Begeisterung wecken" und „Enttäuschungen vermeiden" auszuhalten. Dies gelingt nur, wenn sich die Geschäftsführung genauso wie die Mitarbeitenden ständig hinterfragt und ihr eigenes Handeln reflektiert.

Strategisches Stress-Management als Projekt einführen

Strategisches Stress-Management spezifisch und bedarfsorientiert implementieren, Rollen und Verantwortlichkeiten klären – und ein Fallbeispiel

Von Mathias Hofmann, Henning Matthes und Frank Strikker

Die Einführung eines strategischen Stress-Managements ist für die Organisation keine alltägliche Linienaufgabe, für die die Zuständigkeiten in den Stellenbeschreibungen geregelt sind. Vielmehr handelt es sich um eine organisatorische Innovation mit nicht eindeutig bekanntem Ausgang, für die neue Verantwortlichkeiten und eine eigene Vorgehensweise geschaffen werden müssen. Kurz gesagt: Es ist ein Projekt. Bekannt sind in der Regel die Zielstellung, der Zeitraum und der Ressourcenbedarf. Und nun gilt wie immer im Projektmanagement: Die Gliederung in Teilprojekte und Arbeitspakete, die Organisation mit Rollen und Verantwortlichkeiten, die Planungsmethode und das Controlling, die Steuerung, einzelne Maßnahmen und die Kommunikation sind so zu wählen, dass das Ziel erreicht wird. Und das lautet: Strategisches Stress-Management so zu implementieren, dass es zukünftig als eine selbstverständliche Daueraufgabe für Organisationen in ständigen Veränderungen verstanden und wahrgenommen wird.

1. Architektur und Meilensteine

Je nach Größe der Organisation, besonderer Belastungssituation und verfügbarer Zeit oder Ressourcen kann das Projekt sehr unterschiedlich dimensioniert sein. In manchen Fällen gilt es, in kürzester Zeit und mit geringem Aufwand die Organisation einmal zu aktivieren und dann den Prozess weiterzutreiben. Dafür können in einer überschaubaren Organisation mit bis zu 500 Beschäftigten eventuell schon 100 Tage mit 100 Aktiven (siehe Beispiel unten) die richtige Wirkung erzielen. In anderen Zusammenhängen ist ein über zwei Jahre gestrecktes Projekt sinnvoll, das die Kultur der Organisation hin zu einer resilienten Organisation weiterentwickelt. In beiden Fällen bleibt das nachhaltige strategische Stress-Management das Ziel.

1.4 Strategisches Stress-Management als Projekt einführen

Unabhängig von der Dimension handelt es sich bei einem strategischen Stress-Management-Projekt um eine teilweise offene Aufgabenstellung: Ziel ist es, die Belastungen für die einzelnen Beschäftigten zu verringern, Teams zum Umgang mit Stress zu befähigen und die Gesamtorganisation veränderungsfähig aufzustellen. Im Großen und Ganzen sind Schulungen für Mitarbeitende und Führungskräfte zu erwarten, die Weiterentwicklung von Kommunikation und Projekt-/Prozesslandschaften, dazu Veränderungen in der Organisation oder von Rahmenbedingungen für bestimmte Tätigkeitsbereiche. Erfahrungsgemäß werden immer auch unerwartete Themen erkannt und münden in innovative Ideen. Welche einzelnen Stressoren und internen Stressverstärker zu bearbeiten sind und wie die Module der Organisations- und Personalentwicklung ganz genau aussehen, ist also zu Beginn noch unbekannt. Erst nach der Analyse kann eine Detailplanung für Seminare und Workshops stattfinden und können Arbeitsgruppen für organisationale Teilprojekte beauftragt werden.

Außerdem können wir von einem zumindest mittleren Komplexitätsgrad ausgehen, da verschiedenste Interessengruppen (Geschäftsführung, Führungskräfte, einzelne Bereiche und Abteilungen, die Vertretung der Beschäftigten) zum Generalthema „Stress" mit Sicherheit unterschiedliche, wenn nicht divergierende Interessen haben.

Wie auch im Change-Management empfiehlt sich daher eine iterative Vorgehensweise. Die Architektur ist bekannt (siehe Abb. 1), dann wer-

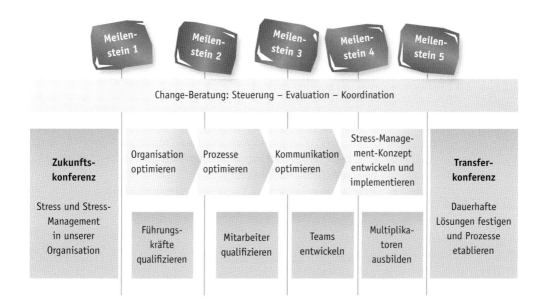

Abb. 1: Architektur eines Stress-Management-Projekts mit Meilensteinen

Meilenstein	Anforderungen definiert	Maßnahmen umgesetzt
1	▶ Optimierung der Organisation, der Prozesse und der Kommunikation –> Arbeitsgruppen sind beauftragt ▶ Führungskräfte-Trainings sind im Detail geplant	▶ Analyse zu Stress in der Organisation ▶ Gesamtziele sind definiert ▶ „Quick Wins" bezüglich Organisation/Prozessen und Kommunikation sind realisiert
2	▶ Mitarbeiter-Trainings sind im Detail geplant	▶ Führungskräfte-Trainings sind abgeschlossen
3	▶ Teamentwicklungen sind im Detail geplant ▶ Stress-Lotsen sind ausgeschrieben ▶ Anforderung an Konzept ist definiert ▶ Konzeptentwicklung ist beauftragt	▶ Relevante Zahl von Mitarbeiter-Trainings ist abgeschlossen
4	▶ Stress-Lotsen Qualifizierung ist im Detail geplant	▶ Relevante Zahl von Teamentwicklungen ist abgeschlossen
5	▶ Anforderung an Transfer ist definiert ▶ Fortführung des strategischen Stress-Managements nach der Projektphase ist definiert ▶ Transferkonferenz ist geplant	▶ Stress-Lotsen sind qualifiziert ▶ Maßnahmen zur Optimierung von Organisation/Prozessen und Kommunikation sind abgeschlossen ▶ Konzept ist verabschiedet

Tab.: Meilensteinplan

den die einzelnen Maßnahmen Schritt für Schritt geplant, sobald im Laufe des Projektes die Anforderungen erarbeitet sind. Der Meilensteinplan macht die unterschiedlichen Fortschritte der Anforderungs- und der Maßnahmenentwicklung deutlich (siehe Tab.).

2. Organisation, Rollen und Verantwortlichkeiten

Eine besondere Beachtung verdient von Beginn an die notwendige Verzahnung der Aufgabenfelder und Schnittstellen. Nur wenn die jeweiligen Verantwortlichen Hand in Hand arbeiten, kann ein erfolgreiches Stress-Management konzipiert und umgesetzt werden. Zentrale Prinzipien sind dabei:

▶ Jede Ebene (Organisation, Führungskräfte, Mitarbeiterinnen und Mitarbeiter) ist verantwortlich.
▶ Jede Ebene muss sich zu ihrer Verantwortung bekennen.
▶ Eigeninitiative und Ressourceneinsatz sind auf jeder Ebene notwendig.

Die Personen, die für die Steuerung verantwortlich sind, haben zudem die Aufgabe, den Kommunikationsprozess des Gesamtprojekts in der Organisation zu gestalten. Diese einzurichtende Steuerungsgruppe

1.4 Strategisches Stress-Management als Projekt einführen

bildet die zentrale Steuereinheit eines Stress-Management-Projektes und fungiert sozusagen „als Spinne im Netz". Sie regelt die Beteiligung und macht alle prozessrelevanten Personen auf ihre Möglichkeiten aufmerksam, neue Umgangsweisen zu besprechen und zu realisieren. Bei ihr laufen die verschiedenen Sichtweisen und Informationen aller Beteiligten zusammen und werden im Hinblick auf ein der Organisation angepasstes Stress-Management bewertet und im weiteren Projektverlauf berücksichtigt.

Beim Monitoring des aktuellen Stressverhaltens in der Organisation und als Basis für den Aufbau eines erfolgreichen Stress-Managements sind einige wenige Prinzipien für die Steuerungsgruppe handlungsleitend:

1. Jede Ebene in einer Organisation erlebt ein anderes Stresslevel. Ihre Stressoren sind unterschiedlich ausgeprägt und beeinflussen ihre Denk- und Handlungsweisen.
2. Eine der bedeutsamsten Aufgaben und zugleich eine große Herausforderung besteht darin, jede Ebene dazu anzuleiten, ihre Verantwortung für einzelne Stressfaktoren zu erkennen und diese nicht ausschließlich bei allen anderen zu suchen.
3. Eigeninitiative und Ressourceneinsatz sind auf jeder Ebene notwendig. Mit dem Erkennen der Verantwortlichkeit geht einher, die Eigeninitiative und den Ressourceneinsatz zu reflektieren. Jede Ebene und folglich jede beteiligte Person werden aufgefordert, initiativ zu werden und den Einsatz ihrer Ressourcen zu überdenken.

Welche Rollen und Verantwortlichkeiten sind nun in einem solchen Projekt konkret zu vergeben und wie sehen die einzelnen Aufgabenbereiche aus?

Steuerungsgruppe

Die erwähnte Steuerungsgruppe sollte sich aus Vertreterinnen und Vertretern der Organisationsleitung, der Führungskräfte und der Mitarbeiterinnen und Mitarbeiter über die verschiedenen Abteilungen und aller beteiligten Arbeitsbereiche hinweg zusammensetzen. Eine maximale Heterogenität ist von großem Vorteil. Weiterhin ist die Integration der Arbeitnehmervertretung notwendig. Die Aufgaben der Steuerungsgruppe sind u.a.,

▶ den Gesamtprozess zu beobachten, zu monitoren, zu gestalten und zu reflektieren,
▶ die Zeit- und Budgetplanung im Auge zu behalten,

- Impulse für Innovationen, ungewohnte Perspektiven und kritische Überlegungen zu geben,
- Rückmeldungen der Beteiligten zu verarbeiten (ausführlicher Hofmann/Strikker 2007, S. 62).

Geschäftsführung/Leitung der Organisation

Die Geschäftsführung muss den Stress-Management-Prozess befürworten und gerade in kritischen Phasen als wichtig bewerten. Beim Start des Prozesses obliegt ihr die Aufgabe, die Zielsetzung zu formulieren und die ausreichenden Ressourcen freizugeben. Während des Prozesses ist sie aufgefordert, notwendige Maßnahmen und bereits Erreichtes zu würdigen sowie Erfolge herauszustellen.

Change-Berater/-in

Eine externe Change-Beratung unterstützt mit ihrem fachlichen Know-how, ihrer Change-Erfahrung und ihrer externen Sicht die Steuerungsgruppe und die interne Projektleitung, zudem berät sie die Geschäftsführung.

Interne Projektleitung

Eine interne Projektleitung bildet das Pendant zur Change-Beratung aus Sicht der Organisation. Sie wirkt als Ansprechpartner für die Change-Beratung und als Multiplikator in die Organisation hinein. Die persönlichen Anforderungen an die interne Projektleitung sind gute Kenntnisse über die internen Strukturen, Prozesse und Informationskanäle der Organisation, ein hohes Maß an Kommunikationsfähigkeit und die Fähigkeit, werbend und fördernd für das Projekt aufzutreten. Dies erfordert gleichermaßen die Akzeptanz bei Mitarbeiterinnen und Mitarbeitern wie bei Führungskräften und Geschäftsleitung. Für die Aufgaben der internen Projektleitung sind durch die Geschäftsleitung ausreichende zeitliche Ressourcen zur Verfügung zu stellen.

Konzeptgruppe

Zur Sicherung der Nachhaltigkeit und als Grundlage für die Weiterentwicklung des Stress-Managements in einer Organisation werden Grundsätze und Leitlinien in einem Konzept ausgearbeitet und festgeschrieben. Da die Konzeption zum Thema Stress-Management grundsätzliche Denkanstöße und Handlungsansätze für Führungskräfte wie Mitarbeiterinnen und Mitarbeiter liefert, ist an der Ausarbeitung sinnvollerweise jede dieser Ebenen beteiligt (siehe auch Kap. 1.6, S. 82).

1.4 Strategisches Stress-Management als Projekt einführen

Interne Stress-Lotsen (Interne Trainerinnen und Trainer)

Die Ausbildung interner Stress-Lotsen bildet das zentrale Element, um das Stress-Management-Konzept nachhaltig und langfristig in der Organisation zu implementieren. Interne Stress-Lotsen fungieren als Bindeglied zwischen den zunächst theoretischen Ansätzen im Change-Prozess, der von der internen Steuerungsgruppe moderiert wird, und der praktischen Umsetzung von Stress-Management durch die in der Organisation betroffenen und qualifizierten Mitarbeiterinnen, Mitarbeiter und Führungskräfte (siehe Kap. 6, S. 296 ff.).

Abteilungsleitungen bzw. mittleres Management

Aufgabe der Führungsmannschaft ist es, durch Kommunikation Klarheit und Transparenz über die Notwendigkeit von Veränderungen und die damit verbundenen Maßnahmen zu schaffen. Jede Führungskraft prägt nicht zuletzt durch ihr Führungsverständnis und ihr Vorbild entscheidend die Kultur und das Miteinander in ihrem Zuständigkeitsbereich. Führungskräfte, die selbst Wert auf eine gesunde Balance zwischen Arbeit und Privatleben legen, eine gute Pausenkultur pflegen und Angebote der Gesundheitsförderung wahrnehmen, wirken als Beispiele für Gesunderhaltung und den reflektierten Umgang mit Stress.

Verantwortliche für die kommunikativen Medien (z.B. Mitarbeiterzeitschrift, Intranet, Newsletter)

Jeder Change-Prozess steht und fällt mit der Art und Weise der Kommunikation und Information über Ziele, Planungsschritte, Umsetzungsfortschritte und Erfolge eines Projektes. Genauso verhält es sich bei der Einführung eines Stress-Management-Konzeptes. Eine verantwortliche Person für die Weitergabe und Verbreitung entsprechender Informationen sollte daher zu Beginn des Change-Prozesses benannt werden. Ihre Aufgabe ist die laufende informationelle Begleitung des Gesamtprozesses.

Funktioner (Personalrat, Gleichstellungsbeauftragte, Schwerbehindertenvertretung, …)

Der Personalrat, Gleichstellungsbeauftragte, die Vertretung für schwerbehinderte Menschen im Betrieb wie auch andere Vertreter interner Gremien (z.B. Beauftragte für betriebliches Gesundheitsmanagement, Vertrauenspersonen o.Ä.) sind wichtige Projektpartner. Idealerweise ist zumindest der Personalrat in der Steuerungsgruppe vertreten. Zu allen Funktionern im Hause sollte ein engmaschiges multilaterales Informationsnetz gesponnen werden.

3. Ein Beispielprojekt: 100 Tage – 100 Aktive

In einer Business-Unit in einem Konzern sind neben dem Geschäftsführer sechs Bereichsleiter, 35 Teamleiter und ca. 450 Mitarbeiter beschäftigt. Die Branche ist von Umwälzungen geprägt, die Business-Unit ist wirtschaftlich erfolgreich. Doch die hohen Leistungsanforderungen erweisen sich als zunehmend kritisch, die Fluktuation der Mitarbeiter ist auf hohem Niveau. Die Stimmung in der Belegschaft ist angespannt und droht zu kippen. Die Geschäftsführung sieht die Notwendigkeit, die Kommunikation in der Organisation zu verbessern und die Führungskräfte zum Thema Stress-Management zu schulen. Der Betriebsrat sieht diesen Bedarf ebenso, außerdem sieht er die Notwendigkeit, für die Belegschaft klare Absprachen zu Anforderungen und Umgang mit Stress zu erreichen. Im Konzern ist ein betriebliches Gesundheitsmanagement etabliert. Die Business-Unit hat einen strategischen Partner der zentralen Personalabteilung, der das Projekt unterstützen kann.

Die Verantwortlichen setzen auf einen schnellen und intensiven Projektverlauf (siehe Abb. 2) mit folgenden zentralen Bestandteilen und Prozessschritten:

1. Das Projekt wird von der **Geschäftsführung** initiiert. **Ziel** ist die schnelle Minimierung des empfundenen Stresses bei Führungskräften und Mitarbeiterinnen und Mitarbeitern sowie die Verringerung von Stressoren in der Organisation, in Prozessen und in der Kommunikation. Der **Nutzen** des Projekts ist eine erhöhte Effizienz, eine verbesserte Atmosphäre und Kultur und eine in die Zukunft reichende Kompetenz, mit Stressoren und Belastungen in der Geschäftseinheit besser umzugehen.

2. Für die Umsetzung und die Förderung der Nachhaltigkeit wird eine **interne Projektleitung** benannt, die neben Interesse und Projektmanagementkompetenz auch die Motivation mitbringt, über das Projekt hinaus in Zusammenarbeit mit evtl. bestehenden Angeboten (Betriebliches Gesundheitsmanagement, Sozialdienst) als Stress-Coach in der Abteilung zu wirken.

3. Das Projekt wird als Intensiv-Intervention für 100 Tage geplant, als Teilnehmende werden etwa **100 Aktive** ausgewählt, die in besonders belasteten Teams, Situationen oder Schlüsselpositionen tätig sind.

4. Das Projekt wird von **Geschäftsführung, Projektleitung und externer Beratung geplant** und über die 100 Tage in enger Zusammenarbeit der Projektleitung mit der Beratung und externen

1.4 Strategisches Stress-Management als Projekt einführen

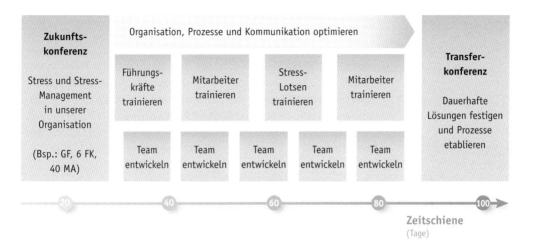

Abb. 2: Projektverlauf über 100 Tage

Einrichtungen (Betriebliches Gesundheitsmanagement, Personalabteilung) **umgesetzt**. Die Geschäftsführung ist bei der Steuerung im Bedarfsfall ansprechbar.

5. Kick-off des Projekts ist eine **Zukunftskonferenz**, die als Analyse- und Planungsinstrument dient. Etwa 50 Führungskräfte, Mitarbeitende und zentrale Funktionen erarbeiten in 1,5 Tagen interne und externe Stressoren sowie ein Gesamtbild für eine stressreduzierte Zusammenarbeit. Schließlich entwickeln sie als Lösungsoptionen einzelne organisationale Maßnahmen und spezifische Themen für Schulungen der Führungskräfte, Mitarbeiterinnen und Mitarbeiter sowie der Teams.

6. In einem zweitägigen **Führungskräfte-Training** (Geschäftsführung und folgende Führungsebene) werden drei Themen bearbeitet: 1. Umgang mit individuellem Stress in Führungspositionen. 2. Führung von gestressten Mitarbeitenden oder Teams in besonders belastenden Situationen. 3. Gemeinsame Umsetzung stressreduzierender organisationaler und kommunikativer Maßnahmen. Die Geschäftsführung beauftragt einzelne Führungskräfte bzw. die interne Projektleitung mit der Umsetzung und Kommunikation.

7. In zwei Trainings (zweitägig) werden 24 Mitarbeiterinnen und Mitarbeiter (gemischt aus Teams der sechs Geschäftsbereiche) zu persönlichem Stress-Management geschult. Anschließend gehen sie als

Multiplikatoren mit ihren Erkenntnissen und Botschaften in ihre Teams. Die interne Projektleitung hospitiert bei den Schulungen und entwickelt Kompetenz als Stress-Lotse. Die Geschäftsführung stößt jeweils in der letzten Stunde hinzu, um Rückmeldungen entgegenzunehmen.

8. Fünf **Teams** (mit durchschnittlich 10 Mitarbeitenden) analysieren in 1,5 Tagen Stressoren in der Zusammenarbeit im Team und entwickeln, begleitet durch eine professionelle Moderation, neue stressreduzierte Formen der Zusammenarbeit, u.a. durch Unterstützungskonzepte in Belastungssituationen, effizientere Prozesse und eine motivierendere Kommunikation. Die Projektleitung nimmt hospitierend teil und entwickelt ihre Kompetenz als Stress-Lotse.

9. Die interne Projektleitung und ein Mitarbeiter der zentralen Personalabteilung werden extern als **Stress-Lotsen** zum Trainer ihrer Mitarbeiterinnen und Mitarbeiter im Stress fortgebildet. Erste Erfahrungen sammeln sie in den Hospitationen, sie werden dabei von der externen Beratung supervidiert.

10. In der abschließenden **Transferkonferenz** werden die Erfahrungen aus den 100 Tagen gesammelt, die Ergebnisse bewertet und Maßnahmen zur Verstetigung als Stress-Management-Konzept verabschiedet. Bei der Verstetigung wirkt zukünftig der Stress-Lotse in verantwortlicher Rolle im Auftrag des Geschäftsführers mit. Die Ergebnisse und das zukünftige Konzept werden an alle Beschäftigte der Einheit kommuniziert.

Jede Organisation hat natürlich einen spezifisch eigenen Bedarf an strategischem Stress-Management, jedes Projekt zur Einführung verfolgt besondere eigene Inhalte und führt zu spezifischen Ergebnissen. In ihrem Prozessverlauf und ihren Maßnahmen ähneln sich die Projekte indes durchaus. Wie immer im Projektmanagement gilt: Projekte sind kleine Unternehmungen im Unternehmen. Die Projektleitung braucht – neben der unerlässlichen Kommunikationskompetenz – Mut, Ideen, Rückhalt sowie seriöse Planungs- und Steuerungstools. Einige wichtige Planungshilfen für einen erfolgreichen Verlauf strategischer Stress-Management-Projekte liefern die folgenden Beiträge dieses Kapitels.

Quellen, Literaturhinweise

▶ Hofmann, M./Strikker, F. (2007): Steuerungsgruppe. In: Leão, A. & Hofmann, M. (Hrsg.): Fit for Change, Bonn: managerSeminare, S. 62–67.

Projektcontrolling – Planung heißt, vom Ende her denken

Projektcontrolling im strategischen Stress-Management behält Ziele im Auge, definiert Erfolgsfaktoren, steuert und interveniert

Von Mathias Hofmann

Ein gutes Controlling unterstützt die Projektsteuerung und setzt daher bereits mit der Planungsphase ein. Controlling sorgt dafür, dass das Projekt auf Kurs bleibt und zum Erfolg wird. Doch bereits hier taucht eine klassische Frage auf, die immer wieder einer ausführlichen Beantwortung bedarf: Was heißt in diesem Zusammenhang „Erfolg"?

Allgemein formuliert ist ein erfolgreiches Stress-Management erreicht, wenn die Organisation und ihre Führung und Beschäftigten mit Stress und Belastungen besser umgehen können und wenn das Verhältnis von Anforderungen und Leistung optimal ist. Das sind noch sehr allgemeine Aussagen, die spezifischen Vorstellungen von „Erfolg" können je nach Interessensgruppe oder Individualinteressen – insbesondere beim Thema Stress – sehr unterschiedlich aussehen. Siegfried Greif et al. weisen auf die soziale Konstruktion des Begriffes Erfolg hin und sehen in dem Prozess der Zieldefinition wie in der dialogischen Verhandlung der subjektiven Bewertung der Zielerreichung den Schlüssel, um einem Veränderungsprojekt das Label „Erfolg" zuzuweisen (Greif et al. 2004, S. 37). Kurz gesagt: Ein Erfolg ist dann erreicht, wenn alle relevanten Kräfte in der Organisation der Meinung sind, dass ein Erfolg erreicht ist. Das ist keine redundante Definition, sondern beschreibt vielmehr den Kommunikationsprozess, an dessen Ende „Erfolg" steht.

Ziele gemeinsam konkret definieren und kommunizieren

Die Diskussion zu den Zielen eines Stress-Management-Projekts schließt sinnvollerweise nach einer ersten Analyse der externen und internen Stressoren an und ist eine Aufgabe für die Steuerungsgruppe, in der alle Statusgruppen vertreten sind: Geschäftsführung, Betriebsrat, Führungskräfte, einzelne Mitarbeiter, Projektleitung – sie alle werden einen differenzierten Blick auf die Situation haben und sind in der Lage, den angestrebten Erfolg in Form gemeinsam vertretbarer Ziele zu formulieren. Aus allgemeinen Erfolgsabsichten können über Nutzen und Messgrößen konkrete Ziele formuliert werden, in aller Regel liegt in diesen Details der Diskussionsbedarf – und damit der Nutzen der Verständigung untereinander (siehe Abb. 1).

Die Zielindikatoren in diesem Beispiel lassen sich messen, die Zielerreichung ist leicht überprüfbar. Bei anderen Zielen im Zusammenhang mit Stress kann es auch um subjektive Wahrnehmungen der Beschäftigten oder der Führungskräfte gehen, was angesichts der subjektiven Bewertung von Belastungen und individuellem Stressempfinden nicht weiter verwundert. Hier können auch Befragungswerte hilfreiche Indikatoren sein. Dazu ist nicht immer eine breit angelegte Mitarbeiterbefragung oder eine wissenschaftliche Begleitforschung nötig, auch eine Runde aller Führungskräfte oder eine Punktebewertung am Ausgang zum Abschluss einer Betriebsversammlung kann diesbezüglich wertvolle Ergebnisse liefern. Dazu gibt der klassische Feedback-Bogen, eingesetzt an Transfertagen sechs Wochen nach einer Schulung, besten Aufschluss zu der Umsetzbarkeit von Schulungsinhalten im Alltag.

Abb. 1. Formular zur konkreten Zieldefinition – beispielhaft ausgefüllt

Unsere Ziele im strategischen Stress-Management

Ziel „Nr.1" des Projekts Stress-Management in unserer Organisation ist:

„Wir haben ein Stress-Management Konzept, das umgesetzt wird."

Der konkrete Nutzen des Ziels für die Organisation ist:

„Ein bewusster und formalisierter Umgang mit Belastungen, sodass eine optimale Leistungsfähigkeit ohne Unter- oder Überforderung möglich ist."

Das Ziel gilt als erreicht, wenn am „31.12.2015" folgender beobachtbare Zustand oder folgende Kennzahl erreicht ist:

„1. Geschäftsführung und Betriebsrat verabschieden das Stress-Management-Konzept und veröffentlichen es im Intranet.

2. Vier Stress-Lotsen sind ausgebildet.

3. Maßnahmen der Personalentwicklung zum Thema Stress und Stress-Management werden von den Stress-Lotsen durchgeführt. Jährlich nehmen 25 Prozent aller Beschäftigten an Schulungen zu Stress-Management teil.

4. 30 Prozent der Teams führen einmal jährlich Workshops durch, um den Umgang mit Stress im Team zu optimieren."

1.4.1 Projektcontrolling – Planung heißt, vom Ende her denken

Im Sinne der Annahme, dass Ziele eher erreicht werden, wenn alle Beteiligten die Ziele kennen, ist es selbstverständlich sinnvoll, diese Ziele in offizielle Stellungnahmen, in persönlichen Kontakten, in Maßnahmen und über das Intranet immer wieder zu kommunizieren. Schließlich sind es die Ziele, verbunden mit dem Nutzen für die Organisation, die den Sinn für einzelne Maßnahmen und das Projekt insgesamt stiften.

Wenn Ziele nicht erreichbar erscheinen oder nur zum Teil erreicht werden, ist die Kommunikation zu den Gründen und den Konsequenzen wiederum entscheidend für das Label „Erfolg": „Dieses Ziel konnten wir leider wegen der widrigen Umstände, die vorher nicht bekannt waren, nicht vollständig erreichen. Angesichts der widrigen Umstände und unseres Engagements müssen wir heute sagen: Auch die Teilzielerreichung ist ein voller Erfolg." Hier wird die soziale Konstruktion von „Erfolg" sehr deutlich, man kann auch einfacher sagen: Eine Erfolgsbewertung ist immer auch ein politischer Prozess, bei dem es auf gute Argumente ankommt.

Eine gute Zieldefinition unterstützt auch die Diskussion um das Verhältnis zwischen Aufwand und Ertrag. Gerade im Stress-Management wird der „Return on Investment" einzelner Maßnahmen gerne (und auch zu Recht) infrage gestellt. Lohnt es sich, als Team zwei Tage einen Workshop zum Thema Stress-Management im Team durchzuführen? Ist der Ertrag höher, als wenn wir die beiden Tage komplett an unserem Arbeitsplatz verbracht hätten? Dieser Nutzen sollte im Ziel erkennbar sein (Hofmann 2011, S. 41 ff.).

Controlling als konstruktive Intervention

In vielen Bewertungen zu einem Projekterfolg verbirgt sich der Satz: „Wir haben unser Bestes gegeben und alles richtig gemacht." Neben der Zielerreichung werden damit das Vorgehen und die Zusammenarbeit im Projekt bewertet. Im Controlling bezeichnet man dies in Abgrenzung zum Zielcontrolling als „Prozesscontrolling": Ist das Vorgehen genau so geplant und umgesetzt, dass die Ziele erreicht werden? Dazu gehören die Kommunikation im Projekt, die Verteilung von Aufgaben an Personen, die Planung und Umsetzung einzelner Maßnahmen, die Verteilung von Ressourcen etc. – also letztlich das komplette Projektmanagement. Neben den klassischen Tools des Projektmanagements können im Stress-Management-Projekt Werkzeuge des Prozesscontrollings immer auch als Intervention eingesetzt werden, um den Stand des Projekts in den Fokus der Diskussion zu rücken und Engagement zu beleben. So wurde im Stress-Management der sechs OWL Jobcenter

I. Stress-Management und Change-Management

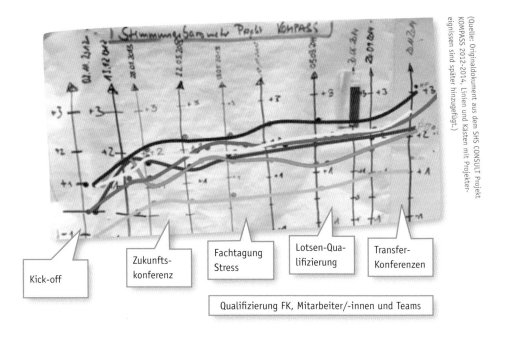

Abb. 2: Stimmung im Projekt – wiederholte öffentliche Abfrage an einzelne Projektbeteiligte über die Projektlaufzeit

bei jedem der zwölf Meetings von Geschäftsführern, Personalräten und Projektverantwortlichen nach der „Stimmung im Projekt" gefragt (siehe Abb. 2).

Eine Wirkung dieser Abfrage war, dass die Projektbeteiligten eines Standortes sich jeweils auf einen Wert einigen mussten und so ihre Meinungen abglichen. Zudem war der Wert erklärungsbedürftig, das heißt, es war schnell klar, wieso die Stimmung nun besser oder schlechter geworden war. Und drittens ergab sich immer die Frage, was die Beteiligten tun können, um den Wert zu erhalten oder zu verbessern, was bis zu konkreten Verabredungen mit Verantwortlichkeiten aller (!) Beteiligten führte. Neben dem Wissen um die „Stimmung im Projekt" ergaben sich – quasi als Nebenwirkung – Vereinbarungen zu Maßnahmen für eine gute „Stimmung im Projekt". Auch hier bestätigt sich wieder die Aussage von Greif et al., dass Erfolg gemeinsam konstruiert wird.

Weitere Maßnahmen im Controlling mit Interventions-Charakter und Nebenwirkungen sind:

▶ **Wasserstandsmeldungen von Arbeitsgruppen** zu Fortschritten bei einzelnen Maßnahmen und den Meilensteinen im Projekt, gestaltet nach einer einheitlichen Form und veröffentlicht im Intranet (siehe Abb. 3). Mit Meilensteinen und Zwischenzielen strukturieren sich Arbeitsgruppen besser.

1.4.1 Projektcontrolling – Planung heißt, vom Ende her denken

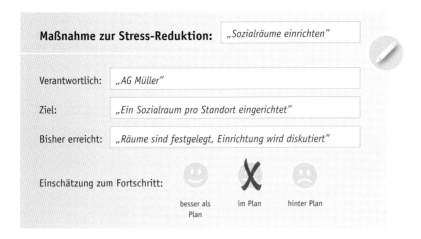

Abb. 3: Wasserstandsmeldung aus Maßnahmen zum Stress-Management – ein Beispiel

▶ **Verbindliche Feedback-Gespräche** von Teilnehmenden aus Stress-Management-Schulungen mit ihren Führungskräften nach Abschluss der Maßnahmen. Mit einem Mitarbeitergespräch zu neuen Erkenntnissen, Vorhaben und weiteren Auswirkungen aus Schulungen bekommt die Führungskraft Feedback zum eigenen Handlungsbedarf. Das Thema Stress und Stress-Management wird durch die Verpflichtung, die Schulung zu reflektieren, als Thema zwischen Führungskraft und Mitarbeitenden initiiert. Als Controlling kann die Organisation den Rücklauf einzelner ausgewählter Daten nutzen, zum Beispiel: „Die Schulung hat nützliche Erkenntnisse/Werkzeuge für meinen Arbeitsalltag gebracht: Ja/Nein" oder „Einzelne Arbeitsbelastungen werden wir weiter beobachten und uns dazu austauschen: Ja/Nein". Die qualitativen Daten (welche Erkenntnisse nützlich waren und welche Belastungen weiter beobachtet werden, …) verbleiben bei Führungskraft und Mitarbeitendem.

Solche Führungsinstrumente sind, da sie Rückschlüsse auf Leistung erlauben, in der Regel mitbestimmungspflichtig. Außerdem wird ihre Nutzung mit Sicherheit zu Diskussionen führen. Fragen wie: „Wohin kommen die Ergebnisse?", „Was ist, wenn meine Führungskraft der Stressauslöser ist?", „Woher sollen wir die Zeit für solche Gespräche nehmen?" zeigen, wie massiv diese Intervention nicht nur als Controlling, sondern auch als Kontrolle verstanden werden kann.

▶ **Rückmeldungen aus Seminaren und Workshops** zu Stressoren in der Organisation und ihrer Zunahme oder Abnahme. Jedes Seminar beschäftigt sich im Verlauf mindestens einmal mit den Fragen:

Feedback an Steuerungsgruppe

1. Die größten Stressoren in der Organisation sind zurzeit

    • interne Stressoren:

    • externe Stressoren:

2. Neu hinzugekommen ist:

3. Nicht mehr so stark belastend ist:

Abb. 4: Strukturierte Rückmeldungen aus dem Seminar an die Steuerungsgruppe (Beispiel)

- Was sind derzeit die größten Stressoren in unserer Organisation – extern wie intern?
- Welche Stressoren sind neu hinzugekommen?
- Bei welchen Stressoren ist eine Verbesserung eingetreten?

Neben einer strukturierten Rückmeldung an die Steuerungsgruppe (siehe Abb. 4), die Häufungen auswerten und entsprechend in die Projektplanung einbeziehen kann, ergibt sich als „Nebenwirkung" erfahrungsgemäß eine Diskussion im Seminar, die in zwei Richtungen geht. Die Richtung „Nicht mehr so stark belastend" ist dabei explizit mit angesprochen und kommt so ins Bewusstsein. Denn die hinzukommenden Belastungsthemen fallen in der Regel stärker auf als die Entlastungen. Dem wird hier ein Gegenimpuls gesetzt.

▶ **Feedback-Bögen** zu allen Trainingsmaßnahmen erlauben Nachfragen an die externen Trainerinnen und Trainer oder die Stress-Lotsen. Ausreißer in der Bewertung bieten Möglichkeiten zur Diskussion über Verbesserungen bei Konzeption, Inhalten und Methodik/Didaktik. Was klappt wieso gut, was klappt wieso nicht gut?

Fazit: Controlling-Maßnahmen sind kommunikative Interventionen

Controlling unterstützt die Steuerung des Stress-Managements zu Beginn des Projektes durch die Verbindung von allgemeinen Zielen mit konkret beobachtbaren Kriterien. Im Verlauf des Projekts gewährleistet das wiederholte Prozesscontrolling die Anpassung der Projektarchitek-

1.4.1 Projektcontrolling – Planung heißt, vom Ende her denken

Kriterium	Bewertung				
	trifft überhaupt nicht zu				trifft voll und ganz zu
	-2	-1	0	1	2
Das vermittelte Wissen zu Stress und Stressbewältigung ist für meine Tätigkeit hilfreich.					
Es sind relevante Themen für meine Arbeit als Führungskraft bearbeitet worden.					
Meine persönlichen Themen und Fragestellungen sind hilfreich bearbeitet worden.					
Die Seminarergebnisse sind für mich in der Praxis umsetzbar.					
Ich bin motiviert, die Erkenntnisse aus dem Seminar umzusetzen.					
Die Trainerinnen haben das Seminar kompetent geleitet.					
Das Verhältnis von Theorie und Praxis war angemessen.					
Der Einsatz der Methoden war abwechslungsreich und inhaltlich passend.					
Die Inhalte sind anschaulich vermittelt worden.					
Es bestand eine offene und produktive Arbeitsatmosphäre.					
Es bestand ausreichend Zeit für die einzelnen Arbeitsschritte.					

Abb. 5: Beispiel für einen Feedback-Bogen zu einem internen Führungskräftetraining zum Thema Stress

tur und der Designs einzelner Maßnahmen, um die Zielerreichung zu unterstützen. (Projekt-)Controlling-Maßnahmen sind kommunikative Interventionen. Sie unterstützen die Projektführung, sofern sie richtig eingesetzt werden, von Beginn bis zum Ende im Projektmarketing. Gerade bei dem Thema Stress und Stress-Management, zu dem aus gutem Grund verschiedene Stakeholder eine unterschiedliche Sicht und Interessenlage haben, ist ein durchdachtes Controlling wesentlich, um die gemeinsame Bewertung dessen, was als „Erfolg" bezeichnet werden kann, sicherzustellen. Die Evaluation ergänzt das Controlling als externes Bewertungsinstrument. Gemeinsam sorgen Controlling und Evaluation für Nachhaltigkeit, indem sie dafür sorgen, dass Absichten und Ziele nicht aus dem Auge verloren werden – und gleichzeitig die notwendigen Anpassungen vollzogen werden können, die ein lebendiges Projekt in einem sich wandelnden Umfeld zwangsläufig mit sich bringt.

Quellen, Literaturhinweise

- Brühl, R. (2004): Controlling. Grundlagen des Erfolgscontrollings. München: Oldenbourg.
- Greif, S./Runde, B./Seeberg, I. (2004): Erfolge und Misserfolge beim Change Management. Göttingen: Hogrefe.
- Hofmann, M. (2011): Change-Controlling: Methoden und Instrumente des Ergebnis- und Prozesscontrollings im Change-Management. Bremen: EHV Academicpress.

Hospitation – die Situation vor Ort erfassen

Wie der Blick von außen hilft, relevante Faktoren und wirksame Hebel für das Stress-Management zu identifizieren

Von Louisa Reisert und Mathias Hofmann

Ein hilfreiches Element, um die konkrete Situation in der Organisation und bei deren Beschäftigten zu erfassen, ist eine Hospitation: Eine relevante Person aus dem Kreis der Auftragnehmer besucht die Organisation. Bei dem Besuch lernt der Gast einzelne Beschäftigte und Ausschnitte aus der Arbeit kennen, bekommt einen Gesamteindruck von der Kultur und den äußerlichen Gegebenheiten. Über Gespräche, Teilnahme und allgemeine Eindrücke kristallisieren sich die Faktoren heraus, die im Rahmen des strategischen Stress-Managements beachtet werden sollten.

Drei gute Gründe für eine Hospitation

Die Hospitation dient zum einen den Personen, die ein strategisches Stress-Management für eine Organisation umsetzen möchten: Sie erhalten wichtige Ansatzpunkte, die im weiteren Prozessverlauf handlungsleitend sein können. Der Gast bekommt einen Einblick in die verschiedenen Arbeitsabläufe, versteht wichtige Prozesse und erkennt Schnittstellen in der Organisation. Er bekommt einen Eindruck von der Atmosphäre in den unterschiedlichen Abteilungen sowie der Unternehmenskultur und kommt mit verschiedenen Personen über ihren Stress und Stress-Management ins Gespräch. Die Beraterinnen und Berater wissen besser Bescheid, wie der Laden läuft, und können sich so auch besser in die Prozesssteuerung einbringen.

Zum anderen dient die Hospitation auch der Organisation: Der Blick von außen ist eine wertvolle Ergänzung zur Selbstbeobachtung, erhellt zumindest ein Stück weit die blinden Flecken und fördert Diskussionen, die bei ausschließlicher Innensicht erfahrungsgemäß schneller enden. Das Wissen der Berater aus anderen Organisationen bietet Vergleichsmöglichkeiten für die Organisation, die sie alleine nicht hat: „Und wie erleben Sie den Stress hier, schlimmer als woanders?"

1.4.2 Hospitation – die Situation vor Ort erfassen

Zum dritten dient die Hospitation der Prozesssteuerung. Die relevanten Themen werden spezifischer und das Stress-Management kann konkreter auf die Bedürfnisse der Organisation und deren Beschäftigte ausgerichtet werden. Die Steuerungsgruppe kann die Erkenntnisse beispielsweise in die Gestaltung der Großgruppenkonferenzen (siehe Kap. 2.2.1, S. 104 ff., und Kap. 2.3, S. 134 ff.) und der Trainings- und Workshop-Maßnahmen (siehe Kap. 3 bis 6) aufnehmen. Zudem können die Beobachtungen in die Konzeptentwicklung für dauerhaftes Stress-Management (siehe Kap. 1.6, S. 82 ff.) einfließen.

Vor der Hospitation

Vor der Hospitation ist es wichtig, ein grundsätzliches Einverständnis vom Auftraggeber einzuholen. Hierfür sind eine Erläuterung der Beweggründe für die Hospitation und der ersten Vorstellungen über einen möglichen Ablauf der Hospitation hilfreich. Es sollte geklärt werden, wer am Tag der Hospitation für den Gast zuständig ist und in welchen Abteilungen und bei welchen Personen hospitiert wird. Hilfreich ist ein breiter Einblick in möglichst viele unterschiedliche Abteilungen, weil davon auszugehen ist, dass jeder Bereich eine eigene Sichtweise auf das Thema Stress hat und die Stressoren möglicherweise variieren. Für den Tag kann ein Hospitationsplan erstellt werden auf dem festgehalten wird, zu welcher Uhrzeit der Gast bei welcher Person hospitiert. Ein solcher Plan kann dem Gast am Tag der Hospitation als Orientierung dienen. Zugleich kann er die Hospitation für Organisationsmitglieder – insbesondere für Personen, bei denen hospitiert wird – transparent machen. Der Zeitrahmen für die Hospitation kann je nach Größe und Komplexität der Organisation festgelegt werden. In den meisten Fällen ist eine Hospitationsdauer von mindestens zwei halben oder einem ganzen Tag empfehlenswert. Manche Organisationen legen Wert auf eine Vertraulichkeitserklärung.

Ablauf der Hospitation

Am Tag der Hospitation versucht der Gast, einen möglichst vielfältigen Eindruck der Organisation zu erhalten. Wenn noch nicht viel über die Organisation bekannt ist, kann zum Einstieg oder Abschluss ein Interview mit einer Person hilfreich sein, die einen guten Einblick in die Organisation und ihre Geschichte geben kann. Inhalte, die dabei von Interesse sein können, sind:

▶ das Aufgabengebiet der Organisation,
▶ die Organisationsstruktur,
▶ die Mitarbeiterinnen und Mitarbeiter,

I. Stress-Management und Change-Management

- die Geschichte der Organisation,
- die Unternehmenskultur
- und aktuelle Themen.

Für die Beobachtungen bei der Hospitation kann es durchaus von Vorteil sein, keine besonderen Vorkenntnisse über das Unternehmen mitzubringen. Personen, die „fremd" in einem Aufgabenfeld und einer Kultur sind, hinterfragen Abläufe und Vorgehensweisen möglicherweise stärker und nehmen Dinge nicht für selbstverständlich.

Wichtig ist, dass die Hospitationen bei Personen aus unterschiedlichen Abteilungen erfolgen. Dabei versucht der Gast, die verschiedenen Aufgabengebiete des Unternehmens abzudecken, um ein möglichst breites Bild der Organisation und ihres Stressempfindens zu bekommen. Je nach Komplexität der Aufgabenstellung und der Zeit, die die Personen für den Gast aufbringen können, lohnt sich ein Zeitfenster von 45 bis

Abb. 1: Beispielhafter Fragenkatalog für eine Hospitation

Fragen für die Hospitation

Datum:

Hospitant/Hospitantin:

Mitarbeiterin/Mitarbeiter:

Abteilung und Aufgabe:

1. Wie viel Stress erleben Sie während Ihrer Arbeit?

    gar keinen / wenig / viel / sehr viel

2. Was sind die größten Stressoren:

    a) von außen (Kunden)?

    b) in der Organisation (wie wir arbeiten)?

3. Wie schätzen Sie Ihre Stressbewältigungskompetenz ein?
    (1 = nicht vorhanden; 5 = sehr hoch)   1 2 3 4 5

4. Welche Veränderung am Arbeitsplatz würde Ihr Stresserleben dort reduzieren?

1.4.2 Hospitation – die Situation vor Ort erfassen

90 Minuten pro Person. Während der Zeit schaut der Gast der Person bei der Arbeit zu, beobachtet ihr Vorgehen und lässt sich verschiedene Abläufe erläutern. Hierbei ist es hilfreich, Notizen anzufertigen, die bei Bedarf nach Abschluss der Hospitation in einen Bericht einfließen können. Um das Stressempfinden der Person sowie stressrelevante Themen festzuhalten, kann mit einem festen Fragenkatalog (siehe Abb. 1) gearbeitet werden. Dies hat den Vorteil, dass die Fragen anschließend in eine statistische Auswertung fließen können, die einen ersten – in der Regel aber noch keinen repräsentativen – Überblick über das Stressempfinden im Unternehmen gibt. Geschlossene Fragen mit vorgegebenen Antwortkategorien erleichtern die Vergleichbarkeit bei der Auswertung. Offene Fragen können eingesetzt werden, um zu spezifischen Themenbereichen Neues zu erfahren.

Im Laufe des Tages lohnt es sich, sämtliche Beobachtungen festzuhalten. Zwischen den Hospitationen bei den Personen bekommt der Gast verschiedene Eindrücke über Atmosphäre, Abläufe und Stimmungen, die im strategischen Stress-Management hilfreich sein können. Aspekte, auf die bei der Hospitation geachtet werden können, sind:

- Abläufe, Vorgehensweisen, Prozesse, Schnittstellen
- Räumliche Situation, Sitzordnung, Geräusche, Laufwege, Wartesituationen
- Atmosphäre und Stimmung im Gebäude und in den Abteilungen
- Kommunikation untereinander und ggf. mit Kunden
- Störungen, Wartezeiten, Anforderungsfrequenz
- Kommunikation mit der Führung (oder bei Hospitation der Führung: mit den Mitarbeiterinnen und Mitarbeitern)
- Pausensituation, Rückzugsmöglichkeiten
- Gesichtspunkte, auf die in den Konferenzen, in den Trainings- und Workshop-Maßnahmen Bezug genommen werden kann und
- Beachtenswertes für die Konzeptentwicklung für dauerhaftes Stress-Management.

Nach der Hospitation

Um die gesammelten Beobachtungen nach der Hospitation für mehrere Personen zugänglich zu machen, kann ein zusammenfassender Bericht über die Hospitation helfen. In diesem werden sämtliche Beobachtungen und Informationen gesammelt. Die Fragen aus dem Fragenkatalog können zudem ausgewertet (siehe Abb. 2, S. 70) und bei Bedarf dem Auftraggeber vorgelegt werden, um bereits hieraus erste Handlungsbedarfe abzuleiten.

I. Stress-Management und Change-Management

Auswertung der Fragen aus der Hospitation

Abb. 2: Beispielhafte Auswertung der Fragen aus der Hospitation

1. Wie viel Stress erleben Sie während Ihrer Arbeit?

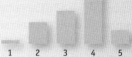

empfundener Stress auf der Arbeit   gar keinen   wenig   viel   sehr viel

2. Was sind die größten Stressoren:

   a) von außen (Kunden)?
   - ▶ *„Hohes Kundenaufkommen –> Wartezeit –> unzufriedene Kunden"*
   - ▶ *„Wütende Kunden, wenn nicht in ihrem Sinne gehandelt werden kann"*

   b) in der Organisation (wie wir arbeiten)?
   - ▶ *„Fehlende Zusammenarbeit zwischen den Bereichen"*
   - ▶ *„Zu viele bürokratische Anforderungen"*

3. Wie schätzen Sie Ihre Stressbewältigungskompetenz ein?

   1 = nicht vorhanden; 5 = sehr hoch   1   2   3   4   5

4. Welche Veränderung am Arbeitsplatz würde Ihr Stresserleben dort reduzieren?
   - ▶ *„Umverteilung der Arbeitsvorgänge"*
   - ▶ *„Eingeschränkte telefonische Erreichbarkeit"*
   - ▶ *„Bei neuen Projekten eine längere Anlaufzeit zur Planung vorbehalten"*

Evaluation von Stress-Management-Trainings

Durch schriftliche Befragungen die Wirksamkeit von Trainingsmaßnahmen, Transferhindernisse und Umsetzungserfolge eruieren

Von Carmen Gronau

Wirken die Stress-Management-Trainings? Was wird im Alltag von dem Erlernten tatsächlich umgesetzt? Was beeinflusst die Umsetzung? Welche Faktoren sollten verändert werden? Evaluation bedeutet, Maßnahmen und Projekte in Bezug auf die Planung, Durchführung oder die Wirksamkeit zu untersuchen, zu bewerten und Konsequenzen für das weitere Vorgehen zu ziehen. Die Beurteilung direkt im Anschluss an ein Training gehört heute zum Alltag, zu einem späteren Zeitpunkt hingegen ist sie nach wie vor die Ausnahme. Hatten die Teilnehmer jedoch ausreichend Zeit, die neu gewonnenen Kenntnisse und Fertigkeiten in der Praxis anzuwenden, bietet eine Evaluation die Chance, nicht nur zu überprüfen, ob die Trainings „gut angekommen" sind, sondern auch inwieweit sie wirken oder nicht, in welchem Maße die gesetzten Ziele erreicht worden sind oder an welchen Stellschrauben noch gedreht werden muss, um ein Stress-Management zu erreichen, das sich das Etikett „strategisch" zu Recht verdient hat. Dafür werden zielgerichtet Daten gesammelt, analysiert, bewertet und zur Optimierung für den weiteren Prozess genutzt. Regelmäßige Evaluation in vertretbaren Abständen eignet sich, um Projekte und Maßnahmen bedarfsgerecht anzupassen und somit die Wirtschaftlichkeit und Nachhaltigkeit zu sichern.

Für die Evaluation von Schulungen sind besonders zwei Arten von Interesse: die ergebnisorientierte und die prozessorientierte Evaluation.

Die ergebnisorientierte Evaluation

Eine ergebnisbezogene Evaluation untersucht am Ende einer Maßnahme die Wirksamkeit und entscheidet gegebenenfalls über die weitere Durchführung. Das wohl bekannteste Modell zur Trainingsevaluation von Kirkpatrick (2006) beinhaltet vier Ebenen:

1. **Reaktion (Reaction):** Sind die Teilnehmer zufrieden? Die Teilnehmer werden hinsichtlich ihrer Zufriedenheit mit dem Training befragt, z.B. ob arbeitsrelevante Themen behandelt worden sind.
2. **Lernen (Learning):** Haben die Teilnehmer etwas gelernt? Das Lernen bezieht sich sowohl darauf, ob Neues gelernt wurde als auch auf eine Veränderung der Einstellung. Besonders aussagekräftig sind Ergebnisse, wenn für einen Vergleich bereits vor dem Training Daten erhoben werden.
3. **Verhalten (Behavior):** Wenden die Teilnehmer das Erlernte an? Von Interesse ist, ob ein Transfer stattfindet, also die im Training erlernten Kenntnisse und Fähigkeiten im Arbeitsalltag angewendet werden.
4. **Ergebnisse (Results):** Welche Auswirkungen hat das geänderte Verhalten auf die Organisation? Es wird überprüft, in welchem Maße die Organisationsziele erreicht wurden, z.B. in Form reduzierter Fehlzeiten.

Die prozessorientierte Evaluation

Während eine Ergebnisevaluation sich lediglich auf die Resultate eines Trainings konzentriert, werden im Rahmen einer prozessbezogenen Evaluation Variablen betrachtet, die den Umsetzungsprozess beeinflussen. Förderliche Faktoren unterstützen den Transfer des Erlernten in den Arbeitsalltag, hinderliche hingegen können den Lerntransfer negativ beeinflussen, also zu Transferproblemen führen. Mit dem Ziel, die Maßnahmen zu optimieren und somit deren Wirksamkeit zu erhöhen, werden diese Faktoren im Rahmen einer prozessorientierten Evaluation untersucht. Baldwin und Ford (1988, zitiert nach Kauffeld 2010, S. 130) haben diesbezüglich folgende Einflussvariablen ausgemacht:

- **Teilnehmer:** Der Erfolg wird unabhängig von der Qualität eines Trainings von den Voraussetzungen der Teilnehmer beeinflusst, beispielsweise von Persönlichkeitsfaktoren, individuellen Fähigkeiten und der Motivation.
- **Training:** Im Rahmen des Trainings ist z.B. von Bedeutung, wie relevant die Inhalte für den Arbeitsalltag sind.
- **Arbeitsumgebung:** Am Arbeitsplatz haben u.a. die Unterstützung durch Vorgesetzte und Kollegen Einfluss auf die Umsetzung des Erlernten sowie ein angemessenes Arbeitspensum, das Zeit für die Anwendung lässt.

Die Entscheidung für eine der genannten Evaluationsarten ist vom Ziel der Untersuchung abhängig. Eine Ergebnisevaluation dient häufig im Sinne einer Kosten-Nutzen-Bewertung unter dem Aspekt der

1.5 Evaluation von Stress-Management-Trainings

Wirtschaftlichkeit als Entscheidungshilfe, ob die Ergebnisse der untersuchten Maßnahmen eine weitere Durchführung rechtfertigen oder eben nicht. Eine Prozessevaluation geht darüber hinaus. Sie zielt darauf ab, diejenigen Faktoren aufzudecken, die die Ergebnisse beeinflussen, um diese im weiteren Maßnahmenverlauf gezielt zu nutzen und zu verstärken oder eben zu beseitigen. Eine Kombination beider Evaluationsarten in einer Untersuchung ermöglicht die Erforschung der Wirksamkeit eines Trainings und gleichzeitig die Identifikation der für die Umsetzung wichtigen Stellschrauben für dessen weitere Optimierung.

Wie sieht ein Evaluationsprozess aus?

Idealerweise startet die Planung einer Evaluation bereits parallel mit der Zielformulierung der Maßnahmen bzw. des Projektes. Denn je klarer die angestrebten Maßnahmenziele und die damit verbundenen Indikatoren (Prüfkriterien) formuliert sind, desto spezifischer kann am Ende gemessen werden und desto eindeutiger sind Erfolge zu verzeichnen bzw. Schwachstellen zu identifizieren. In der Regel lässt sich ein Evaluationsprozess wie folgt darstellen:

1. Festlegung der Maßnahmen und Ziele
2. Bestimmung der Indikatoren
3. Auswahl der Instrumente und der Datenquelle
4. Durchführung von Befragungen
5. Auswertung und Interpretation der Daten
6. Nutzung der Ergebnisse

Für eine erfolgreiche Durchführung ist bereits zu Planungsbeginn zu bedenken, welche Personen oder Gremien in die Planung und Umsetzung mit einzubeziehen sind (z.B. der Betriebsrat). Von entscheidender Bedeutung ist auch die Kommunikation des Nutzens der Evaluation, um die Akzeptanz innerhalb der Organisation zu erhöhen. So erkennen alle Beteiligten, dass sie einen wertvollen Beitrag zum Erfolg des Gesamtprojektes beitragen.

Befragung oder Beobachtung – wie soll evaluiert werden?

Für die Datenerhebung gelten die Befragung und die Beobachtung als die am meisten verwendeten Evaluationsmethoden. Während Beobachtungen diejenigen Aspekte erfassen, die unmittelbar beobachtet werden können, eignen sich Befragungen besonders, wenn es sich um Wirkungen handelt, die sich nicht direkt aus dem Arbeitsgeschehen erschließen lassen. Dies gilt beispielsweise für die Beurteilung innerer

I. Stress-Management und Change-Management

Evaluationsinstrumente	Vorteile	Nachteile
Fragebögen ▶ Schriftliche Befragung ▶ mit zumeist geschlossenen Fragen und vorgegebenen Antwortkategorien ▶ Offene Fragen möglich	▶ Hohe Anonymität ▶ Ausreichend Zeit zum Nachdenken und Beantworten ▶ Geeignet zur Erfassung innerpsychischer Prozesse ▶ Repräsentative Daten ▶ Geringer Zeit- und Kostenaufwand	▶ Vorwissen über Befragungsgegenstand erforderlich ▶ Kein Nachfragen bei unklaren Fragen möglich ▶ Subjektive Einschätzung ▶ Erinnerung der Befragten kann Ergebnisse beeinflussen ▶ Keine Kontrolle über Befragungssituation ▶ Teils schwierige Interpretation der Ergebnisse
Interview ▶ Mündliche Befragung ▶ Oft Orientierung an einem Leitfaden (halb strukturiert) ▶ Mehr oder weniger vorgegebene offene Fragen	▶ Befragte sind eher bereit oder in der Lage zu antworten ▶ Nachfragen bei unverständlichen Fragen möglich ▶ Gut verständliche Ergebnisse	▶ Geringere Anonymität ▶ Höhere Wahrscheinlichkeit sozial erwünschter Antworten ▶ Möglichkeit der Beeinflussung durch Interviewer ▶ Hoher Zeit- und Kostenaufwand ▶ Keine übertragbaren Ergebnisse
Teilnehmende Beobachtung ▶ Beobachtung in der Arbeitsumgebung ▶ Beobachter ist am Arbeitsprozess beteiligt ▶ Analyse von Verhalten	▶ Erfassung tatsächlicher Verhaltensweisen im Arbeitsalltag ▶ Ergebnisse unabhängig von Wahrnehmung und Interpretation des Befragten ▶ Möglichkeit, unbekannte Aspekte zu entdecken	▶ Lediglich Ausschnitt ▶ Nur direkt beobachtbare Aspekte ▶ Mögliche Verzerrungen aufgrund selektiver Wahrnehmung ▶ Potenzielle Fehlinterpretation ▶ Teilnahme kann Geschehen beeinflussen ▶ Sehr aufwendige Methodik

Tab.: Unterschiede zwischen Befragungs- und Beobachtungsinstrumenten

psychischer Prozesse und Belastungen, die nur durch eine subjektive Einschätzung der Betroffenen erfragt werden kann. Befragungen können in Form von persönlichen Interviews oder schriftlich mithilfe von Fragebögen durchgeführt werden, bei einer teilnehmenden Beobachtung ist der Beobachter am Arbeitsgeschehen beteiligt (Diekmann 2013, S. 437). Die Tabelle zeigt einen Vergleich der verschiedenen Evaluationsinstrumente.

Wie kann ein Stress-Management-Training mittels Fragebogens evaluiert werden?

Im Gegensatz zum Beispiel zu einer EDV-Schulung kann die Wirkung von Stress-Management-Trainings im Arbeitsalltag nicht direkt beobachtet werden. Zwar ist es möglich, die Häufigkeit der Anwendung von im Training erlernten Techniken wie beispielsweise Zeitmanagementmethoden oder Entspannungsverfahren zu messen, von besonderem Interesse ist letztlich jedoch, ob die Trainingsteilnehmer eine reduzierte Stressbelastung wahrnehmen. Hier bieten sich Fragebögen an, um die persönlich erlebten Veränderungen nach einem Training zu erfassen. Die Einschätzung kann über geschlossene Fragen mit vorgegebenen Antwortkategorien erfolgen. Offene Fragen bieten die Chance, zusätzlich einflussreiche Transfervariablen zu analysieren. Gleichzeitig steigt aufgrund der Anonymität einer schriftlichen Befragung die Wahrscheinlichkeit einer wahrheitsgemäßen Beantwortung ohne die Befürchtung, im Anschluss Sanktionen befürchten zu müssen.

In der Regel werden Evaluationen von internen Beschäftigten oder externen Beratungsunternehmen durchgeführt. Eine kostengünstige Alternative stellt eine Kooperation mit Universitäten dar, beispielsweise im Rahmen einer Projekt- oder Abschlussarbeit. Obendrein signalisiert die Datenerhebung und Auswertung durch Studenten den Beschäftigten bei einem heiklen und sehr persönlichen Thema wie Stress-Management einen hohen Grad an Neutralität und Anonymität. Somit kann Mutmaßungen der Befragten hinsichtlich der Datenverfügung und potenzieller Konsequenzen vorgebeugt werden, was wiederum die Rücklaufquote erhöht.

Der Fragebogen auf Seite 77 f. ist ein praktisches Beispiel dafür, wie Stress-Management-Trainings einige Monate nach der Durchführung evaluiert werden können, um bereits erzielte Erfolge sichtbar zu machen und zukünftige Trainings zu optimieren. Dessen Entwicklung liegt eine umfangreiche Vorbereitung von Evaluationsverantwortlichen und Steuerungsgruppe zugrunde. Halb strukturierte Interviews mit unterschiedlichen Funktionsträgern – u.a. Geschäftsführung, Abteilungsleitung, Beschäftigte – schaffen ein Verständnis für die organisationsspezifischen Besonderheiten, Belastungsfaktoren und angestrebten Projektziele. Auf dieser Grundlage wird in Absprache mit der Steuerungsgruppe und dem Personalrat der Fragebogen entwickelt. Dabei können bereits bestehende Instrumente vollständig, teilweise oder in veränderter Form übernommen werden. Dies gilt sowohl für die Inhalte als auch für die Skalen. Bei Bedarf ist auch die Entwicklung eigener Fragen und Aussagen sinnvoll. Entscheidend ist, dass das Messinstrument abhängig von den Evaluationszielen den organisations- und projektspezifischen Anforderungen angepasst wird.

Für die Ergebnisevaluation bietet z.B. das Maßnahmen-Erfolgs-Inventar (MEI; Kauffeld/Brennecke/Strack, 2009), basierend auf den Ebenen von Kirkpatrick, für eine Überprüfung der Wirksamkeit 22 Aussagen, die von den Teilnehmern auf einer Skala bewertet werden. Eine Prozessevaluation kann sich beispielsweise an dem Instrument des Lerntransfer-System-Inventars (LTSI; Kauffeld et al. 2008) orientieren, anhand dessen sich Erfolgsfaktoren in Anlehnung an das Transfermodell von Baldwin und Ford untersuchen lassen. Beispiele hierfür sind die Fragen 8 und 9 des Fragebogens.

Ein Schreiben mit Informationen über das Ziel und den Nutzen der Evaluation sowie eine kurze Erläuterung, wer über die gesammelten Daten verfügt, vermittelt den Befragten den Sinn der Teilnahme und einer ehrlichen Rückmeldung. Um sicherzugehen, dass der Fragebogen verständlich ist, kann vor der eigentlichen Befragung ein sogenannter Pre-Test mit einigen Testpersonen durchgeführt werden, die der Zielgruppe entsprechen.

Der Fragebogen

Der Fragebogen rechts steht Ihnen auch als Download zur Verfügung

Der Fragebogen ist bewusst kurz gefasst. Zunächst werden Daten zur Teilnehmerzufriedenheit und der Behandlung arbeitsrelevanter Trainingsinhalte erfragt. Ergänzend kann offen nach besonders interessanten Themen gefragt werden, um Schwerpunkte zu identifizieren. Eine halb offene Aussage nach dem Verhalten in Stresssituationen bietet sowohl vorgegebene Antwortkategorien als auch die Möglichkeit, unter „Sonstiges" andere Handlungsweisen anzugeben. Aufgrund der möglichen Mehrfachnennung kann dieses Item später nicht nur bevorzugt genutzte Verhaltensweisen der Befragten aufzeigen, sondern auch die individuell wahrgenommene Anzahl der individuellen Handlungsalternativen.

Auch die Erfolgsfaktoren im Rahmen der prozessbezogenen Evaluation finden sich im Fragebogen wieder. So wird nach der individuellen Teilnehmermotivation gefragt, da diese eine entscheidende Rolle für die Umsetzung erlernter Kenntnisse und Fähigkeiten in den Arbeitsalltag spielt. Von großer Bedeutung sind unter anderem auch die subjektiv wahrgenommene Unterstützung des Umfeldes (bspw. der Vorgesetzten) und die individuelle Einschätzung, ob der Arbeitsalltag einen Transfer überhaupt ermöglicht.

Die Evaluation beschränkt sich jedoch nicht nur auf die einzelne Trainingsmaßnahme. Für die Akzeptanz des gesamten Projektes sind auch darüber hinausgehende Ergebnisse von Bedeutung. Fühlen sich die Beschäftigten ausreichend über das Projekt informiert? Wissen sie, welche organisationalen Veränderungen durch das Projekt initiiert wurden? Mithilfe von Aussagen zum Informationsfluss und zur Kenntnis bereits erfolgter Projektmaßnahmen wird nicht nur überprüft, ob Programminhalte ausreichend kommuniziert werden. Sie tragen auch dazu bei,

1.5 Evaluation von Stress-Management-Trainings

Befragung zur Wirksamkeit des Stress-Management-Trainings

trifft überhaupt nicht zu -2 -1 0 1 2 trifft voll und ganz zu

1. Das Training zum Stress-Management hat mir sehr gut gefallen.

2. Das im Training vermittelte Wissen zu Stress und Stressbewältigung ist für meine Tätigkeit hilfreich.

3. Es sind im Training relevante Themen für meine Arbeit bearbeitet worden.

4. Welche Inhalte und Themen waren für Sie in der Stress-Management-Qualifizierung besonders interessant?
   _____
   _____
   _____

trifft überhaupt nicht zu -2 -1 0 1 2 trifft voll und ganz zu

5. Ich bin motiviert, die Erkenntnisse aus dem Stress-Management-Training in der Praxis umzusetzen.

6. Wenn ich Stress habe, dann ... (Mehrfachnennung möglich)
   a) tausche ich mich mit Kolleginnen und Kollegen aus
   b) suche ich die Unterstützung meiner/s Vorgesetzten
   c) lege ich eine Pause ein
   d) versuche ich, positiv zu denken
   e) nutze ich Zeitmanagement-Methoden
   f) wende ich Entspannungsverfahren an
   g) mache ich weiter wie bisher
   h) Sonstiges

7. Die im Stress-Management-Training erworbenen Kenntnisse und Fertigkeiten wende ich regelmäßig an.

trifft überhaupt nicht zu -2 -1 0 1 2 trifft voll und ganz zu

© managerSeminare

I. Stress-Management und Change-Management

trifft überhaupt nicht zu   –2   –1   0   1   2   trifft voll und ganz zu

8. Mein Arbeitsablauf erlaubt es mir, meine neuen Erkenntnisse umzusetzen.

9. Mein/e Vorgesetzte/r unterstützt mich in der Umsetzung der im Stress-Management-Training erworbenen Kenntnisse.

10. Ich bin sehr gut über das Stress-Management-Projekt informiert.

11. Welche der folgenden Veränderungen sind Ihnen bekannt, die durch das Stress-Management-Projekt veranlasst wurden? (Mehrfachnennung möglich)
    a) höheres Bewusstsein für das Thema Stress-Management
    b) Gebäudeschließung außerhalb der Öffnungszeiten
    c) Umgestaltung der Sozialräume
    d) Veränderung der telefonischen Erreichbarkeit

12. Welche Faktoren waren/sind eher **förderlich** für die Wirkung des Stress-Management-Trainings?
    _____
    _____

13. Welche Faktoren waren/sind eher **hinderlich** für die Wirkung des Stress-Management-Trainings?
    _____
    _____

Zum Schluss noch ein paar allgemeine Daten:

14. Alter: a) unter 35   b) 25–35   c) 36–45   d) 46–55   e) 56–66

15. Geschlecht: a) männlich   b) weiblich

16. Sie sind: a) Führungskraft   b) Mitarbeiterin/Mitarbeiter

Vielen Dank für Ihre Mitwirkung!

den Sinn des Projekts zu erkennen und somit die Motivation der Beteiligten zu steigern.

Welche soziodemografischen Daten (z.B. Geschlecht, Alter, Beschäftigungszugehörigkeit) werden erhoben? Die Auswahl kann nicht allein im Interesse der Evaluation getroffen werden. Wird beispielsweise eine schriftliche Befragung zunächst nur an Beschäftigte einer Abteilung gerichtet, so kann eine zusätzliche Differenzierung zwischen Führungskraft und Mitarbeiter je nach Anzahl der Befragten (siehe Frage 16) schnelle Rückschlüsse auf Personen erlauben und so die Anonymität und Rücklaufquote gefährden. Wird mit einer externen Auswertung die vollständige Anonymität der Befragten vereinbart, sollte dies auch so kommuniziert werden. Eine abschließende Überprüfung des Fragebogens durch den Personal- bzw. Betriebsrat vermittelt zusätzliche Sicherheit.

Die Auswertung

Die Rückmeldung der Ergebnisse an die Steuerungsgruppe bietet sowohl Anhaltspunkte für Verbesserungen zukünftiger Trainings als auch des gesamten Stress-Management-Konzepts. Nun geht es darum, die gewonnenen Daten zu interpretieren, zu bewerten, Erfolge zu feiern und gegebenenfalls projekt- oder organisationsspezifische Konsequenzen zu ziehen.

Die Auswertung einiger beispielhafter Ergebnisse des Fragebogens macht dies deutlich. Bei einer Befragung geben 79 Prozent der Befragten an, dass im Stress-Management-Training arbeitsrelevante Themen bearbeitet worden sind. Die angegebene Motivation, Trainingsinhalte im Arbeitsalltag umzusetzen liegt bei insgesamt 65 Prozent, wie die Abbildung zeigt.

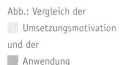

Abb.: Vergleich der Umsetzungsmotivation und der Anwendung

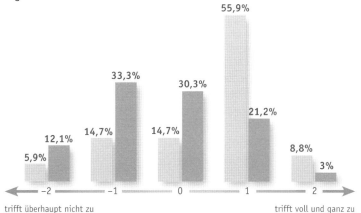

Sind diese Werte hoch oder niedrig? Je nach Erwartungshaltung wird die Interpretation und Beurteilung der Daten anders ausfallen. Ein Vergleich zeigt weiterhin, dass die Motivation (Frage 5), die Trainingsinhalte umzusetzen, statistisch signifikant höher ist als die tatsächliche regelmäßige Anwendung (Frage 7). Für eine statistische Analyse wird hierbei der Zweistichproben t-Test als Hypothesentest für die Analyse von Mittelwertabweichungen verwendet. Der Mittelwert der Umsetzungsmotivation liegt bei $\mu = 0{,}4$, der Mittelwert der Anwendung beträgt $\mu = -0{,}30$ und kann damit als signifikant abweichend interpretiert werden.

Wie lässt sich diese Diskrepanz zwischen Motivation und Umsetzung erklären? Erste Anhaltspunkte bieten die Bewertungen der vorgegebenen Aussagen zur möglichen Umsetzung im Arbeitsalltag und der wahrgenommenen Unterstützung vonseiten der Vorgesetzten. Ist die Unterstützung der Führungskräfte überhaupt ein entscheidender Erfolgsfaktor? Genauere Hinweise können die Rückmeldungen auf die offenen Fragen nach den förderlichen und hinderlichen Transferfaktoren geben. So können sich andere Variablen als bedeutsame Barrieren herausstellen als ursprünglich vermutet, z.B. ein zu hohes Arbeitsaufkommen oder zu viel Kundenverkehr. Je nach abschließender Bewertung stehen die Führungskräfte im Fokus oder die organisationsspezifischen Rahmenbedingungen, wenn es um anschließende Maßnahmen geht.

Bereits dieses kurze Auswertungsbeispiel zeigt, wie umfangreich sich die Bewertung der gesammelten Daten und die Ableitung von Konsequenzen gestalten kann. Die Interpretation einzelner Ergebnisse reicht nicht aus. Erst im Gesamtkontext lassen sich die Wirkzusammenhänge aufschlüsseln.

Die Grenzen: Was kann eine Evaluation leisten, was nicht?

Nichts untermauert heutzutage Erfolg und Misserfolg von Trainings so eindeutig wie Zahlen, Daten und Fakten. Der Erfolg einer Maßnahme oder eines Projekts wird von der Erreichung der gesetzten Projektziele bestimmt. Bestenfalls werden bereits zu Beginn Indikatoren genau definiert. Umso zielgerichteter können dann im Rahmen einer Evaluation die Daten überprüft und bewertet werden, um die gewonnenen Erkenntnisse für eine Verbesserung nachfolgender Maßnahmen und Projekte zu verwerten.

Jedoch sind Erfolge von Stress-Management-Programmen nicht so leicht zu messen. Daten und Modelle spiegeln nicht die komplexe Realität wider. Die Wirkzusammenhänge sind sehr vielschichtig und von der subjektiven Wahrnehmung des Einzelnen abhängig. Zudem spiegelt eine Evaluation lediglich einen aktuellen Status quo wider und ist als eine Momentaufnahme eines Prozesses zu verstehen, der im Kontext interpretiert werden muss.

Unabhängig von den Ergebnissen hat eine Evaluation von Stress-Management-Maßnahmen den Effekt, die Kommunikation über Stress innerhalb der Organisation nicht versanden zu lassen, sondern erneut anzuregen. Dabei ist von entscheidender Bedeutung, im Anschluss nicht im Geheimen Daten zu interpretieren und Konsequenzen zu formulieren, sondern auch an alle und mit allen Beteiligten zu kommunizieren. Unter dem Aspekt der „Lernenden Organisation" können die Ergebnisse dann beispielsweise im Rahmen von Workshops als Basis für den weiteren Dialog genutzt werden.

Quellen, Literaturhinweise

- Bayerisches Landesamt für Gesundheit und Lebensmittelsicherheit (Hrsg.)(2010): Evaluation in der Gesundheitsförderung. Eine Schritt-für-Schritt-Anleitung für Gesundheitsförderer. Materialien zur Gesundheitsförderung. Band 3, online abrufbar unter www.lzg.gc.nrw.de/_media/pdf/gesundheitschuetzen/praevention/bewegungsfoerderung/bayerisches_landesamt_gesundheit_lebensmittelsicherheit_evaluation_in_der_gesundheitsfoerderung_2010.pdf
- Diekmann, A. (2013): Empirische Sozialforschung. Grundlagen, Methoden, Anwendung. Reinbek bei Hamburg: Rowohlt.
- Landeszentrum Gesundheit Nordrhein-Westfalen: Evaluation in der Praxis, online abrufbar unter www.evaluationstools.de
- Kauffeld, S. (2010): Nachhaltige Weiterbildung. Betriebliche Seminare und Trainings entwickeln, Erfolge messen, Transfer sichern. Heidelberg: Springer.
- Kauffeld, S./Brennecke, J./Strack, M. (2009): Erfolge sichtbar machen: Das Maßnahmen-Erfolgs-Inventar (MEI) zur Bewertung von Trainings. In: S. Kauffeld/S. Grote/E. Frieling (Hrsg.): Handbuch Kompetenzentwicklung (S. 55-78). Stuttgart: Schäffer-Poeschel.
- Kauffeld, S./Reid, B./Elwood, F./Holton I./Müller, A.C. (2008): Das deutsche Lerntransfer-System-Inventar (GLTSI), online abrufbar unter http://ltsglobal.com/cms_img/Kauffeld%20et%20al_GLTSI_Revision_28-11-07_Info.pdf
- Kirkpatrick, D. L./Kirkpatrick, J. D. (2006). Evaluation Training Programs. San Francisco: Berrett-Koehler Publishers.
- Nerdinger, F. W./Blickle, G./Schaper, N. (2011): Arbeits- und Organisationspsychologie. Heidelberg: Springer.

Konzeptentwicklung für ein nachhaltiges Stress-Management

Die Verbindlichkeit klarer Maßnahmen mit der Dynamik einer lebendigen Organisation unter einen Hut bringen

Von Volker Walpuski und Sebastian Grab

Ein Konzept zum Stress-Management befindet sich im Spannungsverhältnis von Verbindlichkeit und Flexibilität. Auf der einen Seite beschreibt es klar definierte Maßnahmen und Instrumente, auf der anderen Seite muss es sich als flexibel und veränderungsfähig erweisen, damit es der Realität einer lebendigen und sich ständig entwickelnden Organisation gerecht wird. Ansonsten verstaubt es in der Schublade.

Ein Konzept, das aus dem Lateinischen *concipere* mit erfassen übersetzt werden kann, fasst die komplexen Ergebnisse und Vereinbarungen im Kontext des Stress-Managements zusammen, damit diese wirksam umgesetzt und evaluiert werden können. Das Konzept schafft durch sein Vorhandensein Transparenz innerhalb des Projekts. Es begründet und legitimiert Handlungsschritte und Maßnahmen nach innen wie nach außen und klärt Prioritäten und Verantwortlichkeiten. Schließlich ist es eine zentrale Grundlage für die wirksame Evaluation der Maßnahmen. Ein Konzept schreibt also fest – und doch muss es jederzeit auf Veränderungen der Organisation, die auf das Konzept Auswirkungen haben, reagieren können. Es ergibt sich somit eine dynamische Balance zwischen Stabilität und Wandel. Um dies zu leisten, muss ein nachhaltiges Konzept bestimmten Merkmalen genügen, die innerhalb der unterschiedlichen Phasen der Konzeptentwicklung erarbeitet werden.

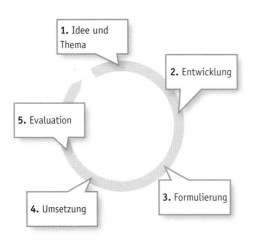

Abb. 1: Die fünf Phasen der Konzeptentwicklung

1.6 Konzeptentwicklung für ein nachhaltiges Stress-Management

Die Entwicklung eines Stress-Management-Konzepts – von der Idee bis zur Evaluation – lässt sich in fünf Phasen unterteilen, die nacheinander durchlaufen werden (siehe Abb. 1, links).

Phase 1: Idee und Thema

Die Idee, ein Konzept für das Stress-Management zu entwickeln und damit zu arbeiten, bildet dessen Grundlage. In dieser Phase der Konzeptentwicklung werden die Weichen für die Nachhaltigkeit gestellt, indem die Ziele und der Nutzen des Stress-Managements von der Organisation erarbeitet und benannt werden. Das angedachte Stress-Management wird in die bestehende Organisationsstruktur eingeplant und angepasst. Um in den nächsten Schritt Entwicklung zu gelangen, ist eine grundlegende Analyse der Idee notwendig. Mit dieser Analyse werden die Hintergründe der Idee beleuchtet und Antworten auf die Fragen gefunden: „Warum brauchen wir überhaupt ein Stress-Management-Konzept? Auf welche Umstände und Gegebenheiten möchten wir mit diesem Konzept reagieren? Welchen Situationen wollen wir präventiv vorbeugen? Auf welche Ressourcen können wir aufbauen? Wer ist beteiligt? Wo sind die Grenzen dessen, was wir beeinflussen können?" Diese und weitere Fragen helfen, die Idee genauer zu beschreiben und somit die Grundlage für das Stress-Management zu legen.

In dieser Phase werden – wenn möglich – alle, ansonsten aber ein repräsentativer Durchschnitt der Beschäftigten einbezogen. Die Transparenz über das Vorhaben „Stress-Management" über alle Hierarchien und Abteilungen hinweg unterstützt die Nachhaltigkeit des Projektes. Die Beschäftigten beteiligen sich bei der Beschreibung der Problemfelder und Stressoren und machen Aussagen über den Nutzen des Stress-Managements aus ihrer Sicht. Somit ist gewährleistet, dass das Konzept „von den Beschäftigten her" gesehen und entwickelt wird.

Merkmale dieser Phase:
- Zielsetzung und Nutzen formulieren
- Problemfelder und Stressoren beschreiben
- Einfluss- und Wirkungsbereiche definieren
- Bestandsaufnahme/Organisationsanalyse durchführen
- Aktuelle Prozesse analysieren
- Veränderungsziele klären
- Ressourcen und Beteiligte definieren
- Partizipation der Beschäftigten bei der Problemdarstellung und Situationsbeschreibung

So geht es konkret:
- Eine Person benennen, die für die Gesamtprojektleitung verantwortlich ist. Diese Person sammelt Dokumente und protokolliert alle Entscheidungen.
- Den Anlass festhalten: Was war der Zusammenhang, was war die Situation, als wir auf die Idee kamen, dass strategisches Stress-Management hilfreich für die Organisation ist?
- Dokumente sammeln: Vorträge oder Schreiben von Geschäftsführung oder Betriebsrat, in denen der Sinn erläutert wird und die Mitarbeitenden zur Mitarbeit eingeladen werden.
- Steuerungsgruppe bilden, die die Steuerung des Gesamtprozesses verantwortet und die durch die Geschäftsführung beauftragt wird. Jede Sitzung protokollieren, damit Entscheidungen nachvollziehbar sind.
- Konkretere Ziele nach den SMART-Kriterien formulieren: Das Ziel des strategischen Stress-Managements ist ... Das Ziel gilt als erreicht, wenn wahrnehmbar ...
- Schon jetzt bezieht die Steuerungsgruppe in ihre Überlegungen ein, wie eine spätere Evaluation (Phase V) methodisch erfolgen soll.
- Analysemethoden begründen und durchführen. Ergebnisse einer wiederholbaren Mitarbeiterbefragung oder Belastungsanalyse auswerten, dokumentieren und kommunizieren.
- In Zukunftskonferenzen oder anderen Großgruppenveranstaltungen die Themen der Mitarbeitenden erheben. Ergebnisse dokumentieren und kommunizieren.
- Über Freistellung und Ressourcen für die Arbeit der Steuerungsgruppe und ggf. weitere nötige Arbeitsgruppen (Konzeptgruppen) entscheiden.

Phase 2: Entwicklung

Die Problemstellungen, Situations- und Prozessbeschreibungen aus der ersten Phase erfordern nunmehr eine Reaktion in Form von Maßnahmen und Instrumenten. Diese werden erarbeitet, auf ihre Umsetzung und Ergebnisbeteiligung hin überprüft, mit bereits bestehenden Maßnahmen und Instrumenten der Personal- und Organisationsentwicklung verknüpft oder daran angelehnt. Dabei gilt der Grundsatz: Kein Rad muss neu erfunden werden. Diese Phase wird durch eine entscheidungsfähige Arbeitsgruppe begleitet, die sich aus Vertretern aller Bereiche des Unternehmens zusammensetzt. Diese Konzeptgruppe entwickelt auf Grundlage der ersten Phase Lösungen, plant deren Umsetzung im Unternehmen und legt Verantwortlichkeiten fest. Auch die spätere Form der Evaluation ist hier schon mit zu entwickeln.

1.6 Konzeptentwicklung für ein nachhaltiges Stress-Management

Merkmale dieser Phase:
- Lösungen entwickeln
- Maßnahmen und Instrumente beschreiben
- Umsetzung planen
- Verantwortliche festlegen

So geht es konkret:
- Die Steuerungsgruppe entwickelt und entscheidet die Maßnahmen der Organisationsentwicklung und Personalentwicklung.
- Die Steuerungsgruppe ernennt Personen zu einer Konzeptgruppe, die für die Erarbeitung der Konzepte auf Grundlage der Entscheidungen der Steuerungsgruppe aus der ersten Phase verantwortlich ist.
- Die einzelnen Konzepte für Trainings werden im Detail entwickelt.
- Die Konzepte werden Personen aus den Zielgruppen vorgestellt und mit ihnen diskutiert (die Konzepte der Führungskräfte-Trainings zum Beispiel in der Regelkommunikation aller Führungskräfte. Rückmeldungen werden einbezogen).
- Einzelne Pilottrainings werden durchgeführt (an denen einzelne Mitglieder der Steuerungsgruppe und der Konzeptgruppe teilnehmen). Anschließend wird das Konzept unter Berücksichtigung der Rückmeldungen angepasst.
- Zu den Trainings werden geeignete Feedback-Instrumente (Feedback-Bögen, gesammelte Rückmeldungen oder direkte Kommunikation) entwickelt, die die Wirksamkeit der Inhalte und Lernmethoden abfragen und Rückmeldungen zum Stress-Management in der Organisation geben.
- Die Steuerungsgruppe entwickelt gemeinsam mit Personalentwicklung und Führungskräften Instrumente wie beispielsweise Formulare zu Mitarbeitergesprächen bezüglich Stressthemen oder Einarbeitungsrichtlinien für neue Mitarbeiter unter Berücksichtigung des Stress-Managements.
- Die Organisationsentwicklungsmaßnahmen werden durch benannte Verantwortliche in enger Abstimmung mit der Steuerungsgruppe entwickelt und mit begleitender Kommunikation sukzessive umgesetzt. Es wird ein Transferzeitpunkt zur Überprüfung geplant, an dem auf Basis des Feedbacks zur Stressreduktion die Zielerreichung durch die Steuerungsgruppe kritisch geprüft wird.
- Die Konzepte und Veränderungsschritte werden durch die Konzeptgruppe dokumentiert, sie bilden das erste Gerüst für die Formulierung des Stress-Management-Konzepts.
- Die organisationale Anbindung des Stress-Managements wird mit der Geschäftsführung und den relevanten weiteren Beteiligten diskutiert und entschieden. Für entscheidende Rollen (Stress-

Management-Beauftragter, interne Trainer, …) werden Aufgaben, Kompetenzen und Verantwortlichkeiten beschrieben und über Ressourcen und Freistellung entschieden.

Phase 3: Formulierung

Alle Maßnahmen und Instrumente, die im Zuge des Stress-Managements umgesetzt werden sollen, werden innerhalb des Konzepts niedergeschrieben. Die Formulierung des Konzepts, also die genaue Beschreibung der einzelnen Maßnahmen und Instrumente, erfolgt in einem Stil, der der Organisation angepasst ist. Dabei sind verschiedene Varianten möglich: So kann ein Konzept der Struktur einer Homepage folgen und online zugänglich gemacht werden oder aber in Papierform angelegt sein. Beides hat seine spezifischen Vor- und Nachteile. Wichtig bei der Formulierung des Konzepts ist auch hier die Nachhaltigkeit: Es entsteht kein Konzeptordner, der in einem Regalfach verstaubt. Vielmehr wird eine Sammlung angelegt, die Grundwerte und Leitsätze bündelt, bestimmte Handlungen, Vereinbarungen, Rollen, Verantwortliche und die organisatorische Anbindung beschreibt und somit die Grundlage der Umsetzung des Stress-Managements darstellt – veränderbar und beschreibend.

Für die Formulierung eines Konzepts kann es keine Mustertexte geben, weil das den Partizipationsgedanken konterkariert. Jedoch helfen Orientierungspunkte bei der Konzeptentwicklung – unabhängig von Layout und Darstellung –, wie sie beispielhaft in Abbildung 2 aufgeführt sind.

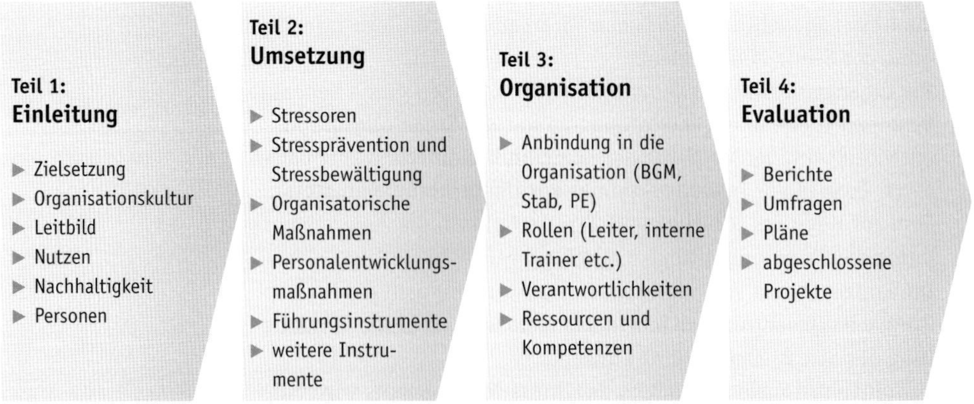

Abb. 2: Mögliche Konzeptstruktur mit Inhalten (eigene Darstellung)

Teil 1: Einleitung
- Zielsetzung
- Organisationskultur
- Leitbild
- Nutzen
- Nachhaltigkeit
- Personen

Teil 2: Umsetzung
- Stressoren
- Stressprävention und Stressbewältigung
- Organisatorische Maßnahmen
- Personalentwicklungsmaßnahmen
- Führungsinstrumente
- weitere Instrumente

Teil 3: Organisation
- Anbindung in die Organisation (BGM, Stab, PE)
- Rollen (Leiter, interne Trainer etc.)
- Verantwortlichkeiten
- Ressourcen und Kompetenzen

Teil 4: Evaluation
- Berichte
- Umfragen
- Pläne
- abgeschlossene Projekte

1.6 Konzeptentwicklung für ein nachhaltiges Stress-Management

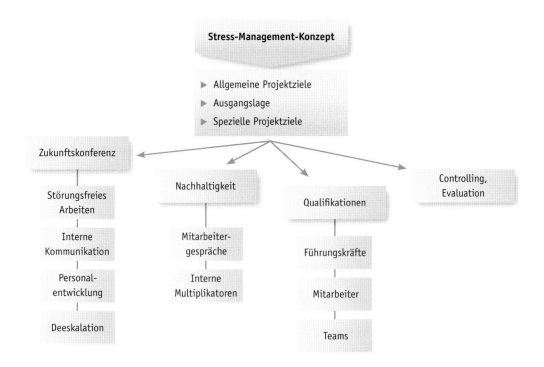

Abb. 3: Mögliche Gliederung des Konzepts für die Online-Ordnerstruktur

Das Konzept ist ab der ersten Fertigstellung allen Mitarbeiterinnen und Mitarbeitern zugänglich. Dies kann in der „Online-Variante" erreicht werden, indem eine Ordnerstruktur im Intranet eingerichtet wird (siehe Abb. 3). Alternativ kann jedes Team einen Konzeptordner erhalten, um einzelne Maßnahmen und Instrumente nachzulesen und zu verfolgen. Indem die Stressoren als Ursache für die Maßnahmen im Konzept aufgeführt werden, lassen sich Anlässe und spätere Fortschritte nachverfolgen. Dies trägt zur Transparenz und damit zur Akzeptanz einzelner Maßnahmen bei.

Merkmale dieser Phase:
- Formulierung im Sinne der Organisations- und Kommunikationskultur
- Entscheidung über Layout und Ordnerstruktur (online vs. Print)
- Nachhaltigkeit: Veränderbarkeit des Konzeptes berücksichtigen
- Vermarktung und Erreichbarkeit

So geht es konkret:
- Die Steuerungsgruppe entwickelt eine Gliederung für das Stress-Management-Konzept.
- Sie beauftragt anschließend einzelne Mitglieder oder ein bis zwei andere Personen aus der Konzeptgruppe, einen Textentwurf bzw. Textbausteine zu erarbeiten.

- ▶ Die Steuerungsgruppe diskutiert die Entwürfe, vervollständigt sie und gleicht sie einander an.
- ▶ Die Steuerungsgruppe beauftragt das Layout und klärt, wer auf welche Weise das Konzept erhält.

Phase 4: Umsetzung

Die Maßnahmen und Instrumente werden in der Organisation auf Grundlage des Stress-Management-Konzepts weiter umgesetzt. Die Erstellung des Konzepts kommt an diesem Punkt zu ihrem Ende – so könnte man meinen. Jedoch spielt die Durchführung wie auch die Dokumentation und spätere Evaluation eine bedeutende Rolle im Kontext der Nachhaltigkeit: Was muss optimiert, verändert oder umgestellt werden? Welche Schwierigkeiten treten bei der Durchführung einzelner Maßnahmen auf? Welche Stolpersteine lassen sich bei einzelnen Instrumenten beobachten? Die Dokumentation der einzelnen Durchführungen und Umsetzungen sind in dieser Phase wichtig, um die Konzepte im Stress-Management im folgenden Schritt Evaluation auf ihre erzielte Wirkung hin zu untersuchen. Die Dokumente werden daher nach der Durchführung der Steuerungsgruppe vorgelegt, die anschließend die Evaluation vornimmt.

Merkmale dieser Phase:
- ▶ Umsetzung der Maßnahmen und Instrumente im Sinne des Konzepts
  - durch einfaches Führungshandeln in einigen Fällen
  - durch Einbindung aller Betroffenen in Form spezifischer organisationsentwicklerischer Maßnahmen (Workshops, Gruppendiskussionen, Geschäftsprozessredesign) in anderen Fällen
- ▶ Dokumentation

So geht es konkret:
- ▶ Die Steuerungsgruppe priorisiert gemeinsam mit der Geschäftsführung die wichtigsten, dringendsten oder einfachsten Maßnahmen.
- ▶ Sie entscheidet, welche Maßnahmen durch einfaches Führungshandeln umgesetzt werden können, weil bereits vollständige Klarheit über die Maßnahmen besteht.
- ▶ Sie entscheidet, welche Maßnahmen durch organisationsentwicklerisches Handeln umgesetzt werden, weil aufgrund von Unklarheiten und Komplexitäten viele Betroffene zu beteiligen sind.
- ▶ Sie beauftragt Maßnahmen- bzw. Projektverantwortliche und nimmt die Dokumentation entgegen.

1.6 Konzeptentwicklung für ein nachhaltiges Stress-Management

Phase 5: Evaluation

In dieser Phase sichtet die Steuerungsgruppe gemeinsam mit der Geschäftsführung alle Ergebnisse und Dokumentationen, führt Umfragen und Transfergespräche durch, um die Zielführung und Wirkung der einzelnen Maßnahmen und Instrumente zu überprüfen. Aus dieser Auswertung entstehen Änderungen und Optimierungsvorschläge, die in das Konzept einfließen. Sie ergänzen, verändern und erweitern die bestehenden Definitionen und Beschreibungen. Weiterhin lassen sich neue Themen erkennen, die sich aus den Umsetzungen ergeben. Diese werden in einer neuen ersten Phase „Ideen und Themen" besprochen und in den Kreislauf der Konzepterstellung eingebracht. So erweitert die Steuerungsgruppe das Konzept sukzessive und passt es den Bedarfen der Organisation laufend an.

Merkmale dieser Phase:
- Untersuchung der Wirkung einzelner Maßnahmen und Instrumente (mehr dazu im Kap. 1.5, S. 71)
- Generieren neuer Ideen und Themen zur Erweiterung des Stress-Management-Konzepts durch Rückkopplungsgespräche mit Mitarbeiterinnen und Mitarbeitern, Führungskräften und Trainern im Anschluss an Workshops, Schulungen oder ähnliche Maßnahmen.
- Ergänzung und Optimierung des bestehenden Konzepts auf Grundlage der Berichte aus Evaluation und Rückkopplungsgesprächen durch die Steuerungsgruppe.

So geht es konkret:
- Die Steuerungsgruppe hält die Fäden der Evaluation in der Hand. Zum Einsatz können Evaluationstools wie Prä-Post-Analysen, Retrospektiven oder andere im Vorfeld zu definierende, aussagefähige Indikatoren kommen.
- Die Steuerungsgruppe zieht ein Fazit aus den Evaluationen.
- Die Steuerungsgruppe gleich das Fazit mit dem vorliegenden Stress-Management-Konzept ab. Sie ergänzt oder verändert das bestehende Konzept anhand der Erkenntnisse aus der Evaluation.
- Die Steuerungsgruppe führt Rückkopplungsgespräche mit Teilnehmern aus Schulungen und Workshops, um neue Themen für das Stress-Management zu generieren.

Konzeptentwicklung für ein nachhaltiges Stress-Management

Ein Konzept ist dann nachhaltig, wenn es langfristig und nutzbringend in der Organisation umgesetzt wird. Indem die einzelnen Bestandteile des Konzepts im Alltag „gelebt", also Workshops durchgeführt, Schulungen und Gespräche angeboten oder Ansprechpersonen im Unternehmen installiert werden, bleibt der gesunde Umgang mit Stress ein Thema und wird weniger als Tabu behandelt. Gelingt die Umsetzung und erweist sich diese für die Organisation als bereichernd und lohnend, bestätigt dies die Konzeption des Stress-Managements. Eine andauernde Evaluation und Optimierung der einzelnen Maßnahmen und Instrumente sowie deren Anpassung an äußere und innere Veränderungen lassen ein Konzept und damit auch die Umsetzung bestehen. Es bleibt lebendig und nahe an der erlebten Realität der Mitarbeitenden.

Verschiedene Merkmale, die während der Konzeptentwicklung und der Durchführung auftreten oder dabei eingeführt werden, fördern diese nachhaltige Umsetzung:

- ▶ **Das Rad nicht neu erfinden:** Strategisches Stress-Management hat viele Schnittmengen zu anderen, bestehenden internen Managementsystemen wie Leitbild, Betriebliches Gesundheitsmanagement (BGM), Betriebliches Eingliederungsmanagement (BEM), Betriebsrat/Personalvertretung, Wissensmanagement, Schwerbehindertenvertretung, Tutorenprogramme usw. Diese Managementsysteme gilt es mit dem Stress-Management sinnvoll zu verknüpfen und zu ergänzen.
- ▶ **Voneinander lernen:** Personalentwicklungsmaßnahmen, wie z.B. Schulungen rund um Stressthematiken, werden nach Abschluss der Schulung im Team und/oder mit der Führungskraft besprochen. Diese Transfergespräche zeigen Beschäftigten, dass das Thema für die Organisation relevant ist. Sie zeigen zudem, dass die Führungskraft selbst Interesse hat, wodurch sowohl persönliche Lernprozesse als auch die Teamentwicklung gefördert werden.
- ▶ **Nachhaltigkeit heißt, langfristig zu denken:** Es gilt, durch regelmäßige Folgeveranstaltungen Kontinuität für Themen und Entwicklungsprozesse zu schaffen. Hilfreich sind Standards wie „Alle neuen Mitarbeiter werden direkt geschult" oder „Alle restrukturierten Teams erhalten ein Teamtraining".
- ▶ **Prinzip der Schriftlichkeit:** Im Kontinuierlichen Verbesserungsprozess oder einfach zwischendurch entstehen neue Themen und werden andere Stressoren, Herausforderungen und Aufgaben sichtbar. Diese gilt es, konsequent in einem Themenspeicher festzuhalten, damit im Verbesserungsprozess auf sie zurückgegriffen werden kann.
- ▶ **Selbst ist der Mensch:** Im strategischen Stress-Management zeigt sich, dass ein wesentlicher Stressfaktor in der Eigenverantwortung der Beschäftigten liegt. Sie gilt es systematisch zu stärken, ihre jeweils eigene Stresswahrnehmung unbewertet zu reflektieren und ggf. zu verändern. So steigt die Resilienz.

1.6 Konzeptentwicklung für ein nachhaltiges Stress-Management

▶ **Reden ist Gold:** Damit Beschäftigte sich auf breiter Front beteiligen und ein Stress-Management-Konzept entsteht und gelebt werden kann, braucht es interne kommunikative Begleitung durch Faltblätter, Broschüren, Logos und Plakate.

Stabilität und Veränderung

Die dynamische Balance zwischen Stabilität und Veränderung als Herausforderung für das Bestehen des Konzepts und als Grundlage für eine nachhaltige Umsetzung der Inhalte entsteht aus der Berücksichtigung beider Elemente. Stabilisierende Faktoren und Faktoren, die Veränderungen aufnehmen und umsetzen, halten sich im Prozess die Waage. Beiden gebührt zu jeder Zeit das gleiche Maß an Aufmerksamkeit, damit die Waage, wie die Abbildung 4 zeigt, nicht in ein Ungleichgewicht gerät und somit den nachhaltigen Prozess stört.

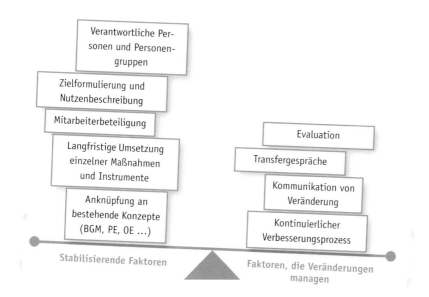

Abb. 4: Dynamische Balance zwischen Stabilität und Veränderung

Gliederungsbeispiel eines Stress-Management-Konzepts

1. Vorwort der Geschäftsführung
2. Erläuterungen zu Inhalt und Struktur des Stress-Management-Konzepts
3. Themenkomplex 1: Einarbeitung/Qualifizierung
4. Themenkomplex 2: Sozialräume
5. Themenkomplex 3: Gesundheit der Beschäftigten
6. Themenkomplex 4: Zusammenarbeit in Teams
7. Themenkomplex 5: Fehlerkultur und Organisationskultur
8. Themenkomplex 6: Führungskräfte
9. Übersichtsmatrix der Ziele und Maßnahmen mit Zielerreichungsterminen
10. Evaluationsverfahren und Ausblick
11. Danksagung für die Mitwirkenden der Konzepterstellung

Großgruppenformate –
Vielfältigkeit und Beteiligung

Kapitel 11

Kapitel 2 – Kurzübersicht

Mit dem Begriff **„ChangeCentive"** verbindet *Susanne Recknagel* die passgenaue Planung von Großgruppenveranstaltungen für Beschäftigte mit den Anforderungen an die Kommunikation im Change-Management. So lassen sich Konferenzen und Tagungen im strategischen Stress-Management mit vielen Beteiligten nützlich für das Projekt gestalten. ▶▶ *Seite 95*

Für die Analyse von organisationalen Stressoren und die Planung eines strategischen Stress-Managements ist die Zukunftskonferenz ein hervorragendes Instrument. *Thomas von Sehlen* und *Andreas Dünow* erläutern **„Die Zukunftskonferenz als Analyseinstrument"** im strategischen Stress-Management. ▶▶ *Seite 98*

Im Anschluss liefern sie mit dem **„Konzept und Ablauf einer Zukunftskonferenz"** eine detaillierte Handlungsanleitung, die von der richtigen Vorbereitung über den motivierenden Entwurf einer Zukunftsvision bis zur Maßnahmenplanung alles notwendige Know-how enthält, um die Veranstaltung zum Erfolg werden zu lassen. ▶▶ *Seite 104*

Drei Tools veranschaulichen die Moderation:

- Im Tool **„Trends und Faktoren"** beschreiben *Thomas von Sehlen* und *Andreas Dünow* die Analyse zukünftiger Stressoren für die gesamte Organisation. Die Komplexität und Gesamtheit der Faktoren wird durch eine spezielle Darstellungsart beeindruckend durch und für die Gruppe visualisiert. ▶▶ *Seite 118*
- Im Tool **„Zukunft erleben"** für die vorausschauende Planung erklären *Andreas Dünow* und *Thomas von Sehlen*, wie Gruppen mithilfe von Assoziationen ein attraktives Zukunftsbild für die Organisation kreieren können. ▶▶ *Seite 123*
- In **„Konsens einmal anders"** stellen sie dar, wie einstimmige Entscheidungen für geeignete Maßnahmen und Lösungswege in einer großen Gruppe mittels „Summographen" getroffen werden können. ▶▶ *Seite 128*

Der Erfolg will gefeiert sein und der Übergang vom Aufbauprojekt zum dauerhaften strategischen Stress-Management verdient es, zelebriert zu werden. *Susanne Recknagel*, *Heidrun Strikker* und *Juliane Bohnsack* erläutern **„Aufbau und Konzept der Transferkonferenz"** anhand der Qualitäten von C. G. Jung und liefern beispielhaft Inhalte und Agenden für einen gelungenen Transfer. ▶▶ *Seite 134*

ChangeCentive

Erfolg und Wirkung von Großgruppenformaten lassen sich steigern, wenn die Veranstaltung in einen inspirierenden Rahmen gegossen wird

Von Susanne Recknagel

Großgruppenformate erfreuen sich vor allem in Change-Prozessen großer Beliebtheit. Sie schaffen eine Plattform, die es den strategiebestimmenden und umsetzenden Akteuren ermöglicht, gemeinsam einen Veränderungsprozess zu starten bzw. zu gestalten und zu erleben. Oft ist jedoch die Freude auf das Abend-Event größer als auf den eigentlichen Prozess und die wichtige Arbeit für das Unternehmen. Wie lässt sich also solch eine Veranstaltung gestalten, sodass die Teilnehmenden motiviert durch das ganze Event gehen?

Die Positive Psychologie beschäftigt sich mit dem Entstehen von Glück und seiner Wirkung auf uns Menschen. Csikszentmihalyi beschreibt beispielsweise mit seinem Flowprinzip einen Zustand völliger Schwerelosigkeit im Spannungsverhältnis zwischen Tun, Zeit und Ergebnis, in der Menschen Hochleistungsperformance erbringen (vgl. Csikszentmihalyi 2013).

Wieso gestalten wir also die konkreten Arbeitsphasen nicht auch nach diesem Prinzip? Hier greift der Ansatz von ChangeCentive. Es geht darum, Programmpunkte nicht nur aneinanderzureihen, sondern die Elemente „Inhalt/Veränderung" und „Spaß/Freude/Motivation" zu verbinden, um jeden Einzelnen zu bester Performance zu bringen. Denn Spaß und Freude sind nicht zu unterschätzende Komponenten in einem Prozess oder einer Maßnahme. Sie ermöglichen Inspiration, Kreativität sowie Erleben und stellen eine von vier Perspektiven zur Gestaltung von Konferenzen dar (siehe hierzu Kap. 2.3, S. 134 ff.).

ChangeCentive ist ein Neudenken und Aufbrechen von Strukturen gelebter Workshop- und Großgruppenformate. Neben der Neugestaltung der Umweltvariablen geht es um die Verschmelzung von Spaß und Arbeit in einer Gesamtkonzeption für Workshops bzw. Großgruppenveranstaltung und Konferenzen. Die Verbindung kann bereits durch einfache Mittel erfolgen:

▶ **Ortswahl passend zum Thema.** Beispiele: Der Strategieworkshop „Fusion zweier Unternehmensbereiche" findet in einer stillgelegten Eisengießerei statt, um das Thema mit dem Ort „zu verschmelzen" und damit als kreatives Element präsent zu haben. Inhalte wie „Kommunikation" und „Rhetorik" lassen sich durch das Ambiente eines Theaters und einer vorhandenen Bühne intensivieren und tiefer gehend bearbeiten. Die Idee dahinter: Andersartige Orte bieten andere und weitere Möglichkeiten, an Themen heranzugehen und diese zu bearbeiten.

▶ **Thema und Catering miteinander verknüpfen.** Beispiele: Den Umgang mit Unsicherheiten in Veränderungsprozessen beim Essen und Trinken im Dunkeln erleben und damit umgehen oder Themen wie Zusammenarbeit und Vertrauen durch ein Picknick (jeder steuert zum Essen etwas bei, jeder ist wichtig) zu verkörpern. Diese Ereignisse bieten indirekte Ankerpunkte zum Thema und können im Erleben zu einem Aha-Moment führen und/oder im weiteren Verlauf der Veranstaltung als erlebte Beispiele herangezogen werden.

▶ **Inhalte spielerisch erleben und direkter Transfer.** Ein gutes Beispiel, wie so etwas funktioniert, gibt das Format des *Start-up Weekend*. Hier wird in verkürzter Zeit die reale Situation einer Unternehmensgründung von der Idee bis hin zur Umsetzung durchlebt. Das Unternehmen ist danach zwar nicht am Markt, aber die Idee so weit gereift, dass sie tatsächlich in die Umsetzung könnte. Und wie im realen Leben bleiben auch manch gute Ideen auf der Strecke. ChangeCentive nutzt diesen Punkt ebenso und führt Inhalte und Theorien kurz und knapp ein, damit die Teilnehmenden im eigenen Erleben diese für ihre individuelle Situation nutzbar machen und umsetzen können.

Mit der Idee, Arbeit und Spaß zu verknüpfen, wird der Bearbeitung von Themen Event-Charakter verliehen. Daher steht bei ChangeCentive im Vordergrund, mit Freude am Tun die Ergebnisse zu steigern und den wirtschaftlichen Erfolg für das Unternehmen zu erreichen.

2.1 ChangeCentive

Quellen, Literaturhinweise

- auf dem Hövel, J. (2009): Buddhistisches Denken nutzt das Gehirn besser. In: Die Welt digital. Gesundheit Neurologie. URL: http://www.welt.de/gesundheit/article4232023/Buddhistisches-Denken-nutzt-das-Gehirn-besser.html Stand: 8. März 2015
- Csikszentmihalyi, M. (2013): Flow. Das Geheimnis des Glücks. 16. Aufl., Stuttgart: Klett-Cotta.
- Csikszentmihalyi, M. (2014): Flow und Kreativität. Wie Sie Ihre Grenzen überwinden und das Unmögliche schaffen. Stuttgart: Klett-Cotta.
- Hölzel, B. K./Carmody, J./Vangel, M./Congleton, Ch./Yerramsetti, S. M./Gard, T./Lazar, S. W.: (2011). Mindfulness practice leads to increases in regional brain gray matter density. Psychiatry Research: Neuroimaging, 2011; 191 (1): S. 36–43.

Die Zukunftskonferenz als Analyseinstrument

Ein gemeinsames Bewusstsein für individuelles, aber auch kollektives Stressempfinden entwickeln, gemeinsam Handlungsmöglichkeiten erarbeiten, Transfer in den Praxisalltag anstoßen

Von Thomas von Sehlen und Andreas Dünow

Organisationaler Stress oder individuelles Stressempfinden?

Stress zeichnet sich dadurch aus, dass er subjektiv empfunden wird. Was für den einen Stress bedeutet, kann dem anderen Spaß machen. Aber auch wenn Stress als solcher gemeinsam empfunden wird, können die Betroffenen unterschiedliche Verursacher (= Stressoren) ausmachen und sich auch unterschiedliche Lösungen für ihr individuelles bzw. organisationales Problem vorstellen. Organisationaler Stress entsteht durch die Kommunikation zwischen Menschen in der jeweiligen Ablauf- und Aufbauorganisation: Diese bedingt und/oder forciert die Belastung, die das Stressempfinden auslöst. Ein strategisches Stress-Management-Projekt muss sich diesen Kriterien stellen:

▶ der Individualität des Stressempfindens in hohem Maße Rechnung tragen und
▶ die organisationalen Stressoren von anderen Stressoren trennen.

Dies ist eine vertrackte Aufgabenstellung, denn individuell empfundener Stress soll durch Nicht-Individualität (Organisation) erklärbar werden, ebenso wie organisationaler Stress durch individuell empfundenen Stress.

Analyse oder: Warum übliche Methoden hier nicht funktionieren

Wer sich mit klassischen Projekten der Organisations- und Personalentwicklung in Organisationen auskennt, dem ist die klassische Projektplanung bekannt, die in Phasen eingeteilt wird: Analyse, Ziele und Lösungen entwickeln, Umsetzungsschritte formulieren, Ergebnisse kontrollieren und nachjustieren. Es gibt unterschiedliche Varianten der Reihenfolge dieser Schritte, manchmal werden die Ziele vorangestellt, manchmal die Probleme vorab definiert, manchmal werden die Phasen oder Schritte auch anders benannt.

2.2 Die Zukunftskonferenz als Analyseinstrument

In der Wikipedia-Definition ist eine Analyse „eine systematische Untersuchung, bei der das untersuchte Objekt oder Subjekt in Bestandteile (Elemente) zerlegt wird, und diese anschließend geordnet, untersucht und ausgewertet werden. Insbesondere betrachtet man Beziehungen und Wirkungen (...) zwischen den Elementen." Abgekürzt könnte man zusammenfassen: Erst hinschauen und denken, dann handeln.

Die Analyse stellt immer einen der ersten Schritte im Projektentwicklungsprozess dar. Dies begründet sich damit, dass an sie bestimmte Erwartungen gestellt werden: Sie soll die Basis für das weitere Vorgehen bieten. Man erwartet von ihr Anhaltspunkte für das weitere Vorgehen. Sie soll letztlich auch Stellschrauben oder Hebel aufzeigen, an denen anzusetzen ist. Über diese Funktionen hinaus verspricht man sich von einer Analyse auch eine Art von „Objektivität", die es erlaubt, eine gemeinsame Sicht auf das jeweilige Problem zu bekommen. Ist die Analyse gelungen, sind alle Beteiligten von der Notwendigkeit von Lösungsschritten zur Behebung benannter Probleme bereit, so die Vermutung. Analysen werden daher oft von „neutralen Dritten" angefertigt, denen man eine objektive Sichtweise und eine entsprechende Fachkenntnis zubilligt. Diese Dritten führen dann Untersuchungen durch und legen einen Bericht oder Gutachten vor.

(Nicht nur) vor dem Hintergrund der eingangs erwähnten Aufgabenstellung, individuell empfundenen Stress auf organisationale Stressoren zurückzuführen, fallen damit die klassischen Analysemethoden mit den Mitteln der Datenerhebung, der Expertenauswertung und der anschließenden Präsentation als Mittel für strategische Stress-Managementprojekte aus.

Sie unterstellen allesamt eine Mechanik von Ursache-Wirkungsketten, die es in der gelebten Realität der Organisation „objektiv" (d.h. aus der Sicht Dritter) geben mag, die aber subjektiv und individuell von den Menschen in der Organisation anders als von den Expertinnen und Experten erlebt wird. Sie unterstellen ferner die Möglichkeit, bestimmte Symptome (etwa einen hohen Krankenstand oder hohe Arbeitsunfähigkeitszeiten) von anderen isolieren bzw. „Ursachen" dafür entdecken zu können. Dabei ist es bei diesem Thema schlichtweg unmöglich, Symptome zu isolieren, geschweige denn auch ihre immer vorhandene positive Funktion im System zu erkennen (so fallen z.B. durch einen hohen Krankenstand bestimmter Personen schwierige Auseinandersetzungsprozesse innerhalb von Teams – wenn auch unter hohen „Kosten" – weg).

Der klassischen Analysemethodik durch Expertinnen und Experten wird es daher niemals gelingen, eine Konzentration

- auf wesentliche Hebel und Stellschrauben des Stresserlebens und eine gemeinsame Problemsicht aller Beteiligten zu erreichen (weil sie der Individualität des Stresserlebens nicht gerecht werden kann),
- auf den rein organisational verursachten Stress zu bewerkstelligen (weil das Gesamtempfinden von organisationalem Stress durch klassische Analysemethoden nicht „sichtbar" gemacht werden kann).

Die Beteiligung aller konsequent nutzen

Vor dem Hintergrund des Themas organisationaler Stress im Besonderen und Organisationsentwicklungsprojekten im Allgemeinen bietet sich für die Analysephase eher ein Vorgehen nach der Art der „Aktionsforschung" (Lewin u.a.) an, bei der die Trennung von Fachexperten und Beteiligten zugunsten einer Unterscheidung von Prozessexperten und Beteiligten aufgehoben wird (wobei Letztere die Fachexpertenrolle einnehmen). Vor dem Hintergrund des o.g. Aufgabenprofils einer Analysephase muss eine „Aktionsforschungsmethode" Folgendes leisten:

- individuelles Stresserleben in den Mittelpunkt stellen und gleichzeitig eine Brücke zu organisationalem Stress bauen,
- die Wechselwirkungen zwischen beiden Stressdimensionen aufzeigen,
- Schwerpunkte des weiteren Vorgehens definieren,
- einen breit getragenen Konsens über das weitere Vorgehen herstellen.

Für ein solches Vorgehen in Organisationen steht seit gut zwei Jahrzehnten das Format der Großgruppe in unterschiedlichen Varianten zur Verfügung.

Die Vorteile der Großgruppe

Die wichtigsten Formate für Großgruppenveranstaltungen stehen für die folgenden Grundprinzipien:

- Das „ganze System" in einen Raum holen, d.h., verschiedene Interessengruppen einer Organisation treffen gleichberechtigt und zeitgleich aufeinander.
- „Betroffene zu Beteiligten" machen, d.h., jeder Teilnehmende kann einen Beitrag leisten und tritt dadurch als „Expertin/Experte in eigener Sache" auf.

2.2 Die Zukunftskonferenz als Analyseinstrument

- Die Orientierung auf die Zukunft verbunden mit dem Bild einer „stressfreieren" Organisation (anstelle einer vergangenheitsorientierten Sichtweise, die die bisherigen Probleme in den Vordergrund rückt).
- Interaktive Arbeit in (Teil-)Gruppen, teilweise selbst gestaltet und gegenseitig vorstellend, zur Wertschätzung und Erlebbarkeit der verschiedenen Sichtweisen.
- Praxisprojekte unmittelbar (in Echtzeit) abstimmen und den Praxistransfer in ersten Ansätzen einleiten.

Durch die allgemeinen Eigenschaften als Großgruppe schafft sie es, individuelles Stressempfinden im Kontext der Organisation darstellbar, erlebbar und austauschbar zu machen:

- Die Großgruppe holt Stresserleben in einem geschützten Raum unter Nutzung aller Sinne an die Oberfläche und lässt so den Stress für alle Beteiligten „erlebbar" werden.
- Sie baut die Brücke zwischen organisationalem Stress und individuell geprägtem Stresserleben durch Erfahrungen wie „Mensch, den anderen geht es ja genauso!"
- Sie trennt ganz automatisch Stress von der einfachen Zuweisung an Dritte (Führung, Gesetzgeber, Kunden etc.) und lenkt die Aufmerksamkeit auf die wirklich „selbst gemachten" Stressoren. Verantwortlich dafür ist die Erkenntnis der Vielfalt und der Globalität des Problems.
- Sie fordert dazu auf, Selbstverantwortung in der Gruppe und als Gruppe wahrzunehmen. Der Arbeitsprozess verläuft nach dem Schema: einzeln, zusammentragen, präsentieren. Und dieses Arbeiten erfolgt frei von negativem Stress.

Eine ganz spezielle Rolle spielt in unserem Kontext die Zukunftskonferenz im Unterschied zu anderen Formaten:

- Sie ordnet den Führungskräften bestimmte Rollen im Prozess zu: entweder eingeordnet als Träger von Fachlichkeit oder als Träger der eigenen Rolle (Prinzip Max-Mix und homogene Gruppen).
- Sie fördert das simultane Arbeiten an den gleichen Themenstellungen und erfordert immer wieder eine zentrale Abstimmung. Diese Abstimmung erleben die Beschäftigten im Arbeitsalltag ihrer Organisation entweder gar nicht, hierarchievermittelt und/oder als zeitfressende Meetings. Die Zukunftskonferenz schafft durch den jeweils erfolgenden Präsentationsteil ein Miteinander, das vollständig anders strukturiert ist: nicht nur, dass andere Darstellungsme-

thoden (als Reden) benutzt werden, sondern vor allem im Hinblick auf den Umgang mit diesen Präsentationen. Diese werden nämlich nicht besprochen, eingeordnet und bewertet, sie bleiben vielmehr im Raum stehen. Sie werden maximal in der Großgruppe gemeinsam reflektiert. Jeder Beschäftigte ist so aufgefordert, seine eigenen Schlüsse zu ziehen (Eigenverantwortung) und diese dann in die nächste Arbeitsphase mit einzubringen.

▶ Ein weiterer Unterschied der Zukunftskonferenz von anderen Formaten, der aber für das spezifische Thema organisationaler Stress von großer Bedeutung ist: Die Zukunftskonferenz ist die einzige Großgruppenmethode, die keinen linearen Prozessfortschritt von einer Phase zur anderen vorsieht. Linearer Prozessfortschritt bedeutet: sich im folgenden Arbeitsschritt mit den Ergebnissen des vorherigen bewusst auseinanderzusetzen, wie es die klassische Lehrbuchmethode in Problemlösungsprozessen verlangt und vorsieht, weil sie auf der Grundannahme rationaler Vernunft aufbaut („Erst denken, dann handeln"). Für Gruppenprozesse ist dieses Vorgehen schlicht unbrauchbar (obwohl es zum Teil immer wieder angewendet wird). Die Zukunftskonferenz schreitet einfach von einem zum nächsten Prozessschritt. Aufwendige Dokumentationen und Äußerungen wie „Habe ich das richtig verstanden?" entfallen komplett. Das ist gewöhnungsbedürftig, bildet aber wiederum ein Modell für den innerorganisationalen Austausch, der anders aussehen kann als gewohnt.

▶ Folgerichtig wird auch das Erleben einer anderen Art von Konsensfindung möglich: Weder entscheidet eine Hierarchie darüber, was gemacht wird, noch gibt es eine formal-demokratische Abstimmung (per Mehrheitsvotum, „Punkten" etc.). Der Konsens darüber, an welchen Punkten anzusetzen sei und mit welchen ersten Schritten begonnen werden kann, fällt den Teilnehmenden „wie eine reife Frucht" in den Schoß. Die Zukunftskonferenz ermöglicht die gleichen Effekte, die es in archaischen Gesellschaften gegeben haben soll oder noch gibt, wie dem großen Rat, dem großen Palaver etc. Dort wurden nach mehrtägigem Gespräch aller mit allen Beschlüsse über das weitere Vorgehen gefasst, ohne dass es zu Abstimmungen kam (kommt). Die Teilnehmenden waren sich einfach einig darüber, was zu tun ist.

Wir werden im Folgenden auf die genannten Komponenten noch näher eingehen, wenn wir den Ablauf und Struktur der einzelnen Elemente detaillierter darstellen.

2.2 Die Zukunftskonferenz als Analyseinstrument

Modell für das Arbeiten und Führen in komplexen Situationen

An dieser Stelle wollen wir nur noch auf einen anderen wichtigen, teilweise schon benannten, Aspekt eingehen. Das Großgruppenformat und insbesondere die Zukunftskonferenz ermöglicht ein organisationales Arbeiten, das frei von jedwedem negativen Stress ist. Sie ist somit selbst ein erlebtes Gegenmodell zur herrschenden Ablauf- und Aufbauorganisation in der jeweiligen Organisation. Dieser Aspekt ist unseres

Abb.: Zukunftskonferenzen sind Beispiele für produktiv-stressfreies Arbeiten.

Wissens bislang viel zu selten hervorgehoben worden. Komplexe Aufgabenstellungen mit einer großen Gruppe zu bearbeiten, dazu noch Ergebnisse zu erzielen, die von allen getragen werden, ist eine Qualität, die sich die Beteiligten oft nicht vorstellen können und erhebliche Aha-Erlebnisse hervorrufen kann, wenn die Organisation diese Impulse auch wirklich aufgreift.

Dieses Wirken als Alternativmodell betrifft fast alle Bereiche des organisatorischen Arbeitens: die Art und Weise der Meetings, ihre Zusammensetzung, die gruppen- und abteilungsübergreifende Abstimmung und Zusammenarbeit, die Form der Berichterstattung, die Art der Konsensfindung, die Möglichkeit, kreativ zu werden, und das Erleben einer neuen Ausübung der Rolle „Führungskraft".

Besonders der letzte Aspekt wird häufig übersehen. Führungskräfte wechseln in ihrer Rolle nicht nur zwischen Fachlichkeit (als Teammitglied) und Führungskraft (im Kreise der anderen Führungskräfte). Sie erleben durch die Moderation (in diesem Fall durch Dritte), wie eine Prozesssteuerung aussehen kann, in der sie den Rahmen stellen und die fachliche Kompetenz delegieren.

Konzept und Ablauf der Zukunftskonferenz

Die richtige Vorbereitung, die wichtigsten Prinzipien und Arbeitsformen und der konkrete Ablauf vom Ist-Zustand zur Zukunftsvision Schritt für Schritt

Von Thomas von Sehlen und Andreas Dünow

Die Methode der Zukunftskonferenz (ZK) geht auf den Amerikaner Martin R. Weisbord zurück und verkörpert eine besondere Form der Großgruppenmoderation und -steuerung unter Beteiligung von z.B. Bürgerinnen, Bürgern, Mitarbeiterinnen, Mitarbeitern oder sonstigen Interessenvertretern. Die Zukunftskonferenz beschäftigt sich in der Regel mit einer konkreten Fragestellung, einer Herausforderung bzw. einer relevanten Zielsetzung und entwickelt innerhalb eines bestimmten Zeitfensters – unter professioneller Führung/Moderation/Steuerung – Ideen, Ansätze und Handlungsempfehlungen bezogen auf das Ausgangsszenario. Die Wirksamkeit von Großgruppenformaten besteht darin, dass möglichst viele Betroffene an der Ideenfindung, Erarbeitung und Gestaltung zeitgleich aktiv beteiligt werden. Dadurch wird der Erfolgsgrad der späteren Umsetzung wesentlich verstärkt, da die Identifikation mit dem Erarbeiteten höher ist als bei klassischen „Topdown"-Beschlüssen. Durch den Methoden-Mix aus Plenums-, Groß- und Kleingruppenarbeit werden die Beteiligten „mit allen Sinnen" mobilisiert und in den Gestaltungsprozess aktiv eingebunden.

Der klassische Ablauf einer Zukunftskonferenz besteht aus folgenden Phasen:

1. einem Rückblick in die Vergangenheit,
2. der Analyse externer Trends – positiver wie negativer –,
3. der Bewertung der gegenwärtigen Situation,
4. der Entwicklung gewünschter Visionen,
5. dem Herausarbeiten von Gemeinsamkeiten und
6. der Planung von konkreten Maßnahmen.

Wir werden im folgenden Abschnitt die einzelnen Phasen zugeschnitten auf die Thematik „Die Zukunftskonferenz als Analyseinstrument

2.2.1 Konzept und Ablaufplanung der Zukunftskonferenz

für das Thema ‚Stress'" (siehe Kap. 2.2, S. 98 ff.) besprechen. In der Literatur finden sich viele weitere wichtige Komponenten, die bei der Planung einer Zukunftskonferenz zu berücksichtigen sind. Wenn wir diese hier unberücksichtigt lassen, so liegt dies allein an der Zwecksetzung dieses Textes. Im Folgenden gehen wir die einzelnen Phasen unter der genannten Fragestellung durch.

Vorphase

Die Rolle des Kunden

Die Zukunftskonferenz ist ein „resilientes" Konzept, d.h., sie kann eine ganze Reihe von Veränderungen des klassischen Vorgehens problemlos verarbeiten. Es bleiben allerdings Basics, an denen nicht gerührt werden sollte. Gleichzeitig gilt: Die Zukunftskonferenz wird für, aber ganz entscheidend mit und durch die Kundinnen und Kunden „gemacht". So entsteht ein Spannungsverhältnis zwischen Kundenbedürfnissen und -wünschen und den Anforderungen einer Zukunftskonferenz. Das Spannungsverhältnis besteht darin, dass die externen Begleiterinnen und Begleiter (Projektleitung, Moderatorinnen und Moderatoren) den Kunden wichtige Vorgaben machen müssen, gleichzeitig aber im Sinne des Prozesses die Kunden zu Eigenaktivität und damit auch zu eigenen Initiativen bewegen müssen. Hier ist Fingerspitzengefühl und Erfahrung im Gestaltungsprozess gefordert.

Dies beginnt bereits mit der Überzeugung vom Konzept der Zukunftskonferenz zu dem Zweck, die Stresssituation in der Organisation zu analysieren, was alles andere als selbstverständlich ist. Den Kunden resp. Betroffenen ist es im Allgemeinen fremd, ohne inhaltliche Leitlinien in ein konkretes Thema zu marschieren. Oft werden fachliche Grundaussagen und fachlicher Input zum Thema verlangt. Es kann daher durchaus Sinn machen, vor die Zukunftskonferenz einen Workshop mit Führungskräften der Organisation zu gestalten, der sich dem Thema Stresstheorien widmet und einen ersten Konsens über das Thema und die Vorgehensweise herstellt. In einer „klassischen" Organisation ist es viel von den Führungskräften verlangt, in einen offenen Prozess eines Großgruppenformats zu gehen, in dem ihnen die fachliche Orientierung fehlt.

Wir haben gute Erfahrungen damit gemacht, den beteiligten Führungskräften im Vorfeld einen beispielhaften Ablauf einer Zukunftskonferenz nahezubringen und anhand von Bildern (Fotos bisheriger ZKs) einzelne Prozessschritte zu visualisieren. Außerdem ist es aus unserer Sicht wichtig, den Führungskräften das besondere Erlebnis einer Großgruppenarbeit zu verdeutlichen – eben das Arbeiten mit allen Sinnen und die gemeinsamen „Aha-Erlebnisse". Wir empfehlen in diesem Zusammenhang dringend, während der Zukunftskonferenz gerade keine fachlichen Inputs (von externen oder internen Impulsgebenden) zuzulassen. Das betrifft z.B. Impulsvorträge von Stress-Management-Expertinnen oder -Experten. Der fachliche Input kontrastiert die gewünschte subjektive Selbstdefinition von Stress in der Organisation und ihren gemeinsamen Abgleich und die gemeinsame Verarbeitung.

Sollten die Auftraggeber im Rahmen der Kultur nicht für ein offenes Vorgehen zu gewinnen sein, steht, die RTSC-Variante als Alternative zur Verfügung (RTSC = Real Time Strategic Change- Konferenz; fachliche und strategische Vorgaben der Führung zum Thema des Prozesses; Beschäftigte „beteiligen" sich an Vorgaben der Führung).

Basisprinzipien der Zukunftskonferenz

Die „Basics" der Zukunftskonferenz sind (soweit für die Stressthematik nicht relevant, werden sie nur benannt):

▶ *Das Prinzip „Alle in einen Raum"*
Zukunftskonferenzen sollten in keinem Fall in unterschiedlichen Räumen abgehalten werden. Das bedeutet: einen geeigneten Raum zu finden, der es erlaubt, trotz der Menge an Personen „stressfrei" zu arbeiten. Wir haben durchaus erlebt, dass eine zu „enge" Sitzordnung über Lärmempfinden und das Gefühl der Beobachtung (zu nah an bestimmten Personen zu sitzen) als störend und stressig empfunden wurde. Deshalb an dieser Stelle noch einmal die Betonung der Faustregel: 3,5 bis 4 qm pro Person. Das sind dann sehr große Räume, die nicht leicht zu finden sind.

▶ *Das ganze System in einen Raum*
Großgruppen basieren auf einem sehr alten Kommunikationsprinzip: Jede Person soll gesprochen haben und jede Person soll gehört worden sein, bevor eine Entscheidung getroffen wird. Natürlich ist dieses Prinzip nicht in Reinform – und auch nicht im Format der Zukunftskonferenz – umsetzbar. Das gilt zuvorderst für die Zahl derjenigen, die teilnehmen können. Die Zukunftskonferenz spricht von ca. 64 bis 72 Personen (8 bzw. 9 „Tische" à 8 Personen). Damit ergibt sich zugleich ein „Vermittlungsproblem": der Einbezug derer, die nicht teilnehmen können (siehe weiter unten einen Extraabschnitt zu diesem Thema). Größere Gruppen in ein Zukunftskonferenz-Format zu bringen, bringt in vielerlei Hinsicht Stress mit sich: Es müssen mehr Leute gehört werden (Präsentationen), es wird „lauter" und/oder es können nicht alle

2.2.1 Konzept und Ablaufplanung der Zukunftskonferenz

gehört werden (unterschiedliche Präsentationsmethoden oder gar ein „Aussetzen" in bestimmten Phasen). Ähnliches gilt für die Zahl der Teilnehmenden in einzelnen Arbeitsgruppen (Tische). Mehr als acht sollten es nicht werden, da sonst die Diskussion an den Tischen nicht mehr im Sinne der Beteiligung aller funktioniert.

Abb.: Zentrales Prinzip der Zukunftskonferenz: Alles geschieht in einem Raum.

Doch wer gehört zum System? Einverständnis besteht darüber, dass dies alle Gliederungen der Organisation sind. Unterschiedliche Meinungen kommen beim Thema „Kundin/Kunde" oder auch „Lieferanten" (bzw. bei öffentlichen Organisationen die politischen „Auftraggeber") auf. Gerade beim Thema Stress ist dies schnell der Fall, da beide Gruppen als „Stressoren" begriffen werden könnten.

Wie eingangs erwähnt und von uns dringend empfohlen, sieht die Zukunftskonferenz keine Beteiligung „Dritter" vor, da es sich bei diesem Format um eine „Selbstverständigung" und nicht um „Aushandlungsprozesse" handelt. Die Beteiligung „Dritter" ist faktisch immer gegeben – nämlich aus Sicht der Organisation (siehe dazu auch Phasen und Ablauf der Zukunftskonferenz, der diese Thematisierung explizit vorsieht). Gerade beim Thema „Stress" bestände die explizite Gefahr, dass der eigentliche Zweck der Zukunftskonferenz, die subjektive Verständigung über das, was in der Organisation als Stress empfunden wird, nicht mehr stattfinden kann, weil immer schon „fremde" Standpunkte mit berücksichtigt werden müssen. Anders ausgedrückt: Die Organisation macht erst einmal ihre eigenen „Schularbeiten", findet ihre „eigene Haltung" zu dem Thema (und den „externen" Stressoren) und geht anschließend in den Kontakt bzw. die Auseinandersetzung mit „außen".

Eine weitere Fragestellung ergibt sich ganz automatisch, da die begrenzte Zahl der Teilnehmenden oft nicht in Einklang mit der Vielfalt an Funktionen und Führungsbereichen zu bringen ist. Bei einer großen Anzahl von Führungskräften weicht das Verhältnis von „Häuptlingen zu Indianern" schnell vom realen Verhältnis in der Organisation ab. Ferner können aus dem gleichen Grund nicht alle Bereiche bzw. Funktionen proportional abgebildet werden.

Diese Frage kann nur im intensiven Prozess mit der Kundin bzw. dem Kunden beantwortet werden. Da es bei dem Thema „Stress" vor allem um den organisationalen Stress gehen soll, ist mit dem Kunden zu klären und damit für die Zukunftskonferenz sicherzustellen, dass alle organisationalen Beziehungen der Funktionen und Bereiche zueinander möglichst vollständig repräsentiert sind. Unter diesem Gesichtspunkt ist es zweitrangig, ob es sich um eine Führungskraft oder einen Mitarbeiter handelt. Klar ist aber auch, dass sich diese Frage niemals vollständig beantworten lässt. Man muss zu einem plausiblen und tragfähigen Kompromiss kommen und abstrakte Prinzipien gegeneinander stellen. Die Zukunftskonferenz soll möglichst das „Leben" der Organisation abbilden.

Last but not least stellt sich die Frage: „Schön und gut, die Auswahl steht fest. Aber kommen die Teilnehmenden jetzt freiwillig oder werden sie verpflichtet?" Denn wenn man auf Freiwilligkeit setzt, kommt ggf. das Prinzip „das System in einen Raum" zu kurz, weil sich die Beschäftigten, die die vorgesehenen Funktionen und Bereiche repräsentieren, nicht oder in nicht ausreichender Zahl melden. Unter dem Gesichtspunkt des Themas „Stress" ist es wünschenswert, dass über eine gute Werbung im Vorfeld der Zukunftskonferenz ausreichend Bereitschaft für eine freiwillige Teilnahme aller geschaffen wird. So können für Bereiche bzw. Funktionen „Kontingente" benannt werden, die nach dem „Windhund-Prinzp" besetzt werden („first come first serve"). Unsere Empfehlung an dieser Stelle: Werden die Kontingente nicht gefüllt, sollten gezielt einzelne in der Belegschaft angesprochen und ggf. verpflichtet werden.

Die Rollen während der Zukunftskonferenz

▶ *Führungskräfte*
Führungskräfte werden im Rahmen der Zukunftskonferenz vorrangig unter zwei Aspekten in ihrer Rolle angesprochen: zum einen als Führungskräfte in ihrer Rolle unterschieden von Mitarbeiterinnen und Mitarbeitern, zum anderen als (fachliche) Expertinnen und Experten für den Bereich, für den sie verantwortlich sind (s.u. die Erläuterung der Phasen). In letzterer Funktion sitzen sie gemeinsam mit ihren Mitarbeiterinnen und Mitarbeitern in einer Gruppe, in der anderen sind sie eingegliedert in eine Gruppe anderer Mitarbeiterinnen und Mitarbeiter.

Da im konkreten Fall das subjektive Stressempfinden als Ausgangspunkt für die Definition von Stressoren im organisationalem Kontext thematisiert werden sollte, hielten wir die Zusammenfassung aller

2.2.1 Konzept und Ablaufplanung der Zukunftskonferenz

Führungskräfte in eigenen Gruppen für sinnvoll. So konnten die Mitarbeiterinnen und Mitarbeiter ohne das „Zuhören" von Führungskräften (auch wenn es nicht die „eigenen" sein sollten) unbefangener ihr subjektives Stresserleben thematisieren. In späteren Phasen der Zukunftskonferenz – der Vision – war diese Trennung dann nicht mehr notwendig und die Führungskräfte konnten in sogenannte Max-Mix-Gruppen integriert werden (siehe Abschnitt „Besonderheit Max-Mix-Gruppen").

Führungskräfte sind während der Zukunftskonferenz nicht für den Prozess und nicht für die fachliche Gestaltung verantwortlich. Sie sind Teil von Arbeitsgruppen und damit den Mitarbeiterinnen und Mitarbeitern in dieser Hinsicht gleichgestellt. Das ist für alle Seiten gewöhnungsbedürftig. Die eigentliche Prozesssteuerung übernehmen externe Moderatorinnen und Moderatoren, ergänzt durch externe „Helping Hands" zur Sicherstellung und Koordination der Prozessschritte. Dadurch übernehmen sie zusammen eine andere Art von Führungsverhalten.

▶ *Geschäftsführung/Geschäftsleitung*
Die Geschäftsführung/Geschäftsleitung (als besondere Interessengruppe innerhalb der Führungskräfte) hat eine besondere Rolle. Sie steht als Funktion und Person für den Prozess und seine Glaubwürdigkeit. Sie ist sozusagen die „Schirmherrin" des Ganzen. Aus diesem Grund eröffnet sie die Zukunftskonferenz und schließt diese mit einem würdigenden Schlusswort ab. Sie sollte an der Zukunftskonferenz teilnehmen wie jede andere Führungskraft auch. „Fluktuation" während der Konferenz sollte – nicht nur für die Geschäftsführung – tabu sein. Es gilt das Prinzip: „Ganz oder gar nicht." Für die Geschäftsführung kann allerdings gelten, dass sie eröffnet und abschließt und sonst nicht teilnimmt (was allerdings nur die zweitbeste Lösung ist). Angesichts der Thematik „Stresserleben" bietet die Teilnahme der Geschäftsführung in dieser Rolle den Mitarbeiterinnen und Mitarbeitern auch eine besondere Vertrauensbasis.

▶ *Weitere Rollen*
Während der Zukunftskonferenz sollten Rollen für die Arbeitsphasen in den Arbeitsgruppen festgelegt sein: Zeitnehmerinnen und Zeitnehmer, Diskussionsleitung, Protokollantinnen und Protokollanten sind die drei wesentlichen Funktionen, die auf drei Personen (wechselnd) von den Arbeitsgruppen verteilt werden sollten. Nur dann ist ein stressfreies und vor allem alternatives Arbeiten (jeder sagt etwas und jeder wird gehört) für die Teilnehmenden möglich.

Sonstige Rahmenbedingungen

Eine zeitliche Dauer von zwei Tagen ist notwendig. Die Verkürzung auf 1,5 Tage bringt oft zusätzlichen Stress in die Veranstaltung. Entscheidend ist zudem der gemeinsame Abend zwischen zwei Konferenztagen. Er sollte zum gemütlichen Beisammensein genutzt werden, ohne ihn mit einem zusätzlichen Programm zu füllen. Denn nach einem Tag ist genügend Diskussionsstoff vorhanden, der in informellen Gesprächen weiter verarbeitet werden kann. In jedem Fall ist weiterer Input zu vermeiden. Ein Verzicht – oft aus Kostengründen – auf eine gemeinsame Übernachtung wirkt sich immer abschwächend auf die Ergebnisse der Konferenz aus. Schon aus Gründen der Raumwahl (s.o.) bestehen zu einer gemeinsamen Übernachtung meist wenig Alternativen (Veranstaltungsort außerhalb des Pendlerradius).

Weitere entstressende Faktoren für die Zukunftskonferenz sind: eine exakte Vorbereitung aller Materialien und des Raums (Mikrofone, Tische, Pinnwände, Flipcharts), der Auf- und Abbau sowie die Pausen und die Verpflegung. Ferner ausreichendes Personal während der Konferenz (die „Helping Hands").

Neue Arbeitsformen

Wir hatten hervorgehoben, dass gerade beim Thema „organisationaler Stress" die Zukunftskonferenz mit ihren alternativen Arbeitsformen einen Vorbildcharakter für die zukünftige Gestaltung der Arbeit in einer Organisation einnehmen kann. Alle genannten Basics sind in allen Bereichen der Zusammenarbeit von großer Bedeutung: Werden tatsächlich alle in den Erarbeitungsprozess einbezogen, die davon betroffen sind? Wie gelingt die Ansprache und der Einbezug der Mitarbeiterschaft in der Realität? Welche Rolle habe ich als Führungskraft?

In diesem Zusammenhang sei die Besonderheit der sogenannten „Max-Mix-Gruppen" erwähnt. Eine Max-Mix-Gruppe besteht – wie der Name schon sagt – aus einer maximal gemixten Gruppe von Beschäftigten der Organisation. Sie spiegelt die oben erwähnte „Vielfalt an Funktionen und Führungsbereichen" wider. Wozu dient dieser Ansatz? Generell gilt es immer abzuwägen, ob eher in homogenen oder heterogenen Gruppen gearbeitet wird. Wir haben gute Erfahrungen damit gemacht, einen Sowohl-als-auch-Ansatz zu fahren. Im Rahmen der Konzeption einer Zukunftskonferenz bieten sich bestimmte Phasen eher für die eine oder die andere Gruppenform an. Dies ist organisatorisch entsprechend vorzubereiten, indem im Vorfeld dazu Kriterien mit dem Kunden festgelegt werden. Was heißt das konkret? Die Gruppenzugehörigkeit zu einer Max-Mix-Gruppe innerhalb der Zukunftskonferenz wird zu

2.2.1 Konzept und Ablaufplanung der Zukunftskonferenz

deren Beginn für alle Teilnehmenden visualisiert. Im Rahmen der Moderation wird auf die jeweilige Bedeutung von homogenen und heterogenen Gruppenzusammensetzungen hingewiesen. In speziellen Fällen kann auch eine parallele Organisation von Max-Mix-Gruppen mit einer homogenen Gruppe (z.B. von Führungskräften/der Geschäftsleitung) erfolgen. Wie eingangs erwähnt, können dadurch Vorbehalte seitens der Beschäftigten gegenüber der Teilnahme von Führungskräften in Gruppenarbeiten verhindert werden. Auch hier gilt ein sorgfältiges Abwägen im Vorfeld einer Zukunftskonferenz, zusammen mit dem Kunden.

Eröffnung und Einstieg

Nach der Eröffnung durch die Geschäftsführung und die Einleitung durch die Moderierenden finden erste Arbeitsschritte statt. Zukunftskonferenzen kennen unterschiedliche Einstiegsformate (Zeitleiste, AI-Interviews, Glad-Sad-Mad (GSM), Differenzaufstellungen u.a.). Für das Thema „Stress" eignet sich besonders die „GSM"-Variante. Mit je zwei Pinnwänden zum Thema erhalten alle Teilnehmenden die Gelegenheit, sich einzeln Gedanken darüber zu machen, welche Angelegenheiten sie in ihrer Organisation als „glad", „sad" oder „mad" bezeichnen würden.

Wie genau?

Sie sitzen dazu schon an den vorbereiteten Max-Mix-Tischen und haben ein Arbeitsblatt, auf dem sie ihre Gedanken notieren können. Dann gehen sie nach vorne und schreiben mit einem Moderationsstift ihre Stichworte auf die vorbereiteten Wände. Anschließend gibt es einen „Walk-around", bei dem alle Anmerkungen zur Kenntnis genommen und bereits erste informelle Gespräche geführt werden. Anschließend wählen die Teilnehmenden aus den „Glad"-Beschreibungen eine Eigenschaft aus, die sie auf eine Moderationskarte schreiben („Stärkenkarte" – kehrt in der Visionsphase wieder).

Abb.: Die Teilnehmer machen ihre Gedanken publik.

▶ **Arbeitsprinzip:** Einzelarbeit und informelle 2er- oder 3er-Gespräche im Plenum.

▶ **Gruppendynamik:** Alle Teilnehmenden der Zukunftskonferenz stellen sich einer Fragestellung folgend (z.B. Bereich in der Organisation, Betriebszugehörigkeit, Standort o. Ä.) differenziert (ihre jeweilige Ausprägung, Einstellung etc.) im Raum auf. Diese „Differenzaufstellung" verdeutlicht: Wer ist hier im Raum? Welche Zugehörigkeiten und Unterschiedlichkeiten sind sichtbar? Damit leistet jeder Teilnehmer bereits einen Beitrag und veröffentlicht ihn (ohne dazu konkret Stellung nehmen zu müssen). Eigenaktivität ist gefordert. Das Plenum wird als Hilfe (Zugehörigkeit) erlebt.

▶ **Alternativen:** Zur Stressthematik kann auch die Zeitleiste genutzt werden. Diese wird gebildet durch eine Reihung von Pinnwänden, auf denen von links nach rechts die vergangenen zehn, 20 oder 25 Jahre aufgeschrieben werden. Die Teilnehmenden schreiben dann ihre persönlichen Erinnerungen, die sie an die jeweiligen Jahre haben, mit Filzstift gut sichtbar unter die Jahreszahlen. Dabei werden üblicherweise drei Kategorien gebildet: gesellschaftliche Ereignisse, Ereignisse in der Organisation, persönliche Ereignisse (z.B. Heirat, Umzug o. Ä.).

Eine der Kategorien sollte beim Thema Stress durch Stresserlebnisse (positiv/negativ) ersetzt werden. Anschließend stehen die Teilnehmenden vor der langen „Zeitleiste" und tauschen sich in lockerer Form aus.

▶ **Stolpersteine, Fragen, Ergänzungen:** Die individuellen Ergebnisse sollten nicht am jeweiligen Tisch diskutiert werden. Eine Vorstellungsrunde am Tisch (5 Minuten Zeit) kann vorgeschaltet werden.

Gegenwart

Wie genau?

Die Auseinandersetzung mit der Gegenwart erfolgt durch ein Rollenspiel. Jede (homogene) Gruppe überlegt sich eine typische Alltagssituation, die mit Stress verbunden wird. Alle Mitglieder des Teams müssen mitmachen und eine Rolle während der Darbietung einnehmen (stumm oder aktiv). Dabei wird diese typische Situation im Plenum in Form eines Sketches oder in Form einer menschlichen Skulptur aufgeführt. Alle Gruppen präsentieren nacheinander. Die eingenommenen Rollen müssen dabei nicht den eigenen im Arbeitsalltag entsprechen.

▶ **Arbeitsprinzip:** Gruppenarbeit

▶ **Gruppendynamik:** Durch das Einbinden aller Akteure einer Gruppe entsteht eine Dynamik, auch wenn z.B. nur wenige einen „sprechenden" Teil übernehmen. Das Plenum erkennt sich dabei selbst wieder, da es mit den Alltagssituationen bestens vertraut ist. Frei nach dem Motto „Humor ist, wenn man trotzdem lacht" entsteht eine humorvolle Atmosphäre, die durch teilweise überzeichnendes

2.2.1 Konzept und Ablaufplanung der Zukunftskonferenz

Darbieten teilweise eine zynische oder auch selbstkritische Note erfährt.

- **Alternativen:** Als Variante könnte die „Spielregel" gelten, dass sich jeder Akteur „selbst" spielen muss. Eine ebenfalls bewährte Ergänzung: Jede Gruppe muss ihrem Rollenspiel einen „Namen" geben (im Sinne eines Filmtitels).

- **Stolpersteine, Fragen, Ergänzungen:** Die Moderatorin/der Moderator sollte (unabhängig, ob ein Titel vergeben wurde oder nicht) Parallelen zwischen den gezeigten Darbietungen aufzeigen und das Plenum dabei aktiv einbinden. Die Erkenntnis ist oftmals, dass ein sehr hoher Grad an thematischer Überschneidung entsteht, also die Ursachen für den Stress von verschiedenen Gruppen ähnlich bis gleich gesehen werden.

Die sich nun daran anschließenden Arbeitsschritte und Tools werden in den folgenden Kapiteln ausführlich beschrieben:

- Was kommt da eigentlich auf uns zu? **Trends und Faktoren** ermitteln, die die Zukunft der Organisation maßgeblich prägen werden: siehe ausführliche Tool-Beschreibung ab Seite 118.
- Wie wollen wir, dass unsere Zukunft aussieht? Das Tool **Zukunft erleben** dient der Entwicklung einer Vision: siehe ausführliche Beschreibung ab Seite 123.
- An welchen Themen wollen wir konkret arbeiten? Mit dem Tool **Konsens einmal anders** wird die gemeinsame Entscheidung für das weitere Vorgehen getroffen: Die ausführliche Tool-Beschreibung finden Sie ab Seite 128.

Konkrete Maßnahmen definieren

Nachdem im Rahmen der Konsensbildung konkrete Handlungsfelder ausgewählt worden sind („Das wollen wir!"), gilt es nun, diese Themenfelder in konkrete Handlungen und Aktionen zu überführen. Dazu hat sich die Marktplatzmethode als sehr wirksame und zielführende Methode im Rahmen des strategischen Stress-Managements bewährt. Warum? Die Teilnehmenden „brennen" darauf, dass „ihre" gemeinsam beschlossenen Handlungsfelder Wirklichkeit werden. Dazu bedarf es einer Konkretisierung und Handhabbarmachung dieser Themenfelder sowie einer Verantwortungsübernahme im Sinne von: „Das will ich vorantreiben, dafür brenne ich." Die Beteiligten haben daher die Gelegenheit, sich für die im vorherigen Schritt kollektiv festgelegten Hand-

Wie genau?

lungsfelder zu „positionieren" und andere dafür zu „werben". Dazu werden die visualisierten Handlungsfelder auf verschiedene Flipcharts geschrieben, alle Teilnehmende gebeten, sich ihrem Favoriten zuzuordnen und aus der Gesamtgruppe weitere Mitstreiterinnen und Mitstreiter zu gewinnen. Dies geschieht im Marktplatzformat parallel an 8 bis 10 Flipcharts. „Gefundene" Mitstreitende verweilen an dem jeweiligen Flipchart („Marktstand") und bilden nach Ablauf der „Marktöffnungszeiten" das neu formierte Team zu dem jeweiligen Handlungsfeld. Im Anschluss daran erhält jedes Team Zeit, das Handlungsfeld auszuarbeiten. Zum einen benennen sie den nächsten konkreten Schritt, den es zu gestalten gilt (geschieht durch Beschriftung eines Fußabdrucks), zum anderen formulieren sie konkrete Ideen zur Umsetzung in die Praxis. Im Anschluss an diesen Prozessschritt präsentiert jedes Team allen anderen seine Lösungsansätze und den damit verknüpften ersten Schritt.

- **Arbeitsprinzip:** Freie Zuordnung nach Interesse (Marktplatz); teamweise Erarbeitung von Lösungsideen und dem ersten Schritt in einem offenen Dialog (idealerweise während eines gemeinsamen Spaziergangs mit anschließender Dokumentation der Ergebnisse auf einem Flipchart). Es ist sinnvoll, Zeitvorgaben zu machen, um dem Marktplatz Dynamik zu verleihen.

- **Gruppendynamik:** Ein Marktplatz mit „Verkäufern" und „Kundinnen und Kunden" erzeugt eine ganz besondere Energie und Emotionalität. Es finden sich teilweise sehr schnell Teams zusammen, in anderen Fällen „verwaist" ein vorher definiertes Handlungsfeld, da augenscheinlich kein Interesse (mehr) besteht. In der anschließenden Gruppenarbeit tauschen sich Beschäftigte mit denselben Interessen aus, wodurch eine Konsensbildung häufig schneller gelingt als in anderen Prozessschritten davor.

- **Alternativen:** Anstelle des Marktplatzes kann auch eine moderierte Zuordnung der Gesamtgruppe zu den Handlungsfeldern stattfinden. Erfahrungsgemäß geht damit allerdings Dynamik verloren.

- **Stolpersteine/Fragen/Ergänzungen:** Wenn ein Handlungsfeld nicht „verkauft" wird, obwohl es vorher als ein wichtiges identifiziert worden ist, dann sollten die Moderierenden es im Nachgang thematisieren. Häufig stellt sich dann heraus, dass die Themen in anderen Handlungsfeldern „aufgegangen" sind.

2.2.1 Konzept und Ablaufplanung der Zukunftskonferenz

Abschluss

Nachdem im Rahmen der Maßnahmendefinition konkrete Ideen und erste Schritte definiert und gegenseitig vorgestellt worden sind, gilt es, das Ganze „rund zu machen". Dazu bietet sich an, dass sich alle Beteiligten in einem runden Kreis versammeln, die Moderierenden das Erreichte würdigen sowie um Feedback und Eindrücke aus dem Plenum bitten. Nach einem Austausch dazu und einem Schlusswort durch die Geschäftsleitung findet eine Verabschiedungsrunde nach der Eishockey-Methode statt (jeder schüttelt jedem die Hand). Ein Ritual und oder weitere Aktionen runden diesen Schritt ab, wie z.B. die persönliche Unterschrift auf einem vorbereiteten Banner, das Aushändigen eines „Give-aways" oder das Notieren von Statements auf einer dafür vorbereiteten Pinnwand beim Hinausgehen aus dem Raum.

Wie genau?

Wichtig ist, das die Teilnehmenden eine konkrete Vorstellung davon haben, was in den kommenden Tagen passieren wird (z.B.: Wie erhalten die anderen Beschäftigten die Informationen zu den Eindrücken und Ergebnissen der Zukunftskonferenz?). Die Moderatorin/der Moderator, besser jedoch die Geschäftsleitung muss dafür Antworten haben. Diese ergeben sich entweder aus dem Prozess und/oder sind vorher abgesprochen worden.

▶ **Arbeitsprinzip:** Kein festes „Prinzip"; abhängig von der gewählten Aktion bzw. dem gewählten Ritual.

▶ **Gruppendynamik:** Im Beisein von allen Akteuren wird der Tag reflektiert und gemeinsam wertschätzend verabschiedet. Die emotionalen Eindrücke gehen nicht an der Ausgangstür verloren, sondern begleiten alle Anwesenden in ihre Organisation.

▶ **Alternativen:** Da der Abschluss kein festes Format darstellt, sind alternative Abmoderationen impliziert.

▶ **Stolpersteine/Fragen/Ergänzungen:** Wenn am Ende der Zukunftskonferenz kritische Stimmen hochkommen, kann der Moderierende diese gut auffangen und an das Plenum „zurückspielen" im Sinne von: „Kritische Stimmen werden Ihnen auch im Praxisalltag ab morgen entgegentreten. Gut, dass wir damit heute schon anfangen …"

Zwischendurch

Es gilt, einerseits die einzelnen Prozessschritte der Zukunftskonferenz elegant miteinander zu verknüpfen und andererseits durch kurze Impulse und Energizer die gesamte Zukunftskonferenz zu beleben. Dies können u.a. sein: kurze mobilisierende Bewegungseinlagen nach Musik, Zusammenfassungen und Ausblicke durch die Moderatorin/den Moderator, Umbaupausen mit anschließenden neuen (visuellen) Ankern und natürlich ausreichende Pausen mit entsprechender Verpflegung.

Nachbearbeitung

Wie erwähnt, ist es ganz wichtig, dass die Beteiligten mit einem klaren gemeinsamen Verständnis auseinandergehen, was als Nächstes konkret passieren wird. Dies fängt schon mit der Zukunftskonferenz-Dokumentation an, der Art und Weise, wie die anderen Beschäftigten informiert werden und der Anknüpfung an folgende Projekttreffen, Entscheidermeetings o.Ä. Die Dokumentation sollte neben den rein inhaltlichen Ergebnissen eine Vielzahl von bildhaften Eindrücken beinhalten. Bilder drücken Emotionen und Stimmungen am besten aus.

Zusammenfassung

Die Großgruppenmethode, und insbesondere die Zukunftskonferenz, bietet durch ihre spezielle Ausprägung eine hervorragende Basis sowohl für die thematische Aufnahme des Themas „organisationaler Stress" und die Einleitung von gemeinsam getragenen Veränderungsprozessen als auch als Modell für Arbeitsformen, mit denen genau dieser Stress reduziert werden könnte. Sie erfüllt sämtliche Anforderungen an eine „Analysephase".

Durch den Methoden-Mix (Plenumsarbeit, Groß- und Kleingruppenarbeit, Kreativitätstechniken, verschiedene Präsentationsformate) werden die Beteiligten „mit allen Sinnen" mobilisiert und in den Gestaltungsprozess aktiv eingebunden. Von außen betrachtet – als Fachexperte sozusagen – mögen die inhaltlichen Ergebnisse einer Zukunftskonferenz „dünn" und nicht tief gehend erscheinen. Aber das ist das Schicksal der Fachexpertinnen und Fachexperten: Sie wissen viel, aber sie stehen außerhalb der Welt derjenigen, die sie gestalten. Und auch dieser Aspekt verweist auf eine ganz andere Rolle von Führung: Die involvierten Führungskräfte sollen (brauchen) nicht die besseren Fachexpertinnen und Fachexperten sein. Sie sollen den Prozess einleiten und steuern können, der die Fachlichkeit in die Wirklichkeit bringt.

2.2.1 Konzept und Ablaufplanung der Zukunftskonferenz

Auf der anderen Seite liegen die „dicken" Ergebnisse von Zukunftskonferenzen in erster Linie auf der emotionalen und erfahrungsorientierten Ebene: ein kollektives Erlebnis mit nachhaltigem Effekt, das Gefühl der gemeinsamen Gestaltung, die Erkenntnis gemeinsam gefundener Lösungsansätze und erkannter Chancen – all das erleben die Teilnehmenden in dieser Dimension und Choreografie vielleicht nur einmal in ihrem (Berufs-)Leben. Auf diese Weise wird auch „Entscheidungsfindung" von den Führungskräften hin zu den Beschäftigten delegiert. Und das ist ein wesentlicher Hebel für den Erfolg von späteren Umsetzungsmaßnahmen, da die „betroffenen" Menschen an den Entscheidungen „beteiligt" sind und dadurch die Akzeptanz sehr viel größer ist als bei oft praktizierten Top-down-Beschlüssen.

Wir empfehlen die Zukunftskonferenz und mit der Zukunftskonferenz verwandte Großgruppenformate aus eigener voller Überzeugung und aufgrund der vielen positiven (und nachhaltigen) Erfahrungen in organisationalen Veränderungsprozessen unter aktiver Einbindung der Beschäftigten.

Quellen, Literaturhinweise

- Bruck, W. & Müller, W. (2007): Wirkungsvolle Tagungen und Großgruppen. Offenbach: Gabal.
- Dittrich-Brauner, K./Dittmann, W./u.a. (2008): Großgruppenverfahren. Lebendig lernen – Veränderung gestalten. Heidelberg, Berlin: Springer.
- Holman, P. & Devane, T. (1999): The Change Handbook. Group Methods for Shaping the Future. San Francisco: Berrett-Koehler.
- Jacobs, R. W. (1994): Real Time Strategic Change. How to involve an entire Organization in fast und far-reaching Change. San Francisco: Berrett-Koehler.
- Weisbord, M. (Hrsg.) (1993): Discovering Common Ground. San Francisco: Berrett-Koehler.
- zur Bonsen, M. (2003): Real Time Strategic Change. Schneller Wandel in großen Gruppen. Stuttgart: Klett-Cotta.

Tool: Trends und Faktoren

Was auf uns zukommt ...

Von Thomas von Sehlen und Andreas Dünow

Dauer insgesamt:	mind. 2 Stunden (bei großen Gruppen)
Dauer im Einzelnen:	Einleitung: 5 Min. Gruppenphase (Einzelarbeit, Vorstellen, Auswerten, Karten schreiben etc.): 50 Min. Vorstellen und Erstellen des Gesamtbildes: 45 Min. Informeller Austausch: 15 Min. Bei geleitetem Austausch: 20 Min.
Bei kleinen Gruppen:	bis 10 Personen ca. eine Stunde
Gruppengröße:	8 bis 9 Arbeitsgruppen à 8 Personen. Bei kleinen Gruppen auch Einzelarbeit bzw. kleinere Gruppen nach Funktionsbereichen möglich.
Technischer Aufwand:	bei großen Gruppen hoch (Moderationswand; großer Raum zur Arbeit in einem Raum; Platz für Plenumssituationen; Flipchart und/oder Pinnwand sowie Moderationsmaterial für jede Gruppe).

Ziel — Unterschiedlichen Stakeholder-Gruppen/Einzelpersonen wird die Komplexität von Problemen aufgezeigt. Jede Gruppe/Person sieht, dass es viele (zusammen-)wirkende Faktoren gibt, die bei einer Aufgabenstellung zu berücksichtigen sind. Zugleich wird deutlich: Diese Aufgabenstellung können wir nur gemeinsam angehen, (m)eine Lösung reicht nicht weit genug.

Anlässe und Anwendungsbereiche — Die Lösungssuche bei komplexen Problemen wird erleichtert, wenn alle Beteiligten (Gruppen) eine ähnliche Sichtweise der Tragweite und der Vernetzung der Problemstellung (oder der Zielerreichung) haben. Daher ist es sinnvoll, wenn Gruppen aus unterschiedlichen Bereichen einer Organisation zusammengesetzt sind, vor dem Beginn einer Lösungssuche die gemeinsame Problemsicht und Betroffenheit herzustellen. Die Bereitschaft, anderen Vorschlägen zuzuhören, wird erhöht.

2.2.2 Tool: Trends und Faktoren

Die Methode funktioniert am besten, wenn alle Bereiche eines Systems (Organisation) vertreten sind. Gegebenenfalls kann die Vakanz bestimmter Bereiche durch Rollenübernahme überbrückt werden. Sie kann in großen und kleinen Gruppen Anwendung finden.

Die Teilnehmenden werden in fachhomogene Gruppen aufgeteilt. Ist die Gruppe zu klein, dann können auch Einzelpersonen für eine fachliche Spezialisierung stehen. Wichtig ist es, die fachliche Spezialisierung nicht zu eng (macht viele Gruppen) oder zu weit (verwischt Unterschiede) zu ziehen. Hierzu bedarf es einer guten Vorbereitung.

Methode

Der Moderator erläutert Sinn und Zweck der nächsten Aufgabenstellung. Worum geht es nun genau? Er erläutert die Fragestellung mit Beispielen: Was können Trends und/oder Faktoren sein? Was heißt in „naher Zukunft"? Auswirkungen müssen bereits konkret spürbar und absehbar sein; es geht nicht um Spekulationen über zukünftige Entwicklungen wie: „Wir werden alle überwacht werden." Dann erarbeitet jeder Teilnehmer für sich (mit gut 5 Min. Zeitrahmen) Antworten zu der Fragestellung: „Aus unserer fachlichen Sicht: Welche Trends und Faktoren wirken auf meine Arbeit heute und in naher Zukunft ein?"

Nachdem die Ergebnisse in Notizen festgehalten worden sind, beginnt der Austausch mit der Gruppe. Dieser besteht erst einmal darin, jeden Teilnehmenden nacheinander zu Wort kommen zu lassen, ohne dass die Beiträge diskutiert oder gar verworfen werden. Informationsfragen sind dagegen gerne gesehen. Die Beiträge werden am Flipchart notiert. Ab einer Gruppengröße von fünf Personen (höchstens neun) für eine Fachgruppe ist es sinnvoll, einer Person die Gesprächsleitung zu übertragen, die dafür sorgt, dass jede Person zu Wort kommt. Ein Zeitnehmer und ein Protokollant am Flipchart sind ebenfalls hilfreich.

Nach dem Austausch beginnt eine Diskussion in der Gruppe darüber, wie Trends und Faktoren bedeutsam und wichtig sind: Es sollen drei bis fünf Punkte erarbeitet werden, die die größte Relevanz haben. Nachdem diese Aufgabe erledigt ist, schauen die Teilnehmenden auf die ausgewählten Punkte und beurteilen deren Auswirkung auf das Stressthema: „Welche der ausgewählten Trends und Faktoren wirken stressverschärfend? Welche Trends und Faktoren wirken entlastend?"

Es ist auch ein Sowohl-als-auch möglich: In diesem Fall wird der Faktor „doppelt" aufgeführt, einmal als stressverschärfend und einmal als stressentlastend. Nachdem diese Beurteilung stattgefunden hat, schreiben die Teilnehmenden die ausgewählten Trends und Faktoren auf lange Moderationskarten oder Papierstreifen. Dabei steht eine grüne Farbe für stressentlastend und eine rote Farbe für stressverschärfend. Beim Sowohl-als-auch gibt es sowohl eine grüne als auch eine rote Karte für den ausgewählten Punkt.

Nachdem die Gruppen ihre Arbeit abgeschlossen haben, platzieren sich alle Personen vor einer sehr großen (Pinn-)Wand, auf die eine Mind-Map-Grundstruktur aufgezeichnet ist. Diese Grundstruktur ist vorher mit dem Kunden abzusprechen. Gängige Erstunterteilungen sind etwa: „Innen" (Technologien, Räume, Organisation, Personal, abzweigend dann Qualifizierung, Teams etc.) und „Außen" (Kunden, Politische Entwicklung, Anforderungen Dritter etc.).

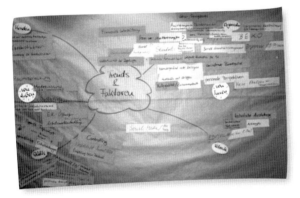

Abb.: Die ermittelten Trends werden mithilfe einer Mind-Map strukturiert.

Vertreter der Gruppen treten nach vorn und erläutern ihre ausgewählten Trends und Faktoren. Sie bestimmen, an welcher Stelle die Trends ihren Platz bekommen. Gegebenenfalls wird ein Trend zwei- oder mehrfach aufgenommen (weil er z.B. sowohl bei der Organisation als auch beim Personal eine Rolle spielt). Die Moderatorinnen und Moderatoren platzieren die auf Papierstreifen oder Karten festgehaltenen Trends an die richtige Stelle. Sind alle Karten/Streifen angebracht, wird den Teilnehmenden Zeit gelassen, sich das Ganze in Ruhe anzuschauen und informelle Gespräche zu führen.

Auswertung Die Zukunftskonferenz kennt als Auswertung nur die angesprochene informelle Diskussion unter den Teilnehmenden, der auch explizit Zeit gegeben werden soll. Sehr gut ist es, dieses Modell an das Ende eines Arbeitstages zu stellen, weil dann am Abend und in der Nacht die aufgeschriebenen Punkte in den Gesprächen, aber auch unterbewusst nachwirken. Der Zweck der Übung ist dann erreicht, wenn allen die Globalität der Problemstellung und ihre vielen Facetten deutlich geworden sind. Dann können sich in Vorbereitung der Lösungssuche (Visionsphase) bereits individuelle Muster und Assoziationen bilden, die zu einer gemeinsamen Zukunft beitragen werden.

Als Trigger kann neben der ungesteuerten Diskussion noch eine bewusst von den Moderierenden gelenkte Aufmerksamkeitsübung durchgeführt werden. In diesem Fall werden nach dem ersten informellen

2.2.2 Tool: Trends und Faktoren

Austausch mit dem Plenum (noch vor der Pinnwand stehend oder sitzend) Fragen gestellt, um die Aufmerksamkeit für die Vielfalt und Tiefe des Arbeitsergebnisses zu vergrößern. Hierzu dienen Fragen wie

- „Was hat Sie überrascht?"
- „Was fällt Ihnen ins Auge?"
- „Was ist Ihr erster Eindruck?"

Diese provozieren Antworten, die andere Teilnehmenden noch einmal auf neue Assoziationen und Zusammenhänge lenken. Achtung: In keinem Fall sollte der Moderierende Diskussionen über „richtig" und „falsch" zulassen. Er sollte auch Kommentare zur Lösung oder zu Aussagen wie „weniger und/oder sehr wichtig" mit der Bemerkung versehen, dass es gerade jetzt nicht um die Ebene von Bewertungen und Lösungen gehe, sondern um das Umreißen der komplexen Aufgabenstellung, vor dem die Organisation steht.

Beim Thema „Stress" ist vor allem das Verhältnis von roten und grünen Faktoren und ihre Platzierung bei „Innen" oder „Außen" von Bedeutung. Dies sagt viel darüber aus, inwieweit die Organisation in ihrem Selbstverständnis über Ressourcen verfügt, um negativen Trends zu begegnen oder positive zu verstärken. Generell ist zu sagen, dass das Bewusstwerden der Vielfalt der Anforderungen die Teilnehmenden eher entlastet als belastet. Sie erleben den Effekt, „Andere sehen es genauso" ebenso wie das Gefühl, „Von mir allein ist die Lösung nicht abhängig". Insgesamt wird die „Last" der Problemstellung auf die gesamte Gruppe verteilt.

Technische Hinweise

Für große Gruppen ist eine Wand von 3 Metern Höhe und 5 bis 6 Metern Breite notwendig, um die Vielfalt der Trends und Faktoren aufzunehmen. Entweder verfügt man über eine solche Spezialanfertigung oder man muss Sorge dafür tragen, dass eine Wand des Raums diese Voraussetzungen erfüllt und auch so zugänglich ist. Für kleine Gruppen reichen 2 Meter Höhe und 3 bis 4 Meter Breite aus. In jedem Fall sollte man nicht nur mit einer Pinnwand arbeiten, da das Bild dann an Eindrucksstärke verliert.

Kommentar

Gänzlich abzuraten ist von der elektronischen Verarbeitung auf einer großen Leinwand. Dies ist zwar elegant, hat aber mehrere Probleme. Erstens erkennen die Teilnehmenden „ihre Karten" nicht mehr wieder und zweitens ist das Bild nach Fertigstellung wieder „verschwunden". Es ist real nicht fass- und begreifbar. Genau das ist aber ein Effekt dieser Übung. Es sind die Vielfalt, die Größe, der Umfang, die Eindruck hinterlassen. Ohne explizit auf die Einzelheiten des „Bildes" zurückzukommen, wird es immer wieder „gesucht" und betrachtet. In einem Fall hat der Auftraggeber dieses Bild in den Eingangsbereich der Organisation gehängt, um zu verdeutlichen, worum es bei dem angestoßenen Prozess eigentlich geht.

Ein Stolperstein kann des Weiteren sein, dass zu viel an Bewertung und Analyse zugelassen wird. Diese Übung ist eine Vorbereitung auf eine Lösungssuche (im Falle der Zukunftskonferenz der Visionsphase). Analytik und Bewertung führen dabei wieder in die gängige und in der Organisation vorhandene Praxis von Projektvorhaben, die abgeleitet werden, bevor überhaupt ein allgemeines, kreatives und innovatives Zukunftsbild entstanden ist. Es ist überhaupt dieser Teil nichtlinearer „Entwicklungslogik", der sich dem Verständnis von Kunden, aber auch von Beratern und Moderierenden am meisten entzieht, der aber für die Teilnehmenden im Prozess ganz selbstverständlich wirkt. Das analytische Gehirn bleibt zunächst einmal „außen vor".

Typisches Feedback von Kunden
- „Ich hätte nie geglaubt, dass eine so große Gruppe die wirklich wichtigen Themen so präzise und vollständig benennen kann."
- „Ich hätte ganz andere Schwerpunktsetzungen erwartet. Unsere alltägliche Diskussion sieht anders aus."
- „Man sieht ja ganz deutlich, dass wir viel in der eigenen Hand haben und wie viele Ressourcen (grüne Karten) vorhanden sind."
- „Hier stehen endlich auch einmal die Themen, über die sonst offiziell nicht gesprochen wird."

Tool: Zukunft erleben

Antizipieren und Gestalten eines attraktiven Zukunftsbildes

Von Andreas Dünow und Thomas von Sehlen

Dauer insgesamt:	3 Stunden
Dauer im Einzelnen:	Einleitung: 5 Min. Gruppenphase: Einzelarbeit 10 Min. plus Gruppenarbeit 60 Min. Gestaltung einer Präsentation/Plakatwand 50 Min. Präsentation inkl. Interviewsituation 55 Min.
Gruppengröße:	ideal ab 50 Personen, Arbeitsgruppen à 8 Personen bei 8 bis 9 Arbeitsgruppen (kleinere Gruppengrößen sind denkbar)
Technischer Aufwand:	mittel (Pinnwände; großer Raum zur Arbeit in einem Raum; Platz für Plenumssituationen; jede Gruppe ausgestattet mit Flipchart und/oder Pinnwand und Moderationsmaterial; zusätzlich Visualisierungsmaterial wie Zeitschriften, Broschüren, Bastelbedarf, Scheren, Kleber, Farben)

Ziel

Ziel ist es, sich in mehreren Gruppen gegenseitig das attraktive Zukunftsbild der Organisation im Jahr 20xx zu präsentieren. Dabei wird nicht nur ein in der Gruppe selbst gestaltetes Bild vorgestellt, sondern flankierend durch ein fiktives, in der Zukunft liegendes Interview eine Beschreibung der „aktuellen" Situation geliefert. Die Akteure müssen dabei „so tun, als ob" angedachte Veränderungen, Ideen, Initiativen auch wirklich gegriffen haben. Sie spielen also eine Szene in der Zukunft und blicken auf den bisherigen Veränderungsweg zurück. Durch das nacheinander erfolgende Präsentieren und Visualisieren entsteht im Nachgang eine Gesamtcollage, die z.B. zu einem „Organisationshaus" der Zukunft zusammengesetzt werden kann. Dieses Gesamtbild mit seinen Bedeutungszuweisungen dient der konsolidierten Ideenfindung und bestimmt die weitere Vorgehensweise.

II. Großgruppenformate – Vielfältigkeit und Beteiligung

Anlässe und Anwendungsbereiche

Für alle Gruppenprozesse gilt, dass nach den Phasen der Analyse externer Trends und der Bewertung der gegenwärtigen Situation die Phase der gewünschten Visionen ansteht, die letztlich in das Herausarbeiten von Gemeinsamkeiten mündet. Gängige Verfahren zur Visionsbildung sind z.B. Kreativitätstechniken wie die Walt-Disney-Methode (Träumer, Realist, Kritiker) oder gelenkte Traumreisen, in denen individuelle Assoziationen durch Entspannungszustände angeregt und aufgeschrieben bzw. visualisiert werden. Das Ergebnis der genannten Methoden ist oft eine textuale und/oder individuelle Sichtweise, ausgehend von der aktuellen Situation und der Frage: „Was muss besser/anders werden?" Im Zusammenhang mit Organisationen als Ganzes ist hingegen eine kollektive Sichtweise erforderlich, die zudem den Sprung in die Zukunft wagt und folglich von dem gewünschten Bild der Zukunft ausgeht (im Sinne von: „Wo stehen wir und was ist rückblickend passiert bis heute?"). Dabei ist das Bild ein wirkliches „Bild", welches durch seine Gestaltungsarbeit Emotionen und Assoziationen bei allen Beteiligten freisetzt.

Daher empfiehlt sich die Anwendung dieser Assoziationsmethode immer dort, wo das Zukunftsbild der treibende Faktor sein soll und darf – ohne vorherige Beschränkungen, Impulse oder Anregungen durch Dritte. Die volle Wirkung entfalten Assoziationsmethoden durch die Kombination eines Bildankers mit einem interaktiven Rollenspiel. Dies können sein: eine Interviewsituation, ein (vorgetragener) Beitrag einer Nachrichtensendung, ein Bericht eines Beschäftigten an einen Ex-Kollegen oder an einen Bekannten. In diesem Kontext bieten sich auch Rollenspiel und Business-Theater an, indem z.B. eine in der Zukunft liegende Szene der Organisation inszeniert und gespielt wird.
Betont sei an dieser Stelle noch einmal: Voraussetzung dieser Verfahren ist das Handeln nach dem Motto: „So tun, als ob wir die gewünschten Veränderungen in der Zukunft erreicht haben." In Folgenden wird ein Verfahren für große Gruppen vorgestellt, bei dem die Gestaltung eines Visionsbildes mit einem Interview kombiniert wird.

Methode

Die Teilnehmenden haben die Gegenwartsphase durchlaufen. Die Trends und Faktoren sind allen bekannt und es existiert ein kollektives Bewusstsein für die Chancen und Risiken, die sich aus den jeweiligen internen und externen Einflüssen ergeben haben oder noch ergeben können. Die Teilnehmenden sitzen wieder in den Mix-Max-Arbeitsgruppen, in denen sie auch die Analyse der Ist-Situation erarbeitet haben. Sie bekommen nun von den Moderierenden die Aufforderung:

2.2.3 Tool: Zukunft erleben

„Versetzen Sie sich in die Zukunft – in das Jahr 20xx. Stellen Sie sich vor, dass der Arbeitsalltag in Ihrer Organisation im Umgang mit Stress nun genau so ist, wie Sie es wirklich gern hätten. Also: Wie sieht unsere Arbeit in unserer Organisation in 20xx aus, wenn wir den Stress gemeinsam bewältigen? Überlegen Sie zunächst für sich ein mögliches Zukunftsszenario, das für Sie machbar, erstrebenswert und motivierend ist. Beschreiben Sie dieses ungeachtet möglicher Umsetzungshürden genau so, wie es konkret aussehen wird."

Die Moderation erläutert auch Sinn und Zweck dieser Aufgabenstellung. Es geht darum, eine für alle attraktive Vision entstehen zu lassen. Dazu bedarf es konkreter Themenstellungen oder Projekte. Die Teilnehmenden erarbeiten hierfür in einer ersten Einzelarbeit ihre Vorstellungen. Anschließend folgt der Austausch mit der Gruppe. Dieser besteht erst einmal darin, jeden Teilnehmenden nacheinander zu Wort kommen zu lassen, ohne dass die Beiträge diskutiert oder gar verworfen werden. Informationsfragen sind dagegen gerne gesehen. Ab einer Gruppengröße von 5 (höchstens 9) Personen ist es sinnvoll, eine Gesprächsführung zu bestimmen, die dafür sorgt, dass jede Person zu Wort kommt. Ein Zeitnehmer und ein Protokollant sind ebenfalls hilfreich.

Nach dem Austausch beginnt in der Gruppe eine Diskussion darüber, welche Zukunftsfelder in der Gruppe als bedeutsam und wichtig angesehen werden. Die Moderierenden sollten diese Phase noch einmal gesondert anleiten: „Tragen Sie gemeinsam die Ideen, Visionen und Zukunftsszenarien aller Gruppenmitglieder an der Pinnwand zusammen. Jeder kommt zu Wort und erzählt/beschreibt seine Vision oder sein attraktives Zukunftsbild. Diskutieren Sie Ihre Ideen und entwerfen Sie wesentliche Eckpunkte für Ihr gemeinsames Zukunftsszenario Ihrer Arbeit im Jahr 20xx. Notieren Sie sich dazu die wichtigsten Aspekte. Ein Hinweis noch: Ein gutes Szenario ist machbar („Wir können es umsetzen"), erstrebenswert („Die Umsetzung wäre zum Wohl aller Mitarbeiterinnen und Mitarbeiter") und motivierend („Sie würden sich dafür engagieren")."

Ist der Austauschprozess abgeschlossen und die wichtigsten Aspekte beschrieben, geht es an die eigentliche Visualisierung. Dies wird durch die Moderierenden ebenfalls gesondert angeleitet: „Erstellen Sie nun mit der gesamten Gruppe ein Bild Ihrer gemeinsamen Vision auf ein Pinnwandpapier, welches die eben erarbeiteten wichtigsten Aspekte widerspiegelt. Nutzen Sie dazu gerne alle Materialien (Stifte, Zeitungen, Papier etc.) die Ihnen zur Verfügung stehen! Lassen Sie Ihrer Kreativität freien Lauf. Anschließend werden Sie Ihr Bild vor den anderen

Abb.: Die Gesamtcollage des Zukunftsbildes als gemeinsames Haus

Gruppen in Form eines Interviews präsentieren. Stellen Sie sich vor, Sie sind Beschäftigter im Jahr 20xx und erzählen einem Zeitungsreporter aus Ihrer Region, was sich aktuell in Ihrer (idealen/visionären/ stressbewältigenden) Organisation abspielt. Berichten Sie, als ob der Zustand erreicht ist und verweisen Sie auf die Präsentation/Collage. Gerne berichten Sie auch von dem Weg hierhin."

Die Gruppen entscheiden eigenverantwortlich, wer mit den gegenseitigen Präsentationen starten möchte. Dazu werden aus jeder Gruppe zwei Präsentierende (= Interviewpartner) bestimmt, die das Interview spielen. Jede Präsentation sollte sich in einem Zeitrahmen von ca. 10 Minuten bewegen. Nach jeder Präsentation wird die Gruppe als Ganzes mit einem riesigen Applaus gewürdigt. Die Moderierenden fassen die zentrale Botschaft bzw. Kernaussage kurz verbal zusammen und notieren sie auf einem separaten Themenspeicher (Flipchart/Pinnwand). Diese dient als Anregung für den kommenden Prozessschritt.

Auswertung Zu diesem Verfahren ist keine Auswertung notwendig. Im Anschluss an diesen Prozessschritt sollte eine Pause erfolgen. Während der Pause werden alle Collagen zu einer Gesamtcollage vereint und raumfüllend an einem geeigneten Ort visualisiert. Die Gesamtcollage kann in Anlehnung an die Organisation als „Haus" erfolgen. Andere Formen und Metaphern können, abgestimmt auf die jeweilige Situation, ebenfalls gewählt werden.

Technische Hinweise Genügend große Räume für große Gruppen, eine Pinnwand je Gruppe, Moderations- und Bastelmaterial, Zeitungen/Broschüren, Schere, Klebestifte, Farben, Stehtische für das Interview (optional).

Kommentar Dieses Verfahren entfaltet besonders in großen Gruppen ab 50 Personen aufwärts mit Gruppengrößen von je 8 Akteuren seine Kraft. In kleineren Einheiten kann die notwendige Gruppendynamik fehlen. Gerade die Gesamtcollage vermittelt allen Beteiligten einen bleibenden emotionalen Eindruck. Ebenfalls ist zu beachten, dass das Verfahren nur im Kontext der Zukunftskonferenz oder der Zukunftskonferenz angelehnten Verfahrensabläufen zu verwenden ist.

2.2.3 Tool: Zukunft erleben

Bei diesem Tool werden zu Beginn oft Stimmen laut, dass die Teilnehmenden nicht „kreativ" seien. Oder dass sie sich „kindisch" vorkommen, etwas „zu basteln". Aber schon nach kurzer Zeit, einer guten Einführung durch den Moderator und mit dem Fortschritt des Prozesses entsteht erfahrungsgemäß immer eine lebendige, kreative und spannende Arbeitsatmosphäre, deren Ergebnisse die Beteiligten oft staunen lässt.

Es empfiehlt sich, die Gruppen immer mal wieder bei ihrer Arbeit zu beobachten und offen zu sein für Verständnisfragen. Besonders die Haltung „so tun, als ob" erfordert ein Umdenken im Kopf, was den Beteiligten zu Beginn vielleicht noch schwerfällt. Wichtig ist, dass mentale Hindernisse (im Sinne von: „Das dürfen wir nicht.", „Das kann ja nicht funktionieren.") von vorneherein dadurch umschifft werden, dass ohne Umwege der Schritt in die Zukunft gegangen wird. Alle Hindernisse und Hürden sind nicht Teil der Betrachtung, sondern ausschließlich das attraktive Zukunftsszenario.

Zu beachten ist ferner, dass die Interviews/Präsentationen nicht zeitlich „ausufern". Gut dosierte Übergangsmoderationen und ein Timekeeping seitens des Moderierenden helfen, diesen Prozessschritt einen Erfolg werden zu lassen.

Typisches Feedback von Kunden
- „Wahnsinn, wie kreativ meine Kollegen und ich auf einmal sein können."
- „Spannend zu sehen, dass wir recht ähnliche Zukunftsbilder entworfen haben."
- „Der Sprung in die Zukunft hilft, individuelle Bedenken gar nicht erst aufkommen zu lassen. Schön!"

Tool: Konsens einmal anders

Einmütig entscheiden in großen Gruppen

Von Andreas Dünow und Thomas von Sehlen

Dauer gesamt:	1,5 bis 2 Stunden
Dauer im Einzelnen:	Einleitung: 5 Min. Gruppenphase: Einzelarbeit 5 Min., Vorstellen und Bewerten 40 Min. Abstimmungsphase: 30 bis 45 Min.
Gruppengröße:	ab 50 Personen bei 8 bis 9 Arbeitsgruppen à 8 Personen
Technischer Aufwand:	mittel (Pinnwände, großer Raum zur Arbeit in einem Raum, Platz für Plenumssituationen; jede Gruppe ausgestattet mit Flipchart und/oder Pinnwand sowie Moderationsmaterial.

Ziel Ziel ist es, in großen Gruppen eine einmütige Entscheidung über die weitere Vorgehensweise herbeizuführen. Dabei sollen Schwerpunkte für die Bearbeitung von Projekten gebildet werden. Der bisherige Gruppenprozess – das Gefühl, wir gehören alle zu einer Organisation – wird dabei genutzt, um einen Konsens zu erreichen.

Anlässe und Anwendungsbereiche Für alle Gruppenprozesse gilt, dass nach den Phasen der Problemerarbeitung und der kreativen Lösungssuche die Phase der Auswahl für diejenigen Lösungen und/oder Maßnahmen ansteht, die letztlich umgesetzt werden sollen. Gängige Verfahren sind an Mehrheitsentscheidungen angelehnt bzw. basieren auf diesen (Meinungsbilder, Punkten etc.). Mehrheitsentscheidungen produzieren in unterschiedlichem Ausmaß immer Gewinner und Verlierer. Dies ist vor allem dann der Fall, wenn das Ergebnis knapp ausfällt. In kleineren Gruppen können häufig noch Kompromisse oder – durch geschickte Moderation – „neue" bzw. dritte Varianten (sowohl – als auch) entwickelt werden. In großen Gruppen ist ein solches diskursives Verfahren nicht praktikabel oder nur unter dem Risiko einer ausfernden Debatte anwendbar.

2.2.4 Tool: Konsens einmal anders

Eine Alternative bieten in großen Gruppen (aber auch in kleinen) die Konsensverfahren. Diese haben zum Ziel, dass alle Teilnehmenden an einem Treffen hinter den Entscheidungen stehen, die auf dem Treffen gefällt werden. Man kann es auch das Verfahren der Einstimmigkeit nennen. Voraussetzung dieser Verfahren ist ein Prozess, in dem eine gemeinsame Problemsicht und eine Vielzahl an Lösungsvorstellungen erarbeitet werden. Im Folgenden wird nur **ein** Verfahren für große Gruppen vorgestellt. Andere Verfahren für kleinere und größere Gruppen bleiben unerwähnt.

Methode

Die Teilnehmenden haben die Visionsphase durchlaufen. Viele unterschiedliche Lösungsbilder wurden präsentiert. Es stellt sich nun die Frage, mit welchen Projekten (Vorhaben) die Zukunftsbilder umgesetzt werden sollen bzw. an welchen Themen gearbeitet werden muss. Die Teilnehmenden sitzen wieder in den Arbeitsgruppen, in denen sie auch die Vision erarbeitet haben. Sie erhalten nun vom Moderierenden die Aufforderung:

„Bitte benennen Sie die Projekte oder Themen, an denen gearbeitet werden muss, um die von Ihnen gewünschten Zukunftsbilder Realität werden zu lassen. Bitte beschreiben Sie diese Projekte oder Themen möglichst konkret (Beispiel: nicht „bessere Kommunikation", sondern eher: „verbesserte Kommunikation zwischen den Führungskräften über das Personalentwicklungskonzept")."

Die Moderation erläutert auch Sinn und Zweck dieser Aufgabenstellung: Es geht darum, die Vision Wirklichkeit werden zu lassen. Dazu bedarf es konkreter Themenstellungen oder Projekte. Die Teilnehmenden erarbeiten zunächst in Einzelarbeit ihre Vorstellungen. Dann beginnt der Austausch mit der Gruppe. Dieser besteht erst einmal darin, jeden Teilnehmenden nacheinander zu Wort kommen zu lassen, ohne dass die Beiträge diskutiert oder gar verworfen werden. Informationsfragen sind natürlich gewünscht. Die einzelnen Beiträge werden am Flipchart festgehalten.

Ab einer Gruppengröße von 5 (höchstens 9) Personen ist es sinnvoll, eine Gesprächsleiterin bzw. einen Gesprächsleiter zu bestimmen, die dafür sorgen, dass jede Person zu Wort kommt. Ein Zeitnehmer und ein Protokollant am Flipchart sind ebenfalls hilfreich. Nach dem Austausch beginnt in der Gruppe eine Diskussion darüber, welche Projekte und Themen in der Gruppe als bedeutsam und wichtig angesehen werden. Die Moderierenden sollten diese Phase noch einmal gesondert anleiten:

„Bitte wählen Sie nun die drei Projekte und oder Themen aus, die Ihnen als Gruppe als wichtigste erscheinen. Die Versuchung ist dabei groß, einzelne Punkte zu Oberthemen zusammenzufassen. Denken Sie daran, dass Sie damit unpräziser werden. Lassen Sie daher ihre konkreten Vorschläge, so wie sie sind. Sie können dann auch viel besser Ihre Kollegen und Kolleginnen von Ihren Vorhaben überzeugen."

Ist der Auswahlprozess abgeschlossen, schreiben die Teilnehmenden ihre wichtigsten Punkte auf Moderationskarten (möglichst lange Moderationskarten oder Papierstreifen wählen), stehen auf und kommen in die freie Präsentationsfläche des Raums. Dort sind drei Pinnwände vorbereitet. Eine trägt die Überschrift „Das wollen wir umsetzen", eine zweite „Darüber müssen wir noch reden" und eine dritte „Das wollen wir nicht".

Die Moderatoren erläutern dann das weitere Verfahren. Die Teilnehmenden treten einzeln nach vorn und erläutern die von ihnen erstellte Karte. Nachfragen „Was heißt das jetzt genau?" sind erwünscht. Die Moderierenden fragen auch explizit nach, ob jeder Teilnehmende die Aussage der Karte und das dahinterstehende Projekt/Thema verstanden hat. Gibt es keine weiteren Fragen, gehen die Moderierenden mit der Karte vor die erste Pinnwand und fordern alle Teilnehmenden auf, laut zu summen, wenn sie diesem Vorschlag zustimmen. Dann gehen sie zur zweiten Pinnwand, fordern zum Summen auf und dann zur dritten Pinnwand. Gibt es an der zweiten und dritten Pinnwand **kein** Summen, wird die Karte an die erste Wand gehängt. Ansonsten landet sie dort, wo der stärkste Ausschlag an der zweiten oder dritten Pinnwand („das stärkste Summen") stattfand.

Das Verfahren wird vor dem ersten Vorschlag eingeübt. Es dauert eine gewisse Zeit, bis alle Teilnehmenden bereit sind, **laut** zu summen und so ihre Meinung kundzutun. Es muss allen Teilnehmenden wirklich klar sein, was wann zu tun ist. Nach und nach werden alle Vorschläge vorgestellt und auf diese Weise „abgestimmt". Übrig bleiben die Projekte, die nur bei der Pinnwand „Das wollen wir" einen „Summ-Ausschlag" hatten. Zu diesen Themen und Projekten bilden sich dann Arbeitsgruppen.

Auswertung   Zu diesem Verfahren ist keine Auswertung notwendig. Wenn gewollt, kann der Umgang mit komplexen Entscheidungssituationen noch einmal thematisiert werden. Im Vordergrund sollte dabei stehen: Ein hohes Maß an Übereinstimmung besteht, wenn die Grundregeln der Kommunikation eingehalten werden (siehe Kap. 2.2.1., Basisprinzipien

2.2.4 Tool: Konsens einmal anders

der Zukunftskonferenzen, S. 106 f.). Diese Übereinstimmung bedarf grundsätzlich nicht der üblichen demokratischen Abstimmungsverfahren. Die Teilnehmenden können auf diese Weise etwas über Entscheidungen in Gruppen lernen und eine Alternative zum demokratischen Verfahren erleben. Dieses Verfahren ist stressfreier als lange Diskussionen und folgende Vertagungen.

Genügend große Räume für große Gruppen, 3 Pinnwände, Moderationsmaterial   *Technische Hinweise*

Grundsätzlich ist noch einmal zu betonen: Dieses Verfahren eignet sich nur bei großen Gruppen ab 50 Personen aufwärts, da in kleineren Einheiten die notwendige Gruppendynamik fehlt. Zudem ist das Verfahren nur im Kontext der Zukunftskonferenz oder der Zukunftskonferenz angelehnten Verfahrensabläufen zu verwenden.   *Kommentar*

Bei diesem Tool regen sich vor allem bei Top-Führungskräften manchmal ungute Gefühle. Da sie selbst nur ein „Summer" unter vielen sind, befürchten sie, dass Dinge durchgestimmt werden, die nicht erfüllbar bzw. utopisch sind. In dieser Phase ist tatsächlich das höchste Maß an „Loslassen" gefordert. Unsere Erfahrung ist allerdings ausnahmslos, dass sich wirkliche Konsensprojekte immer im Rahmen des Machbaren bewegen, denn es liegt bereits in der Natur der ZK, Dinge selbsttätig anzugehen und keine Wunder einzufordern.

Eine weitere Schwierigkeit ergibt sich, wenn nicht konsequent auf den Konsens geachtet wird und letztlich allein die Stärke des Summens den Ausschlag für eine Zuordnung zu „Das wollen wir" gibt. Dies geschieht oft aus Unklarheit über das Verfahren und/oder aus Angst davor, dass kein Projekt den Status „Das wollen wir" erreicht. Doch auch diesen Fall haben wir noch nie erlebt. Mit ihm ließe sich aber umgehen, denn ein Drama ist es nicht, sondern ein Hinweis auf den Zustand einer Organisation, die es trotz Zukunftskonferenzen nicht geschafft hat, sich auf Themen oder Projekte zu einigen. In diesem Fall kann man dann tatsächlich mit dem „demokratischen Konsens" weiterarbeiten. Das „Loslassen" gilt in diesem Fall nicht nur für die Führungskräfte (und Mitarbeiterinnen und Mitarbeiter), sondern auch für die Moderierenden sowie Beraterinnen und Berater. Ein grundsätzliches Vertrauen in den Gruppenprozess ist von ausschlaggebender Bedeutung.

Zu beachten ist ferner, dass diese Art des Abstimmens einerseits ungewohnt ist, andererseits aber auch Neugier weckt und Spaß macht. In jedem Fall erfordert sie eine Menge Energie. Im zeitlichen Ablauf sollte man darauf achten, dass ausreichend Pausen in der Vorzeit gemacht wurden. Ebenfalls sollte man den „Summograph" nicht direkt nach der Mittagspause ansetzen.

Mit seiner Form nimmt das Verfahren den inzwischen gewachsenen Wunsch, „Etwas tun zu wollen", also in Aktion zu treten, auf. Es ist schnell und gar nicht analytisch, es ist selbst Aktion.

Typisches Feedback von Kunden
- „Ich hätte nie gedacht, dass eine große Gruppe so schnell wichtige Entscheidungen treffen kann."
- „Das ist mal ein völlig anderer Zugang."
- „So wichtige Dinge mit einem so albernen Instrument abzustimmen: Das passt nicht zusammen!"

Zusammenfassung Zukunftskonferenz

Von Thomas von Sehlen und Andreas Dünow

Die Zukunftskonferenz bietet durch ihre spezielle Ausprägung eine hervorragende Basis sowohl für die thematische Aufnahme des Themas „organisationaler Stress" und die Einleitung von gemeinsam getragenen Veränderungsprozessen als auch als Modell für Arbeitsformen, mit denen genau dieser Stress reduziert werden kann. Sie erfüllt sämtliche Anforderungen an eine „Analysephase".

Durch den Methoden-Mix (Plenumsarbeit, Groß- und Kleingruppenarbeit, Kreativitätstechniken, Mix an Präsentationsformaten) werden die Beteiligten „mit allen Sinnen" mobilisiert und in den Gestaltungsprozess aktiv eingebunden. Von außen betrachtet – als Fachexperte sozusagen – mögen die inhaltlichen Ergebnisse einer Zukunftskonferenz „dünn" erscheinen. Dieses Schicksal teilen indes die meisten Fachleute: Sie wissen viel, aber sie stehen außerhalb der Welt derjenigen, die sie gestalten. Und auch dieser Aspekt verweist auf eine ganz andere Rolle von Führung: Die involvierten Führungskräfte sollen (brauchen) nicht die besseren Fachleute sein. Sie sollen den Prozess einleiten und steuern können, der die Fachlichkeit in die Wirklichkeit bringt.

Auf der anderen Seite liegen die „dicken" Ergebnisse von Zukunftskonferenzen in erster Linie auf der emotionalen und erfahrungsorientierten Ebene: ein kollektives Erlebnis mit nachhaltigem Effekt, das Gefühl der gemeinsamen Gestaltung, die Erkenntnis gemeinsam gefundener Lösungsansätze und erkannter Chancen – all das erleben die Teilnehmenden in dieser Dimension und Choreografie vielleicht nur einmal in ihrem (Berufs-)Leben. Auf diese Weise wird auch „Entscheidungsfindung" von den Führungskräften hin zu den Beschäftigten delegiert. Und das ist ein wesentlicher Hebel für den Erfolg von späteren Umsetzungsmaßnahmen, da die „betroffenen" Menschen an den Entscheidungen „beteiligt" sind und dadurch die Akzeptanz sehr viel größer ist als bei oft praktizierten Top-down-Beschlüssen.

Wir empfehlen die Zukunftskonferenz und mit ihr verwandte Großgruppenformate aus eigener voller Überzeugung und aufgrund der vielen positiven (und nachhaltigen) Erfahrungen in organisationalen Veränderungsprozessen unter aktiver Einbindung der Beschäftigten.

Aufbau und Konzept der Transferkonferenz

Vom Projekt zum Prozess – gemeinsam Veränderungen benennen, Transfer gestalten und praktizieren

Von Susanne Recknagel, Heidrun Strikker und Juliane Bohnsack

Ziele

Die Transferkonferenz dient dazu, eine nachhaltige Verbindung zwischen Projekt und Tagesgeschäft zu schaffen, um das Projekt zu beenden und gleichzeitig das strategische Stress-Management in einen kontinuierlichen Prozess zu überführen. Hierzu werden an einem gemeinsamen Tag für die Beschäftigten die Ergebnisse des Projekts fokussiert und die nächsten Umsetzungsschritte für eine stressfreiere Zukunft auf den Weg gebracht.

Das Rollout des erarbeiteten Stress-Managements, der Transfer in das Alltagsgeschäft, wird in jeder Organisation unterschiedlich unter Berücksichtigung der spezifischen Bedürfnisse, Inhalte und der Organisationskultur gestaltet. Bei der Durchführung einer Transferkonferenz sind vier Kriterien wesentlich für den Erfolg:

- Hohe Beteiligung
- Transparente Strategie und Struktur
- Klare Entscheidungen
- Inspiration und konkretes Erleben

Methodischer Ansatz

Eine Transferkonferenz erfordert eine kompakte und klar strukturierte Form der Großgruppenmoderation. Viele Beteiligte sollen sich intensiv einbringen können und aus der gemeinsamen Reflexion miteinander konkrete, strategisch bedeutsame Vereinbarungen für die Zukunft treffen. Zur Beschreibung und Erklärung der Perspektiven einer Transferkonferenz ist das Modell der Persönlichkeitstypen von Carl Gustav Jung hervorragend geeignet. Darüber hinaus bietet der Ansatz von C. G. Jung im Allgemeinen beste Anknüpfungspunkte für die Moderation und Teilnehmeraktivierung bei Großgruppenkonferenzen.

2.3 Aufbau und Konzept der Transferkonferenz

In seiner Arbeit als Psychologe nutzte Jung die Untergliederung von Personen in verschiedene Charakteristika, um Beobachtungen zu klassifizieren und entsprechend individuelle Behandlungen anzubieten. Er unterschied einerseits zwischen den introvertierten Persönlichkeiten, bei denen die einen Wert auf individuelle Rückzugsmöglichkeiten und die anderen Wert auf eine partizipative Reflexion mit anderen legen. Und andererseits zwischen den extravertierten Grundeinstellungen, bei denen wiederum die einen Entscheidungen selbst vorantreiben, während die anderen Kreativität und Ideen im Kontakt mit anderen einbringen. C. G. Jung entwickelte die These, dass sich auf Grundlage dieser Beobachtungen auch das Entscheidungsverhalten der Menschen klassifizieren lässt.

	Denken	
introvertiert	Struktur, Strategie (blau)	Entscheidung (rot)
	Beteiligung (grün)	Inspirieren, Erleben (gelb) extrovertiert
	Fühlen	

Abb. 1: Die vier Farbqualitäten von C. G. Jung (vgl. Heidrun Strikker, 2011)

Für die Großgruppenmoderation einer Transferkonferenz fungieren die vier Grundtypen, die C. G. Jung mittels eines Vier-Quadranten-Modells zusammenführte, als Basis für vier Kommunikationsplattformen, auf denen unterschiedliche Perspektiven eingenommen werden können – unabhängig von den individuellen Charakteristika der Beteiligten (siehe Abb. 1).

Diese Konzeption auf Grundlage der von Jung beschriebenen Qualitäten gewährleistet einen ganzheitlichen Blick auf Entscheidungsprozesse. Angesichts der Zusammenkunft vieler Menschen schafft sie entsprechende Zugänge, die den unterschiedlichen Persönlichkeitstypen der Beteiligten gerecht werden. Zudem berücksichtigt sie all die Qualitäten, die in den dazugehörigen Grundeinstellungen deutlich werden, und gibt ihnen methodisch Raum. Im Rahmen der Transferkonferenz wird dies durch die vier Farben nach Jung kenntlich gemacht und unterstützt.

Die Farbe **Blau** steht für den introvertierten Denker, für Analyse, Struktur, Detail und Strategie. In der Transferkonferenz findet sich die Farbe als Perspektive wieder, wenn es darum geht, Verantwortliche für den weiteren Prozess zu benennen und somit die Implementierung eines dauerhaften Stress-Managements in der Organisation zu sichern. Auch das Aufzeigen der konkreten Maßnahmen und die präzise zeitliche Fixierung dieser Schritte stehen für die „blaue" Qualität. Hansmann, Laske und Luxem betonen diese Aspekte des Transfers: „Neben der Frage nach einer geeigneten organisatorischen Struktur zur Unterstützung der Umsetzung muss ein Vorgehensmodell entwickelt werden, das angibt, in welcher zeitlichen Abfolge die neuen Prozesse und die dazugehörige Aufbauorganisation implementiert werden sollen." (2005, S. 270).

Die Farbe **Rot** steht dafür, Prozesse in Gang zu setzen und Entscheidungen zu treffen. Mit der Entscheidung zur Durchführung einer Transferkonferenz beschließt die Organisation, das Stress-Management in der Organisation zu verankern und zu institutionalisieren. Diese „rote" Qualität wird im spezifischen Stress-Management-Konzept mit konkreten Themen für die Organisation beschrieben und auf der Konferenz präsentiert. Die Entscheidung über Inhalte und Kernpunkte für die Organisation wird durch ein Gremium von Geschäftsführung und Personalvertretung getroffen und am Transfertag von diesen vorgestellt, um die volle Unterstützung für das Projekt zu signalisieren.

Die Farbe **Grün** steht für Beteiligung, Fairness, Raum für verschiedene Perspektiven sowie Nachhaltigkeit und gemeinsame Reflexion. Die Transferkonferenz ist reales Beispiel für diese „grüne" Perspektive. Sie ist als ein gemeinsamer Tag mit den Mitgliedern der Organisation gestaltet, um das Stress-Management-Konzept den Beschäftigten vorzustellen und Transparenz innerhalb der Organisation sicherzustellen. Nicht alle Beschäftigten sind in der Projektphase beteiligt gewesen. Sie haben jetzt die Möglichkeit, sich bei der Umsetzung mit eigenen Hinweisen einzubringen und ihre Beteiligung anzubieten. So starten alle Beschäftigte in die Umsetzung – mit einem gemeinsamen Wissensstand nicht nur zu den Eigenschaften des Stress-Management-Konzepts, sondern auch in Bezug auf alle im Projekt erfolgten Maßnahmen und erzielten Ergebnisse (vgl. Hansmann/Laske/Luxem 2005, S. 275 f.). Die Themen Stress und Nachhaltigkeit werden in den gemeinsamen Fokus gerückt und miteinander bearbeitet.

Mit der Farbe **Gelb** werden nach C. G. Jung die Attribute Intuition, Ideen mit anderen teilen, Erleben, Begeisterung, Spaß und die Freude am Tun verbunden – inklusive der Fähigkeit, kreativ zu sein und sich auszuprobieren. In der Abschlusskonferenz sind diese Aspekte durch methodische Elemente wie Visualisierungen oder kleine Bühnenstücke etc. eingebunden, sodass sich die Einzelnen kreativ einbringen können und im Laufe des Transfertags der gemeinsame Erlebnischarakter immer wieder in den Vordergrund rückt. Auch Geschichten des Projekts Revue passieren zu lassen und die eigenen Erfolge zu feiern, passen zu diesem Aspekt. „Gelbe" Qualität findet sich auch in einer guten

2.3 Aufbau und Konzept der Transferkonferenz

Pausengestaltung, die den Tag auflockert und Austauschalternativen kreiert. Wesentlich ist in dieser Perspektive, dass allen Beteiligten und Mitwirkenden gedankt und der Transfertag als feierlicher Abschluss gestaltet wird. Immerhin wurde etwas Neuartiges geschaffen, das die Organisation stärkt und langfristig festigt.

Die Farbfolge der hier beschriebenen Qualitäten lässt sich auch im Rahmen der Tagungschronologie aufgreifen, bietet doch die Transferkonferenz allen vier Qualitäten bzw. Perspektiven gleichermaßen Raum: Entscheidungen zu treffen, partizipativer Austausch, Spaß und Motivation, Wissenserhalt und -weiterentwicklung voranzutreiben und damit ein gemeinsames Bewusstsein zu schaffen, um das Thema Stress-Management langfristig und strukturiert in der Organisation zu verankern und umzusetzen.

Agenda und Ablauf

Liefert C. G. Jungs Persönlichkeitsmodell die Basis für die Integration der oben benannten Aspekte und damit für einen ganzheitlichen Ansatz der Transferkonferenz, so bilden die drei Zeitebenen Vergangenheit, Gegenwart und Zukunft das strukturierende Grundgerüst der Konferenz. Dieses Gerüst steht für den Lernprozess einer Lernenden Organisation, in der es gilt, die Vergangenheit zu berücksichtigen und in die Gegenwart zu transferieren, um Handlungsstrategien abzuleiten und diese nachhaltig in die Zukunft zu übertragen (vgl. Hofmann 2014, S. 77 ff.). Daraus ergibt sich folgender Ablauf:

1. **Come together:** Erste Möglichkeiten des Austauschs zwischen den Teilnehmenden können gleich zu Beginn der Veranstaltung bei einem gemeinsamen Kaffee geschaffen werden. Anfangs ist es sinnvoll, dass Vertreterinnen und Vertreter aus der Politik, Wirtschaft, Branche oder der eigenen Organisation Grußworte an die Teilnehmenden richten, um damit die Bedeutung des Themas zu unterstreichen.

2. **Vergangenheit:** Durch die Transferkonferenz wird herausgestellt, was genau während des Projekts erarbeitet und erlebt wurde. Der wichtige Erlebnischarakter kann durch unterschiedliche Elemente wie eine „Reise durch das Projekt" oder eine Vernissage nochmals veranschaulicht werden (siehe Abb. 2).

Abb. 2: Durch eine Vernissage das Projekt Revue passieren lassen

Phasen d. Konferenz / Perspektiven nach C. G. Jung		Erklärung / Fragen zur Spezifizierung der Perspektive
Come together		
Vergangenheit	Blau	Welche Themen sind ggf. noch offen? Haben wir alle Informationen und Erfahrungen, die wir brauchen, aufgenommen und ausgewertet? Gibt es noch Details, die wir berücksichtigen sollten? Hat das Konzept in seiner Logik gepasst?
	Rot	Gibt es noch offene Punkte, die wir für anstehende Entscheidungen berücksichtigen müssen? Stehen noch Entscheidungen aus oder sind alle notwendigen Schritte vorbereitet? Wer waren die Treiber des Projektes? Wo und wie ist der Stress geringer geworden?
	Grün	Wer hat bisher mit dem Thema zu tun gehabt? Wer war zusätzlich unterstützend beteiligt? Wo überall hat das Stress-Management gegriffen? Sind alle Beteiligten angemessen einbezogen worden? Wer fühlt sich weiterhin verantwortlich?
	Gelb	Wie war die Stimmung, die Atmosphäre insgesamt zum Ende des Projektes? Welche Ideen wurden bereits erfolgreich, welche noch nicht umgesetzt? Was hat am meisten Spaß gemacht?
Gegenwart	Blau	Was müssen wir aktuell bedenken? Welche Informationen brauchen wir heute für unseren Transfer? Welche inhaltlichen Fragen haben wir?
	Rot	Was ist zu entscheiden? Was ist freizugeben? Was wollen wir mit dem heutigen Tag verstärken, was wollen wir auf den Weg bringen? Wie viel Energie haben wir, was wollen wir vorantreiben?
	Grün	Wie wollen wir die Erfahrungen zusammentragen und bündeln? Wie wählen wir die nächsten Schritte? Wer sollte mit in den weiteren Transfer eingebunden werden? Wer muss aktuell gefragt bzw. einbezogen werden?
	Gelb	Wie geht es uns aktuell? Wie ist die Atmosphäre? Wie wirken bestimmte Dinge, die früher Stress verursacht haben, heute in unserem Umfeld auf uns? Welche Ideen sind im Raum, damit es uns weiterhin besser im Umgang mit Stress geht?
Zukunft	Blau	Wie wollen wir konzeptionell vorgehen? Wie können wir unser Wissen, unsere Detailkenntnisse für die Zukunft sichern und immer wieder neu einbringen? Wie muss unser Konzept aussehen, damit wir unser neues Wissen weitergeben können?
	Rot	Welche Entscheidungen müssen wir vorantreiben? Wer übernimmt Verantwortung? Worauf einigen und verpflichten wir uns? Welche Prozesse sollten wann abgeschlossen sein? Brauchen wir neue Rollen und Funktionen?
	Grün	Wie wollen wir den weiteren Austausch sicherstellen? Welche Möglichkeiten haben wir im Alltag, um die Beteiligten immer wieder einzubeziehen und anzusprechen? Wo überall können wir zukünftig unser Wissen und unsere Erfahrungen einbringen?
	Gelb	Wie achten wir weiterhin auf Spaß und Freude? Wie nehmen wir neue Ideen auf und wie spiegeln wir sie in die Organisation zurück? Welche Gelegenheiten können wir für uns nutzen, um weiterhin den Stress abzubauen?
Abschluss		

Tab. 1: Übersicht der Phasen einer Transferkonferenz und der entsprechenden Gestaltungsmöglichkeiten

2.3 Aufbau und Konzept der Transferkonferenz

3. **Gegenwart:** Nach dem Fokus Vergangenheit richtet sich der Blick auf die Gegenwart. Folgende Aspekte werden konkret: An welchem Punkt steht die Organisation? Was heißt das genau? Welche Strukturen wurden geschaffen? Auch die Vorstellung des Stress-Management-Konzepts ist ein wichtiger Aspekt dieser Phase, um alle Teilnehmenden zu informieren, weitere Ideen zu generieren und weitere Themen für die Umsetzung zu berücksichtigen. Möglichkeiten bieten hier die Podiumsdiskussion mit verschiedenen Vertreterinnen und Vertretern aus Politik und Wirtschaft oder mit Beteiligten aus dem Projekt. Auch Informationsstände zum Thema Stress und Stress-Management oder theoretische Inputs sind Möglichkeiten zur Umsetzung.

4. **Zukunft:** Der letzte inhaltliche Aspekt ist die Betrachtung der nahen wie der fernen Zukunft, um künftige Geschehnisse und Entscheidungen herauszustellen und die Gedanken aus der Phase der Gegenwart weiterzuführen. Weitere Ideen zur Sicherung der Nachhaltigkeit werden erarbeitet. Die Durchführung von Strategieworkshops oder eines World-Cafés (siehe Abb. 3) bieten hierfür gute Möglichkeiten.

Abb. 3: Im World-Café werden zukünftige Strategien erarbeitet.

5. **Abschluss:** Der Abschluss der Veranstaltung dient dem symbolischen Übergang vom Projektende zum Tagesgeschäft. Aber auch Zeit für Lob, Anekdoten und Dank an alle Anwesenden und Beteiligten haben hier ihren Platz. Ein feierlicher Abschluss rundet den Tag ab. Als Symbol für die erzielten Erfolge und zur Weiterverfolgung des Themas „Stress-Management" können kleine Geschenke an die Teilnehmenden verteilt werden (siehe Abb. 4).

Die Gestaltung jeder Phase fußt wiederum auf den auf Jung basierenden Perspektiven. Der sich daraus ergebende Aufbau der Transferkonferenz ist in Tabelle 1 (siehe S. 138) dargestellt. Wie beschrieben, sind alle Perspektiven wichtig, können in der Praxis jedoch in den einzelnen Phasen durchaus anders gewichtet werden. Tabelle 2 (siehe S. 140) zeigt dies beispielhaft.

Abb. 4: Der Stresswürfel – Give-away für alle Teilnehmenden

Rahmenbedingungen

Je nach Gestaltung und Umfang der Transferkonferenz sind auch die Rahmenbedingungen in ihrer Aufmachung und ihrem Aufwand ver-

Phase	Gewichtung der Perspektiven	Gestaltungsvorschläge / Methoden
Come together	Bunt	▶ Anmeldung, Empfang, Zeit zum Ankommen
	Grün	▶ Grußworte von Vertreterinnen und Vertretern der Branche, Politik, Wirtschaft oder der eigenen Organisation
Vergangenheit	Rot	▶ Vortrag durch Geschäftsführung oder Projektleitung
	Grün	▶ Moderierte Erfahrungsberichte der Beteiligten
	Gelb	▶ Durchführung verschiedener Workshops zu den inhaltlichen Themen, beispielsweise eine Projektreise oder eine Vernissage
	Grün	▶ Marktplatz der Projektlandschaft
	Gelb	▶ Kurzfilm
	Gelb	▶ Ein Ritual des Projektes nochmals aufführen
Gegenwart	Rot	▶ Podiumsdiskussion
	Blau	▶ Thematischer Input
	Blau	▶ Experteninterview
	Blau	▶ Informationsstände zu den Ergebnissen
	Blau	▶ Evaluation des Projekts
Zukunft	Gelb	▶ World-Café
	Gelb	▶ Strategieworkshops
Abschluss	Rot	▶ Symbolische „Staffelübergabe"
	Grün	▶ Lob und Dank an alle Beteiligten und Anwesenden
	Bunt	▶ Verabschiedung
	Bunt	▶ Feier

Tab. 2: Praxisbeispiel einer Transferkonferenz

Checklisten zur Durchführung der Transferkonferenz sind als Download verfügbar

schieden. Für die Organisation der Konferenz ist die Bildung eines Organisationskomitees hilfreich, das Vorbereitung und Abwicklung übernimmt. Die Organisation wird in verschiedene Phasen unterteilt.

Die erste Phase umfasst die Vorbereitung. Hierzu zählen die Zielsetzung, Budgetplanung, Wahl des Veranstaltungsortes und Catering für den Tag. Eine konkrete Zielsetzung erleichtert die Ausgestaltung der Konferenz nach den oben dargestellten Perspektiven nach C. G. Jung. Während der Veranstaltung sind die Organisatoren für den reibungslosen Verlauf verantwortlich und fungieren als Ansprechpersonen für Referentinnen und Referenten, Teilnehmende und Presse. Am Ende der Veranstaltung verantwortet das Organisationskomitee die Nachbereitung des Tages inklusive Dokumentation.

Wichtige Organisationspunkte einer Transferkonferenz sind:

▶ **Räumlichkeiten:** Der Veranstaltungsort sollte einer großen Anzahl an Personen Platz und eine angenehme Atmosphäre bieten. Er benötigt mehrere Räume, um sowohl Plenums- wie Gruppenphasen durchzuführen, einen Anmeldungs- bzw. Informationsplatz als auch einen Treffpunkt zum Austausch für die Teilnehmenden. Stehtische fördern den Austausch und das gegenseitige Kennenlernen. Die Plenumsphasen und die Podiumsdiskussion finden in einem bestuhlten Saal statt, in dem die Zuschauer den Wortbeiträgen der Rednerinnen und Redner ohne störende Einflüsse folgen können. Weitere Arbeitszonen geben Raum für einen konzentrierten Austausch in kleinen Gruppen. Die Ausstattung vor Ort wird im Planungsvorlauf mit allen Referentinnen, Referenten und dem Tagungsanbieter besprochen und am Tag der Konferenz durch das Organisationsteam logistisch begleitet.

▸ **Referentinnen und Referenten:** Inhaltliche Beiträge lockern die Transferkonferenz auf, sorgen für Abwechslung und leiten in die Phasen einer Transferkonferenz ein und/oder aus bzw. unterstreichen die Phasen thematisch. Die Auswahl orientiert sich an der Zielsetzung der Transferkonferenz. Ein Mix aus internen wie externen Referentinnen und Referenten bringt verschiedene Sichtweisen und Inhalte zusammen und ermöglicht vielseitige Ansatzpunkte für Transfer und Umsetzung. Vor allem Mitwirkende aus Politik und Wirtschaft müssen früh genug angesprochen werden. Neben dem Honorar sind Fahrtkosten, etwaige Übernachtungsmöglichkeiten, inhaltliche Schwerpunkte, Materialien und Zeitraum zu klären.

▸ **Save the Date, Einladung und Teilnehmende:** Bereits zu Beginn des Projekts wird ein Zeitraum für die Transferkonferenz festgelegt. Nach der Konkretisierung und Festlegung eines genauen Datums werden den Teilnehmenden per „Save the date" die ersten wichtigen Informationen über Raum, Zeit und Ort mitgeteilt. Eine offizielle Einladung erfolgt, sobald alle Rahmendaten für die Veranstaltung endgültig festgezurrt sind. Der Einladung sind eine Anmeldebestätigung und ein Programm beigefügt. Bei der Erstellung der Einladungsliste werden Beteiligte des Projekts, Kunden des Unternehmens, Interessierte am Stress-Management und, als Teil der Öffentlichkeitsarbeit, auch örtliche Honoratioren aus Politik und Wirtschaft berücksichtigt.

▸ **Catering:** Je nach Dauer und Budget der Transferkonferenz werden kleine Snacks in der Mittagspause und den Zwischenpausen angeboten sowie Getränke während der gesamten Veranstaltung bereitgestellt. Hier kann durch eine angemessene Auswahl der Verpflegung ein direkter Bezug zum Thema „Stress-Management" hergestellt werden.

▸ **Materialien:** Für eine große Veranstaltung fällt oft eine große Anzahl von Materialien an, die im Vorfeld zu besorgen sind. Dies kann

Eine Checkliste zum Material ist als Download verfügbar

Arbeitsmaterialien wie Flipcharts, Stifte, Karten, aber auch technisches Equipment wie Mikros, Beamer und Laptops umfassen. Eine entsprechende Checkliste dient nicht nur zur Vorbereitung, sondern kann als Ablaufplan am Transfertag selbst eingesetzt werden.

Quellen, Literaturhinweise

- Goethe, J. W. von (1810): Zur Farbenlehre. Erster und Zweiter Band. Tübingen: Cotta.
- Hansmann, H./Laske, M./Luxem, R. (2005): Einführung der Prozesse. Prozess-Rollout. In: Becker, J./Kugeler, M./Roseman, M. (Hrsg.): Prozessmanagement. Ein Leitfaden zur Prozessorientierten Organisationsgestaltung. 5. Aufl., Berlin, Heidelberg: Springer, S. 269–298.
- Hofmann, M. (2014): Triple Loop Learning. In: Leão, A. (Hrsg.): Trainer-Kit Reloaded. Die wichtigsten Theorien, Beratungsformate, Prozessdarstellungen – und ihre Anwendung im Seminar. Bonn: managerSeminare, S. 77–89.
- Jung, C. G. (2010): Typologie. 10. Aufl., München: dtv.
- Jung, C. G. (2010): Archetypen. 16. Aufl., München: dtv.
- Strikker, H. & Melzer, U.: Sich in die Karten schauen lassen. In: Leão, A. & Sass-Schreiber, H. (Hrsg.) (2011): EQ-Tools. Die 42 besten Führungswerkzeuge zur Entwicklung Emotionaler Intelligenz. Bonn: managerSeminare, S. 332–343.
- von Franz, M.-L./Henderson, J. L./Jacobi, J./Jaffé, A. (2009): C. G. Jung. Der Mensch und seine Symbole. 17. Aufl., Düsseldorf: Patmos.

Stress-Management-Trainings für Führungskräfte

Kapitel 3 – Kurzübersicht

In **„Führungskräfte – Schlüsselpersonen im Stress-Management"** veranschaulicht *Mathias Hofmann* die besondere Stressbelastung von Führungskräften. Im Fokus steht das dynamische Spannungsfeld aus Strategie, Führung, Performance und Zusammenarbeit, in welchem sich Führungskräfte bewegen. ▶▶ *Seite 145*

Gerlind Pracht und *Louisa Reisert* erläutern das **„Konzept für Führungskräfte-Trainings"**. Beachtet werden vier Perspektiven, die im Umgang mit Stress und Belastungen für Führungskräfte besonders relevant sind: der Blick auf die Führungskraft, der Blick auf die Mitarbeitenden und das Team sowie der Blick auf die Organisation. ▶▶ *Seite 151*

Das Tool **„Die Führungskraft als Krisenpilot"** von *Mathias Hofmann* und *Frank Strikker* zeigt auf, wie Führungskräfte aus Krisen Handlungsnotwendigkeiten und -optionen für ihre Arbeit ableiten und dadurch Sicherheit in unsicheren Zeiten vermitteln können. Die Führungskräfte setzen sich mit der Natur von Krisen auseinander, verstehen die Verantwortung von Führung in Krisen und übertragen die Erkenntnisse auf eigene Szenarien. ▶▶ *Seite 167*

Gerlind Pracht und *Friederike Michel* verdeutlichen in **„(Stress-)Umleitung – Think positive!"** die Bedeutsamkeit des positiven Denkens. Das Tool leitet Führungskräfte an, stressverschärfendes Denken bei sich selbst und ihren Mitarbeiterinnen und Mitarbeitern zu reflektieren und die unterschiedlichen Denkmuster besser zu verstehen. Die Führungskräfte entwickeln förderliche Denkweisen und lernen, die Methoden mit Mitarbeitenden und Teams einzusetzen. ▶▶ *Seite 176*

Das Tool **„Stress – Erschöpfung – Burnout"** von *Mathias Hofmann*, *Friederike Michel* und *Louisa Reisert* sensibilisiert Führungskräfte für das Thema Burnout. Anhand des Phasen-Modells von Freudenberger und North verstehen die Führungskräfte die Phasen, die typischerweise in einem Burnout vorkommen, reflektieren ihre Unterstützungsmöglichkeiten für gefährdete Beschäftigte und machen sich Grenzen bewusst. Zudem üben sie die Ansprache von Mitarbeiterinnen und Mitarbeitern, die burnout-gefährdet erscheinen, am Beispiel realer Situationen. ▶▶ *Seite 185*

Gerlind Pracht und *Mathias Hofmann* beschreiben in **„Was ist das Wertvolle am Sandwich?"**, wie Führungskräfte mit dem Spannungsfeld in der Sandwich-Position einen gelassen-sicheren Umgang erlangen können. Dazu reflektieren die Führungskräfte die typischen Stressoren und entwickeln Verständnis für die unterschiedlichen Erwartungen und Bedürfnisse der Akteure. Gemeinsam erarbeiten sie Best-Practice-Strategien, lernen klassische Strategien im Sandwich kennen und übertragen diese auf reale Situationen, um konkrete Handlungsstrategien abzuleiten. ▶▶ *Seite 193*

Führungskräfte – Schlüsselpersonen im Stress-Management

Sich selbst managen, gestresste Beschäftigte führen, Teamarbeiten gestalten, Veränderungen umsetzen

Von Mathias Hofmann

Führung ist eine Schlüsselfunktion in Organisationen. Führung kommt laut Rudolf Wimmer (2002) die Funktion zu, die Überlebensfähigkeit und das Überleben von Organisationen zu sichern. Dazu sollen Führungskräfte Soll-Ist-Differenzen überwinden, also Ziele für die Organisation formulieren und erreichen, sowie für die Beschäftigten Unsicherheit in Sicherheit wandeln. Alle diese Aufgaben sind für Führungskräfte regelmäßig mit Stress verbunden. Die strategischen Aufgaben der Überlebenssicherung und Zielerreichung geschehen im häufig schwierigen Wettbewerb mit anderen Organisationen um Kunden, Beschäftigte, Ressourcen oder Meinungen. Die Führung der Mitarbeitenden konfrontiert Führungskräfte mit empfundenen Belastungen bei hohen Leistungserwartungen und mit Erwartungen an Kommunikation und Zusammenarbeit. Zudem sind sie gefordert, sich selbst mit ihren Aufgaben und Zeitressourcen zu managen, riskante Entscheidungen zu treffen und zu tragen oder unangenehme Entscheidungen psychisch auszuhalten.

Die besondere Stressbelastung der Führungskräfte lässt sich gut veranschaulichen, wenn man das dynamische Verhältnis betrachtet, das zwischen den strategischen Anforderungen, der Leistungsfähigkeit und -bereitschaft der Mitarbeiterinnen und Mitarbeiter, der eigenen Führungs- und Stresskompetenz sowie der Anforderung an Zusammenarbeit in der Organisation besteht (siehe Abb.).

Abb.: Faktoren, die die Führungskraft ausbalancieren muss

Für die Planung eines Stress-Management-Trainings für Führungskräfte ist es sinnvoll, Aspekte dieses dynamischen Spannungsfeldes im Detail zu betrachten und daraus spezifische Inhalte zu entwickeln. Ziel der Trainings von Führungskräften im Stress-Management ist die Wahrnehmung dieses gesamten Spannungsfeldes, die eigene Positionierung in ihm und die Kompetenz, in allen Feldern wirksam Belastungen zu reduzieren beziehungsweise zu bewältigen.

Aspekte des dynamischen Spannungsfeldes Führung

Eine wesentliche Führungsaufgabe besteht darin, Entscheidungen zu treffen für Situationen und Interessenkonstellationen, die häufig keine allseits befriedigende Lösung haben und sich auch nicht logisch ableiten lassen. Sie übernehmen mit dieser Entscheidung auch Verantwortung für die Konsequenzen – woraus vielfach eine psychische Belastung resultieren kann: War es die richtige oder die falsche Entscheidung? Welche Konsequenzen habe ich als Führungskraft ausgelöst? Zum Stress-Management einer Führungskraft gehört als Erstes, diese Anforderung anzuerkennen und Methoden zu finden, auch mit im Nachhinein kritisch bewerteten Entscheidungen umzugehen und sie als Teil ihrer Führungsaktivität zu akzeptieren.

Führungskräfte sind je nach Ebene und Erfahrung auf unterschiedliche Weise gefordert. Die Geschäftsführung einer Organisation ist in der Verantwortung für die Strategie und die Gesamtorganisation mit anderen Themen, Stressoren und Managementfragen beschäftigt als eine Teamleitung, die im operativen Tagesgeschäft direkt Mitarbeiterinnen und Mitarbeiter führt. Dabei gilt es, in verschiedener Ausprägung die gleichen Spannungsfelder und Interessenkonstellationen zu berücksichtigen und durch Führungshandeln zu gestalten:

Strategie
Organisation am Markt und im Wettbewerb

Performance
Belastung und Motivation der Beschäftigten

1. Strategie und Belastung der Mitarbeiterinnen und Beschäftigten

Diese Situation wird von Führungskräften oft als „Sandwich" beschrieben. Sie wollen damit veranschaulichen, dass sie einerseits selbst den Druck ihrer Führungskräfte (oder direkt vom Markt) spüren, für die Organisation Erfolge zu erzielen, und andererseits zugleich ihre Mitarbeiterinnen und Mitarbeiter erleben, für die die Grenze der Belastbarkeit erreicht zu sein scheint. Beide Gruppen erheben oftmals auch gleichzeitig den Anspruch, dass sich die Führungskraft in diesem Spannungsfeld für ihre jeweiligen Interessen einsetzt. Im

Stress-Management-Training ist der Umgang mit dieser Situation und die Kommunikation mit der übergeordneten Führungsebene wie den Mitarbeiterinnen und Mitarbeitern ein Standardinhalt (vgl. Kap. 3.6, S. 193).

2. Führung und Zusammenarbeit

Führung soll Orientierung geben, Entscheidungen treffen, ein Team und Einzelne fordern. Anweisungen zu erteilen, ist allerdings nicht nur eine Frage der Zuständigkeit und Entscheidung, die Kommunikation will auch vom Ton her gelingen. Die Zusammenarbeit von Führungskräften und ihren Mitarbeiterinnen und Mitarbeitern geschieht bei aller Anerkennung der funktionalen Differenz heutzutage menschlich auf Augenhöhe. Ein autoritärer Führungsstil ist nicht mehr zeitgemäß, es gilt vielmehr, Mitarbeiterinnen und Mitarbeiter einzubeziehen, Lösungswege zu delegieren, dialogisch zu kommunizieren und den Sinn von Entscheidungen und Anweisungen zu vermitteln. Im Zusammenhang mit Stress wird dies dadurch erschwert, dass Führungskräfte zum einen von Mitarbeiterinnen und Mitarbeitern als die Verantwortlichen für stark belastende Anforderungen gesehen werden und zum anderen dem Anspruch genügen sollen, die belastenden Situationen in ihrem Team zu thematisieren und, soweit es geht, Stress zu minimieren. Im Stress-Management-Training für Führungskräfte ist die Übung lösungsorientierter, motivierender Kommunikation in konfliktträchtigen und belastenden Situationen ein wesentlicher Bestandteil.

> **Führung**
> Aufgabenmanagement und Mitarbeiterführung
>
> **Zusammenarbeit**
> Organisationskultur und Kommunikation

3. Veränderung und Kontinuität

Im stetigen Wandel von Gesellschaft, Märkten und Menschen sind Führungskräfte gefordert, vorausschauend die richtigen Veränderungen in Organisationen zu entscheiden und umzusetzen. Gleichzeitig gilt es, den Kern einer Organisation, ihre Identität, ihr Wesen als Bindungskraft und Marke zu bewahren und diese Stärke für die Zukunft zu nutzen: „Wir müssen uns verändern, um zu bleiben wie wir sind." Die Interessen hinsichtlich Veränderungen und Kontinuitäten sind bei verschiedenen Beschäftigtengruppen durchaus unterschiedlich, gerne wird dann auch von „Widerstand" gesprochen. Je nach Führungsebene ist die Planung oder Umsetzung, auf jeden Fall aber die Kommunikation in Veränderungsprojekten Inhalt von Stress-Management-Trainings.

> **Strategie**
> Organisation am Markt und im Wettbewerb
>
> **Zusammenarbeit**
> Organisationskultur und Kommunikation

4. Vorbild Führung und Leistungsanspruch an Mitarbeiterinnen und Mitarbeiter

Führungskräfte haben – ihrer Position entsprechend – hohe Anforderungen an sich selbst. Eine Begleiterscheinung dieses Leistungsanspruchs ist häufig, dass sie meist „lang im Büro" sind, trotzdem „gerade wenig Zeit" haben und doch die „wichtigen" Themen gegenüber den „dringlichen" einmal mehr vernachlässigen müssen. Damit liefern sie unter Umständen gerade nicht das Vorbild für einen angemessenen Umgang mit Belastungen für die eigenen Mitarbeiterinnen und Mitarbeiter. Für Führungskräfte ist es eine Meisterleistung, gleichzeitig „gelassen und sicher im Stress" (Kaluza 1991) zu agieren, trotz hoher Anforderungen Zeit für die Führung der Mitarbeiterinnen und Mitarbeiter zu haben und auch noch die Balance zwischen Arbeit und Privatleben angemessen zu gestalten. Das eigene Aufgabenmanagement, der eigene Umgang mit Stress und die Kunst, vom Beruf auch abzuschalten, ist daher ein unverzichtbarer Bestandteil von Stress-Management-Trainings gerade für Führungskräfte.

Führung
Aufgabenmanagement und Mitarbeiterführung

Performance
Belastung und Motivation der Beschäftigten

5. Kohäsion und Lokomotion

Aus einem hervorragenden Zusammenhalt, aus dem Team-Spirit und dem Erleben der Gemeinschaft kann ein Team besondere Ressourcen und Energien freisetzen und hohe Anforderungen und Belastungen meistern. Den Zusammenhalt – die Kohäsion – zu stärken, ist eine Führungsaufgabe. Dem gegenüber steht die Führungsaufgabe, das Team anzutreiben, gemeinsame Ziele zu erreichen (die Lokomotion) und dazu auch besondere Leistungen einzelner Teammitglieder einzufordern und hervorzuheben. Das rechte Maß wird durch die aktuelle Situation mit beeinflusst. Teamentwicklung und Teamkultur sind für ein umfassendes Stress-Management sowohl in Trainings für Führungskräfte als auch in Team-Workshops relevante Inhalte.

Zusammenarbeit
Organisationskultur und Kommunikation

Performance
Belastung und Motivation der Beschäftigten

Stress-Management für Führungskräfte

Angebote im Stress-Management für Führungskräfte sollten die dargestellte dynamische Wirkung im Spannungsfeld Führung berücksichtigen und nicht auf schnelle Antworten setzen. Inhaltlich geht es um vier Themenbereiche und ihre Wirkung aufeinander:

- Persönlicher Umgang mit Stress
- Führen von Mitarbeiterinnen und Mitarbeitern
- Ein begeistertes Team schaffen
- Veränderungen im Unternehmen managen

Es gilt vor allem, die besonderen Belastungen, die mit der Funktion Führung einhergehen, zu akzeptieren und sich die eigene Wertewelt und Grundannahmen als solche bewusst zu machen.

Im Stress-Management einer Organisation ist es wesentlich, dass Führungskräfte ihre Erfahrungen austauschen und dadurch erleben, dass sie mit ihren Fragestellungen nicht alleine stehen und alles alleinverantwortlich entscheiden müssen. Außerordentlich hilfreich ist es, wenn sie eine gemeinsame Haltung zu Fragestellungen im Stress-Management entwickeln, diese auch kommunizieren und sich daran messen lassen. Soziale Unterstützung ist nach dem Anforderungs-Kontroll-Modell von Karasek und Theorell (vgl. Kap. 1.2.3, S. 27) einer der wesentlichen Einflussfaktoren, um auch bei hohen Belastungen leistungsfähig zu sein. Die soziale Unterstützung für Führungskräfte in einer Organisation sollte von ihren Kolleginnen und Kollegen und von der überstellten Führungsebene kommen; dazu kann in Trainings und Workshops hervorragend beispielhaft gearbeitet werden.

Organisationale Voraussetzungen

Stress und der persönliche Umgang mit Belastungen lässt sich besser etwas abseits des eigenen Schreibtisches und der Zugriffsmöglichkeit durch Chefs, Kolleginnen und Mitarbeiter besprechen. Ein Raum außerhalb der Organisation sollte genauso selbstverständlich sein wie Regeln zum ungestörten Arbeiten.

Für eine Berücksichtigung individueller Fragen und Fälle und damit einer außerordentlich hilfreichen Nähe zu konkreten Führungssituationen ist eine Begrenzung der Teilnehmenden sinnvoll. Bei einem zweitägigen Seminar sollten nicht mehr als zwölf, bei einem eintägigen maximal acht Führungskräfte teilnehmen. Diese Gruppengröße erlaubt sowohl einen Austausch im Plenum mit Beiträgen von allen als auch eine Aufteilung in kleinere Gruppen, die spezifische Fragen bearbeiten. Die Qualifizierung ihrer Führungskräfte dient der Optimierung der Organisation, sollte also entsprechend organisational (strategisch) beauftragt oder in ein Stress-Management-Projekt eingebunden sein. Der Sinn eines Stress-Management-Trainings für Führungskräfte und die Anforderungen an eine Schulung sollte nicht auf der Ebene eines Mangels bei einzelnen Führungskräften, sondern auf der Ebene des Nutzens für die gesamte Organisation gründen.

Für ein strategisches Stress-Management in der Organisation ist die Kommunikation der Beteiligten zum Thema Stress von zentraler Bedeutung. Zwölf Führungskräfte, die zwei Tage zum Thema Stress-Management arbeiten, haben Ergebnisse und Fragen, die sie mit anderen teilen wollen. Zum Ende eines Seminars ist es außerordentlich nützlich, wenn Führungskräfte mit der Geschäftsführung oder überstellten Personen aus der Leitung der Organisation die Erkenntnisse in einem kurzen Dialog besprechen können. Falls dies nicht organisierbar ist, sollte mindestens eine persönliche Rückmeldung an eine Steuerungsgruppe erfolgen. Eine Sammlung aller Rückmeldungen aus allen Seminaren ist eine hervorragende Grundlage für einen nachfolgenden Workshop aller Führungskräfte mit dem Ziel, Stress-Management zu standardisieren und zu konzeptualisieren. Dazu gehören Implikationen für die Führung in der Organisation und das individuelle Führungshandeln und ebenso organisationale Themen wie Arbeitsplatzbewertungen, Job-Enlargement, Job-Rotation, Zielvereinbarungen und Ähnliches mehr.

Erwartete Folgen für die Führungskräfte und die Organisation
- Mehrbedarf an Schulungen
- Neue Themen im Führungskräftekreis
- Mehr Sicherheit im Führungsverhalten
- Mehr Fälle von thematisiertem Stress

Literaturhinweise
- Kaluza, G. (2007): Gelassen und sicher im Stress. Das Stresskompetenz-Buch. Stress erkennen, verstehen, bewältigen. 3. vollständig überarb. Aufl., Heidelberg: Springer.

Konzept für Führungskräfte-Trainings

Stresskompetenzen für den Führungsalltag erwerben und ausbauen, Klarheit und Kraft im Umgang mit Stress-Situationen gewinnen

Von Gerlind Pracht und Louisa Reisert

Ziele

Die dreitägigen Stress-Management-Trainings für Führungskräfte berücksichtigen vier Perspektiven, die für den Umgang mit Stress und Belastungen für Führungskräfte besonders relevant sind: die Führungskraft selbst als Person, die Mitarbeiterinnen und Mitarbeiter, das Team, welches die Führungskraft führt, sowie die Organisation. Daraus ergeben sich als konkretisierte Trainingsziele:

1. Trainieren und Erweitern der Stress- und Selbstmanagementkompetenzen auf individuell-persönlicher Ebene der Führungskraft,
2. Vermitteln konkreter Stressbewältigungstechniken und -methoden,
3. Reflektieren spezifischer Ressourcen und Belastungen der Führungstätigkeit,
4. Fördern des Ressourcen- und Stress-Managements im Sinne „gesunder Führung" von Mitarbeiterinnen, Mitarbeitern und Teams sowie Unterstützung des kollegialen Austauschs untereinander.

Damit stehen der Erwerb und die Erweiterung von Stressbewältigungsstrategien sowie die flexible und kontextabhängige Anwendung dieser Stresskompetenzen im Führungsalltag im Mittelpunkt der Trainingsmaßnahmen. Führungskräfte müssen deutlich höhere Komplexitätsanforderungen bewältigen (siehe Kap. 3.1, S. 145 ff.) als Beschäftigte der Mitarbeiterebene. Außer sich selbst führen sie auch ihre Mitarbeitenden gesund und strategisch, geben soziale Unterstützung und schaffen Teamspirit. Zudem gestalten sie Veränderungen der Organisation mit, kommunizieren und verantworten diese. Aktuelle (biologische, arbeits- und gesundheitspsychologische) Kenntnisse rund um das Thema Stressprävention, Burnout und gesundheitsförderliche Arbeitsorganisation stellen daher wichtiges Rüstzeug für die Führungskraft dar. Sie sind insbesondere im Hinblick auf ihre praktische Relevanz im Training zu vermitteln und zu reflektieren. Führungskräfte benötigen Techniken und Methoden zum besseren Umgang mit typischen Belastungssituationen wie gleichzeitig auftretende Anforderungen von außen und der damit verbundenen wiederholten Unterbrechungen der Tätigkeiten oder auch zum sicheren, selbst regulierten Umgang mit Konfliktsituationen, die sich aufgrund ihrer Sandwich-Position ergeben (siehe Kap. 3.6, S. 193 ff.). Bedeutsam ist dabei, die Reflexion innerer Ansprüche und Erwartungen anzuregen, die Belastungssituationen begründen, sowie die innere Haltung und das eigenen Führungs- und Kommunikationsverhalten ebenso bewusst zu machen wie persönliche Ressourcen, die die Führungskraft nutzen kann. Mit dem Training wird ein Raum geschaffen, in dem neben diesen persönlichen Reflexionen auch der Austausch der Führungskräfte untereinander zu komplexen Anforderungssituationen und deren Bewältigung ermöglicht wird. Damit sind das Erleben von Entlastung und Sharing sowie das Lernen am Modell als weitere, implizite Lernziele zu nennen. Im Hinblick auf burnout-auslösende Bedingungen lernt die Führungskraft, stressvermindernd Einfluss zu nehmen und „gesund" zu führen, indem sie:

▸ Rollen- und Aufgabenklarheit, eine angemessene Arbeitsbelastung bei ausreichend großen Handlungsspielräumen und effizienten Arbeitsabläufen schafft,
▸ Anerkennung und Wertschätzung zeigt und
▸ soziale Unterstützung für Mitarbeitende und das Team gibt.

Abb. 1

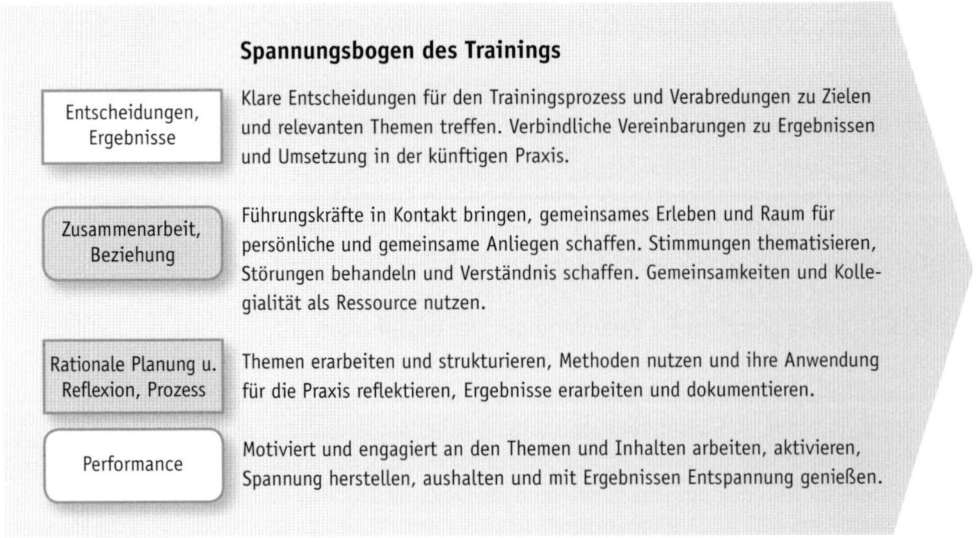

	Spannungsbogen des Trainings
Entscheidungen, Ergebnisse	Klare Entscheidungen für den Trainingsprozess und Verabredungen zu Zielen und relevanten Themen treffen. Verbindliche Vereinbarungen zu Ergebnissen und Umsetzung in der künftigen Praxis.
Zusammenarbeit, Beziehung	Führungskräfte in Kontakt bringen, gemeinsames Erleben und Raum für persönliche und gemeinsame Anliegen schaffen. Stimmungen thematisieren, Störungen behandeln und Verständnis schaffen. Gemeinsamkeiten und Kollegialität als Ressource nutzen.
Rationale Planung u. Reflexion, Prozess	Themen erarbeiten und strukturieren, Methoden nutzen und ihre Anwendung für die Praxis reflektieren, Ergebnisse erarbeiten und dokumentieren.
Performance	Motiviert und engagiert an den Themen und Inhalten arbeiten, aktivieren, Spannung herstellen, aushalten und mit Ergebnissen Entspannung genießen.

3.2 Konzept für Führungskräfte-Trainings

Blick auf MA: Themen bearbeiten, Kenntnisse vermitteln
instrumentelle und mentale Stressbewältigung als Schlüsselkompetenz

Blick auf FK: Themen anwenden, Tools erproben
Stresskompetenzen erweitern mit Blick auf mich und Mitarbeiter

Blick auf MA: Themen anwenden, Tools erproben
Stresskompetenzen erweitern mit Blick auf mich und Mitarbeiter

Blick auf FK: Themen bearbeiten, Kenntnisse vermitteln
instrumentelle und mentale Stressbewältigung als Schlüsselkompetenz

Neues erleben
genießen, regenerieren, Wahrnehmungsübungen

Entspannung/Aktivierung erleben
durch Übungen in Kontakt sein

Phase 3: Zusammenfassung und Ausblick

Phase 2: Themen bearbeiten

Methodenreflexion und Transfer
Reflexion und persönliche Vorhaben

Themen benennen
Gemeinsamkeiten, Unterstützungsbedarfe, Austausch

Rückmeldungen an die Steuerungsgruppe
organisationale Faktoren im Stress

So ist es
gemeinsames Verständnis schaffen, Analyse Ist-Situation

Ausblick
Transfertag, Wünsche und Bedarfe

Arbeitsfähig werden
Ziele, Agenda und Regeln vereinbaren, Erwartungen aufnehmen

Feedback
Auswertung

Come together
Begrüßung und Kennenlernen

Phase 1: Einstieg und Analyse

Vorgespräche
Abstimmung von Themenwünschen – Einladung

Umsetzung
neue Praxis, kollegialen Austausch nutzen

Transfertag
Ergebniskontrolle, Vertiefung, Fokus: Team und Organisation

© managerSeminare

Inhaltlicher und methodischer Aufbau

Das dreitägige Training ist so angelegt, dass an den ersten beiden Tagen die Inhalte mit Fokus auf die Führungskraft als Person sowie ihre Mitarbeiterinnen und Mitarbeiter bearbeitet und mit einem breiten Methodenspektrum trainiert werden. Der dritte Tag ist als Transfertag konzipiert, der neben der Vertiefung der bereits eingeführten Themen den Fokus auf das Team sowie das Management organisationaler Belastungen und Ressourcen richtet und dazu Raum für Austausch und Fallarbeit zu relevanten Praxisbeispielen bietet.

Zum Methodenrepertoire gehören neben klassischen Phasen von Input, Kleingruppen- und Plenumsarbeit, die kollegiale Fallberatung, das Durchführen von Wahrnehmungs- und Entspannungsübungen, Selbstreflexionen sowie die Partnerarbeit im Lerntandem, um bereits im Training den Transfer des Gelernten vorzubereiten und Unterstützung für den Alltag zu sichern. Didaktisch schließen sich an Phasen der gemeinsamen Themenerarbeitung stets Phasen der Anwendung, Übung und Reflexion für den Führungsalltag an. Übungen und Gelegenheiten gemeinsamen Erlebens untermauern sowohl die Relevanz der Inhalte als auch deren Verinnerlichen (siehe Abb. 1, S. 152).

Phase 1: Einstieg und Analyse

Zum Einstieg in das Führungskräfte-Training wird als Basis für die Zusammenarbeit eine angenehme (Trainings-)Atmosphäre geschaffen, indem die Führungskräfte sich kennenlernen sowie ihre Erwartungen und Lernbedarfe an die drei Tage formulieren. Darüber hinaus erarbeitet die Gruppe, welche Regeln sie für eine gute Zusammenarbeit braucht. Die anschließende Verortung des Trainings im Kontext des strategischen Stress-Managements verdeutlicht die Rahmung des Trainings und macht die komplexe Anforderungssituation der Führungskräfte sichtbar. Sie sind gefragt, Stress mit Blick auf sich selbst, die einzelnen zu führenden Mitarbeitenden und ihr Team zu managen und sie mit organisationalen Erfordernissen und Veränderungen in Einklang zu bringen. Als Stratege und/oder Operateur, Kommunikator und Prozessbegleiter, Unterstützer und Motor hat die Führungskraft viele Rollen inne, die in der Einstiegsphase bewusst gemacht und für das eigene Stresserleben herausgestellt werden. Essenziell für einen wirksamen Umgang mit Stress ist das Erlangen von Handlungskontrolle. Dies muss jedoch immer auch im Kontext der jeweiligen Rolle gesehen werden. Daher sind das Gewinnen von Rollenklarheit, Selbstreflexion und der gelassene Umgang mit Rollenkonflikten im Training stets präsente Lernthemen.

3.2 Konzept für Führungskräfte-Trainings

Ebenen	Erklärung	Trainingsziel	Trainingsmethode
Ebene 1: Stress als Anforderung von außen ▶ Input	Ereignisse oder Belastungen – sog. Stressoren –, die von außen aus der Umwelt kommen und Stress auslösen	Stressoren abbauen	Problemlösung und Fallarbeit zu Stresssituationen
Ebene 2: Stress als Anforderung von innen ▶ Transaktion	Einstellungen, Motive oder Glaubenssätze darüber, wie etwas zu sein hat, die den Stress verstärken – sog. persönliche Stressverstärker	Hilfreiche Gedanken und Einstellungen entwickeln	Selbstreflexion und mentales Training
Ebene 3: Stress als Reaktion ▶ Output	Durch Stresssituationen auf körperlicher, emotionaler, mentaler oder kognitiver Ebene ausgelöst	Ausgleich und Genuss schaffen	Übungen zum Entspannen und Genießen

Tab. 1: Die drei Ebenen des Stressverständnisses

Im nächsten Schritt wird zum Einstieg in das Thema Stress ein gemeinsames Verständnis geschaffen, auf welchen Ebenen Stress entstehen kann. Dazu wird an drei Ebenen (siehe Tab. 1) gearbeitet und Stress als Anforderung von außen, von innen und als Reaktion verstanden (vgl. Kaluza 2011; Pracht 2013, S. 4). Entlang dieser drei Ebenen bieten sich entsprechend Ansatzpunkte für das Training. Das hierbei erarbeitete Modell dient als „Rahmenmodell für die Trainingstage" und wird als roter Faden im Trainingsverlauf regelmäßig wieder aufgegriffen, um zu verdeutlichen, auf welcher Ebene gerade gearbeitet wird. Es bietet damit neben Orientierung auch stets einen inhaltlichen Themenbezug sowohl mit Blick auf sich selbst als auch auf Mitarbeiterinnen, Mitarbeiter und das Team.

Die Führungskräfte tauschen sich anschließend aus, reflektieren, was sie bereits tun, und priorisieren, was sie an den Tagen lernen möchten. Dies aktiviert die Ressourcen der Teilnehmenden, lässt sie die Vielfalt an Stressbewältigungsstrategien (siehe Abb. 2, S. 156) erkennen und verdeutlicht, wie sie diese bereits im Führungsalltag nutzen. Hierzu empfiehlt sich eine Kleingruppenarbeit zum Thema mit anschließender Reflexion im Plenum, um sich bei den Führungskräften gut anzukoppeln und sie früh in den (Erfahrungs-)Austausch zu bringen.

Ein gemeinsames Verständnis der „biologischen Prozesse", die im Stress ablaufen, verbunden mit einer sensiblen Selbstwahrnehmung schaffen die Basis für die Arbeit am Thema Stress an den drei Tagen. Aus diesem Grund lernen die Führungskräfte den biologischen Hintergrund zu Stressreaktionen und deren Folgen sowie Gesundheitsrisiken, die dadurch entstehen, kennen. Welche Faktoren Stress auslösen, verdeutlichen „arbeitspsychologische Modelle" (siehe Kap. 1.2, S. 20 ff.). Dabei

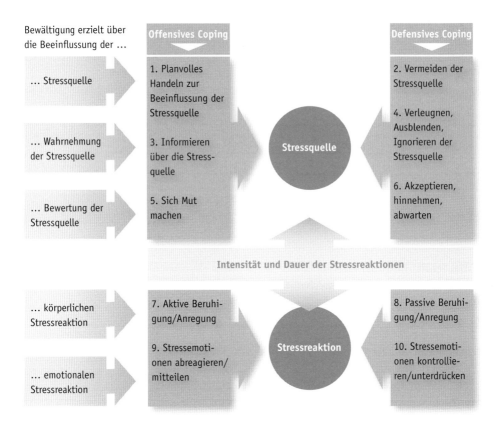

Abb. 2: Stressbewältigungsstrategien auf den drei Ebenen des Stressverständnisses (vgl. Jansen 2005, S. 34)

reflektieren die Führungskräfte die Übertragbarkeit der Erkenntnisse auf sich selbst und ihre Mitarbeiterinnen und Mitarbeiter. Konkret beschäftigen sie sich damit, wie viel Handlungsspielraum und soziale Unterstützung sie einerseits ihren Mitarbeiterinnen und Mitarbeitern gewähren und andererseits selbst von ihrer Führungskraft erhalten. Neben der Input-Vermittlung liegt der methodische Schwerpunkt in dieser Trainingssequenz im Plenumsgespräch und der Selbstreflexion.

Zur Ist-Situation der Führungskräfte im Stress liefert die gemeinsame Arbeit an „Ressourcen und Belastungen der Führungstätigkeit" (siehe Abb. 3 und 4, S. 157) erste Erkenntnisse und macht ihr Wirken im Spannungsfeld von Strategie, Führung, Zusammenarbeit und Performance (siehe Kap. 3.1, S. 145 ff.) deutlich. In jeweils zwei Gruppen arbeiten die Führungskräfte dazu an zwei Pinnwänden und rotieren zur Fragestellung. Es wird deutlich, welche Situationen als belastend wahrgenommen werden und welche Ressourcen die Führungskräfte auf der Ebene der Organisation, des Teams, der Mitarbeitenden und ihrer eigenen Person sehen, um mit diesen umzugehen. Hierdurch wird

3.2 Konzept für Führungskräfte-Trainings

Abb. 3 und 4: Ressourcen (links) und Belastungen (rechts) der Führungstätigkeit

Stress einerseits konkret greifbar, andererseits werden gleichzeitig Themen zur Weiterarbeit in den kommenden Tagen identifiziert. Durch den gemeinsamen Austausch über belastende Situationen entwickeln die Führungskräfte ein Wir-Gefühl und fühlen sich sozial unterstützt. Sie identifizieren Gemeinsamkeiten und benennen Unterstützungsbedarfe, sehen aber auch das Besondere und das Positive ihrer Tätigkeit als Führungskraft, was sie stärkt. Die Phase der Analyse und des Einstiegs ist gegen Mittag des ersten Tages abgeschlossen, nun erfolgt die weitere Erarbeitung spezifischer Themen.

Phase 2: Themen bearbeiten

Das Problemlösen sowie das Aneignen instrumenteller Führungs- und Stresskompetenzen gehören zur ersten Ebene des Stressverständnisses – Stress als Anforderung von außen (siehe Tab. 1, S. 155). Methodisch wird dies insbesondere durch Fallarbeit und Rollenspiele realisiert. Um einen stressreduzierenden Umgang mit belastend wahrgenommenen Situationen zu entwickeln, arbeiten die Führungskräfte gemeinsam an konkreten Fällen aus ihrem Arbeitsalltag und entwickeln Lösungsideen. Den Anfang bildet das systematische Beschreiben von Stress- bzw. Problemsituationen. Ungewöhnliche und neue Ideen können beispielsweise durch ein Kopfstand-Brainstorming oder ähnliche paradoxe Methoden angeregt werden: Entgegen der üblichen Vorgehensweise suchen die Teilnehmenden zunächst nach Ideen, wie die Person die Situation verschlimmern, also – bildlich gesprochen – zum Überkochen bringen könnte. Erst im Anschluss daran werden die Ideen wieder „auf die Füße gestellt" und es wird nach Lösungsvorschlägen gesucht. Neben der gegenseitigen Unterstützung, die die Führungskräfte in dieser Art der „Fallarbeit" erfahren, profitieren sie von der Vielfalt der Fälle und den unterschiedlichen Lösungsideen.

Auf der zweiten Ebene, Stress als Anforderung von innen, geht es anschließend um den Erwerb mentaler Stresskompetenz. Da Stress in Anlehnung an das Transaktionale Stressmodell nach Lazarus (1999, siehe Kap. 1.2.4, S. 30 ff.) im eigenen Kopf entsteht, werden im nächsten Schritt die „Innere Haltung und Antreiber" bewusst gemacht, stressverschärfendes Denken wird verdeutlicht und Strategien, wie Stress kognitiv bewältigt werden kann, werden aufgezeigt (Kahler 1974). Die Führungskräfte reflektieren ihren persönlichen Arbeitsstil und tauschen sich über ihre persönlichen Stärken genauso aus wie über kritische Aspekte (siehe Reisert/Hofmann/Pracht 2014, S. 210 ff.). Dadurch werden ihre persönlichen Ressourcen gestärkt und sie erkennen Entwicklungsfelder. Methodisch eignet sich für diese Sequenz hervorragend ein Mix aus Plenumsarbeit, Selbstreflexion und Lerntandem. Es bietet sich an, die Sequenz gegen Ende des ersten Tages zu platzieren (siehe Tab. 2, Agenda Tag 1), um die Gruppe bis dahin für die Reflexion tendenziell persönlicher Themen gut vorzubereiten.

Das zitierte Tool ist als Download verfügbar

Um Führungskräfte in ihrem Umgang mit „Stressbelastung und Burnout-Prävention mit Blick auf Mitarbeiterinnen und Mitarbeiter" zu stärken, lernen sie am zweiten Trainingstag den Verlauf von Burnout am „Burnout-Rad" (siehe Kap. 3.5, S. 185 ff., und 1.2.2, S. 30 ff.) kennen und verstehen, wie sie die unterschiedlichen Phasen erken-

Tab. 2: Agenda Tag 1 und Tag 2

Tag 1	
9:00	Begrüßung, Kennenlernen, Projekteinbindung, Agenda
	Rahmenmodell zu Stress als roter Faden
	Stressbewältigungsstrategien – *Kaffeepause* –
	Was ist Stress? Biologischer Hintergrund zu Stressreaktionen und -folgen sowie Gesundheitsrisiken
	Ressourcen und Belastungen der Führungstätigkeit
12:30	– *Mittagspause* –
	Entspannung erleben
	„Mein persönlicher Stress" – Anforderungen sichten und in Fallarbeit reflektieren – *Kaffeepause* –
	Kognitive Stressbewältigung und Innere Antreiber
	Feedback, Ausblick Tag 2
17:30	Abschluss

nen können. Nach dem fachlichen Input entwickeln sie gemeinsam im moderierten Plenumsgespräch Ideen zum Umgang mit Personen in verschiedenen Stadien eines Burnouts und reflektieren, bis wohin ihre Verantwortung geht und ab wann sie spätestens externe Hilfe einbeziehen sollten. Die hohe praktische Bedeutung „gesunder Führung" wird an diesem Punkt spürbar. Daher werden im weiteren Trainingsverlauf Methoden zur Kommunikation mit belasteten Mitarbeitenden geübt.

Die Fortführung des Kognitionstrainings am zweiten Tag erfolgt durch das Tool zum Positiven Umdenken (siehe Kap. 3.4, S. 176 ff.). Insbesondere das Anwenden des Lösungsorientierten Frageninventars und von Techniken zur kognitiven Umstrukturierung steht hier im Fokus. Diese können gleichermaßen als Selbstlernmethode für die Führungskraft sowie als Instrument zum Umgang mit belasteten Mitarbeitenden genutzt werden. Ziel ist es, stressverschärfendes Denken sowohl mit Blick auf sich selbst als auch auf Mitarbeitende, die sich und andere damit immens unter Druck setzen, zu reduzieren und dafür verschiedene Kommunikations- und Umdenktechniken zu erlernen.

Das Aussprechen von Wertschätzung und Anerkennung kommt im Arbeitsalltag häufig zu kurz. Gleichzeitig sind dies zentrale Faktoren, die bei Beschäftigten stressmindernd wirken können – und auf die Führungskräfte direkten Einfluss nehmen können. Daher rufen sich Führungskräfte in diesem Abschnitt die Stärken ihrer Mitarbeiterinnen und Mitarbeiter ins Gedächtnis und üben „Wertschätzungsfeedback" glaubwürdig und motivierend auch für diejenigen zu formulieren, mit

Tag 2	
9:00	Begrüßung, Rückblick, Agenda
	Stressbelastung und Burnout-Prävention mit Blick auf Mitarbeiterinnen und Mitarbeiter – *Kaffeepause* –
	Positives Umdenken
	Wertschätzungsfeedback
12:30	– *Mittagspause* –
	Aktivierung erleben
	Gesprächsführung und Kommunikation mit stressbelasteten Mitarbeiterinnen und Mitarbeitern – *Kaffeepause* –
	Ausgleich und Genuss im Alltag – Selbstfürsorge aktivieren
	Transfer der Ergebnisse in den Alltag
	Feedback und Rückmeldungen an die Steuerungsgruppe
16:30	Abschluss

deren Arbeit sie nicht immer zufrieden sind. Nach einem kleinen methodischen Input werden die Führungskräfte ins Tun geschickt und haben im Rollenspiel zu dritt die Möglichkeit, Wertschätzungsfeedback zu geben und zu empfangen sowie ihre Wahrnehmung als Beobachter zu schulen. Auch das Rückmelden der Beobachtungen erfolgt ressourcenorientiert. Die abschließende Plenumsreflexion macht deutlich, wie hilfreich es ist, selbst Wertschätzung zu erhalten, um authentisch Feedback geben zu können.

Die Fortführung des Fokus „Mein Blick auf die Mitarbeiterinnen und Mitarbeiter" erfolgt im Themenblock „Kommunikation und Umgang mit belasteten Mitarbeiterinnen und Mitarbeitern" auf der ersten Ebene des Stressverständnisses – Stress als Anforderung von außen (siehe Tab. 1, S. 155). Die Führungskräfte trainieren ganz konkret ihre Kompetenzen „gesunder Führung" durch Gesprächsführung und bedürfnisorientierte Kommunikation. Der Vierer-Schritt – bestehend aus Beschreibung des beobachteten Verhaltens, des eigenen emotionalen Befindens, dem Benennen des persönlichen Bedürfnisses sowie der Formulierung einer Bitte bzw. eines Wunsches, orientiert sich eng an der gewaltfreien Kommunikation nach Rosenberg (2001, siehe Reisert 2014, S. 233 ff.). Methodisch bewährt sich hier das Lernen am Modell, indem für verschiedene Situationen ein Rollenspiel mit dem Trainerteam inszeniert wird (siehe Kap. 6.4, S. 334 ff.). Anschließend üben die Führungskräfte anhand eigener Beispiele aus dem Führungsalltag.

Das zitierte Tool ist als Download verfügbar

Die dritte Ebene des Stressverständnisses ist eng mit der Vermittlung von Inhalten rund um das Thema Stress (an Tag 1 und 2) und mit dem Erleben von Entspannungs- oder Aktivierungsübungen zur Regeneration verbunden. Kleine gemeinsame Übungen zur Aktivierung, Energiemobilisierung oder Entspannung werden gemeinsam durchgeführt und auf ihre Anwendung im Arbeitsalltag hin reflektiert. Von Klopf- und Dehnübungen über Bewegungs- und Koordinationsspiele bis hin zu Atemübungen ist das Spektrum groß. Am Ende des zweiten Tages bekommt die regenerative Stresskompetenz explizit Raum mit Themen wie Genuss, Ausgleich, Freizeit- und Pausengestaltung sowie Entspannungstraining. Der Fokus liegt auch hier im Erleben und Reflektieren, wobei jede Führungskraft angehalten ist, in sich hineinzuhören, was ihr persönlich gut tut und was nicht. Empfehlenswert sind Wahrnehmungsübungen zur Schulung der Sinne (Sehen, Hören, Riechen, Tasten), da diese im Training einen besonderen Erlebensraum schaffen, den Führungskräfte sonst in der Form nicht miteinander teilen.

Tabelle 4 (rechte Seite) fasst zusammen, auf welche Perspektive sich die chronologisch geordneten Themen bzw. Tools der beiden Trainings-

3.2 Konzept für Führungskräfte-Trainings

Tool	Fokus	Ebene des Stressverständnisses
Rahmenmodell zu Stress		Alle drei Ebenen
Stressbewältigungsstrategien		Alle drei Ebenen
Was ist Stress? Biologischer Hintergrund zu Stressreaktionen und -folgen sowie Gesundheitsrisiken		Stress als Reaktion
Ressourcen und Belastungen der Führungstätigkeit		Stress als Anforderung von außen
Entspannung erleben		Stress als Reaktion
„Mein persönlicher Stress" – Anforderungen sichten und in Fallarbeit reflektieren		Stress als Anforderung von außen
Kognitive Stressbewältigung und Innere Antreiber		Stress als Anforderung von innen
Stressbelastung und Burnout-Prävention mit Blick auf Mitarbeiterinnen und Mitarbeiter		Alle drei Ebenen
Positives Umdenken und Lösungsfokussierte Fragen		Stress als Anforderung von innen
Wertschätzungsfeedback		Stress als Anforderung von außen Stress als Anforderung von innen
Aktivierung erleben		Stress als Reaktion
Gesprächsführung und Kommunikation mit stressbelasteten Mitarbeiterinnen und Mitarbeitern		Stress als Anforderung von außen
Ausgleich und Genuss im Alltag – Selbstfürsorge aktivieren		Stress als Reaktion
Umgang mit Sandwich-Position, Rollenerwartungsklärung und Anregen von Perspektivwechsel		Stress als Anforderung von außen Stress als Anforderung von innen
Kommunikation in Veränderungsprozessen		Stress als Anforderung von außen
Führungskraft als Krisenpilot		Stress als Anforderung von außen Stress als Anforderung von innen Stress als Reaktion

Legende: FK als Person   FK – Mitarbeiter/-innen   FK – Team   FK in der Organisation

Tab. 4: Themen, Fokusse und Stressebene – eine Übersicht

tage beziehen und auf welcher Ebene von Stress sie ansetzen. Ergänzende Themen für den Transfertag sind in die Tabelle integriert und machen deutlich, dass das Grundkonzept auch im Transfertag Anwendung findet.

Phase 3: Zusammenfassung und Ausblick

Die dritte Phase dient zunächst der Zusammenfassung der Inhalte der beiden Tage. Gemeinsam werden die Inhalte reflektiert, wobei die Führungskräfte identifizieren, welche Inhalte sie für sich persönlich mitnehmen und weiterverfolgen möchten. Dies stellt Commitment sicher und bringt die Führungskräfte in einen eigenverantwortlichen Umgang mit dem Thema Stress-Management. Methodisch eignet sich hierfür ein Mix aus Plenumsarbeit, Selbstreflexion und Lerntandem. Das Benennen eines persönlichen Schatzes der beiden Tage unterstützt das Verankern individueller Lern- und Trainingserfahrungen. Neben Feedback zu den Trainingstagen werden zum Abschluss mit einem Ausblick auf den Transfertag Orientierung gegeben und Wünsche für den Transfertag aufgenommen, um sich an die Bedürfnisse der Teilnehmenden anzukoppeln.

Umsetzung im Alltag und Transfertag

Die Führungskräfte sind nunmehr angehalten, die vermittelten Stressbewältigungstechniken und -methoden eigenverantwortlich in ihrem Alltag anzuwenden und sie auf Umsetzbarkeit und Nutzen zu testen. Nach rund zwei Monaten erfolgt ein Transfertag, um zwischenzeitliche Erfahrungen und Erfolge zu reflektieren. Hierbei werden Themen identifiziert, an denen die Führungskräfte im Verlauf des Tages weiterarbeiten möchten. Neben der Vertiefung von Themen der ersten beiden Tage können auch neue Themen angestoßen werden, die im Folgenden erläutert werden. So kann der Fokus auf das Team und das Management organisationaler Prozesse sowie, je nach Bedarf der Gruppe, auch auf die Führungskraft als Person und die Mitarbeiterinnen und Mitarbeiter gelegt werden.

Dass Stress für Führungskräfte vor allem aus dem Agieren im Spannungsfeld aus strategischen, operativen, kommunikativen und leistungsbezogenen Anforderungen resultiert (siehe Kap. 3.1, S. 145 ff.), wurde bereits erläutert. Hier Sicherheit und Standing im Spielen und Akzeptieren der verschiedenen Rollen zu erlangen, stellt eine wirksame

3.2 Konzept für Führungskräfte-Trainings

Ressource im Umgang mit Belastungssituationen dar. Insbesondere für junge Führungskräfte oder Führungskräfte mittlerer Hierarchieebenen ist es oft eine belastende Anforderung, unterschiedliche Erwartungen von oben sowie die daraus resultierenden Widersprüche anzunehmen, auszuhalten und zu bewältigen. Diese typische Herausforderung der Sandwich-Position ist explizites Thema eines instrumentellen und mentalen Tools zur Stressbewältigung (siehe Kap. 3.6, S. 193 ff.). Ziel ist, die Rollenklärung und -reflexion durch Perspektivübernahme anzuregen und zu möglichem Probehandeln einzuladen. Methodisch gelingt dies durch einen Mix aus Input, Selbstreflexion, Plenums- und Kleingruppenarbeit sowie vertiefende Rollenspiele. Im Ergebnis erarbeiten die Führungskräfte gemeinsam Best-Practice-Strategien zum Umgang mit der Sandwich-Position für ihren Führungsalltag.

Zudem wird die Kommunikation in Veränderungsprojekten als zentrale Führungsaufgabe thematisiert. Neben den positiven Aspekten, die Veränderungen mit sich bringen, lösen diese bei den Beschäftigten in vielen Fällen zunächst Unsicherheit und Stress aus. In Kleingruppen üben die Führungskräfte daher anhand eigener Beispiele, konkret anstehende Veränderungen zu kommunizieren, wobei Glaubwürdigkeit, persönliche Motivation und Konfliktpotenzial in den Fokus genommen werden.

In Krisen steht Führung besonders im Fokus, weshalb Krisen für Führungskräfte auch unabhängig von der eigentlichen Lösung der Situation eine große Herausforderung darstellen. Die Fähigkeit, Handlungsnotwendigkeiten und -optionen aus Krisen abzuleiten, um Sicherheit in unsicheren Zeiten zu vermitteln, ist eine wichtige Ressource im Führungsalltag (siehe Kap. 3.3, S. 167 ff.). Die Führungskräfte beschäftigen sich daher mit der Natur von Krisen, leiten aus diesen notwendige Handlungsschritte ab und übertragen diese auf konkrete Beispiele.

Transfertag	
9:00	Begrüßung, Kennenlernen, Projekteinbindung, Agenda
	Rückblick auf die Zwischenzeit – *Kaffeepause* –
	Weitere Themen variabel nach Bedarf, z.B. Führungskraft in der Sandwich-Position, Kommunikation von Veränderungen
12:30	– *Mittagspause* –
	Führungskraft als Krisenpilot – *Kaffeepause* –
	Transfer in den Arbeitsalltag
	Feedback und Rückmeldungen an die Steuerungsgruppe
17:00	Abschluss

Tab. 4: Agenda Transfertag

Voraussetzungen für ein erfolgreiches Stress-Management-Training für Führungskräfte

Führungskräfte-Trainings zum Stress-Management sind dann Erfolg versprechend, wenn deren Wert und Sinnhaftigkeit durch die oberste Führungsebene unterstrichen und kommuniziert wird. Zudem benötigen die Teilnehmenden mit Blick auf die zu erledigenden täglichen Aufgaben einen „freien Rücken". Idealerweise sind die zentralen Themen des Trainings vorab am Bedarf der Führungskräfte orientiert und in Vorgesprächen deutlich geworden. Hier lohnt es sich, als Trainerin bzw. Trainer in eine sorgfältige Auftragsklärung zu investieren und ggf. zu hospitieren, um einen Eindruck des operativen Geschäfts zu erhalten. Das Training findet im Idealfall außer Haus statt, ermöglicht Abstand zum Führungsalltag und bietet eine entspannende, inspirierende Atmosphäre.

Fallstricke

- Ein möglicher Fallstrick kann im Training auftauchen, wenn deutlich wird, dass Führungskräfte verschiedener Abteilungen unterschiedliche Interessen haben und sich in der Zusammenarbeit gegenseitig Stress machen. Auch verschiedene Hierarchieebenen in einer Gruppe können zum Fallstrick für das Training werden. Unterschiedliche Sichtweisen auf bestimmte Themen, die durch die verschiedenen Hierarchieebenen begründet sind, erzeugen in diesem Fall möglicherweise Stress. Andererseits lässt sich dies auch gleich für das Thema „Umgang mit Stress" nutzbar machen.

- Wenn die direkte Führungskraft in derselben Gruppe ist, kann dies unter Umständen dazu führen, dass die betroffenen Personen sehr zurückhaltend mit eigenen Themen umgehen. In diesem Fall kann die Trainerin bzw. der Trainer dafür sorgen, dass die Personen in getrennten Kleingruppen in geschütztem Rahmen arbeiten können. Grundsätzlich sollten Trainer etwaige kritische Situationen offen ansprechen und dann transparent machen, dass das Arbeiten in homogenen Gruppen sowie der Austausch über die Hierarchieebenen hinweg im Training gleichermaßen Raum bekommt.

- Ein weiterer Fallstrick kann ein aktuelles strategisches Thema sein, zu welchem es verschiedene Meinungen gibt. Bei Störungen, die auf unterschiedliche Sichtweisen und Meinungen zurückgehen, kann die Trainerin bzw. Trainer diesen Raum geben. Dabei geht es nicht darum, die richtige Position herauszuarbeiten, sondern beide Positionen als gleichwertig nebeneinander zu stellen. Der Begriff Störung impliziert eine Problemhaltung, sodass es hilfreicher ist, dies als Chance oder Herausforderung für die Teilnehmenden darzustellen.

Auswertung

In Stress-Management-Trainings für Führungskräfte werden regelmäßig stressauslösende organisationale Faktoren thematisiert, die die Führungskräfte selbst nicht verändern können. Um diese der Organisation zu spiegeln und gemeinsam Stress zu bewältigen, bietet es sich an, die organisationalen Stressoren als Rückmeldungen an die Steuerungsgruppe aufzunehmen und anschließend an die Steuerungsgruppe zur weiteren Bearbeitung zu übergeben (am besten mit persönlicher Erläuterung einer Teilnehmerin oder eines Teilnehmers). Neben konkreten Handlungsvorschlägen und Wünschen kann grundsätzliches Feedback zum Training aufgenommen werden.

Darüber hinaus werden die Ergebnisse in das organisationale Stress-Management zurückgeführt. So kann beispielsweise der Bedarf nach Workshops ermittelt werden, um an übergreifenden Fragestellungen zu arbeiten. Mögliche Themen hierfür können sein, wie die Führungskräfte gemeinsam gesund führen, wie sie mit geringer Veränderungsbereitschaft umgehen und die Veränderungsfähigkeit der Beschäftigten erhöhen können. Daneben können die Ergebnisse mit den Führungsleitlinien abgeglichen werden und gegebenenfalls in diese eingehen.

Rahmenbedingungen

Namensschilder, 3 Pinnwände, Pinnwandpapier, 2 Flipcharts, Flipchart-Papier, Moderationskoffer mit ausreichend Moderationsmaterialien, Stifte (einer pro Teilnehmendem), nach Bedarf vorbereitete Flipcharts

Quellen, Literaturhinweise

- Jansen, L. J. (2005): Stress-Resistenz-Training (SRT): Konzeption und Evaluation des Gruppentrainingsprogramms zur Verbesserung. Berlin: Logos.
- Kahler, T. (1974): The Miniscript. In: Transactional Analysis Journal, 4: 1. Januar, S. 26–42.
- Kaluza, G. (2011): Stressbewältigung. Trainingsmanual zur psychologischen Gesundheitsförderung. 2. Aufl., Heidelberg: Springer.
- Lazarus, R. S. (1999): Stress and Emotion: a new synthesis. New York: Springer Publishing Company, Inc.
- Pracht, G. (2014): Stressbewältigung durch Blended Training: Entwicklung und Evaluation eines ressourcenorientierten On-

line-Coachings. Münster: MV-Verlag. Abrufbar im Internet. URL: http://psydok.sulb.uni-saarland.de/volltexte/2013/4793/, Stand: 25.02.2015.

▶ Reisert, L./Hofmann, M./Pracht, G. (2014): Das Modell der Inneren Antreiber. In: Leão, A. (Hrsg.): Trainer-Kit Reloaded. Bonn: managerSeminare, S. 210–220.

▶ Reisert, L. (2014): Gewaltfreie Kommunikation. In: Leão, A. (Hrsg.): Trainer-Kit Reloaded. Bonn: managerSeminare, S. 233–240.

▶ Rosenberg, M. (2001): Gewaltfreie Kommunikation: Aufrichtig und einfühlsam miteinander sprechen. Neue Wege in der Mediation und im Umgang mit Konflikten. Paderborn: Junfermann.

Tool: Die Führungskraft als Krisenpilot

Wie kann Führung Sicherheit in unsicheren Zeiten vermitteln?

Von Mathias Hofmann und Frank Strikker

Dauer	ca. 90 Min.
Gruppengröße	Seminargröße, bis etwa 12 Personen
Technischer Aufwand	niedrig, Präsentation, Arbeitsblätter, Zusammenfassung auf Flipchart

Dieses Tool wird in Führungskräfteseminaren eingesetzt, um aus den Extremen einer Krisensituation Handlungsnotwendigkeiten und die Handlungsoptionen für Führungskräfte im Stress und in tendenziell kritischen Situationen zu erarbeiten. In Krisen wird besonders auf Führungskräfte geschaut, ihre Funktion ist die Verantwortung für Strategie, für Organisation, für Entscheidungen, auch für Kontrolle und Personalentwicklung (vgl. Malik 2006). Führungskräfte lernen an Krisenszenarien, auch in „normalen" Zeiten genau diese Verantwortung jederzeit zu übernehmen.

Ziel

Das Tool eignet sich besonders für Organisationen, die aktuell kritische Situationen erleben oder die von starken Veränderungen geprägt sind. Das Tool eignet sich für Führungskräfte, die häufig mit Stress in ihrem Verantwortungsbereich konfrontiert sind und ihre eigene Resilienz und ihre Einflussmöglichkeiten auf Stress reflektieren und entwickeln wollen.

Anlässe und Anwendungsbereiche

1. Um ein Verständnis zu bekommen, welche Handlungsoptionen Führungskräften in kritischen Situationen und bei massivem Stress zur Verfügung stehen, ist es sinnvoll, sich zunächst mit der **Natur von Krisen** auseinanderzusetzen. Es bedarf einer gewissen, quasi wissenschaftlichen Distanz, um eine professionelle Handlungsweise zu

Methode

entwickeln. Für die Nähe zur Praxis sind erläuternde Beispiele und die Aussprache im Plenum hilfreich. (15 Minuten)
2. Im zweiten Schritt gibt eine allgemeine und übersichtliche Struktur zu Handlungsnotwendigkeiten für Führungskräfte in Krisen Orientierung. Im Plenum wird anhand dieser Struktur besprochen, was **Führungskräfte in Krisen** tun können und sollten. Auch hier ist der Schritt vom abstrakten zum konkreten Tun mit Beispielen hilfreich. (20 Minuten)
3. Im dritten Schritt erhalten die Führungskräfte die Aufgabe, das bis dato gehörte und diskutierte auf **eigene konkrete praktische Beispiele** zu übertragen, seien es nun aktuelle Situationen oder Szenarien, mit denen sie sich prophylaktisch beschäftigen. Hierfür ist Gruppenarbeit die geeignete Methode, so kommen viele Fälle parallel in Bearbeitung. (30–40 Minuten)
4. Im abschließenden vierten Schritt werden die **Erkenntnisse** aus der Gruppenarbeit im Plenum zusammengetragen und entweder hinsichtlich Führung allgemein oder (falls es sich um eine Gruppe von Führungskräften aus einem Unternehmen handelt) hinsichtlich der konkreten Handlungsnotwendigkeiten im Unternehmen ausgewertet. (20–30 Minuten)

Ad 1: Die Natur von Krisen

Eine Krise ist der ursprünglichen Wortbedeutung nach eine „Entscheidung, entscheidende Wendung" (Duden 1989). Der Begriff wurde zuerst im medizinischen Kontext benutzt zur Bezeichnung des Höhepunktes einer Krankheit und der Entscheidung zwischen Heilung und Tod. Heute beschreibt Krise im erweiterten Kontext eine schwierige oder sehr problematische Situation, bei der – falls sie nicht gelöst wird – im schlimmsten Fall die Existenz bedroht ist. Dies gilt genauso für eine einzelne Person wie für eine Organisation und ein Unternehmen, wobei wir uns hier nicht mit persönlichen Krisen beschäftigen, sondern Organisationen im Fokus haben. In der umgangssprachlichen Verwendung wird „Krise" auch gerne benutzt, um Dramatik auszudrücken, wenn nicht gleich die Existenz auf dem Spiel steht. Wir bleiben in diesem Kapitel bei der engeren Auslegung des Begriffs.

Beispiele für organisationale Krisen aus der jüngeren Vergangenheit sind:

▶ Die wirtschaftliche Existenzgefährdung und der Vertrauensverlust in der Bevölkerung für die Energiewirtschaft nach dem Reaktorunglück in Fukushima (Naturkatastrophe, mangelndes Risikomanagement, schlechte Kommunikation).

- Die Existenzgefährdung der Odenwaldschule in Folge der Aufdeckung jahrelanger Missbrauchsfälle durch Lehrpersonal (Tabubrüche, Aufsichtsmängel).
- Die Existenzgefährdung für das Handy-Unternehmen „Blackberry" nach Aufkommen der Wettbewerbsprodukte von Apple und anderen Smartphones (Markt- und Wettbewerbsrisiko, Innovationsschwäche).
- Die drohende Bedeutungslosigkeit der politischen Partei FDP nach mehrmaligem Scheitern an der Fünf-Prozent-Hürde bei Bundes- und Landtagswahlen (Markt- und Wettbewerbsrisiko, Marketing-Probleme).
- Die zeitweise Gefährdung des neuen Stuttgarter Hauptbahnhofs „Stuttgart 21" angesichts der öffentlichen Proteste (mangelnde Akzeptanz, Fehler im Stakeholder-Management und in der Kommunikation).
- Der zeitweise Zusammenbruch des Immobilienmarktes in den USA mit der nachfolgenden Weltfinanzkrise 2008 (Fehleinschätzungen und Fehlinvestitionen, mangelndes Risikomanagement).
- Die jahrelange Krise des Kameraherstellers Leica bis kurz vor die Pleite in Folge verpasster Innovationen angesichts aufkommender digitaler Fotografie (mangelnde Innovationen).

Sammeln Sie im Plenum weitere Beispiele für Krisen: Apollo 13 im Jahr 1970, die Sturmflut in Hamburg 1962, die Jahrhundertflut an der Oder im Jahr 2003 oder in New Orleans 2005, die Schleyer-Entführung und Ermordung 1977, die Kubakrise 1962, die Ölkrise, die Eurokrise usw.

Viele Krisen sind sprichwörtlich geworden, die meisten haben besondere Geschichten (und Mythen) hervorgebracht, sowohl was die Opfer angeht als auch die Retter. Und immer spielt Führung eine große Rolle, der Blick richtet sich auf die Führungsverantwortlichen und sie werden bewundert für ihre Rettungstaten und ihre besonderen, mutigen Entscheidungen – oder verdammt für ihr Versagen.

Sammeln Sie zu den Beispielen, wer in den Krisen Führung übernommen hat.

Die Krise birgt regelmäßig zwei Aspekte: zum einen die große Schwierigkeit der faktischen Problemlösung (sonst wäre es keine Krise), zum anderen die psychische Belastung, die durch die Einmaligkeit des Problems und die Ungewissheit der Lösung hervorgerufen wird. Das unerwartete Eintreten der Krise führt zur Fassungslosigkeit bin hin zur Verneinung („Das kann doch nicht wahr sein!"). Was tun? Es ist nicht sicher, ob die Lösung und damit die Rettung der Existenz möglich ist.

Mit der Krise der Organisation ist für viele auch die direkte persönliche Existenz gefährdet.

Sammeln Sie im Plenumsgespräch am Flipchart für ihre Krisenbeispiele jeweils die damit verbundene existenzielle Bedrohung und die psychische Ausnahmesituation.

„Nun ist guter Rat teuer", sagt das Sprichwort. Für die fachliche Lösung wie für den Umgang mit der psychischen Belastung gibt es häufig keine Vorerfahrung, sodass eine sichere Planung für eine Lösung nicht möglich ist. Verschärfend kommt häufig die Beschränkung der zeitlichen und finanziellen Ressourcen hinzu, sodass bereits der erste Lösungsversuch gelingen muss.

Ad 2: Führung in Krisen

Aufgrund der psychischen Belastung für alle Beteiligten – Stress pur – ist für eine stringente Führung in Krisen die Personalführung und Kommunikation ebenso wichtig wie die fachliche Lösung der Krise. Ohne Hoffnung auf eine Lösung ist die Resignation nah – und damit droht eine weitere entscheidende Schwächung der Organisation. Die Hoffnung kann angesichts der fachlichen Unsicherheit nur kommunikativ und persönlich hergestellt werden, das ist die Hauptaufgabe von Führung. Führungskräfte sind in Krisen die Personen, die faktisch *und* sichtbar Verantwortung übernehmen!

▶ Führung ist präsent, im Kontakt und mit mentaler Stärke wahrnehmbar,
▶ Führung gibt Orientierung, kommuniziert, bringt Experten zusammen,
▶ Führung gibt Rückhalt, ist fürsorglich, stiftet in unsichersten Situationen mehr Sicherheit,
▶ Führung aktiviert Personen, in ungewöhnlicher Organisation konstruktiv an der Lösung zu arbeiten.

Abb.: Führen in Krisen, Aufgaben eines Krisenpiloten

Für die weitere Diskussion und Einzelarbeit ist eine grafische Übersicht hilfreich, die diese Momente zusammenführt (siehe Abb. links).

Wie kann Führung diese vier Aufgaben in konkretes Handeln übersetzen? Nennen Sie Beispiele und besprechen Sie diese im Plenum.

3.3 Tool: Die Führungskraft als Krisenpilot

1. **Präsent sein, wie geht das?** Denken Sie an die Oder-Krise und den damaligen Bundeskanzler Schröder (mit Regenjacke und in Gummistiefeln auf dem Deich und bei Anwohnern).
   - Sich vor Ort zeigen, sich Zeit nehmen für andere.
   - Das Gespräch mit Beteiligten und Betroffenen suchen.
   - Zuhören, Meinungen erfragen, aufnehmen und verstehen.
   - Mentale Stärke zeigen, eventuell trösten. Ruhe ausstrahlen.

   Wie dies im beruflichen Kontext gelingt:
   - Teamsitzungen besuchen.
   - Kaminabende für Mitarbeiter durchführen.
   - Info-Shops und Gesprächsmöglichkeiten in Cafeteria oder Kantine einrichten.
   - Während aller Schichten durch Produktionsstätten gehen.

2. **Orientierung geben, wie geht das?** Denken Sie an die Wirtschaftskrise und den Vorstand der Daimler AG, der damals zu Beginn der Absatzkrise an alle Mitarbeiter kommunizierte, dass es eine harte Krise geben wird („Eine riesige Welle rollt auf uns zu …"), dass man dies sehen würde und man die Zeit nutzen werde, um hinter der Welle stärker aufzutauchen, als man vorher war.
   - Zentrale Botschaft kommunizieren.
   - Vorbild sein.
   - Vertrauen aufbauen.
   - Eigenes Handeln transparent gestalten.

   Wie dies im beruflichen Kontext gelingt:
   - Sprechen Sie Wahrheiten und Bedrohungen konkret an.
   - Finden Sie einen Leitgedanken, der eine Vision und ein Ziel vermittelt.
   - Zeigen Sie, dass Sie über das Normalmaß anpacken.
   - Holen Sie Experten an Bord, die Erfahrung haben.

3. **Aktivieren, wie geht das?** Denken Sie an den damaligen Bundeskanzler Helmut Schmidt während der Entführung von Hanns Martin Schleyer und der Lufthansa-Maschine Landshut nach Mogadischu. Es wurde ein parteiübergreifender Krisenstab gebildet, der quasi Tag und Nacht tätig war und in dem die Beteiligten gemeinsam über den Umgang mit der Situation und Lösungen entschieden sowie die Kommunikation abklärten. Alltägliche Regierungsaufgaben ruhten, Sonderaufgaben übernahmen, öffentlich sichtbar, zum Beispiel Hans-Jürgen Wischnewski und die GSG 9. Die Polizei- und Sicherheitsorgane arbeiteten am Rande des Zumutbaren für die Allgemeinbevölkerung.

- Meinungsführer und Schlüsselpersonen fordern
- Verantwortung neu zuordnen
- Schnelle dynamische Steuerung
- Neue Rituale

Wie dies im beruflichen Kontext gelingt:
- Bilden Sie eine Steuerungsgruppe.
- Führen Sie mit vielen Personen eine Themen- und Projektbörse durch.
- Starten Sie Projektgruppen aus Experten und Motivierten, die direkt berichten.
- Kommunizieren Sie auf ungewohntem Wege oder in hoher Frequenz (jeden Morgen, jeden Montag o.Ä.).

4. **Rückhalt geben, wie geht das?** Auch hier bietet das Oder-Hochwasser ein gutes Beispiel. Rückhalt geben heißt, unkonventionelle Lösungen zu finden, finanzielle Ressourcen umzuleiten und freizugeben, Personen neu zu organisieren (Verwaltung, Polizei, THW, Bundeswehr), freiwillige Helfer konstruktiv einzubinden und vor allem immer wieder zu motivieren. Außerdem ist es eine Aufgabe der Führung, bei der Krisenbewältigung Fehler zuzulassen und bei Rückschlägen nach vorne zu schauen, Zweifel in neue Aktivität umzuleiten und mit allen neue kreative Wege zu suchen, dazu jeden kleinen Erfolg als neue Chance zur Krisenbewältigung zu sehen. Rückhalt zu geben, ist in erster Linie eine kommunikative Leistung, und die Botschaft lautet: „Wir stehen zusammen und schaffen das!"

- Unsicherheiten persönlich aushalten
- Mut zu unkonventionellen Lösungen
- Kontinuierlich konsequent kommunizieren
- Fürsorglich führen

Wie dies im beruflichen Kontext gelingt:
- Reagieren Sie auf Emotionen gelassen, akzeptieren Sie diese.
- Treffen Sie klare Entscheidungen, übernehmen Sie das Risiko bewusst und transparent.
- Kommunizieren sie zum Prozess und zum Stand der Dinge, auch wenn Unsicherheiten bestehen, damit alle wissen, woran Sie und andere gerade arbeiten.
- Vermeiden Sie Konflikte mit Mitarbeiterinnen und Mitarbeitern, sprechen Sie Mut zu, initiieren Sie Coaching, Supervision oder Kollegiale Beratung.

Führen in Krisen – ein Beispiel

Krisenszenario: _____

Faktisch-existenzielles Problem, das es zu lösen gilt: _____

Psychische Belastung für Beschäftigte: _____

Wie kann ich als Führungskraft Verantwortung übernehmen?
Beschreiben Sie konkrete Handlungen und Maßnahmen.

1. **Präsent sein**
   (z.B.: Teamsitzungen besuchen, Kaminabende für Mitarbeiter durchführen, Info-Shops und Gesprächsmöglichkeiten in Cafeteria oder Kantine, während der Schichten durch die Produktionshallen gehen)

2. **Orientierung geben**
   (z.B.: Sprechen Sie Wahrheiten und Bedrohungen konkret an. Finden Sie einen Leitgedanken, der eine Vision oder ein Ziel vermittelt. Zeigen Sie, dass Sie über Normalmaß anpacken. Holen Sie Experten an Bord, die Erfahrung haben.)

3. **Aktivieren**
   (z.B.: Bilden Sie eine Steuerungsgruppe. Führen Sie mit vielen Personen eine Themen- oder Projektbörse durch. Starten Sie Projektgruppen aus Experten und Motivierten, die direkt berichten. Kommunizieren Sie auf ungewohntem Wege und/oder in hoher Frequenz.)

4. **Rückhalt geben**
   (z.B.: Akzeptieren Sie. Treffen Sie klare Entscheidungen, übernehmen Sie das Risiko. Kommunizieren Sie zum Prozess und zum Stand der Dinge, auch wenn Unsicherheiten bestehen. Vermeiden Sie Konflikte mit Mitarbeiterinnen und Mitarbeitern. Sprechen Sie Mut zu. Initiieren Sie Coaching/Supervision oder Kollegiale Beratung.)

Ad 3: Übertragung auf eigene Beispiele

Die Führungskräfte teilen sich in Tandems oder Dreiergruppen auf und übertragen das Diskutierte auf die eigene Situation. Falls aktuell keine besonders stressige oder krisenhafte Situation besteht, kann auch ein gedachtes Szenario im eigenen Verantwortungsbereich gewählt werden oder eine Situation aus der Vergangenheit zur Bearbeitung dienen.

Zur Unterstützung dient ein Arbeitsblatt (siehe rechts), das zunächst alleine durchgearbeitet wird und anschließend miteinander besprochen wird und Grundlage für Feedback und Tipps ist. Für diese Phase sind für Zweiergruppen 30 Minuten, für Dreiergruppen 40 Minuten eine angemessene Zeit.

Ad 4: Erkenntnisse ableiten

Im Plenum werden die Erfahrungen ausgetauscht, die die Führungskräfte bei der Arbeit in den Kleingruppen gemacht haben:
- Was war überraschend?
- Was waren ähnliche Erkenntnisse?
- Welche Unterschiede ergaben sich?
- Über welche Themen haben Sie sich besonders intensiv ausgetauscht?
- Was hat Sie nachdenklich gestimmt?
- Wo haben Sie den Eindruck, dass Sie persönlich gut aufgestellt sind?
- Mit welchen Themen wollen Sie sich weiter beschäftigen?

Im weiteren Verlauf ist es insbesondere bei Führungskräften aus einer Organisation sehr nützlich, über die Einzelarbeit hinaus auf ein Gesamtbild der Führung in Krisen und bei Stress zu schauen:
- Was sind besondere Stärken der Führungskräfte in der Organisation, wenn es um kritische Situationen geht?
- Wo besteht im Allgemeinen ein Optimierungsbedarf, womit muss sich das Team der Führungskräfte intensiver beschäftigen, wenn es um Führen in kritischen Situationen und bei Stress geht?
- Welche Kommunikation und welche Führung wünschen Sie sich in kritischen Situationen von den verschiedenen Führungsebenen?
- Was ist ein gemeinsames Statement, eine Botschaft der Führungskräfte an die Belegschaft in kritischen Situationen und bei Stress?

Technische Hinweise Für die Anwendung im Tool werden neben dem Plenumsraum Gelegenheiten für die Arbeit in kleinen Gruppen benötigt.

3.3 Tool: Die Führungskraft als Krisenpilot

Kommentar

In der Praxis funktioniert das Tool gut, wenn von der attraktiven Ebene der bekannten Krisen, die alle kennen, schnell der Sprung zu kleinen, fast alltäglichen Krisen in der eigenen Organisation gelingt. Es ist wichtig, sich von der Betroffenheit auf die Ebene des Machbaren zu bewegen, um die Führungskräfte zu aktivieren.

In den ersten beiden Plenumsphasen sollte der Trainer das Gespräch daher auch unter den Teilnehmern kreisen lassen und auf Monologe verzichten. Eine mit Bildern unterstützte Darstellung (wie dem Pfeil) fördert die Diskussion, die einzelnen Punkte für eigene Handlungen werden so besser gedanklich mitgenommen.

Typisches Feedback von Kunden:

▶ „Danke, das nimmt mir die Angst vor Krisen – wenn auch der Respekt bleibt."
▶ „So kommen wir zu einem besseren Miteinander, auch wenn es eng wird."
▶ „Damit hätten wir uns besser etwas früher beschäftigen sollen."

Quellen, Literaturhinweise

▶ Duden, das Herkunftswörterbuch (1989).
▶ Malik, F. (2006): Führen – Leisten – Leben. Wirksames Management für eine neue Zeit. Frankfurt/M., New York: Campus.

Tool: (Stress-)Umleitung – Think positive!

Kognitionstraining für Führungskräfte, stressfördernde Denkmuster erkennen und entschärfen

Von Gerlind Pracht und Friederike Michel

Dauer	ca. 60 bis 120 Min. je nach Fokus
Gruppengröße	Wechsel zwischen Plenumsarbeit (10–14 Personen), Kleingruppenarbeit (5–7 Personen), 3er-Gruppen
Technischer Aufwand	gering bis mittel

Ziel

Dieses Tool soll an das Modell von Lazarus (siehe Kap. 1.2.4, S. 30 ff.) anknüpfen und die Bedeutsamkeit des positiven Denkens bewusst und erfahrbar machen. Lazarus verdeutlicht den Einfluss der individuellen Bewertung von Situationen auf das Erleben. Wir selbst können beeinflussen, ob wir Situationen als Herausforderung oder als Bedrohung annehmen. Dies ist für die Teilnehmenden eine wichtige Erkenntnis, da sie zu handlungsfähigen Akteuren werden.

Konkret sind dies die Ziele des Tools:
- ▶ Bewusstmachen und Fokussieren auf eigenes stressverschärfendes Denken (Führungskraftbrille) und das von Mitarbeiterinnen und Mitarbeitern (Mitarbeiterbrille) sowie dessen Auswirkungen
- ▶ Identifizieren und Hinterfragen von Glaubenssätzen und Bewertungen
- ▶ Verständnis für unterschiedliche Denkmuster schärfen
- ▶ Entwicklung neuer Perspektiven und förderlicher Denkweisen
- ▶ Erarbeiten positiver Selbstinstruktionen
- ▶ Instrumente der mentalen bzw. kognitiven Stressbewältigung kennenlernen, ausprobieren und ihren Nutzen reflektieren
- ▶ Methoden und Instrumente anlassbezogen auswählen und ihre Möglichkeiten und Grenzen abschätzen

Anlässe und Anwendungsbereiche

Die Trainingseinheit besteht aus zwei Übungsteilen, die sich zunächst mit persönlichem stressverschärfenden Denken der Führungskraft

3.4 Tool: (Stress-)Umleitung – Think positive!

befasst und im Anschluss den Fokus auf Mitarbeitende oder auch das Team wählt. Besonders gut geeignet ist sie für den zweiten Trainingstag zur Weiterarbeit mit den Inneren Antreibern, wobei eine Weiterarbeit auch am Transfertag sinnvoll ist. Wann immer die Themen „Kopfkino" und „Schwarzmalen" bei der Betrachtung von Stresssituationen auftauchen, bietet sich dieses Tool oder auch Teile davon an. Es fördert ein positives (Um-)Denken, indem ein eigener Erlebenskontext geschaffen wird, und ermöglicht den praxisbezogenen Austausch mit Mitarbeiterinnen und Mitarbeitern zum Umgang mit stressverschärfendem Denken. Durch das Ausprobieren verschiedener Umdenktechniken und ihre kommunikative Anwendung im Gespräch füllen Führungskräfte ihren mentalen Methodenkoffer. So findet sich der eine oder andere Schlüssel, um in Drucksituationen (z.B. im Umgang mit der Sandwich-Rolle) selbst gelassen zu bleiben und in diesem Sinne als Vorbild zu wirken. Mit Blick auf die Mitarbeiterführung bietet sich in dieser Sequenz die Gelegenheit zum Austausch über und das Erproben von „Entschärfungsstrategien" im Mitarbeitergespräch. Darüber hinaus hat das Tool das Potenzial, die Selbstreflexion der Führungskraft über ihre persönlichen Anteile im Umgang mit Stress anzuregen und Veränderungen eigener Denkmuster aufzuzeigen.

Methode

Idealerweise wird das Tool vollständig angeboten, um vom eigenen Umgang mit stressverschärfendem Denken den Bogen zum Umgang mit den Mitarbeitenden oder dem Team zu schaffen. Abbildung 1 rechts veranschaulicht den Ablauf der gesamten Sequenz, die aufeinander aufbauend Techniken der kognitiven Umstrukturierung vermittelt: zunächst der Vierer-Schritt des positiven Umdenkens (Führungskraft-Brille) und anschließend die Anwendung lösungsorientierter Fragen (Mitarbeiter-Brille). Das Tool zeichnet sich durch einen breiten Methodenmix aus Input, Reflexion, Kleingruppen- und Plenumsarbeit sowie Rollenspiel aus.

Ablauf	Zeit
Einstieg: Geschichte, Mini-Input „Positive Selbstinstruktion"	10 Min.
Auswahl eines persönlichen stressverschärfenden Gedankens	5. Min.
Kognitiv Umstrukturieren, Teil 1: Vierer-Schritt-Methode	30 Min.
Reflexion der 1. Sequenz und persönlicher Erkenntnisgewinn	10 Min.
Auswahl typischer stressverschärfender Mitarbeitersätze	10. Min.
Mini-Input „Führen und Entlasten durch lösungsorientierte Fragen"	5. Min.
Kognitiv Umstrukturieren, Teil 2: lösungsorientierte Fragen	45 Min.
Methodenreflexion und Bündeln von Entschärfungsstragegien	15 Min.

Abb. 1: Aufbau des Tools „Kognitionstraining für Führungskräfte"

Grundsätzlich will Kognitionstraining Denkprozesse, insbesondere Umdenkprozesse, in Gang setzen. Dies gelingt besonders gut durch das Stellen von Fragen. Je nach Art der Frage werden innere Suchprozesse angeregt und damit wird auch die Richtung der neuen Überlegungen bestimmt. Beide der hier vorgestellten Methoden zum Umdenken verwenden demnach als zentrales Mittel Fragen. Die erste Technik, der Viererschritt zum positiven Umdenken, ist stark strukturiert und gibt einen roten Faden, um von einem persönlich stressverschärfenden zu einem stärkenden Gedanken in Form einer positiven Selbstinstruktion zu gelangen. Die daran anschließende zweite Technik bedient sich sogenannter ressourcen- oder lösungsorientierter Fragen, um so Rüstzeug für das Gespräch mit belasteten Mitarbeitern zu bekommen, das wiederum ihnen dazu verhilft, den Blick vom Negativen hin zum Positiven zu wenden und die Perspektive zu wechseln. Beide Techniken und ihre Einbettung in ein gesamtes Tool werden nachfolgend beschrieben.

Einführung in das Thema

Zum Einstieg bieten sich Geschichten oder Zitate an, die das Thema innere Einstellung und Haltungsveränderung thematisieren. In einer ersten Reflexion gelingt so nicht nur die Einführung in das Thema Kognitionstraining, sondern auch die Fokussierung auf „mich und meine Art, mich unter Druck zu setzen". Das beispielhaft in Abbildung 2 dargestellte Zitat regt Fragen zum Umgang mit Perfektionismus und Fehlertoleranz sowie zur inneren Messlatte an. Damit werden in der Regel die Emotionen angesprochen, Führungskräfte zum Nachdenken oder Schmunzeln gebracht. Thema und Lösungsfokus sind im Raum.

Abb. 2: Zitat – Umgang mit Fehlern und Perfektionismus

1. Der Blick auf mich selbst als Führungskraft

Anknüpfend an die Arbeit mit den Inneren Antreibern am ersten Tag (siehe Kap. 3.2, S. 158) werden Wesen und Wirkung positiver Selbstinstruktionen in einer kleinen Input-Sequenz bewusst gemacht und an einem Beispiel veranschaulicht. Ausgangspunkt könnte ein druckvoller Gedanke sein, wie z.B.: „Ich muss mindestens 100 Prozent geben." Ist dies der ständige innere Begleiter oder das persönliche Mantra, so ist der Selbstüberforderung potenziell die Tür geöffnet. Eine daraus abgeleitete positive Selbstinstruktion könnte lauten: „Ich entscheide, wann ich wie viel einbringe." Sie weist typische Merkmale einer wirksamen Selbstinstruktion auf:

3.4 Tool: (Stress-)Umleitung – Think positive!

- Sie steht in der Ich-Form.
- Sie ist positiv und aktiv formuliert.
- Sie hat einen Gegenwartsbezug.

Wichtig für das Formulieren eines solchen selbstbezogenen und stärkenden Satzes ist es, den Führungskräften bewusst zu machen, dass es hier auf die persönliche Passung eines neuen, positiven Gedankens ankommt. So wird sich eine andere Person möglicherweise durch den Satz „Ich habe die Wahl, was ich leiste" viel mehr angesprochen fühlen als von „Ich entscheide, wann ich wie viel einbringe". Das sollte in der Anmoderation für die nachfolgende Kleingruppenarbeit berücksichtigt werden.

Im nächsten Schritt erfolgt die Auswahl eines persönlichen Gedankens oder Satzes, mit dem sich die Führungskraft zeitweise selbst unter Druck setzt. Hierbei kann es hilfreich sein, die Arbeitsmaterialien zu den Inneren Antreibern vom Vortag hinzuzuziehen. Jede Führungskraft notiert ihren Gedanken für sich auf einer Moderationskarte. Es folgt die Einführung in die erste Umdenk-Technik – den Vierer-Schritt (siehe Abb. 3). Nacheinander werden folgende vier Fragen in Kleingruppenarbeit (ca. 4–7 Personen) durchlaufen und dazu Notizen gemacht.

1. „Was ist der Vorteil, so zu denken?"
2. „Was ist der Nachteil, so zu denken?"
3. „Was ist eine langfristige Folge oder Konsequenz, wenn ich beständig so denke?"
4. „Wie lautet eine Alternative, mit der es mir besser geht?" (Kaluza 2004; Wilken 2010)

Eine Führungskraft stellt ihren Ausgangssatz zur Verfügung, wobei sich meist auch andere Personen davon angesprochen fühlen. Die Trainerperson oder jemand aus der Kleingruppe moderiert die Runde und notiert nacheinander auf Zuruf am Flipchart die Ergebnisse. Die Beteiligung der ganzen Gruppe liefert erfahrungsgemäß ein breites Antwortspektrum. Beim vierten Punkt, der Frage nach einer Alternative, die stressvermindernd, positiv und stärkend ist und dabei das Grundbedürfnis des Ausgangssatzes berücksichtigt, beteiligen sich ebenfalls al-

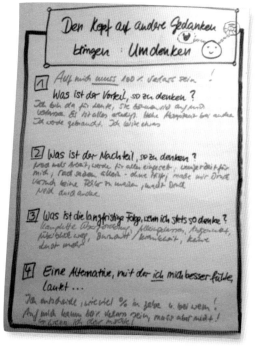

Abb. 3: Vierer-Schritt-Methode zum positiven Umdenken

le. Am Ende jedoch formuliert die Führungskraft, um deren Satz es sich handelt, für sich die finale(-n) Alternative(-n), die für sie persönlich am besten geeignet ist/sind. Dazu können bereits notierte Vorschläge erweitert oder modifiziert oder auch neue Ideen eingebracht werden. Der neue Satz wird auf einer Moderationskarte zum Mitnehmen festgehalten. Eine Runde dauert etwa 15–20 Minuten, sodass noch ein weiterer Satz bearbeitet werden kann. Abschließend folgt die Reflexion im Plenum hinsichtlich der Arbeit mit der Umdenk-Technik und der (neu) gewonnenen Erkenntnisse für den eigenen Umgang mit Stress.

Alternative Variante zur Kleingruppenarbeit: Diese Methode ist eine lebendige Abwechslung zur Kleingruppenarbeit und bietet den Vorteil, dass zu jedem Satz Lösungsmöglichkeiten mit der Vierer-Schritt-Methode gesammelt werden. Dazu notiert jede Führungskraft ihren stressverschärfenden Satz oben in einem vorbereiteten Arbeitsblatt. Anschließend wird das Blatt mit einer anderen Führungskraft (vorzugsweise zunächst aus dem Lerntandem) getauscht und an dem stressverschärfenden Satz der Kollegin bzw. des Kollegen gearbeitet, um weitere Perspektiven und Sichtweisen einzubringen. Dazu werden nacheinander die vier Fragen (vgl. Abb. 3) spontan beantwortet und Ideen dazu notiert. Für die Arbeit an einem stressverschärfenden Satz stehen ca. 5 bis 10 Minuten zur Verfügung. Für einen weiteren Tausch stehen verschiedene Alternativen zur Auswahl:

▸ Jede Führungskraft sucht sich einen weiteren Tauschpartner ihres Vertrauens.
▸ Jede Führungskraft reicht ihr Blatt nach links/rechts zur Bearbeitung weiter.
▸ Jede Führungskraft legt ihr Blatt auf den Stuhl, sucht sich einen neuen Sitzplatz im Raum und arbeitet an dem dort liegenden Blatt weiter.

Insgesamt kann bis zu dreimal getauscht werden, sodass jeder an drei verschiedenen Sätzen gearbeitet hat und möglichst viele alternative Denkweisen zusammengetragen wurden. Anschließend soll jede Führungskraft ihr Arbeitsblatt wiederfinden und mit eigenen Ideen ergänzen, um so zu einem für sich passenden stressmindernden Satz zu gelangen (je nach Tauschvorgehen ist nachzuvollziehen, wo sich das Blatt befindet oder es wird reihum gegangen, um sein Blatt zu identifizieren). Der neue Satz in Form einer positiven Selbstinstruktion wird auf einer Moderationskarte zum Mitnehmen festgehalten. Abschließend folgt die Reflexion im Plenum hinsichtlich der Arbeit mit der Umdenk-Technik und der (neu) gewonnenen Erkenntnisse für den eigenen Umgang mit Stress.

3.4 Tool: (Stress-)Umleitung – Think positive!

In dieser Sequenz geht es explizit um den Führungskraft-Fokus. Es empfiehlt sich, an dieser Stelle im Training eine Pause einzulegen, um dann im nächsten Schritt den Mitarbeiter-Fokus zu bearbeiten.

2. Blick auf Mitarbeitende und das Team

Eine wirksame und gut erforschte Methode zum konstruktiven Umgang mit stressverschärfenden Gedanken, die sich auch gut in der Gesprächsführung mit anderen anwenden lässt, ist die Arbeit mit lösungsorientierten Fragen. Der Ansatz entstammt dem systemischen Denken und fokussiert bewusst die Ressourcen und Kompetenzen von Personen sowie die Möglichkeiten ihrer aktiven Nutzung (vgl. de Shazer 2006, 2008). Durch einen zuversichtlichen Blick in die Zukunft, also einer Vision, sollen die Personen neue Lösungsformen von bestehenden Schwierigkeiten entwickeln. Dabei werden Problemdetails kaum betrachtet, sondern die Lösungsfokussierung an sich ist das Ziel: Es wird eruiert, woran die Person merken wird, dass das Problem nicht mehr existent ist. Zu dieser Form des Umdenkens kann die Führungskraft auch Mitarbeitende einladen. Als Mittel zur Zielerreichung existieren verschiedene Fragetechniken, u.a. Bewältigungsfragen, Skalierungsfragen, Ausnahmefragen, positives Umdeuten (Reframing). Ausgehend von typischen stressverschärfenden Aussagen von Mitarbeitern (schwarzmalen, persönlich nehmen, katastrophisieren) finden verschiedene Fragen Anwendung. Die Tabelle zeigt einige Beispiele für Fragen, die hilfreich sind, um Umdenkprozesse bei Mitarbeitenden anzuregen und so eine neue Perspektive einzunehmen oder gar eine neue Lösung zu finden. Weitere Fragen finden sich bei Kaluza (2007, S. 119 ff.).

Fragentyp	Beispiele
Bewältigungsfragen	„Stellen Sie sich vor, Sie haben diese schwierige Situation gut gemeistert, was wird dann zum Erfolg beigetragen haben? … Und was war sonst noch hilfreich?"
Skalierungsfragen	„Auf einer Skala von 1 bis 10, wie hoch schätzen Sie Ihre aktuelle Belastungssituation zurzeit ein? Und wie war es, als es am schlimmsten war? Wie haben Sie es geschafft, von 8 auf 6 zu kommen? Wo würden Sie künftig gerne stehen und was kann alles dazu beitragen, dass dies möglich wird?"
Entkatastrophisieren	„Was könnte schlimmstenfalls geschehen? Wie schlimm wäre das wirklich und wie wahrscheinlich ist, dass es wirklich passiert? Was wäre noch schlimmer als das?"
Sinnorientierung	„Was ist das Gute daran? Was können Sie aus dieser Situation für sich mitnehmen und lernen? Welche Chancen sind damit verbunden?"

Tab.: Lösungs- und ressourcenorientierte Fragen – eine kleine Auswahl

Zum Einstieg in die Trainingssequenz tauschen sich die Führungskräfte in Kleingruppen (3er-Gruppen) zu stressverschärfenden Sätzen und Gedanken aus, die sie oft von Mitarbeitenden hören, und notieren diese Sätze auf Karten. Nachdem alle Sätze notiert sind, werden die Sätze zwischen den Gruppen ausgetauscht. Die Karten rotieren, sodass jede Gruppe eine neue, ihr noch unbekannte Karte erhält. Anschließend werden einige Fragekategorien exemplarisch vorgestellt. Dies erfolgt in einem Mini-Input zu lösungsorientierten Fragen, der einen kurzen Hintergrund und den weiteren Arbeitsauftrag beinhaltet.

Die Führungskräfte stellen nun in den Kleingruppen zu den stressverschärfenden Sätzen verschiedene, passende lösungsorientierte Fragen, die sie an Mitarbeitende richten könnten, und notieren dazu eine fiktive Antwort, mit der aus Mitarbeitersicht darauf reagiert werden könnte. So werden nacheinander mehrere Frage-Antwort-Paare erarbeitet, die insgesamt einem möglichen Gesprächsablauf nahekommen. In diesem Gespräch führt die Führungskraft durch lösungsorientierte Fragen und nimmt dabei den Druck aus der Situation. Auf diese Weise wird durch Fragen eine entlastende, positiv fokussierte Alternative oder auch eine positive Selbstinstruktion entwickelt. Dafür haben die Führungskräfte ca. 20 Minuten Zeit. Abbildung 4 zeigt einen möglichen Ablauf der Sequenz „Führen und Entlasten mit lösungsorientierten Fragen" als Beispiel.

Abb. 4: Fiktiver Gesprächsverlauf mit lösungsorientierten Fragen

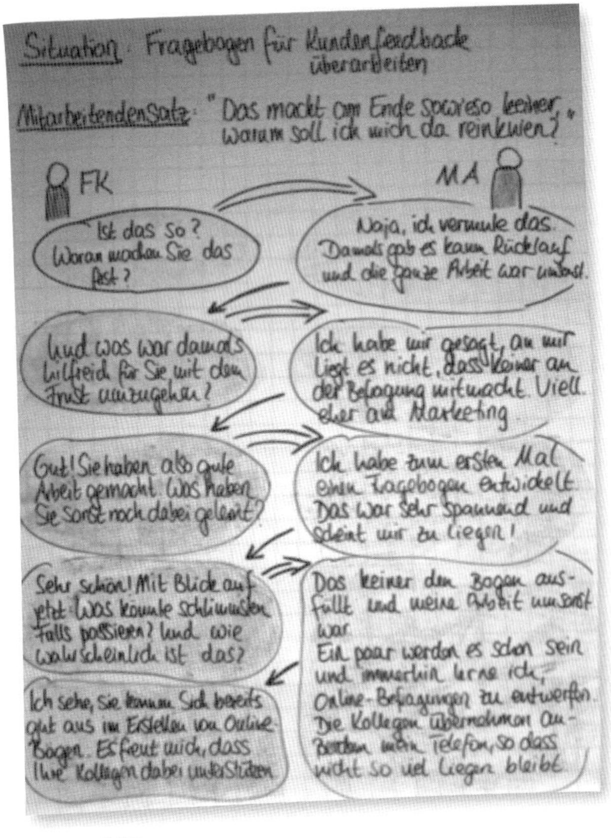

Im Ergebnis kann die Führungskraft die verschiedenen Antworten zu einer entlastenden Aussage zusammenführen, z.B.: „Ich sehe, Sie kennen sich schon gut damit aus und haben gute Voraussetzungen, den Online-Bogen zu entwickeln." Oder: „Es freut mich, wenn die Kollegen für Sie das Telefon übernehmen, sodass Sie konzentriert daran arbeiten können." Oder: „Genau. Im Grunde ist das eine gute Gelegenheit, gemeinsam zu überlegen, wie wir

3.4 Tool: (Stress-)Umleitung – Think positive!

mehr Kunden zur Umfrageteilnahme motivieren können." Eine positive Selbstkonstruktion für den Mitarbeiter aus dem Beispiel Abbildung 4 könnte sein: „Ich mache wichtige Arbeit und kann mich auf meine Kollegen verlassen."

Die so entstandenen Sequenzen zu den stressverschärfenden Sätzen können anschließend im Rollenspiel geübt und praktisch ausprobiert werden. Es bietet sich an, vor dem Rollenspiel kurz im Plenum mit den Führungskräften zusammenzukommen, die neu gefundenen Aussagen kurz zu betrachten und das Rollenspiel ausführlich anzuleiten (siehe Kap. 6.4, S. 334 ff.). In 3er-Gruppen werden die Rollen Führungskraft, Mitarbeitende und Beobachter für das Mitarbeitergespräch verteilt. Die Aufgabe umfasst das Durchspielen des Gesprächs (ca. 3–5 Min.) sowie eine kurze Reflexion, in der nacheinander alle drei Beteiligten mit ihren Eindrücken und Beobachtungen zu Wort kommen. Neue Ideen zur praktischen Umsetzung werden zusammengetragen.

Auswertung

Im Anschluss an die Kleingruppenübung und das Rollenspiel tauschen die Führungskräfte ihre Erfahrungen mit der Methode im Plenum aus und ziehen gemeinsam ein Fazit. Hierfür können folgende Fragen als Leitfaden hilfreich sein:

▶ Welche Fragen waren für Sie besonders hilfreich, um Mitarbeiterinnen und Mitarbeiter im Gespräch zum positiven Umdenken anzuregen (insbesondere im Hinblick auf die Anwendung in der Praxis)? Welche Fragen fanden Sie weniger hilfreich?
▶ Welche Erfahrungen haben Sie im Rollenspiel gemacht? Was hat gut funktioniert, wo gab es Schwierigkeiten?
▶ Was würden Sie beim nächsten Mal anders machen bzw. was würden Sie genauso umsetzen?

Die Trainerin notiert die Fragen und Erfahrungen auf einem Flipchart. Gemeinsam wird ein Bündel an möglichen Entschärfungsstrategien für den kommunikativen Umgang mit Mitarbeitenden geschnürt und auf einer Pinnwand festgehalten.

Technische Hinweise

Zwei Flipcharts, Moderationskarten (bzw. Arbeitsblatt für die Durchführung der Variante), vorbereitete Flipcharts für die Gruppenarbeit. Die Raumgröße sollte das parallele Durchführen von Kleingruppenarbeiten und Rollenspielen ermöglichen.

Kommentar   Auf folgende Stolperfallen sollten Sie achten:

- ▶ **Stolperfalle 1:** In der Sequenz, in der Führungskräfte an ihrem eigenen stressverschärfenden Satz arbeiten, kann insbesondere bei der beschriebenen alternativen Variante zur Kleingruppenarbeit Irritation und Unsicherheit entstehen, zu viel Persönliches preiszugeben. ⇨ Hier können Trainer Abhilfe schaffen, indem sie vorab die Sequenz und das, was mit den Sätzen geschehen wird, erläutern und damit ihr Vorhaben transparent machen.
- ▶ **Stolperfalle 2:** Die Teilnehmenden haben keine Lust, im Rollenspiel ein Gespräch auszuprobieren. ⇨ In dem Fall ist eine hilfreiche Einführung zum Rollenspiel (siehe Kap. 6.4, S. 334 ff.) ratsam sowie das Vormachen als Trainer bzw. Trainerin. Aus Stress-Management-Perspektive kann verdeutlicht werden, dass Handlungsfähigkeit in akuten Situationen nur möglich ist, wenn sie im Vorfeld erprobt und verinnerlicht wurde. Daher bietet sich hier die Gelegenheit, sich im geschützten Raum als Führungskraft auszuprobieren. Denn das Führen und Entlasten der Mitarbeitenden durch lösungsorientierte Fragen gelingt nur dann, wenn man selbst sicher darin ist.

Typisches Feedback von Kunden

- ▶ „Es war gut, die lösungsorientierten Fragen noch einmal intensiv mit diesen verschiedenen Beispielen auszuprobieren. In der Theorie kannte ich das schon. Und jetzt fühle ich mich in der Anwendung sicherer."
- ▶ „Diese Runde hat mir viel abverlangt. Es ist nicht ganz ohne, sich von seinen Kollegen in die Karten schauen zu lassen und vor den anderen ein Rollenspiel zu machen."

Quellen, Literaturhinweise
- ▶ de Shazer, S./Dolan, Y. (2008): Mehr als ein Wunder. Lösungsfokussierte Kurztherapie heute. Heidelberg: Carl-Auer.
- ▶ de Shazer, S. (2006): Der Dreh. Überraschende Wendungen und Lösungen in der Kurzzeittherapie. Heidelberg: Carl-Auer.
- ▶ Kaluza, G. (2011): Stressbewältigung. Trainingsmanual zur psychologischen Gesundheitsförderung. 2. Aufl., Heidelberg: Springer.
- ▶ Kaluza, G. (2007): Gelassen und sicher im Stress. 3. vollständig überarb. Aufl., Heidelberg: Springer.
- ▶ Stavemann, H. (2002): Sokratische Gesprächsführung in Therapie und Beratung. Weinheim, Basel, Berlin: Beltz.
- ▶ Lazarus, R./Folkmann, S. (1984): Stress, Appraisal and Coping. New York: Springer Publishing Company.
- ▶ Wilken, B. (2010): Methoden der kognitiven Umstrukturierung. 5. aktual. Aufl., Stuttgart: W. Kohlhammer.

Tool: Stress – Erschöpfung – Burnout

Wann führt Stress zum Burnout? Und wie spreche ich Betroffene an?

Von Mathias Hofmann, Friederike Michel und Louisa Reisert

Dauer 60 bis 120 Min.
Gruppengröße bis 12 Personen, bei mehr TN besser zum Austausch in Gruppen übergehen
Technischer Aufwand mittel bei Pinnwand und vorbereiteten Moderationskarten; gering bei der Variante mit vorbereiteter Pinnwand bzw. Flipchart

Die Teilnehmenden werden für das Thema Burnout sensibilisiert und lernen Merkmale eines typischen Verlaufs kennen. Dadurch stärken sie ihre Wahrnehmung und Aufmerksamkeit für das Thema. Sie reflektieren ihre Rolle als Führungskraft im Falle burnout-gefährdeter Mitarbeiterinnen und Mitarbeiter und machen sich bewusst, welche Möglichkeiten der Unterstützung sie haben, wo die Grenzen sind und wann sie die Verantwortung abgeben müssen. Um mit Personen in den verschiedenen Phasen des Burnouts umgehen zu können, entwickeln die Teilnehmenden entsprechende Strategien.

Ziel

Das Tool kann dabei unterstützen, frühe Anzeichen eines möglichen Burnouts sensibel wahrzunehmen und gegenzusteuern. Es eignet sich, um die eigene Stressbelastung und die Belastung der Mitarbeiterinnen und Mitarbeiter zu reflektieren und Strategien zum Umgang zu entwickeln. Für das Tool sind keinerlei Vorkenntnisse zum Thema Burnout nötig, es lässt sich allerdings auch in Gruppen anwenden, die bereits mit dem Thema vertraut sind. In diesem Fall ist es hilfreich, die Vorerfahrungen zu Beginn des Themas einzuholen, um das Tool flexibel daran anzupassen. Im Falle persönlicher Betroffenheit kann gemeinsam entschieden werden, ob das Thema bearbeitet werden soll. Sowohl eine homogene als auch eine heterogene Gruppenzusammensetzung hat für diese Übung Vorteile. Teilnehmende in homogenen Gruppen

Anlässe und Anwendungsbereiche

teilen Themen ggf. gerne, weil sie die anderen Personen kennen oder in ähnlichen Positionen sind und es ihnen so leichter fällt, sich in die Situationen der anderen hinzuversetzen. Teilnehmende in heterogenen Gruppen trauen sich eventuell, Themen zu benennen, die sie sonst für sich behalten würden, weil sie durch unterschiedliche Arbeitskontexte wenige bis keine Berührungspunkte haben. Das Tool eignet sich für die ersten beiden Tage, weil es eine Grundlage zum Thema Stress bietet, oder als Wahlmodul für den Transfertag. Es kann hilfreich sein, das Tool am Vormittag einzusetzen, da es aufgrund des theoretischen Inputs und der anschließenden Diskussion eine hohe Aufnahmefähigkeit der Teilnehmenden erfordert.

Methode Zum Einstieg ist zunächst eine Begriffsklärung hilfreich: „Burnout" ist ein Thema, welches in den vergangenen Jahren zunehmend Beachtung gefunden hat, obwohl es dafür keine allgemeingültige Definition gibt und es medizinisch nicht als eigentliche Krankheit (nach ICD-10) gilt. Vielmehr beschreibt „Burnout" ein Zustandsbild mit bisher uneinheitlicher Definition. Der Begriff geht auf Freudenberger zurück, der damit 1973 die emotionale Erschöpfung und reduzierte Leistungsfähigkeit nach langer beruflicher Überlastung beschrieb. Burnout wurde zunächst in Verbindung mit helfenden Berufen gebraucht, das Konzept wurde dann jedoch zunehmend auf andere Berufsgruppen angewendet.

Das Burnout-Syndrom bezeichnet eine Vielzahl von Symptomen und kann sich in verschiedenen Arten äußern (z.B. Verlust der Fähigkeit, sich zu erholen; Leistungs- und Antriebsschwäche; zynische Grundstimmung; Gleichgültigkeit/Mutlosigkeit und Depersonalisation). „Burnout" ist über die reine alltägliche Erschöpfung hinaus eine psychische Erkrankung, die bei fortgeschrittenem Stadium einer medizinischen oder psychiatrischen Behandlung bedarf, da ansonsten die Gefahr besteht, dass die Betroffenen in ihren Mustern verharren, bis sie völlig erschöpft sind; daher wird es auch häufig als „Erschöpfungssyndrom" bezeichnet. In dem hier besprochenen Zusammenhang ist der berufliche Kontext augenfällig. Häufig sind auch Doppelbelastungen oder besondere private Belastungen (Pflege von Angehörigen etc.) Auslöser von Burnout.

Das Tool bezieht sich auf die Theorie von Freudenberger und North (1992), die die Entwicklung des Burnout-Syndroms in einem zwölfstufigen Zyklus beschreiben (siehe Tab., S. 187). Freudenberger und North zeigen in ihrem Modell die Phasen auf, die in einem Burnout häufig vorkommen. In der Praxis treten die Stadien nicht immer in derselben Reihenfolge auf und lassen sich aufgrund von Überlagerungen nicht

3.5 Tool: Stress – Erschöpfung – Burnout

	Thema	Beispiel	Was kann Führung tun?
1	Der Zwang, sich zu beweisen	Sehr engagiert, perfektionistisch	Beobachten und loben
2	Verstärkter Einsatz	Sonderaufgaben trotz Auslastung übernehmen	Delegieren und Grenzen setzen
3	Vernachlässigung eigener Bedürfnisse	Pausen ausfallen lassen	Pausen anweisen, aktiv ansprechen
4	Verdrängung von Konflikten	Entzieht sich drohenden Konfliktsituationen	Konflikte konstruktiv angehen
5	Umdeutung von Werten	Abwertende Äußerungen über Dinge, die vorher geschätzt wurden, z.B. Kunden	Perspektivwechsel anregen, Interesse zeigen, Zeit nehmen für Gespräche
6	Leugnung der Probleme	Keine Einsicht zeigen und abwiegeln	Feedback geben, Feedback von anderen einbeziehen
7	Rückzug	Keine Teilnahme an gemeinsamen Aktivitäten	Kontakte aktivieren, Beratung vermitteln
8	Beobachtbare Verhaltensänderung	Jede Zuwendung der Umwelt wird als Angriff empfunden	Hilfe suchen, gewohnte Muster durchbrechen, nächste Führungsebene einbeziehen
9	Depersonalisation	Was ist bloß mit dem Menschen passiert? Person nicht wiederzuerkennen	Therapeutische und medizinische Begleitung
10	Innere Leere	Panikattacken und Angstzustände	
11	Depression	Suizidgedanken	
12	Völlige Erschöpfung	Zusammenbruch	Notsituation, stationäre Behandlung initiieren

Tab.: Phasen des Burnout nach Freudenberger und North

klar voneinander abgrenzen. Einzelne Phasen können sowohl übersprungen werden als auch gleichzeitig stattfinden. Ein Kritikpunkt an der Phasentheorie ist, dass sie nicht auf empirischen Studien beruht. Die Abgrenzung der Stadien untereinander ist zudem meist willkürlich gewählt, was von den Forschern auch selbst betont wird. Für den Einsatz im Training eignet sich das Modell dennoch gut, um einen möglichen Verlauf von Burnout anschaulich darzustellen und nachzuvollziehen. Im Training geht es darum, Gedankengänge anzustoßen und als Führungskraft ins Gespräch zu kommen. Es geht auf keinen Fall darum, Diagnosen für Personen zu stellen.

Zum Einstieg in das Thema ist es hilfreich, Vorkenntnisse und Erfahrungen der Teilnehmenden abzufragen: Wer kennt sich mit Burnout aus? Um die Teilnehmenden ins Boot zu holen und ggf. Betroffene

III. Stress-Management-Trainings für Führungskräfte

Abb. 1: Burnout-Rad

angemessen zu integrieren, lohnt es sich, zunächst zu klären, ob es für alle in Ordnung ist, Burnout zu thematisieren.

Im nächsten Schritt erläutert die Trainerin bzw. der Trainer den Begriff des Burnouts und stellt anschließend das Burnout-Rad und seinen Verlauf vor. Hierfür können die einzelnen Phasen beispielsweise auf vorbereiteten Moderationskarten an einer Pinnwand, auf der das Rad und die Stadien markiert sind, im Plenum präsentiert und kurz erläutert werden (siehe Abb. 1).

Damit die Stadien für die Teilnehmenden klar und unterscheidbar sind, können im nächsten Schritt mit den Führungskräften Alltagsbeispiele erarbeitet werden, die die einzelnen Phasen verdeutlichen. Dafür eignen sich folgende Fragestellungen:

▶ Wie zeigt sich dieses Stadium im Alltag?
▶ Woran können Sie erkennen, dass sich eine Person in diesem Stadium befindet?

Die Beispiele werden dann auf Moderationskarten mitgeschrieben und ebenfalls an die Pinnwand geheftet. Als zeitsparende Alternative kann die Trainerin oder der Trainer die Beispiele auf Moderationskarten vorbereiten und direkt vor der Gruppe präsentieren.

Anhand der folgenden Leitfragen kann sich eine Diskussionsrunde anschließen, welche Möglichkeiten die Führungskräfte für sich selbst in den verschiedenen Stadien sehen und welche Einflussmöglichkeiten sie haben, um auf ihre Mitarbeiterinnen und Mitarbeiter einzuwirken:

▶ Was können Sie für sich selbst und als Führungskraft in den einzelnen Stadien tun?
▶ An welchen Stellen ist es wichtig, die Verantwortung abzugeben?
▶ Wo sind Ihre Grenzen?
▶ Wo können Sie sich Unterstützung holen?

Um die Teilnehmenden stärker in den Austausch zu bringen, können die Beispiele für die Stadien und die Einflussmöglichkeiten auch in Kleingruppen diskutiert, dokumentiert und anschließend im Plenum

3.5 Tool: Stress – Erschöpfung – Burnout

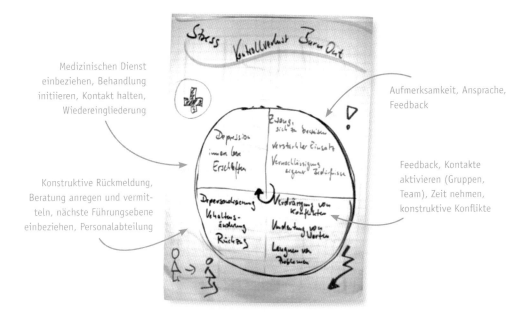

Abb. 2: Vereinfachtes Burnout-Rad mit vier Phasen

präsentiert werden. Bei dieser Variante kann beispielsweise sichergestellt werden, dass auch in größeren Gruppen (13+) alle Teilnehmenden die Möglichkeit haben, sich zu beteiligen.

Wenn die Einheit weniger Zeit in Anspruch nehmen soll, kann das Burnout-Rad auf einer Pinnwand oder einem Flipchart vorbereitet und im Überblick präsentiert werden. Gleichzeitig ist es möglich, die Komplexität der vielen verschiedenen Stadien etwas zu senken, indem die Stadien in vier Blöcke aufgeteilt werden (siehe Abb. 2).

Im Anschluss an das Burnout-Rad bietet sich eine Übung an, bei der die Führungskräfte reflektieren, wie sie Mitarbeiter ansprechen können, wenn sie befürchten, dass diese burnout-gefährdet sind. Hierfür werden gemeinsam Tipps erarbeitet und aktiv im Rollenspiel geübt. Im Plenumsgespräch wird zunächst ein Leitfaden für ein Gespräch mit einer vermeintlich massiv überlasteten Person entwickelt und am Flipchart festgehalten. Die wesentlichen Elemente sind in Abbildung 3 (siehe S. 190) dargestellt.

Ein Gespräch kann sehr gut in Form einer Rollenübung zu zweit durchgeführt werden. Jede Person geht einmal in die Rolle der Führungskraft und einmal in die Rolle des Mitarbeiters. Es empfiehlt sich, die Rollenübung an realen Situationen zu orientieren und einmal in die Rolle einer Person zu gehen, von der man selbst vermutet, dass sie

III. Stress-Management-Trainings für Führungskräfte

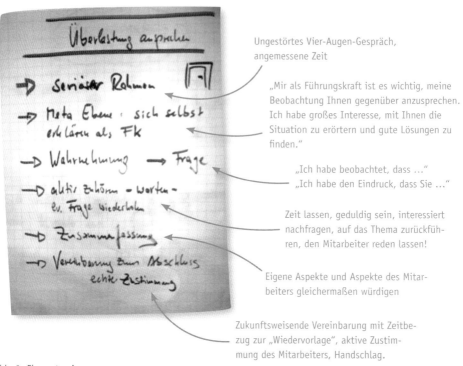

Abb. 3: Elemente eines Burnout-Gesprächs

stark überlastet ist, und die man eigentlich einmal ansprechen sollte. Die Übung kann folgendermaßen strukturiert werden:

1. Paare von Führungskräften finden sich.
2. Jedes Paar entscheidet, wer als Erstes die Rolle der Führungskraft übernimmt, wer als Erstes in die Rolle des Mitarbeiters schlüpft.
3. Die Führungskraft in der Mitarbeiterrolle stellt sich (als Fallgeber) eine Person vor, die ihrer Meinung nach starke Überlastungssymptome zeigt, sie schildert (kurz!) dem Kollegen, der die Rolle der Führungskraft übernimmt, einige Fakten und Beobachtungen zu der Person (bitte nur, was faktisch bekannt ist, keine Mutmaßungen!).
4. Nun startet das Gespräch. Die Führungskraft übernimmt die Initiative und hat die Ziele:
   ▶ den Mitarbeiter zum Sprechen zu bringen und aktiv zuzuhören (Redeanteil der Führungskraft weit unter 50 Prozent),
   ▶ eine zukunftsweisende, echte Vereinbarung zu treffen.
5. Das Gespräch dauert in der Rollenübung üblicherweise etwa 10 Minuten.

3.5 Tool: Stress – Erschöpfung – Burnout

6. Es folgt eine kurze Auswertung, wie sich der Mitarbeitende gefühlt hat und welche Intervention der Führungskraft für einen guten Gesprächsverlauf wirkungsvoll war.
7. Das Paar wechselt die Rollen und startet wieder bei Punkt 3.

Im Anschluss wird im Plenum die Erfahrung mit den Gesprächen reflektiert und die wirkungsvolle Kommunikation auf einem Ergebnis-Chart festgehalten.

Abschließend kann eine Meta-Diskussion zum Tool angeleitet werden:
▸ Welchen Nutzen hat das Burnout-Rad für uns als Führungskräfte?
▸ Wie können wir die Erkenntnisse in unserem Arbeitsalltag einsetzen?
▸ Welche Grenzen sehen wir?

Auswertung

Für das Tool werden eine vorbereitete Pinnwand mit dem Burnout-Rad und den verschiedenen Stadien sowie Moderationskarten mit den Themen und ggf. Beispielen benötigt. Darüber hinaus sollten Moderationskarten in verschiedenen Farben, Stifte und Pinn-Nadeln vorrätig sein (bei einer Gruppenarbeit sind hiervon mehr erforderlich als bei einer Plenumsarbeit). Alternativ kann das Burnout-Rad auf einer Pinnwand oder einem Flipchart komplett vorbereitet werden.

Technische Hinweise

Die Bedeutung des Themas wird von vielen Führungskräften als sehr relevant zurückgemeldet. Eigene Beispiele können dabei helfen, das Thema zu öffnen: „Wo stehe ich als Trainerin oder Trainer? Welche Erfahrungen habe ich mit dem Thema gemacht? Worauf achte ich? Was hilft mir?" Dabei ist es wichtig, die Beispiele so zu rahmen, dass sie mich und jeden angehen können. Beispielsweise kann für das Stadium 3, bei dem es um die Vernachlässigung eigener Bedürfnisse geht, genannt werden, dass ich sehr aufmerksam werde, wenn ich anfange, Arztbesuche vor mir herzuschieben.

Kommentar

Auf folgende Stolperfallen ist zu achten:

▸ **Stolperfalle 1:** Eine von Burnout betroffene Person ist im Kreis der Teilnehmenden. ‒▸ Deswegen ist es so wichtig, den Teilnehmenden zu Beginn Raum zu geben, um anzusprechen, ob sie bereits entsprechende Erfahrungen haben, und zu klären, ob das Thema bearbeitet werden soll. Betroffene Personen können dann angemessen integriert werden.

▶ **Stolperfalle 2:** Die eigene Betroffenheit oder die Betroffenheit einer Mitarbeiterin bzw. eines Mitarbeiters einer anwesenden Führungskraft wird im Verlauf der Übung deutlich. –▶ Auf eine solche Situation bereitet sich die Trainerin bzw. der Trainer am besten vor, indem sie bzw. er für alle Fälle Handlungshinweise und Tipps zur Verfügung hat.

▶ **Stolperfalle 3:** Es wurde im Rahmen des betrieblichen Gesundheitsmanagements zum Thema bereits geschult und es gibt klare Fahrpläne. –▶ Um die organisationsspezifischen Vorgehensweisen wiederzugeben, ist es empfehlenswert, sich im Vorfeld des Trainings zu erkundigen, wie das Thema in der Organisation gehandhabt wird. Anschließend kann das Training angepasst und eventuell eine Fachperson dazugeholt werden.

Typisches Feedback von Kunden

▶ „Gut, dass wir mal darüber gesprochen haben. Das ist wirklich ein wichtiges Thema, was man oft nicht wahrnehmen möchte, weil es nicht anerkannt ist. Da muss sich echt was ändern."
▶ „Das Thema hat mich ins Denken gebracht. Da muss ich noch mal genauer hinschauen."
▶ „Ich tue mich etwas schwer mit der Abgrenzung der Phasen und finde die Interventionsmöglichkeiten sehr gering."

Quellen, Literaturhinweise

▶ Burisch, M. (2006): Das Burnout-Syndrom. Theorie der inneren Erschöpfung. New York, Berlin, Heidelberg: Springer Verlag.
▶ Freudenberger, H. (1974): Staff Burnout. In: Journal of Social Issues 30 (1974), S. 159–165.
▶ Freudenberger, H. & North, G. (1992): Burnout bei Frauen. Über das Gefühl des Ausgebranntseins. Frankfurt/M.: Krüger.

Tool: Was ist das Wertvolle am Sandwich?

Effektive Bewältigungsstrategien für Führungskräfte in der Sandwich-Position

Von Gerlind Pracht und Mathias Hofmann

Dauer	ca. 3 Stunden, inkl. 15 Min. Pause
Gruppengröße	Wechsel zwischen Plenumsarbeit (10–16 Personen), Kleingruppenarbeit (3–5 Personen), Partnerarbeit
Technischer Aufwand	mittel

Anliegen des Tools ist:
- typische Arbeitsanforderungen und Stressoren, die in der Sandwich-Rolle liegen, und deren Bezug zu Stressmodellen und Inneren Antreibern bewusst zu machen
- unterschiedliche Rollenerwartungen zu klären und zu reflektieren
- Verständnis für unterschiedliche Erwartungen und Bedürfnisse der Akteure durch systematischen Perspektivwechsel zu entwickeln
- das Annehmen und Aushalten von Widersprüchen und Gegensätzen als instrumentelle und mentale Stressbewältigungskompetenzen zu verstehen
- Best-Practice-Strategien zum Umgang mit der Sandwich-Position zu erarbeiten und den Transfer in den Führungsalltag vorzubereiten
- Möglichkeiten und Grenzen der Sandwich-Position zu erkennen und bewusst zu machen

Ziel

Das Tool eignet sich für Führungskräfte insbesondere mittlerer Hierarchieebenen mit gleichen oder unterschiedlichen Aufgabengebieten, z.B. Team-, Abteilungs- und Bereichsleitungen. Einerseits ist die Führungskraft selbst Mitarbeitender und andererseits führt sie, hat also eine steuernde, operative und vermittelnde Rolle inne. Das Tool unterstützt den praxisbezogenen Austausch zum Umgang mit unterschiedlichen Erwartungen und Anforderungen von oben (durch das obere Management) und unten (durch Geführte). Dabei können bewährte Bewältigungsstrategien ergänzt sowie neue Handlungsoptionen

Anlässe und Anwendungsbereiche

entwickelt und ausprobiert werden. Vor allem junge Manager sowie Nachwuchs-Führungskräfte erleben die Sandwich-Position anfangs als belastend und haben ein höheres Lernbedürfnis, um flexibler und situationsangemessen in der jeweiligen Rolle agieren und Zustände innerer Spannung bei Zielkonflikten besser handhaben zu können. Methodisch ist die Anwendung am Transfertag empfehlenswert, wenn z.B. der Wunsch nach einem konkreten instrumentellen Tool besteht. Achtung: Bei lateraler Führung ist der Einsatz des Tools ungeeignet.

Methode Das Tool enthält methodisch eine Kombination verschiedener Trainingselemente von der Selbstreflexion über Partner-, Kleingruppen- und Plenumsarbeit bis hin zu Kurz-Inputs, der Präsentation von Arbeitsergebnissen und dem Arbeiten mit Geschichten bzw. Metaphern. Abbildung 1 links veranschaulicht die aufeinander folgenden Sequenzen, die anschließend ausführlicher beschrieben werden.

Schritt	Dauer
Einstieg: Geschichte, kurze Reflexion im Plenum	10 Min.
Mini-Input „Führen im Sandwich", Anleiten Partnerarbeit	8 Min.
Anforderungen von oben und unten sammeln, Kartenabfrage	20 Min.
Best-Practice-Strategien: Was tue ich schon?, Selbstreflexion/Plenum	12 Min.
Trainer-Input: Strategien im Sandwich	15 Min.
Typische Stresssituationen in der Sandwich-Position, Zurufliste	10 Min.
Situation wählen: Bedürfnisse, Erwartungen, Perspektiven; Kleingr.	30 Min.
Präsentation der Ergebnisse, Plenum	25 Min.
Mini-Input: „Mentale Stressbewältigung im Sandwich", Anleiten Kleingr.	5 Min.
Für spez. Situationen hilfreiche Gedanken, innere Sätze finden; Kleingr.	15 Min.
Erarbeiten und Fortführen der Best-Practice-Strategien, Plenum	15 Min.
Fazit im Plenum: Das Besondere am Sandwich ist für mich …	10 Min.

1. Einstieg mit Geschichte

Die Geschichte „Von der Schwierigkeit, es allen recht zu machen" erzählt von einem Vater und dessen Sohn, die mit ihrem Esel unterwegs sind. Und egal, in welcher Konstellation sie reisen, ob und wer allein oder gemeinsam auf dem Esel reitet, irgendjemand hat daran immer etwas auszusetzen. Nach dem Vorlesen erfolgt eine kurze Reflexion im Plenum zu der Frage: „Mit Blick auf meinen Führungsalltag: Was geht mir beim Hören der Geschichte durch den Kopf?" Die Teilnehmenden lassen auf Zuruf die anderen wissen, was die Geschichte bei ihnen auslöst, was sie dazu beschäftigt. Oft wird schon bei diesem Einstieg deutlich, wie stresserzeugend das Agieren in der Sandwich-Rolle sein kann. Aber auch erste Strategien zum Umgang oder hilf-

Abb. 1: Schematischer Ablauf des Tools

3.6 Tool: Was ist das Wertvolle am Sandwich?

reiche Einstellungen werden möglicherweise bereits an dieser Stelle genannt. Wichtigste Erkenntnisse der ersten Runde können von der Trainerperson am Flipchart notiert werden. Die Kernbotschaft ist, dass es in der Sandwich-Rolle genauso wenig wie sonst im Leben möglich ist, es jedem recht zu machen (auch wenn man das manchmal wohl gern hätte). Vielmehr kommt es auf das Vermitteln von Erwartungen, Anforderungen und Vorstellungen, das Vertreten einer eigenen Position und das Finden guter Lösungen an, ohne sich durch unterschiedliche Erwartungen unter Druck setzen zu lassen. Verständnis zu zeigen und unterschiedliche Perspektiven einzunehmen, können hierbei entlastende mentale Strategien in Stresssituationen darstellen. Die Führungskraft in der Sandwich-Position macht das Spiel, anstatt zum Spielball zu werden.

Die Geschichte „Von der Schwierigkeit, es allen recht zu machen" ist als Download verfügbar

2. Mini-Input und Einführung in das Thema

Die Geschichte hat das Thema „Umgang mit unterschiedlichen Erwartungen" bereits gut „angewärmt", sodass als Nächstes eine knappe Herleitung zur Arbeitsanforderung „Führungskraft in der Sandwich-Rolle" in Form eines Mini-Inputs gut platziert ist. Inhaltlich wird darauf eingegangen, was Stress-Management mit der Sandwich-Position konkret zu tun hat und woher der Stress eigentlich kommt:

Die Führungskraft erlebt einerseits selbst stressige Situationen und agiert andererseits oft unter hohem Verantwortungs- und Entscheidungsdruck. Dies geschieht, wenn z.B. eine höhere Arbeitsverdichtung und Effizienzsteigerungen zum Teamalltag werden, weil mit weniger Personal mehr Anforderungen zu bewältigen sind. Zudem kommt es für Führungskräfte oft dann zu inneren Spannungen, wenn notwendige Handlungen nicht mit eigenen Motiven oder Fähigkeiten übereinstimmen. In Krisenzeiten ist sie schließlich mehr denn je gefragt und der Druck steigt gerade in neuen oder untypischen Situationen, für die noch kein ausreichendes Handlungsrepertoire zur Verfügung steht. Der gelassene Umgang mit Unsicherheit wird erst recht unmöglich, wenn eigene Vorgesetzte nicht greifbar oder als Unterstützung ansprechbar sind.

Wie die Führungskraft solche Situationen bewältigt, wird in ihrem Verhalten und möglichen Stressreaktionen sichtbar, z.B. auf einer Palette von Gereiztheit bis Gelassenheit, unterstützend bis distanzierend, resignierend bis selbstbewusst-optimistisch. Gerade bei widersprüchlichen Erwartungen in brisanten Situationen kommen verschiedene Stressoren zusammen, die in der Praxis bei gefühlter Unsicherheit oft zu starrem, unflexiblem Agieren führen können. Verhaltensmuster können sich dann erheblich unterscheiden: Während die eine Führungskraft ihre Anforderungen immer wieder neu und widersprüchlich formuliert, delegiert eine andere fast alles und wieder andere zeigen ein Übermaß an Kontrolle. Eine kleine Kunst ist es hingegen, die Rolle als gelassener Mittler und Vermittler zwischen Management und Geführten zu bedienen, dabei Ziele von oben zu realisieren und gleichzeitig Mitarbeiter zu beteiligen und ihren Bedürfnissen gerecht zu werden. Um im Bild des Stressmodells (siehe Kap. 3.2, Tab. 1, S. 155) zu bleiben: Es kommen von außen viele, teils widersprüchliche Anforderungen zusammen, die die Führungskraft, angetrieben von ihren inneren Ansprüchen und Bedürfnissen, versucht zu bewältigen. Wie dies trotz aller Widrigkeiten gelingen kann, wird mit diesem Tool erarbeitet.

3. Erwartungen und Anforderungen von oben und unten – Kurzaustausch zu zweit:

In der nun anmoderierten Partnerarbeit geht es darum, zu sammeln, welche konkreten Anforderungen von außen an die Führungskräfte gestellt werden und zwar zum einen von oben, dem Bereich der eigenen Vorgesetzten, und zum anderen von unten, dem Bereich der Mitarbeiter. Neben konkreten Anforderungen sind auch explizite und implizite Erwartungen zu berücksichtigen. Die Reflexionsfrage lautet: „Welche Anforderungen und Erwartungen werden in Ihrem Führungsalltag von oben und unten an Sie gestellt?" Eine zunächst noch leere Pinnwand veranschaulicht das Spannungsfeld rund um die Sandwich-Position durch verschiedene Anforderungen. Die Teilnehmenden notieren ihre wichtigsten Erwartungen und Anforderungen in Stichworten auf Moderationskarten und pinnen diese nach rund zwölf Minuten an. Gemeinsam verschaffen sich danach Trainer und Führungskräfte einen Überblick, finden ggf. Überschriften für ähnliche Erwartungen (Clustern). Die nun in der Regel gut gefüllte Pinnwand macht den Umfang der zu bewältigenden Anforderungen deutlich (siehe Bsp. in Abb. 2).

Auch die Widersprüchlichkeit der Erwartungen, die oft nicht gleichzeitig zu erfüllen sind, wird deutlich und damit das

Abb. 2: Anforderungen und Erwartungen an Führungskräfte in der Sandwich-Rolle

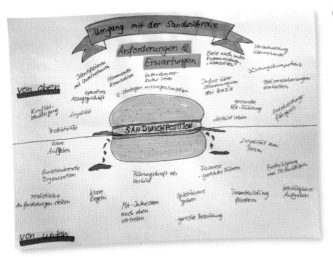

3.6 Tool: Was ist das Wertvolle am Sandwich?

potenziell stressauslösende Spannungsfeld, in dem die Führungskraft agieren muss. So kann beispielsweise die Anforderung von oben, die Unternehmensstrategien umzusetzen, der Erwartung von unten entgegenstehen, die Mitarbeiterschaft in die Strategiefindung einzubeziehen. Zudem wird klar, dass alle in diesem alltäglichen Spannungsfeld längst agieren, dass alle schon etwas tun, um damit klarzukommen. Und daraus ergibt sich der nächste Trainingsschritt.

4. Best-Practice-Strategien – Was tue ich schon?

Um sich gut an die Ressourcen der Führungskräfte anzukoppeln und bewusst zu machen, was sie bereits zur erfolgreichen Stressbewältigung dieser Situationen unternehmen, folgt eine Sequenz der Selbstreflexion. Die Teilnehmenden werden gebeten, in sich zu gehen und zu überlegen: „Mit Blick auf diese Anforderungen und Erwartungen: Was tue ich schon und was hat sich gut bewährt – 1.) nach oben und 2.) nach unten?" Jede Führungskraft notiert ihre beiden persönlichen Strategien auf Karten. Nach der Selbstreflexion werden die Strategien an der dafür vorgesehenen Pinnwand von den Führungskräften nacheinander angepinnt und dem Plenum knapp vorgestellt. Im Verlauf der Sequenz wird diese Pinnwand noch erweitert und um neue hilfreiche Strategien ergänzt (siehe Abb. 3). Oft handelt es sich um gelungene, transparente Kommunikation, die nach oben und unten zum Erfolg führt. Das Geben und Einholen von Feedback ist ein Beispiel für eine Strategie in beide Richtungen.

Abb. 3: Strategien zum Umgang mit der Sandwich-Position – ein Überblick

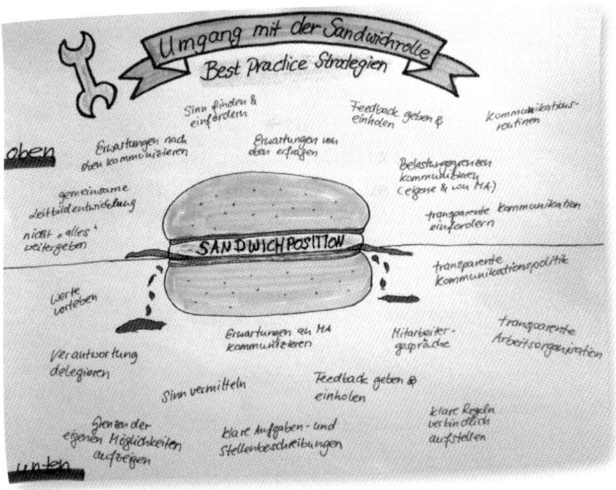

An dieser Stelle geht es aus Trainerperspektive darum, die bereits vorhandenen Ressourcen zu heben und die Erfolgsstrategien zu wertschätzen. Denn damit werden Handlungskontrolle und Bewältigungsoptionen – also effektive Stressbewältigung – bewusst gemacht, über die die Teilnehmenden bereits verfügen. Der Ausblick auf die Erweiterung der Strategien-Wand stellt motivational einen wichtigen Punkt dar, da hier an ein Lernbedürfnis der Führungskräfte konkret angeknüpft wird. Abbildung 3 zeigt einen Überblick einer möglichen – bereits sehr gut gefüllten – Strategien-Wand. Der Trainer kann, insbesondere wenn die Pinnwand noch dünn beschrieben ist, an dieser

Stelle noch weitere Strategien einführen und erfragen, welche Erfahrungen die Teilnehmenden damit bereits gemacht haben. Manchmal werden Strategien schon angewandt, sind aber nicht explizit als solche erkannt oder bewusst.

5. Input klassische Strategien im Sandwich

Die Best-Practice-Strategien der Teilnehmenden kann die Trainerin/der Trainer zudem durch klassische Strategien ergänzen bzw. die vorhandenen Strategien in diese clustern. Der anschließende Input führt in grundlegende Gedanken ein: Das Sandwich ist ein abhängiges Verhältnis dreier Parteien, es gleicht einem Dreiecksvertrag zwischen Top-Management, Führungskräften und Mitarbeiterschaft (siehe Abb. 4).

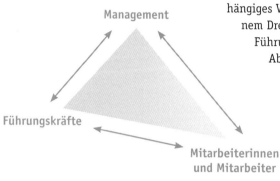

Abb. 4: Das Sandwich als Dreiecksvertrag

Alle haben miteinander zu tun: Die Manager führen die Führungskräfte und definieren die organisationalen Anforderungen und Arbeitsbedingungen auch an die Mitarbeiterschaft. Die Führungskräfte werden von den Managern geführt und führen die Mitarbeiterinnen und Mitarbeiter. Die Mitarbeiterinnen und Mitarbeiter werden von den Führungskräften geführt und erhalten für ihre Arbeitsleistung vom Management Gehalt und Arbeitsbedingungen. Ein klassisches Dreiecksverhältnis, das die Führungskräfte als Sandwich empfinden, da sie die Hauptlast der Kommunikation tragen. Damit werden auch viele Verhandlungen über sie geführt, sie sollen Positionen anderer vertreten und werden schnell zum Boten, der bekanntlich gefährlich lebt. Diese Schnittstelle ist mühsam.

Die Position im Sandwich kann für Verhandlungen aber auch eine starke Position sein: Es ist eine doppelte Chance, in zwei Richtungen zu verhandeln, um den Druck im Sandwich zu lindern. Was auf der einen Seite nicht geht, geht vielleicht auf der anderen – oder auf jeder ein bisschen, auch das hilft. Und man kann sich in der Argumentation auch darauf zurückziehen, dass andere hier Grenzen setzen, die man selbst nicht verhandeln kann („Da sind mir leider die Hände gebunden …"). Außerdem gilt, dass diese Schnittstellenfunktion eine der grundlegenden Daseinsberechtigungen für die Führungsebene ist: Übermitteln der Kommunikation und das Managen von schwierigen Situationen mit gegenläufigen Interessen ist erste Führungsaufgabe: Führen ist professionelles Sandwich-Management.

3.6 Tool: Was ist das Wertvolle am Sandwich?

Die Mehrzahl der Handlungsoptionen lassen sich unter drei klassischen Strategien (siehe Abb. 5) zusammenfassen:

1. **Makeln** – Teile und herrsche
2. **Koppeln:** Gemeinsames Ziel – Transparenz und Beteiligung
3. **Prozessuales Vorgehen** – Visualisierung im Zeitverlauf

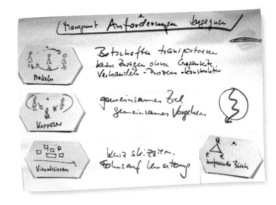

Abb. 5: Drei Klassiker des professionellen Sandwich-Managements

Die Namen der Strategien sind bewusst drastisch gewählt, um Anschaulichkeit herzustellen:

▶ *Makeln (Teile und herrsche)*

Die Führungskraft handelt nach beiden Seiten jeweils mit dem Ziel, den eigenen Handlungsspielraum zu erhöhen und Kompromissmöglichkeiten auszuloten (die Füllung im Sandwich reichhaltiger machen). Sie macht keine Zusagen, ohne vorher mit der anderen Partei gesprochen zu haben. Sie trägt Botschaften der jeweils anderen Partei als deutliches Signal – „schwer veränderbar" – weiter und bietet sich selbst immer wieder an, Verhandlungspositionen zu eruieren. Dabei achtet sie darauf, dass sie jeweils tragfähige und belastbare Argumente und Optionen erhält – also eine Art Pendeldiplomatie.

Beispiel: Das obere Management verfolgt aufgrund von Marktveränderungen die Strategie „Produktinnovationen" und fordert von der Abteilung neue Ideen und eine Verstärkung der Neuentwicklungen. Die Führung trägt die Botschaft weiter und hört von den Mitarbeitern: „Keine Zeit, zu viel zu tun." Die Führung trägt die schwierige Lage beim Management vor und verhandelt mit dem Management Ressourcenaufstockung und Prioritätensetzung bei anderen Themen, um die Strategie umzusetzen. Mit diesen neuen Konditionen macht die Führungskraft den Mitarbeitern klar, dass zur Strategie keine Alternative besteht, Ideen zur Umsetzung verlangt sind und weitere Ressourceneinsparungen aus der Mannschaft kommen müssen. Deren Ideen bringt sie wiederum nutzenorientiert dem Management näher, sodass schließlich beide Interessen bedient sind und konträre Positionen zu einem gemeinsamen Programm geführt werden.

Wichtig: Die direkte Verbindung von Manager und Mitarbeiterschaft macht den Makler obsolet. Sein Nutzen muss für beide Parteien sichtbar bleiben, er garantiert ein gutes Verhandlungsergebnis – oder zumindest ein besseres oder weniger mühsames als der direkte Kontakt.

▶ **Koppeln: Gemeinsames Ziel** *(Transparenz und Beteiligung)*

Die Führungskraft betont die positiven gemeinsamen Interessen von Management, Belegschaft und sich selbst und positioniert diese als gemeinsame handlungsleitende Linie. Sie bietet den Beteiligten damit einen anderen Fokus als das „Trennende", das bei Konflikten das „Gemeinsame" häufig überlagert. Sie bringt die Parteien strukturiert zusammen und vereinbart eine Aufgabenteilung untereinander, bei der die Aufgaben ineinander wirken und in der jeder seine Aufgabe seiner Funktion entsprechend kompetent übernehmen kann.

Beispiel: Das Management hätte gerne Mehrarbeit (am Samstag), die Beschäftigten sind wenig begeistert. Die Führungskraft organisiert einen Besuch seines Vorgesetzten im Rahmen der Teambesprechung. Sinn, konkrete Anforderungen des Managements und Möglichkeiten der Beschäftigten werden diskutiert. Anschließend werden zwei Aufgaben verteilt: Der Vorgesetzte formuliert die Anforderungen so klar, dass Varianten und alle Optionen eines Ausgleichs erkennbar sind. Die Beschäftigten bilden eine Koordinierungsgruppe, die im Kalender Optionen für sinnvolle Konstellationen eruiert. Anschließend kommt man wieder zusammen und überprüft gemeinsam, ob die erforderliche Lücke gefüllt ist oder wie groß sie noch ist. Die Führungskraft (im Sandwich) koordiniert sehr eng den Zeitverlauf und lädt ein.

Wichtig: Die Motivation zur Zusammenarbeit muss ehrlich und die Aufgaben müssen realistisch eingeschätzt und verteilt sein, denn der Führungskraft wird als Moderator schnell die Rolle des Garanten für den Erfolg zugeschrieben. Alle Beteiligung und Aktivierung benötigt Zeit und Vorlauf.

▶ **Prozessuales Vorgehen** *(Visualisierung im Zeitverlauf)*

Während Management oder Beschäftigte Ziele oder auch Unmöglichkeiten im Blick haben – „Das muss …", „Das geht nicht …" –, fokussiert die Führungskraft im Sandwich nicht das „Ob", sondern das „Wie". Sie bindet die beiden Parteien jeweils über schnelle Visualisierung und Abbildung der Prozesse im Zeitverlauf ein, um zu entwickeln, wie man vorgehen könne. Mit einer kleinen Skizze auf einem DIN-A4-Papier wird schnell deutlich, dass Dinge Zeit brauchen, dass andere Projekte ebenfalls Ressourcen binden, dass Geschäftsprozesse abteilungsübergreifend laufen und andere mit ins Boot zu holen sind. Über diese Sachanalyse mindern sich in der Regel die Anforderungen einer Sandwich-Seite und werden handhabbarer.

Beispiel: Eine neue kundenspezifische Maschine soll in der Produktion noch „dazwischengeschoben werden" (Anforderung des Managements:

3.6 Tool: Was ist das Wertvolle am Sandwich?

„Das muss gehen."). Mit einer Visualisierung der konkreten Kapazitätsverteilung im Zeitverlauf wird dem Management schnell deutlich, dass dann andere Projekte nach hinten fallen müssen (Commitment: „Nur so kann es gehen ...") Auf die Reaktionen der Beschäftigten („Unmöglich, das kann gar nicht gehen.") bringt die gleiche Visualisierung Optionen hervor, von denen die beste dann gewählt werden kann: „So könnte es gehen, wenn man ..."

Wichtig: Visualisierungen und Prozessdiskussionen kosten ein wenig Zeit, die oft nicht da ist. Für gefundene Lösungen gilt es, möglichst unmittelbar auch Vereinbarungen zu treffen, die nicht immer ohne Dritte möglich sind.

6. Typische Stresssituationen in der Sandwich-Position

Um nun gemeinsam die genannten Strategien auf ihre erfolgreiche Anwendung abzuklopfen und auch weitere Strategien zu erarbeiten, sollen Sandwich-Situationen am Flipchart gesammelt und anschließend in Kleingruppenarbeit konkretisiert und bearbeitet werden. Zunächst geht es darum, per Zurufliste typische und möglichst konkrete Situationen, die Erwartungs- oder Zielkonflikte, Gegensätze oder Widersprüche widerspiegeln, am Flipchart zu sammeln und zu sichten.

7. Bedürfnisse und Erwartungen klären – Perspektiven wechseln

Anschließend werden Kleingruppen à vier Personen gebildet, sodass je nach Gruppengröße drei oder vier Themen aus der Liste für die Weiterarbeit in Kleingruppen ausgewählt werden. Ziel ist es, die Ressource zu nutzen, dass die Führungskraft selbst sowohl die Vorgesetzten- wie auch die Mitarbeiterfunktion innehat, um – ergänzend zu den drei genannten Klassikern – die gesammelten Beispiele zu bearbeiten und entsprechende Handlungsstrategien abzuleiten.

Es folgt die Anmoderation der folgenden Arbeitsschritte (siehe Abb. 6, S. 202), wobei es empfehlenswert ist, auch einen Zeitwächter in der Kleingruppe zu bestimmen. Die jeweiligen Arbeitsphasen werden erläutert: In den folgenden 30 Minuten wird zunächst anhand von W-Fragen die Situation ganz kurz skizziert und beschrieben – Achtung: nicht bewertet! – und auf einem vorbereiteten Blanko-Flipchart festgehalten (ca. 5 Min.). Dann erfolgt nacheinander die Betrachtung exakt dieser Situation aus je drei Perspektiven (jeweils ca. 8 Min.), wobei die wichtigsten Erkenntnisse ebenfalls auf dem vorbereiteten Flipchart notiert werden. Nacheinander diskutiert die Kleingruppe, was sie

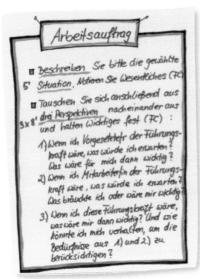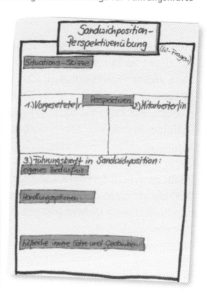

Abb. 6: Kleingruppenarbeit Perspektivenübung: Auftrag und Dokumentation

▶ aus Sicht der vorgesetzten Person der Führungskraft erwarten und für wichtig halten würde,
▶ aus Sicht der jeweiligen Mitarbeiterin bzw. des jeweiligen Mitarbeiters und
▶ aus Sicht der Führungskraft selbst.

Aus dieser dritten Perspektive wird zusätzlich zum eigenen Bedürfnis gemeinsam überlegt, welche Handlungsoptionen diese Situation bietet, um sowohl den Erwartungen von oben als auch von unten wirksam zu begegnen. Die drei klassischen Strategien aus Abbildung 5 bieten dabei als Handlungsoptionen Orientierung. Die Tabelle gibt einen Überblick zu möglichen Reflexionsfragen zu den jeweiligen Perspektiven. Alle wichtigen Punkte werden auf dem Flipchart notiert. Zudem soll die Gruppe abstimmen, wie sie ihre Ergebnisse in ca. 2 bis 3 Minuten präsentieren möchte (Spielen, Vorstellen usw.). Am Ende der Gruppen-

Tab.: Leitfragen zur Kleingruppenarbeit „Perspektivübernahme"

1. aus Sicht der vorgesetzten Person	▶ Was würde ich in dieser Situation erwarten? ▶ Was soll von der Führungskraft getan oder gelassen werden, um die Aufgabe zu erfüllen?
2. aus Sicht der Mitarbeiterin bzw. des Mitarbeiters	▶ Was würde ich in dieser Situation erwarten? ▶ Was bräuchte ich von meiner Führungskraft, um die gestellten Aufgaben zu bewältigen?
3. aus Sicht der Führungskraft	▶ Was brauche ich von wem, um diese Situation bewältigen zu können? ▶ Was wäre mir wichtig? ▶ Was wäre hilfreich, um beiden Seiten, so gut es geht, entgegenzukommen, ggf. einen guten Kompromiss zu finden?

arbeit erfolgt eine Pause von 15 bis 20 Minuten. Zum letzten Punkt des rechten Flipcharts in Abbildung 6, den „hilfreichen, inneren Sätzen und Gedanken", werden an dieser Stelle noch keine Überlegungen getroffen.

8. Präsentation der Ergebnisse

Die Gruppen stellen nacheinander ihre Situationen, die daran beteiligten Perspektiven und vor allem mögliche Handlungsszenarien vor. Die Präsentationen sind abschließend im Plenum mit Blick auf weiterführende Strategien zum Umgang mit der Sandwich-Position durchzuschauen und diese an der bereits eingeführten Pinnwand als neue Option zu ergänzen. Die Schlussreflexion der Kleingruppenübung zeigt auf, dass es sich zumeist um instrumentelle Stressbewältigungsstrategien handelt, wie Delegieren, Feedback geben, Ziele kommunizieren (siehe Abb. 3, S. 197) oder Strategien des Makelns, Koppelns und Visualisierens (siehe Abb. 5, S. 199). Dabei kommt möglicherweise auch die Idee auf, dass es darüber hinaus noch wichtige mentale Strategien und hilfreiche Einstellungen gibt, um die Sandwich-Rolle zu meistern. Damit ist die Überleitung zur folgenden Sequenz gegeben.

9./10. Mentale Stressbewältigung im Sandwich

In dieser Sequenz wird die Bedeutung gedanklicher Strategien – wie aufbauender, positiver innerer Sätze und Gedanken – für die zuvor bearbeiteten Situationen vertieft. Dazu gehört auch, sich persönlicher Bedürfnisse in diesen potenziellen Stresssituationen bewusst zu werden und wie sich Innere Antreiber bemerkbar machen können. In einem Kurz-Input werden die wichtigsten mentalen Strategien auf einer eher abstrakten Ebene benannt. Dazu gehören: Perspektivwechsel, positive Selbstinstruktionen, Akzeptanz und Annehmen der Situation, innere Distanz und Nicht-persönlich-Nehmen, Rolle klären, Ernstnehmen eigener Bedürfnisse (siehe Kap. 3.4, S. 176 ff.). Für die gewählte Situation erarbeiten die Kleingruppen hilfreiche innere Sätze und halten sie auf Flipchart fest (siehe Abb. 6).

11. Finales Zusammentragen und Vervollständigen der Best-Practice-Strategien

In den folgenden 15 Minuten stellen die Gruppen kurz ihre hilfreichen mentalen Strategien für die konkreten Situationen vor. Als Essenz werden abschließend gemeinsam hilfreiche mentale Strategien, aber auch ganz konkrete Gedanken oder Sätze auf die Pinnwand mit den Best-Practice-Strategien übertragen. Beispiele sind:

- „Ich stehe zu meinen Entscheidungen."
- „Es gehört zu mir als Führungskraft, auch für andere Unangenehmes zu tun."
- „Allen Menschen recht getan, ist eine Kunst, die niemand kann."
- „Gemecker ist an meine Rolle adressiert, nicht an mich als Person."

Die Gedanken und Sätze können nun ebenfalls auf der Pinnwand mit den Best-Practice-Strategien notiert werden.

12. Fazit: Das Besondere am Sandwich ist für mich …

Die Ausgangsfrage des Tools, was das Wertvolle an bzw. in der Sandwich-Position ist, wird in einem abschließenden Blitzlicht beantwortet. Nach Sichten der vielen produzierten Ergebnisse auf den Ebenen „Stressoren von außen", „innere Ansprüche" und „Stressreaktionen" stehen diese persönlichen Fragen im Mittelpunkt des Blitzlichts: Was nehme ich mit aus dieser Sequenz? Welche Möglichkeiten und Grenzen sind für mich mit der Sandwich-Position verbunden? Was ist das Besondere? Was ist die Chance und das Schöne?

Auswertung Das Tool enthält verschiedene Auswertungsschritte und dokumentiert an unterschiedlichen Stellen Zwischenergebnisse, die aufeinander aufbauen: Dies sind die „Anforderungen und Erwartungen", die „Bewältigungsstrategien" im Allgemeinen und fallbezogen sowie auch das abschließende Blitzlicht. Während bei Ersteren Strategien gesammelt, gebündelt, ergänzt und reflektiert werden, dient das Blitzlicht als Fazit für den ganz persönlichen Nutzen der Sequenz und der Bildung einer eigenen Position zur Sandwich-Rolle an sich.

Technische Hinweise Ein Flipchart, zwei vorbereitete Pinnwände, Moderationskarten, vorbereitete Flipcharts für die Gruppenarbeit. Die Raumgröße sollte das parallele Durchführen von vier Kleingruppenarbeiten ermöglichen.

Kommentar Auf folgende Stolperfallen ist zu achten:

- **Stolperfalle 1:** Bereits zu Beginn kann die Geschichte eine starke Wirkung auslösen, sodass das vorgesehene Zeitfenster überstrapaziert wird. Vor allem jedoch kann das Austauschbedürfnis bereits an dieser Stelle sehr hoch sein sowie das Erleben, man sitze in einem Boot. ▶ Hier ist methodisches Fingerspitzengefühl nötig, um die Vorteile der Arbeit mit einer Geschichte und deren starker emoti-

3.6 Tool: Was ist das Wertvolle am Sandwich?

onaler Wirkung einerseits gut zum Anwärmen zu nutzen, andererseits nicht in ein mögliches „Jammertal" zu fallen.

▶ **Stolperfalle 2:** Es wird im Zuge der gesamten Diskussion und Arbeit deutlich, dass es zwar ein explizites Führungsleitbild gibt, die ganz konkreten Orientierungen für die verschiedenen Führungsebenen jedoch fehlen oder nicht wirklich umzusetzen sind.
→ Dann kommt möglicherweise Leitbildarbeit zur Weiterarbeit infrage, womit eine Folgeveranstaltung nötig ist.

▶ **Stolperfalle 3:** Es wird deutlich, dass den Führungskräften in ihrer Sandwich-Rolle die Kommunikation nach oben und/oder unten schwerfällt und ihre Botschaft an beide Seiten nicht richtig ankommt. → Dann empfiehlt sich zur Weiterarbeit das Thema Feedback mit entsprechenden Übungen zum Feedback-Geben und Feedback-Einholen.

Typisches Feedback von Kunden

▶ „Toll, mal so in die Rolle der anderen zu schlüpfen. Das macht einfach vieles klarer. Und im Grunde haben die anderen auch ganz schönen Druck."
▶ „Schön zu sehen, wie viel man intuitiv schon richtig macht. Aber auch, dass es noch eine Menge mehr an Ideen gibt – vor allem, den eigenen Kopf zu benutzen. Da redet ja kein anderer rein."
▶ „Man war das anstrengend und viel – aber auch echt mal gut."
▶ „Klasse, jetzt habe ich mal erkannt, was wir ständig machen: Wir makeln!"

▶ Bruch, H./Kowalevski, S./Spalckhaver, L. (2013): Gesunde Führung – Chefs sind Vorbild und setzen Signale. Persorama HR Swiss, S. 20–23.
▶ Lubbers, B. W. (2002): Das etwas andere Rhetorik-Training oder: Frösche können nicht fliegen. Wiesbaden: Gabler Verlag.
▶ Rowold, J./Heinitz, K. (2008): Führungsstile als Stressbarrieren. Zeitschrift für Personalpsychologie, 7(3), S. 129–140.
▶ Weigang, S./Wöhrle, J. (2014): Führen in der Sandwich-Position. Erfolg im mittleren Management. Freiburg: Haufe.
▶ von Kutzschenbach, C. (2008): Können Führungskräfte ihre eigenen Vorgesetzten „führen"? Spielraum und Zwänge in einer Sandwich-Position. Personalführung, Heft 4, S. 34–40 (abrufbar unter: http://www.dgfp.de/wissen/personalwissen-direkt/dokument/79485/herunterladen).

Quellen, Literaturhinweise

Zusammenfassung

Für den Erfolg des strategischen Stress-Managements sind die Führungskräfte-Trainings entscheidend. An den Trainings- und Workshop-Maßnahmen sind die Führungskräfte die ersten Teilnehmenden und stellen wichtige Multiplikatoren in der Organisation dar. Wenn sie überzeugt sind von der Wirksamkeit der Maßnahmen, schicken sie ihre Mitarbeiterinnen und Mitarbeiter gerne ihrerseits in die Trainings, räumen ihnen hierfür Freiräume ein und motivieren sie. Mitarbeiterinnen und Mitarbeiter, die ihre Führungskraft in Bezug auf Stressbewältigung und die hierzu vermittelten Methoden als Vorbild erleben, fällt es möglicherweise leichter, die Methoden im Arbeitsalltag zu nutzen.

Durch die gemeinsame Erfahrung in gemischten Trainingsgruppen wird der Zusammenhalt unter den Führungskräften bereichsübergreifend gestärkt. Die Personen machen im Training oft neuartige Erfahrungen und erleben sich anders als im Arbeitsalltag. In den Übungen reflektieren sie nicht nur ihren eigenen Stress, sie bekommen auch mit, welche Stressoren andere Führungskräfte erleben. Hierdurch können sie Situationen identifizieren, in denen sie und ihre Abteilung selbst zu Stressauslösern für andere werden, und erkennen, wo sie mit ihrem Stress nicht alleine sind. Das Verständnis füreinander wird dadurch erhöht.

Trainerinnen und Trainer erleben die Führungskräfte in den Trainings mit viel Ernst und Engagement. In deren Verlauf setzen sie sich aktiv mit ihren eigenen Stressoren und persönlichen Stressverstärkern auseinander und erweitern ihren Blickwinkel auf Mitarbeitende, Team und Organisation. Sie entwickeln Ideen zum Umgang mit verschiedenen Situationen und testen diese im Gespräch und im Rollenspiel auf ihre Alltagstauglichkeit. Sich über Themen auszutauschen, die im Arbeitskontext selten Platz haben, schafft bei den Führungskräften Klarheit, erzeugt Entspannung und Vertrauen.

Die Effekte des Trainings werden durch die Einbettung in den strategischen Kontext der Organisation verstärkt und stoßen einen organisationalen Umgang mit Stress an. Um dies voranzutreiben, gilt es, die positiven Erfahrungen der Führungskräfte bei Mitarbeitenden und Teams fortzuführen. Vom Stress-Management können dann auch bereichsübergreifende Prozesse und Projekte, beispielsweise bei der Schnittstellenkommunikation, profitieren.

Stress-Management-Trainings für Mitarbeitende

Kapitel IV

Kapitel 4 – Kurzübersicht

In **„Erfolgsfaktor Mensch – Mitarbeitende und Stress"** veranschaulicht *Friederike Michel* die besondere Stressbelastung von Mitarbeitenden. Die steigenden Zahlen von stressbedingten Fehlzeiten und Präsentismus am Arbeitsplatz machen die Notwendigkeit eines gesundheitsförderlichen Umgangs mit herausfordernden Situationen durch die Mitarbeitenden deutlich. ▶▶ *Seite 209*

Friederike Michel erläutert das **„Konzept für Mitarbeiter-Trainings"**. Dieses orientiert sich inhaltlich an verschiedenen Ebenen von Stress: Stress als Anforderung von außen, Stress als Anforderung von innen und Stress als Reaktion. Die Mitarbeitenden lernen unter anderem, unterschiedliche Stressoren zu unterscheiden und situationsspezifisch zu reagieren. ▶▶ *Seite 213*

Das Tool **„Strategien zum kurzfristigen Stressabbau"** von *Louisa Reisert* beschreibt kurzfristige Interventionsstrategien zur Stressreduktion durch Ablenkung oder Ausgleich. Diese Strategien sind insbesondere dann hilfreich, wenn wenig Zeit und Möglichkeiten zur aktiven Einflussnahme auf die Situation zur Verfügung stehen und eine schnelle Handlungsfähigkeit wiederhergestellt werden soll.
▶▶ *Seite 228*

Melanie Hyll und *Mathias Hofmann* zeigen in **„Just say ‚No' – Grenzen setzen und Nein sagen"** die Bedeutsamkeit der Wahrnehmung und der Kommunikation von Grenzen für das Stress-Management auf. Das Tool gliedert sich in zwei Abschnitte. Zunächst werden eigene Grenzen und Grenzüberschreitungen erfahrbar gemacht, anschließend erlernen die Mitarbeitenden kommunikative Strategien zum „Neinsagen" und erproben diese im Rollenspiel. ▶▶ *Seite 234*

Das Tool **„Ressourcen und Selbstkompetenz im Stress"** von *Friederike Michel* verdeutlicht die Schlüsselrolle einer positiven Selbstwahrnehmung für die erfolgreiche Bewältigung von Stresssituationen. Die Teilnehmenden erweitern zunächst durch Feedback ihre Eigenwahrnehmung und ihren Handlungsspielraum. Anschließend wird der Einsatz persönlicher Ressourcen auf Stresssituationen übertragen.
▶▶ *Seite 240*

Friederike Michel sensibilisiert in dem Tool **„Sinnesfreuden – Ausgleich und Genuss"** für eine bewusste Wahrnehmung mit allen Sinnen. Durch geleitetes Entdecken werden individuelle Genussquellen erfahrbar. Ein kollegialer Austausch und eine persönliche Zielsetzung fördern den Transfer in den Arbeitsalltag.
▶▶ *Seite 246*

Erfolgsfaktor Mensch – Mitarbeitende und Stress

Stressprävention und Stressbewältigung als Erfolgsfaktoren und Voraussetzung für ein wirtschaftlich gesundes Unternehmen

Von Friederike Michel

Die Zahl der Fehltage aufgrund psychischer Erkrankungen ist in den vergangenen Jahren drastisch gestiegen, rund die Hälfte aller Fehltage sind auf übermäßigen Stress zurückzuführen. Die Europäische Agentur für Sicherheit und Gesundheitsschutz geht davon aus, dass bereits 60 Prozent aller Arbeitsausfälle Stress als Ursache haben – mit geschätzten jährlichen Kosten von 20 Milliarden Euro für Deutschlands Unternehmen. Als Gründe nennt das Bundesarbeitsministerium steigende Anforderungen, erhöhte Eigenverantwortung, höhere Flexibilitätsanforderungen und nicht kontinuierliche Beschäftigungsverhältnisse. Laut WHO stellt Stress eine der größten Gefahren für das menschliche Wohlergehen dar. Aus Angst um den Arbeitsplatz werden Krankheiten missachtet und verschleppt, was unter dem Begriff „Präsentismus" diskutiert wird (vgl. Hemp 2005). Gesunde Mitarbeitende tragen entscheidend zu einem wirtschaftlich gesunden Unternehmen bei und sollten demnach in ihrem Kenntnisstand und Umgang mit Stress geschult werden. Da ein Unternehmen kaum „stressfrei" zu organisieren ist, ist es geboten, die Mitarbeiterinnen und Mitarbeiter mit in die Verantwortung zu nehmen.

Ziel des Stress-Management-Trainings für Mitarbeitende

Ziel des Trainings für Mitarbeitende ist es, ein Bewusstsein für die verschiedenen dem Stresserleben zugrunde liegenden Variablen zu schaffen und geeignete Ansatzpunkte zur Stressprävention und -bewältigung zu erarbeiten. Dies beinhaltet die Differenzierung zwischen und den verbesserten Umgang mit Stressauslösern sowie ein Verständnis für eigene (konfliktfördernde) Denk-, Fühl-, und Verhaltensweisen und denen von Mitmenschen. Die Beschäftigten bekommen die Möglichkeit, sich außerhalb des Joballtags (in einem geschützten Rahmen) über Themen auszutauschen, die sie als emotional bedeutsam erleben. Der Austausch untereinander bringt unmittelbare Entlastung und ein „Aha"-Erleben in dem Sinne, dass „ich nicht alleine bin" mit meiner Denk- und Erlebensweise. Zudem bietet die Auseinandersetzung mit dem Thema unter Kollegen die Möglichkeit des Erfahrungsaustausches und des Lernens voneinander. Das jeweilige Stresserleben ist bei jedem Menschen verschieden. Bestimmte stressauslösende Situationen kommen im Alltag jedoch häufig vor und es ist ein Gewinn, sich über unterschiedliche Herangehensweisen und Lösungsmöglichkeiten auszutauschen. Zudem dient das Training der Selbstreflexion in stressauslösenden Situationen sowie einem besseren Verständnis für die Reaktionen der Mitmenschen und Kolleginnen und Kollegen. Um Verhaltensweisen verstehen zu können, ist es wichtig, die dahinterliegenden Motive und Werte zu kennen. Dies erleichtert nicht nur die eigene bessere Verhaltenssteuerung, sondern auch den Umgang mit Kolleginnen, Kollegen, Kundinnen, Kunden und Vorgesetzten.

Was Stress am Arbeitsplatz ausbremst

Mitarbeitende sind oftmals mit vielfältigen Anforderungen von außen und innen konfrontiert, die sie zu meistern haben. Externe Anforderungen sind zum Beispiel ein großer Arbeitsumfang, Personalmangel, zu wenig Pausen, Unterbrechung der Arbeitsabläufe, viel Bürokratie, komplizierte Entscheidungskultur, geringe Selbstbestimmungsmöglichkeiten, konfliktreiches Teamklima und Ähnliches mehr. Beispiele für Anforderungen, die sich aus der inneren Haltung ergeben, sind ein Arbeiten bis an die Belastungsgrenze, die mangelnde Abgrenzung gegenüber Kunden, schlechtes Gewissen, mangelnde Balance zwischen Job und Privatleben, mangelnde Rücksichtnahme auf eigene Ressourcen, zu hohe Ansprüche an sich selbst und andere.

Die operative und psychische Bewältigung gelingt zumeist gut, solange ein soziales Netzwerk zum informativen und zwischenmenschlichen Austausch gegeben ist. Zudem ist ein Sinnerleben des eigenen Handelns von entscheidender Bedeutung. Eine hohe Selbstmotivation und sinnvolle Arbeit sind wichtige Grundlagen für psychosoziales Wohlbefinden am Arbeitsplatz. Dazu gehören eine Identifikation mit den Kernaufgaben und Haupttätigkeiten, Gestaltungsmöglichkeiten der Arbeitseinteilung sowie das Ausleben von eigenen Ressourcen. Das Erleben von Sinn als entscheidenden Faktor haben sowohl Viktor Frankl als auch Aaron Antonovsky in ihren wissenschaftlichen Arbeiten aufgegriffen. Dabei sind drei Variablen von entscheidender Bedeutung:

- Leistungsfähigkeit und Gestaltungsmöglichkeit der Arbeit: Arbeitsinhalt.
- Ausdruck der Persönlichkeit und soziales Für- und Miteinander: Zwischenmenschlichkeit, Miteinander.
- Einstellungen zu Leben, Arbeit und unabänderlichen Situationen: geistige Haltung.

Zu Stresserleben aufseiten der Mitarbeitenden kann es demnach kommen, wenn eine Vielfalt von herausfordernden Arbeitsbedingungen auf eine mangelnde soziale Unterstützung treffen. Zudem spielen die eigenen stressfördernden Einstellungen und Denkmuster eine entscheidende Rolle beim Erleben von Stress und Überforderung.

Voraussetzungen für erfolgreiche Stress-Trainings

Die Auseinandersetzung mit dem Thema Stress sollte möglichst getrennt von dem gewohnten Arbeitsumfeld in einer ungestörten und wertfreien Umgebung stattfinden. Die Räumlichkeiten und das Umfeld tragen bereits viel zum Gelingen eines Seminars und dem Wohlfühlen der Teilnehmenden bei. Die Pausenzeiten können gezielt zum Austausch und für gemeinsame Aktivitäten genutzt werden, ohne dass die Teilnehmenden zwischendurch ins Büro verschwinden. Für die Bearbeitung konkreter Fälle und den persönlichen Austausch sollte eine Gruppengröße von max. zwölf Teilnehmenden nicht überschritten werden. Diese Gruppengröße hat sich sowohl für den Austausch im Plenum als auch für Kleingruppenarbeiten bewährt. Optimal ist natürlich eine freiwillige Teilnahme durch die Beschäftigten. Falls dies nicht gegeben ist, kann es sinnvoll sein, die unterschiedlichen Teilnahmekriterien zu erfragen. So hat die Trainerin bzw. der Trainer einen besseren Überblick über die Hintergründe und Missmut kann einmal kurz geäußert werden. Zudem ist es wichtig, zu Beginn des Trainings den Wissensstand der Teilnehmenden zu erfragen und daran anzuknüpfen sowie die „Experten" mit ins Boot zu holen.

Für die Einbindung in das Gesamtprojekt ist es unabdingbar, dass die Erkenntnisse der Mitarbeiterinnen und Mitarbeiter zum Thema Stress für die Gesamtorganisation nutzbar gemacht werden. Dazu ist es sinnvoll, die Ergebnisse aus den Trainings bezüglich organisationaler Stressoren zu sammeln und an eine Steuerungsgruppe weiterzugeben. Die Rückmeldungen bezüglich erwünschter Veränderungen und Unterstützung auf Team- und organisationaler Ebene sollten, wenn möglich, persönlich durch ein oder zwei Vertreter der Mitarbeitenden erfolgen, um so konkrete Fragen platzieren zu können. Durch die Möglichkeit, nicht nur auf persönlicher und kollegialer, sondern auch auf höherer Ebene Anregungen zu geben und „gehört zu werden", verstärkt sich das Erleben der Trainingsmaßnahme als sinnhaft.

Wird Stress zum Thema, verändert sich die Organisation

Das Angebot, sich mit externen und internen Stressauslösern auseinanderzusetzen, zeigt den Mitarbeiterinnen und Mitarbeitern, dass die Organisation ihre Bedürfnisse ernst nimmt und ihnen Raum gibt. Durch die Rückmeldung persönlicher Erkenntnisse bzgl. relevanter Themen an die Steuerungsgruppe gewinnt die Auseinandersetzung mit der Thematik an Glaubwürdigkeit. Die Bereitschaft, etwas in der Praxis umzusetzen und auszuprobieren, steigt. Dadurch, dass sich die Mitarbeiterinnen und Mitarbeiter nicht mehr als Einzelkämpfer, sondern vielmehr als Teil eines Ganzen wahrnehmen, wird das Engagement gestärkt, zusammen etwas zu stemmen. Die Leistungsbereitschaft und das soziale Engagement steigen. Durch den Wissenszuwachs und die Sensibilisierung zum Thema Stress steigt zudem die Wahrscheinlichkeit, dass neue Veränderungsbedarfe benannt werden. Dies birgt für die Organisation einerseits die Möglichkeit, konkretes Wissen aus der Praxis der Beschäftigten zu erlangen, auf der anderen Seite steigt natürlich auch die Erwartungshaltung aufseiten der Beschäftigten, bei der höheren Führungs- und Managementebene „Gehör" zu finden und Veränderungen voranzutreiben.

Quellen, Literaturhinweise

- Antonovsky, A. (1997): Salutogenese. Zur Entmystifizierung der Gesundheit. Tübingen: dgvt-Verlag.
- Bamberg, E./Busch, C./Ducki, A. (2003): Stress- und Ressourcenmanagement. Bern: Huber.
- BKK Bundesverband (Hrsg.)(2003): BKK Gesundheitsreport. Gesundheit und Arbeitswelt.
- DAK (Hrsg.) (2014): DAK Gesundheitsreport.
- Graf, H. (2005): Mit Sinn und Werten führen – was Viktor E. Frankl Managern zu sagen hat. Wien: Lit Verlag.
- Hemp, P. (2005): Präsentismus. Krank am Arbeitsplatz. Harvard Business Review, S. 47–60.

Konzept für Mitarbeiter-Trainings

Stressauslöser kennenlernen, mit dem eigenen Stresserleben besser umgehen, Techniken und Methoden zum Stressabbau anwenden

Von Friederike Michel

Ziele

Ziel des Trainings für die Mitarbeitenden ist es, einen gesundheitsfördernden Umgang mit herausfordernden Situationen zu erlernen. Dazu ist die Fähigkeit nötig, externe und interne Stressauslöser zu unterscheiden und das Stresserleben auf emotionaler, kognitiver und Verhaltensebene differenzieren zu können. Das Training bietet die Möglichkeit zum Austausch über eigenes Stresserleben im beruflichen und privaten Kontext, zudem werden bereits vorhandene Ressourcen im Umgang mit Stresssituationen fokussiert. Durch den Erfahrungsaustausch untereinander wird die soziale Unterstützung gestärkt und durch die Einführung von Lerntandems im Alltag gefestigt. Inhaltlich lassen sich folgende Schwerpunkte definieren:

▶ Reflexion des persönlichen Umgangs mit Stress,
▶ Erweiterung der Stress- und Selbstmanagementkompetenzen,
▶ Erlernen konkreter Stressbewältigungstechniken und -methoden und deren situative Anwendung,
▶ Erleben sozialer Unterstützung.

Inhaltlicher und methodischer Aufbau

Das dreitägige Training gliedert sich in zwei aufeinanderfolgende Trainingstage und einen zeitlich versetzten Transfertag, dessen Abstand idealerweise bei 2 bis 3 Monaten liegt. Das Training ist modular aufgebaut und orientiert sich in Anlehnung an Gert Kaluza an den drei Ebenen des individuellen Stress-Managements: externe Stressauslöser, interne Stressauslöser und Stressreaktion (siehe Tab. 1, S. 217). Das Verständnis, auf welchen Ebenen Stress entstehen kann, dient als Grundlage für die vertiefende Arbeit auf den einzelnen Ebenen. Am ersten Trainingstag wird zunächst verstärkt auf der Ebene der externen

Stressauslöser gearbeitet, am zweiten Trainingstag erfolgt der Einstieg auf der Ebene der internen Stressauslöser. An beiden Trainingstagen finden sich jedoch abwechselnd Arbeitseinheiten auf beiden Ebenen. Übungen auf der Ebene der Stressreaktion fließen immer wieder mit ein und werden am Transfertag vertieft. Zudem dient der Transfertag dazu, Erfahrungen aus der Zwischenzeit zu reflektieren sowie die Nachhaltigkeit und den Transfer in den Arbeitsalltag zu sichern.

Die Abbildung 1 auf dieser Seite veranschaulicht den didaktischen Spannungsbogen des Trainings: An Phasen der gemeinsamen Themenerarbeitung schließen sich stets Phasen der Anwendung, Übung und Reflexion für den Praxisalltag an.

Phase 1: Einstieg und Analyse

Zu Beginn des Trainings findet eine Verortung des Trainings im strategischen Stress-Management statt. Dazu können z.B. die Ergebnisse aus einer vorangegangenen Zukunftskonferenz vorgestellt bzw. an einem Zeitstrahl die Einbettung in ein mögliches Gesamtprojekt veranschaulicht werden. Nach einer kurzen Vorstellungsrunde bietet es sich an, die Teilnehmenden durch eine aktivierende Methode, wie z.B. das „Speed-Meeting", ins Tun zu schicken (siehe Abb. 2, S. 216). Hierzu finden sich zwei Menschen zusammen und tauschen sich kurz zu zwei Themen aus. Fragen für den Einstieg können u.a. sein:

Abb. 1

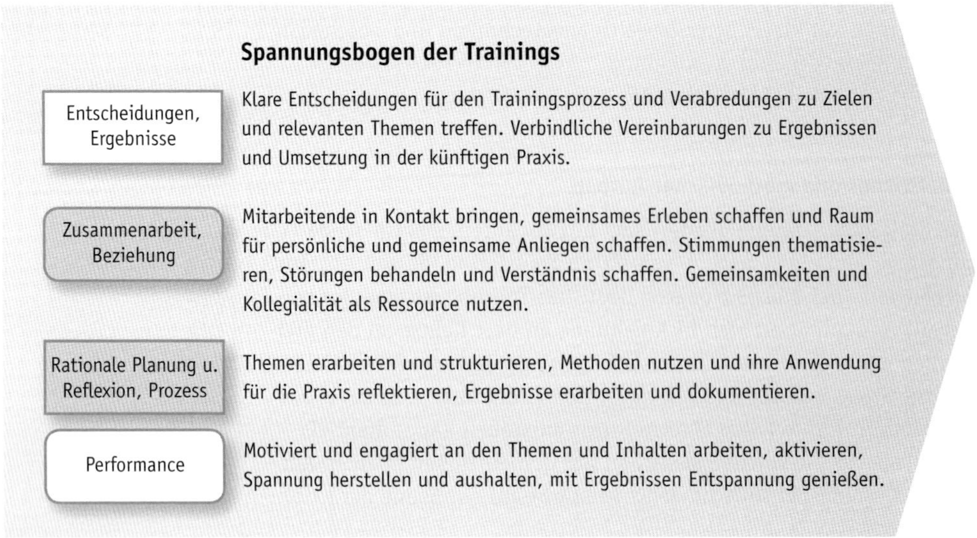

Spannungsbogen der Trainings

Entscheidungen, Ergebnisse	Klare Entscheidungen für den Trainingsprozess und Verabredungen zu Zielen und relevanten Themen treffen. Verbindliche Vereinbarungen zu Ergebnissen und Umsetzung in der künftigen Praxis.
Zusammenarbeit, Beziehung	Mitarbeitende in Kontakt bringen, gemeinsames Erleben schaffen und Raum für persönliche und gemeinsame Anliegen schaffen. Stimmungen thematisieren, Störungen behandeln und Verständnis schaffen. Gemeinsamkeiten und Kollegialität als Ressource nutzen.
Rationale Planung u. Reflexion, Prozess	Themen erarbeiten und strukturieren, Methoden nutzen und ihre Anwendung für die Praxis reflektieren, Ergebnisse erarbeiten und dokumentieren.
Performance	Motiviert und engagiert an den Themen und Inhalten arbeiten, aktivieren, Spannung herstellen und aushalten, mit Ergebnissen Entspannung genießen.

4.2 Konzept für Mitarbeiter-Trainings

Themen bearbeiten, Kenntnisse vermitteln
mentale Stressbewältigung als Schlüsselkompetenz

Themen anwenden, Tools erproben
instrumentelle Stresskompetenz erweitern

Themen anwenden, Tools erproben
mentale Stresskompetenz erweitern

Themen bearbeiten, Kenntnisse vermitteln
instrumentelle Stressbewältigung als Schlüsselkompetenz

Phase 3: Zusammenfassung und Ausblick

Neues erleben
genießen, regenerieren, Wahrnehmungsübungen

Entspannung/Aktivierung erleben
durch Übungen in Kontakt sein, regenerative Stresskompetentz

Phase 2: Themen bearbeiten

Methodenreflexion und Transfer
Reflexion und persönliche Vorhaben

Themen benennen
Gemeinsamkeiten, Unterstützungsbedarfe, Austausch

Rückmeldungen an die Steuerungsgruppe
organisationale Faktoren im Stress

So ist es
gemeinsames Verständnis schaffen, Analyse Ist-Situation

Ausblick
Transfertag, Wünsche und Bedarfe

Arbeitsfähig werden
Ziele, Agenda und Regeln vereinbaren, Erwartungen aufnehmen

Feedback
Auswertung

Come together
Begrüßung und Kennenlernen

Phase 1: Einstieg und Analyse

Vorgespräche
Abstimmung von Themenwünschen – Einladung

Umsetzung
neue Praxis, kollegialen Austausch nutzen

Transfertag
Ergebniskontrolle, Vertiefung, Fokus: Team und Organisation

- „Welches schöne Erlebnis von heute Morgen ist Ihnen in Erinnerung geblieben?"
- „Was für Erwartungen haben Sie an die zwei Trainingstage?"

Der Austausch wird mehrfach mit unterschiedlichen Personen wiederholt. Anschließend werden die Erfahrungen im Plenum eingefangen, indem die Teilnehmenden berichten, was sie von ihren Mitmenschen gehört bzw. berichtet bekommen haben. Die Methode bietet die Möglichkeit, mit verschiedenen Kolleginnen und Kollegen ins Gespräch zu kommen und auf eine lebendige Weise positive Erlebnisse und Erwartungen in den Raum zu holen.

Anschließend geht die Trainerin bzw. der Trainer auf die formulierten Erwartungen ein und verdeutlicht, was das Training leisten kann und was nicht. Hier ist es wichtig zu besprechen, dass bestimmte organisationale Strukturen in diesem Training zwar thematisiert und Veränderungswünsche aufgenommen, jedoch keine unmittelbaren Veränderungen an Rahmenbedingungen bewirkt werden können (z.B. Programmierung einer benutzerfreundlichen Software). Der Fokus des Trainings liegt deshalb auf Faktoren, die jeder Einzelne aktiv beeinflussen kann, so z.B.: Selbstmanagement, sozial-kommunikative Kompetenzen, Problemlösekompetenzen, Einstellungen und Haltung gegenüber Stress sowie Ausgleich und Genuss. Dies bietet eine gute Überleitung zur Erarbeitung der Spielregeln und gemeinsamen Arbeitsgrundlagen im Training sowie der Vorstellung der Agenda.

Abb. 2: Kennenlernen über das „Speed-Meeting"

Zum inhaltlichen Themeneinstieg wird analog zu den Führungskräfte-Trainings ein gemeinsames Verständnis für die Entstehungsebenen von Stress geschaffen. Auch hier wird auf den drei Ebenen (siehe Tab. 1, S. 217) gearbeitet: Stress als Anforderung von außen, als Anforderung von innen und als Reaktion (vgl. Kaluza 2011). Das auf dieser Basis erarbeitete Modell dient als Orientierungsrahmen für die Trainingstage und als roter Faden im Trainingsverlauf, auf den regelmäßig Bezug genommen wird, um die aktuelle Arbeitsebene zu verdeutlichen.

Ein allgemeiner Wissensstand der Teilnehmenden zur Entstehung und Funktion von Stressreaktionen anhand eines Kurz-Inputs bildet die theoretische Basis. Zu Beginn des Trainings ist es hilfreich, bisherige Erfahrungen mit dem Thema einzuholen. Je nachdem kann ausführlicher oder weniger ausführlich auf den theoretischen Hintergrund ein-

4.2 Konzept für Mitarbeiter-Trainings

Ebenen	Erklärung	Trainingsziel	Trainingsmethode
Ebene 1: Stress als Anforderung von außen ▶ Input	Ereignisse oder Belastungen – sog. Stressoren –, die von außen aus der Umwelt kommen und Stress auslösen	Stressoren abbauen	Problemlösen und Fallarbeit zu Stress-situationen
Ebene 2: Stress als Anforderung von innen ▶ Transaktion	Einstellungen, Motive oder Glaubenssätze darüber, wie etwas zu sein hat, die den Stress verstärken – sog. persönliche Stressverstärker	Hilfreiche Gedanken und Einstellungen entwickeln	Selbstreflexion und mentales Training
Ebene 3: Stress als Reaktion ▶ Output	Durch Stresssituationen auf körperlicher, emotionaler, mentaler oder kognitiver Ebene ausgelöst	Ausgleich und Genuss schaffen	Übungen zum Entspannen und Genießen

Tab. 1: Die drei Ebenen des Stressverständnisses

gegangen werden. Die Erfahrung zeigt, dass ein praxisnaher Input von den meisten Teilnehmenden als Auffrischung geschätzt wird. Im Anschluss an den Theorie-Input kann die Funktionalität von Angriff und Flucht anhand von möglichen Bewältigungsstrategien auf allen Ebenen aufgegriffen und vertieft werden (siehe Abb. 2 in Kap. 3.2, S. 156).

Nach diesem Einstiegsblock nehmen die Teilnehmenden eine erste Selbsteinschätzung und Verortung ihres Stresserlebens in Bezug auf ihre Arbeit vor. Dazu eignet sich das „Anforderungs-Kontroll-Modell" nach Karasek und Theorell (siehe Kap. 1.2.3, S. 20 ff.) sehr gut, das die psychosozialen Belastungskonstellationen von Arbeitssituationen anhand dreier Dimensionen klassifiziert:

▶ die Arbeitsanforderungen, die an die Person gestellt werden,
▶ den Entscheidungs- und Kontrollspielraum, der zur Aufgabenerfüllung vorhanden ist, und
▶ die soziale Unterstützung, die die betroffene Person vorfindet.

Nach diesem Modell entsteht die höchste psychosoziale Belastung dann, wenn eine Arbeitssituation von hohen psychischen und physischen Anforderungen geprägt ist, ein geringer Entscheidungs- und Kontrollspielraum und zugleich eine geringe soziale Unterstützung vorhanden sind. Die Teilnehmenden sollen sich anhand der drei Dimensionen bezogen auf ihren Arbeitskontext einschätzen, um so einen ersten Ist-Zustand zu erheben und bereits erste Veränderungswünsche und -ideen zu sammeln. An dieser Stelle ist es hilfreich, zwischen Veränderungen hinsichtlich der Rahmenbedingungen und Veränderungen, die in meiner eigenen Verantwortung liegen, zu unterscheiden. Die Teilnehmenden können zu beiden Punkten Ideen sammeln, wobei allerdings die eigene Verantwortlichkeit klar im Vordergrund stehen sollte. So können sie sich als Akteure und weniger als „Opfer der Umstände" wahrnehmen und zu ihren Ideen konkrete Lösungsvorschläge erarbeiten.

Aus dem Spannungsbogen des Konzepts (siehe Abb. 1) und der Agenda zu Tag 1 (siehe Tab. 2) wird deutlich, dass die Phase der Analyse und des Einstiegs gegen Mittag des ersten Tages abgeschlossen ist und nun die weitere Erarbeitung spezifischer Themen erfolgt.

Tab. 2: Agenda Tag 1 und Tag 2

Tag 1	
9:00	Begrüßung, Kennenlernen, Projekteinbindung, Agenda
	Rahmenmodell zu Stress als roter Faden
	Stressbewältigungsstrategien – *Kaffeepause* –
	Was ist Stress? Biologischer Hintergrund zu Stressreaktionen und -folgen sowie Gesundheitsrisiken
	Reflexion des eigenen Stresserlebens im Arbeitskontext und Entwicklung von Veränderungsideen (Anforderungs-Kontroll-Modell)
12:30	– *Mittagspause* –
	Entspannung erleben
	„Mein persönlicher Stress" – Anforderungen sichten und in Fallarbeit reflektieren – *Kaffeepause* –
	Weiterführung der Fallarbeit in Kleingruppen
	Spaß und Freude an der Arbeit
	Feedback, Ausblick Tag 2
17:30	Abschluss

Tag 2	
9:00	Begrüßung, Rückblick, Agenda
	Kognitive Stressbewältigung und Innere Antreiber – *Kaffeepause* –
	Kommunikation in und Umgang mit herausfordernden Situationen
12:30	– *Mittagspause* –
	Aktivierung erleben
	Prioritäten setzen
	Positives Umdenken – *Kaffeepause* –
	Dankbarkeit
	Transfer der Ergebnisse in den Alltag
	Feedback und Rückmeldungen an die Steuerungsgruppe
16:30	Abschluss

Phase 2: Themen bearbeiten

Im folgenden Trainingsverlauf findet bei der Einführung eines Themas bzw. einer Trainingseinheit immer der Bezug zu einer der drei Stressebenen statt, sodass die Teilnehmenden sich gut verorten und dem roten Faden des Trainingsaufbaus folgen können. Ein Wechsel der Arbeit auf unterschiedlichen Ebenen gestaltet das Training lebendig, wobei sich der vertiefte Einstieg auf der zweiten Ebene „Stress als Anforderung von innen" am Nachmittag des ersten Tages oder am zweiten Trainingstag anbietet, da es um persönliche Einstellungen und Denkweisen geht und diese eine gewisse Vertrauensbasis benötigen.

Nach der Mittagspause erfolgt ein Baustein zur Regeneration (Ebene 3: Stress als Reaktion, siehe Tab. 1, S. 217), mit dem die Teilnehmenden „etwas Handfestes" für ihre Praxis erhalten. Entspannungsverfahren sind relativ schnell umzusetzen und flexibel einsetzbar. Es bieten sich verschiedene Atem- und Imaginationstechniken oder, entsprechende Kenntnisse vorausgesetzt, die progressive Muskelentspannung an. Zur Einstimmung bringt die Trainerin bzw. der Trainer den Teilnehmenden einige Grundlagen zur Entspannung nahe und macht dabei deutlich: Diese Übungen benötigen Zeit und Training, doch hier und jetzt besteht die Gelegenheit, sie einmal kennenzulernen und zu testen (siehe Abb. 3). Nach der Entspannungsphase werden gemeinsam die Erfahrungen besprochen, um Ungewohntes und Unangenehmes aufzufangen und Positives zu teilen.

Anschließend erfolgt die Weiterarbeit auf der Ebene „Stress als Anforderung von außen". Die Teilnehmenden arbeiten an konkreten Fällen und nehmen so möglichst viel an Ergebnissen für den Arbeitsalltag mit. Die „Kollegiale Beratung" (nach Tietze) ist in diesem Zusammenhang eine sehr gut geeignete Methode, um einen Fall systematisch zu beschreiben und zu verstehen, einen großen Pool an Lösungsmöglichkeiten zu generieren und praxistaugliche Alternativen für die Umsetzung auszuwählen. Zum Verständnis der Methode wird zunächst ein Fall beispielhaft im Plenum vorgestellt. Falls sich die Teilnehmenden mit der Fallfindung schwertun, kann die Trainerin bzw. der Trainer einige Beispiele geben und auf die Chance hinweisen, von vielen kompetenten Kollegen Ideen zu gewinnen. Anschließend werden zwei weitere Fälle in Kleingruppen bearbeitet, wobei jeweils ein Zeitnehmer, ein Fallgeber und ein Moderator bestimmt wird. Ungewöhnliche und neue Ideen

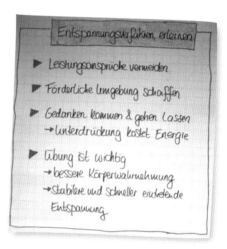

Abb. 3: Voraussetzungen für den Erfolg von Entspannungsverfahren

können beispielsweise durch ein Kopfstand-Brainstorming (vgl. Tietze 2003) oder ähnliche paradoxe Methoden angeregt werden.

Zum Abschluss des ersten Trainingstages findet eine Trainingseinheit auf der Ebene der persönlichen Stressverstärker statt (Ebene 2: Stress als Anforderung von innen, siehe Tab. 1, S. 217). Der Fokus soll hier auf alle Faktoren gelegt werden, die den Teilnehmenden „Spaß und Freude an der Arbeit" bringen. Im Stress neigen Menschen dazu, vermehrt negative Faktoren zu fokussieren, die sie unmittelbar stören bzw. belasten. In dieser Arbeitseinheit widmen sich die Mitarbeiterinnen und Mitarbeiter ganz bewusst den Dingen, aus denen sie Kraft und Energie schöpfen, und den Gründen, weshalb sie gerne zu ihrer Arbeit gehen. Es werden zwei Kleingruppen gebildet, die anhand eines Werbespots, eines Vortrags, eines Interviews oder eines Bildes ihren persönlichen Spaß an der Arbeit zum Ausdruck bringen. In der Reflexion wird oft ersichtlich, wie viel Positives die Arbeit mit sich bringt und dass es wertvoll ist, sich diese Faktoren in Erinnerung zu rufen. Durch die Fokussierung der Ressourcen am Arbeitsplatz schließt das Seminar mit einem positiven Gefühl für die Teilnehmenden ab. Ein positiver Abschluss ist nach dem Recency-Effekt (vgl. Atkinson und Shiffrin 1968) wichtig für einen guten Eindruck des Seminartages, denn danach werden später eingehende Informationen besser erinnert als früher eingehende. Zudem sollten die Teilnehmenden sich kurz vor Ende des Tages nicht mehr mit zu persönlichen Themen konfrontiert sehen, die nicht mehr abschließend bearbeitet und aufgefangen werden können.

Der zweite Trainingstag beginnt mit einem vertieften Einstieg auf der zweiten Ebene „Stress als Anforderung von innen" (siehe Tab. 1, S. 217). Die Trainingseinheit wird mit sogenannten „Kippbildern" bildhaft eingeleitet. Anhand der Bilder wird deutlich, dass Personen ein und dieselbe Situation je nach Blickwinkel und Perspektive unterschiedlich wahrnehmen. Das transaktionale Stressmodell nach Lazarus (1999) (siehe Kap. 1.2.4, S. 30 ff.) stellt für die Arbeitseinheit die theoretische Grundlage dar und sollte anhand eines Beispiels verdeutlicht werden. Um die Hintergründe unserer Handlungen und innerpsychischen Spannungszustände zu verstehen, ist es wichtig, die dahinterliegenden Motive und Werte zu kennen. Für eine erste Analyse füllen die Teilnehmenden einen Fragebogen zu ihren Inneren Antreibern (vgl. Reisert, Hofmann und Pracht 2014) aus. Anschließend wird das Modell mit den positiven wie auch kritischen Aspekten der Antreiber kurz vorgestellt. Im folgenden Lerntandem setzen sich die Teilnehmenden vertieft mit ihren persönlichen Antreibern auseinander und arbeiten sowohl Qualitäten als auch Schwierigkeiten heraus. Dadurch werden persönliche Ressourcen gestärkt und Entwicklungsfelder sichtbar. Methodisch eig-

4.2 Konzept für Mitarbeiter-Trainings

net sich für diese Sequenz ein Mix aus Plenumsarbeit, Selbstreflexion und Lerntandem.

Die nun folgende Arbeitseinheit knüpft auf der Ebene 1 „Stress als Anforderung von außen" an. Hier vertiefen die Teilnehmenden das Verständnis ihrer Mitmenschen, um auf dieser Basis konstruktiver miteinander zu kommunizieren und zu einer gemeinsamen Problemlösung zu gelangen. Dazu wurde das Modell der Inneren Antreiber (nach Kahler 1974) zu dem Trainingstool „Antreiber zusammenführen" (vgl. Reisert et al. 2014) weiterentwickelt. Anhand einer Beispielsituation wird der Konflikt herausgearbeitet und die Bedürfnisse des Gegenübers und der eigenen Person wertgeschätzt und reflektiert. Anschließend wird ein Lösungsszenario entwickelt und im Rollenspiel erprobt. Da diese Methode sehr komplex ist, ist es wichtig, sie zunächst im Plenum anhand eines Beispielfalls vorzustellen und auszuprobieren. Anschließend können zwei weitere Fälle erneut in Kleingruppen bearbeitet und ggf. in einem Rollenspiel nachgestellt werden.

Das zitierte Tool ist als Download verfügbar

Nach dieser Arbeitseinheit bietet sich ein Baustein auf der Ebene 3 „Stress als Reaktion" an, um die Teilnehmenden erneut durch gemeinsame Übungen zur Aktivierung, Energiemobilisierung oder Entspannung anzuregen und die Übungen auf ihre Anwendung im Arbeitsalltag hin zu reflektieren. In diesem Sinn kann ein vielfältiges Methodenrepertoire von Klopf- und Dehnübungen über Bewegungs- und Koordinationsspiele bis hin zu Atemübungen Anwendung finden.

Bei der Methode des Priorisierens nach Eisenhower geht es darum, Anforderungen von außen (siehe Tab.1) anhand der Kriterien Wichtigkeit (wichtig/nicht wichtig) und Dringlichkeit (dringend/nicht dringend) zu sortieren. Nach dieser Einteilung ergeben sich vier verschiedene Aufgabentypen (A = sofort selbst erledigen, B = terminieren und selbst erledigen, C = delegieren, Störungen managen, D = nicht bearbeiten), die in unterschiedlicher Reihenfolge abgearbeitet werden. Dieses Tool bietet die Möglichkeit, sich einen Überblick über anfallende Aufgaben im Arbeitsalltag zu verschaffen. Dazu notieren die Teilnehmenden bis zu zehn Aufgaben aus ihrem Arbeitsfeld auf Moderationskarten und ordnen sie anschließend den vier Feldern zu. Im Plenum wird gemeinsam die Ist-Situation betrachtet und analysiert: Wie verteilen sich die Aufgaben? Wo ballen sie sich? Anschließend wird gemeinsam erarbeitet, welche Aufgaben wie umverteilt werden können, um Stress abzubauen bzw. zu vermeiden. So kann es u.a. ein Ziel sein, A-Aufgaben (Krisen, Notfälle, Fristen) zu B-Aufgaben (Strategie, Planung, Innovation) werden zu lassen, z.B. durch rechtzeitige Terminierung (vgl. Große-Boes & Kaseric 2006).

Wiederum erfolgt ein Wechsel der Ebene, diesmal auf „Stress als Anforderung von innen". Nun betrachten die Teilnehmenden die eigenen stressverschärfenden Gedanken anhand des Tools zum Positiven Umdenken (siehe Kap. 3.4, S. 176 ff.; für Mitarbeitende entsprechend abzuwandeln). Wenn Menschen verinnerlichte Normen und Wertvorstellungen nicht erfüllen können oder erfüllt bekommen, entsteht auf physischer und psychischer Ebene ein Spannungszustand. Um diese innere Spannung zu reduzieren, wird unbewusst auf verinnerlichte Verhaltensmuster, Haltungen und Denkweisen zurückgegriffen. Diese sind oftmals stark automatisiert und es braucht viel Übung, um sich diese in der aktuellen Situation bewusst zu machen und darauf reagieren zu können.

Einen positiven Abschluss des zweiten Trainingstags bietet das Thema „Dankbarkeit" (Stress als Reaktion von innen). Nach wissenschaftlichen Erkenntnissen trägt die Fähigkeit, Dankbarkeit zu empfinden, zur Steigerung des subjektiven Wohlbefindens bei (vgl. Lyubomirsky 2008). Die Teilnehmenden werden gebeten, etwas zu benennen, wofür sie dankbar sind bzw. in welchen Situationen sie bereits die Erfahrung von Dankbarkeit gemacht haben. Es ist wichtig, diesen Beiträgen Raum zu geben und die positiven Emotionen einzufangen und wirken zu lassen. Diese positive Grundhaltung wird erneut aufgegriffen, um darauf hinzuweisen, dass jeder Mensch die Möglichkeit hat, selbst seine Stimmungen zu beeinflussen. Im Anschluss kann den Teilnehmenden als „Geschenk" eine Geschichte „Die weise Frau mit den Bohnen" (Verfasser unbekannt) vorgelesen und mit auf den Weg gegeben werden. Damit die Teilnehmenden die „Glücksstrategie" der weisen Frau selbst ausprobieren können, bringt die Trainerin bzw. der Trainer eine Schatztruhe voller Bohnen mit und verteilt sie.

Phase 3: Zusammenfassung und Ausblick

Anhand der über die Trainingstage gewachsenen Tool-Wand werden die Inhalte des Trainings noch einmal zusammengefasst und ins Gedächtnis geholt. Im Plenum findet eine Reflexion der einzelnen Tools im Hinblick auf die persönliche Wichtigkeit und Umsetzbarkeit in den Alltag statt. Um die Verbindlichkeit zur Umsetzung einzelner Methoden aus den Trainingstagen zu erhöhen, bietet sich ein Austausch im Lerntandem über eigene Zielsetzungen und deren Verschriftlichung an. Dies verstärkt den eigenverantwortlichen Umgang mit dem Thema Stress-Management. Methodisch eignet sich für diese Trainingseinheit ein Mix aus Plenumsarbeit, Selbstreflexion und Lerntandem. Den Abschluss des Tages bildet eine Feedback-Runde zu den Trainingstagen

4.2 Konzept für Mitarbeiter-Trainings

Tool	Ebene des Stressverständnisses
Rahmenmodell zu Stress	alle drei Ebenen
Stressbewältigungsstrategien	alle drei Ebenen
Was ist Stress? Biologischer Hintergrund zu Stressreaktionen und -folgen sowie Gesundheitsrisiken	Stress als Reaktion
Reflexion des eigenen Stresserlebens im Arbeitskontext	alle drei Ebenen
Entspannung erleben	Stress als Reaktion
„Mein persönlicher Stress" – Anforderungen sichten und in Fallarbeit reflektieren	Stress als Anforderung von außen
Spaß und Freude an der Arbeit	Stress als Anforderung von innen
Kognitive Stressbewältigung und Innere Antreiber	Stress als Anforderung von innen
Kommunikation in und Umgang mit herausfordernden Situationen	Stress als Anforderung von außen
Aktivierung erleben	Stress als Reaktion
Prioritäten setzen	Stress als Anforderung von außen
Positives Umdenken	Stress als Anforderung von innen
Dankbarkeit	Stress als Anforderung von innen
Ressourcen und Selbstkompetenz	Stress als Anforderung von innen
Lösungsfokussierte Fragen	Stress als Anforderung von innen
Strategien zum kurzfristigen Stressabbau	Stress als Anforderung von außen
Grenzen setzen	Stress als Anforderung von außen
Ausgleich und Genuss im Alltag – Selbstfürsorge aktivieren	Stress als Reaktion

Tab. 3: Themen und Stressebene – eine Übersicht

und ein Ausblick durch die Trainerin bzw. den Trainer auf den Transfertag. Für diesen können bereits Wünsche der Teilnehmenden aufgenommen werden.

Die Tabelle 3 fasst nochmals zusammen, auf welcher Ebene von Stress die chronologisch geordneten Themen bzw. Tools der Trainingstage ansetzen.

Umsetzung im Alltag und Transfertag

Die Zeit bis zum Transfertag sollten die Mitarbeiterinnen und Mitarbeiter nutzen, um in Lerntandems die im Training vermittelten Stressbewältigungstechniken und -methoden zu vertiefen und deren Anwendung im Alltag zu reflektieren. Der Einstieg am Transfertag knüpft dann unmittelbar an den gemachten Erfahrungen in der Zwischenzeit an. Hierzu reflektieren die Teilnehmenden in Kleingruppen auf allen drei Stressebenen Techniken und Methoden, die sie zur Stressbewältigung eingesetzt und ausprobiert haben. Durch den Austausch werden Themen identifiziert, an denen die Mitarbeiterinnen und Mitarbeiter im Verlauf des Tages weiterarbeiten möchten. Neben der Vertiefung von Themen der ersten beiden Tage können auch neue Themen angestoßen werden, die im Folgenden erläutert sind. Dabei achtet die Trainerin bzw. der Trainer darauf, Themen auf allen Ebenen von Stress anzubieten, damit die Teilnehmenden je nach Bedarf Strategien auf unterschiedlichen Ebenen vertiefen können.

Stress als Anforderung von außen

▶ **Strategien zum kurzfristigen Stressabbau:** In diesem Tool lernen die Teilnehmenden schnell wirksame Strategien für Situationen kennen, die sich nicht sofort lösen lassen und trotzdem ein zügiges Weiterarbeiten erfordern. Die Teilnehmenden reflektieren, welche Strategien sie bereits bewusst oder unbewusst zum Stressabbau nutzen, und prüfen, welche zusätzlichen Strategien sie in Zukunft ausprobieren möchten (siehe Kap. 4.3, S. 228 ff.).

▶ **Just say „No":** Eine gute soziale Unterstützung und Kommunikation untereinander ist wesentliche Voraussetzung für die Zufriedenheit der Mitarbeiterinnen und Mitarbeiter. Gerade in Stresssituationen ist es einerseits wichtig, seine eigenen Grenzen zu kennen und auf diese zu achten. Andererseits erfordert es viel Feingefühl, seine Mitmenschen in angemessener Weise auf Grenzüberschreitungen hinzuweisen, ohne sie zu verletzen oder zu verärgern. Das Tool umfasst deshalb sowohl eine Selbstreflexion der eigenen Grenzwahrnehmung und Grenzüberschreitung als auch die Reflexion und Einübung von Strategien auf der Kommunikations- und Verhaltensebene, um anderen gegenüber bewusst Grenzen zu setzen (siehe Kap. 4.4, S. 234 ff.).

Stress als Anforderung von innen

▶ **Ressourcen und Selbstkompetenz im Stress:** Um herausfordernde Situationen zu bewältigen, ist ein fundiertes Wissen über die eigenen Ressourcen wesentlich. Verfügt eine Person über ein gesundes Selbstbewusstsein, steigt das Vertrauen in die Selbstwirksamkeit und damit auch die Erfolgswahrscheinlichkeit. Deshalb werden in diesem Tool eigene Ressourcen bewusst gemacht, um diese gezielt einsetzen zu können. Durch das Einbeziehen von Fremd-Feedback erweitert sich die Wahrnehmung der eigenen Person und blinde Fle-

4.2 Konzept für Mitarbeiter-Trainings

Transfertag		
9:00	Begrüßung, Kennenlernen, Projekteinbindung, Agenda	
	Rückblick auf die Zwischenzeit – *Kaffeepause* –	
	Weitere Themen variabel nach Bedarf, z.B. Grenzen setzen	
12:30	– *Mittagspause* –	
	Weitere Themen variabel nach Bedarf, z.B. Ressourcen und Selbstkompetenz – *Kaffeepause* –	
	Ausgleich und Genuss	
	Transfer in den Arbeitsalltag	
	Feedback und Rückmeldungen an die Steuerungsgruppe	
17:00	Abschluss	

Tab. 4: Agenda Transfertag

cken werden reduziert. Eine vertiefte Reflexion der Anwendung von Ressourcen in Stresssituationen erfolgt im Lerntandem (siehe Kap. 4.5, S. 240 ff.).

▶ **(Stress-)Umleitung – Think positive!** Die Arbeit mit lösungsorientierten Fragen kann eine bereichernde Alternative zur Arbeit nach der Vierer-Schritt-Methode zum positiven Denken sein. Die Mitarbeiterinnen und Mitarbeiter arbeiten dabei an einem eigenen stressverschärfenden Satz oder an einem typischen stressverschärfenden Satz eines Kunden oder eines Kollegen, auf den sie reagieren wollen. Die Beschreibung der Methode findet sich in ähnlicher Weise im Tool „(Stress-)Umleitung – Think positive!" (siehe Kap. 3.4, S. 176 ff.).

Stress als Reaktion

▶ **Sinnesfreuden – Ausgleich und Genuss:** Dieses Tool fokussiert die regenerative Stresskompetenz und beinhaltet Übungen zur Schulung der fünf Sinne, um die Bedeutung von Genuss mit allen Sinnen zu erfahren. Durch Genuss erleben wir positive Emotionen, die für die Stressprävention wesentlich sind. Durch die Reflexion der eigenen Bedürfnisse und den kollegialen Austausch werden eine Balance zwischen Beruf und Freizeit angestrebt sowie Ideen zu deren Umsetzung in den Alltag gesammelt (siehe. Kap. 4.6, S. 246 ff.).

Mögliche Fallstricke

▶ **Sehr unterschiedliche Vorerfahrungen mit dem Thema:** Es ist wichtig, dass die Trainerin bzw. der Trainer die Vorerfahrungen der Teilnehmenden vorab bzw. zu Beginn des Trainings abfragt. Je nach

Wissensstand können Inhalte vertieft oder weggelassen werden. Zudem ist es nützlich, die erfahrenen Teilnehmenden als „Experten" mit ins Boot zu holen und zu beteiligen.

▶ **Wenig Bereitschaft, über persönliche Themen zu sprechen und Fälle mit einzubringen:** Dem ist am besten durch eine offene Trainingsatmosphäre zu begegnen, in der Vertraulichkeit herrscht (z.B. durch Spielregeln der Zusammenarbeit). Des Weiteren brauchen manche Teilnehmenden vermehrte Ermutigung. Hier können exemplarische Beispiele durch die Trainerin bzw. den Trainer hilfreich sein. Zuletzt kann die Verantwortung zur Mitarbeit auch an die Teilnehmenden abgegeben werden – dies schafft Entlastung für die Trainerin bzw. den Trainer als „Alleinunterhalter".

▶ **Konflikte aufgrund unterschiedlicher Interessen von Teilnehmenden aus verschiedenen Abteilungen:** Diese Konflikte können für das Thema „Umgang mit Stress" nutzbar gemacht werden. Nach dem Leitsatz „Störungen haben Vorrang" sollten diese angesprochen, bearbeitet und, wenn möglich, aufgelöst werden. Falls keine Einigung erfolgt, besteht die Möglichkeit, an unterschiedlichen thematischen Schwerpunkten in Kleingruppen zu arbeiten und anschließend im Plenum über die Erfahrungen zu berichten und diese zu teilen.

Auswertung

Im Anschluss an das Training kann ein weiterführendes Gespräch zwischen den Mitarbeitenden und der Führungskraft stattfinden, in dem bestimmte Bedarfe an Unterstützung und Ergebnisse aus dem Training gemeinsam reflektiert werden.

Die Rückmeldung an die Steuerungsgruppe ist das zentrale Element zur Verknüpfung der Trainings mit dem Gesamtprojekt. Stressauslösende Aspekte der Organisation, die im Austausch und im Seminar bekannt werden, sollen wieder in die Organisation hineinkommuniziert und damit für das Stress-Management-Konzept nutzbar gemacht werden.

Rahmenbedingungen

Namensschilder, 2 Pinnwände, 2 Flipcharts, Flipchart-Papier, Moderationskoffer mit ausreichend Moderationsmaterialien, Stifte (einer pro Teilnehmendem), nach Bedarf vorbereitete Flipcharts.

Quellen, Literaturhinweise

- Atkinson, R. & Shiffrin, R. (1968): Human Memory: A Proposed System and Its Control Processes. In: K. W. Spence/J. T. Spence (Hrsg.). The Psychology of Learning and Motivation. Vol 2. New York: Acad. Press.
- Große-Boes, S. & Kaseric, T. (2006): Trainer-Kit. Bonn: managerSeminare.
- Jacobson, E. (1990): Entspannung als Therapie. Progressive Relaxation in Theorie und Praxis. Aus dem Amerikanischen von Karin Wirth. 7. Aufl., Stuttgart: Klett-Cotta.
- Jansen, L. J. (2005): Stress-Resistenz-Training (SRT): Konzeption und Evaluation des Gruppentrainingsprogramms zur Verbesserung. Berlin: Logos-Verlag.
- Kahler, T. (1974): The Miniscript. In: Transactional Analysis Journal, 4:1 Januar, S. 26–42.
- Kaluza, G. (2011): Stressbewältigung. Trainingsmanual zur psychologischen Gesundheitsförderung. 2. Aufl., Heidelberg: Springer.
- Karasek, R. & Theorell, T. (1990): Healthy work, stress, productivity, and the construction of the working life. New York: Basis Books.
- Lazarus, R. (1999): Stress and Emotion: a new synthesis. New York: Springer Publishing Company Inc.
- Lyubomirsky, S. (2008): Glücklich sein. Warum Sie es in der Hand haben, zufrieden zu leben. Frankfurt: Campus.
- Reisert, L./Hofmann, M./Pracht, G. (2014): Innere Antreiber. In: Leão, A. (Hrsg.): Trainer-Kit Reloaded, Bonn: managerSeminare.
- Tietze, Kim-Oliver (2003). Kollegiale Beratung: Problemlösungen gemeinsam entwickeln. Reinbek: Rowohlt.

Tool: Strategien zum kurzfristigen Stressabbau

Ablenkung und Ausgleich im Stress finden

Von Louisa Reisert

Dauer   60 Min.
Gruppengröße   8 bis 12 Personen
Technischer Aufwand   mittel = vorbereitete Pinnwände, Flipchart

Ziel   Die Teilnehmenden lernen vielfältige Strategien zum Stressabbau kennen. Sie reflektieren, welche Strategien sie bereits bewusst oder unbewusst zum Stressabbau nutzen und prüfen, welche zusätzlichen Strategien sie in Zukunft ausprobieren möchten. Die neuen Strategien verankern die Teilnehmenden so, dass sie diese in stressigen Situationen kurzfristig abrufen und anwenden können.

Anlässe und Anwendungsbereiche   Das Tool kann besonders hilfreich sein, um Strategien für Situationen zu entwickeln, die sich nicht sofort lösen lassen und die es gleichzeitig erfordern, dass die Betroffenen zügig weiterarbeiten. Der Fokus liegt demnach auf Strategien, die helfen, Stress durch kurzfristige Ablenkung und Ausgleich abzubauen, und ist damit konträr zu den meisten anderen Tools, die den Fokus auf die aktive Lösung der Situation richten. Methodisch bietet es sich an, zwischen Situationen zu unterscheiden, in denen die Personen alleine sind, und Situationen, in denen noch andere Personen anwesend sind, weil sich hierdurch verschiedene Strategien zum Stressabbau anbieten. Bei anwesenden Personen kann es sich beispielsweise um Kolleginnen oder Kollegen handeln, mit denen sich die Person das Büro teilt, oder ggf. auch um Kundinnen und Kunden. Sowohl eine homogene als auch eine heterogene Gruppenzusammensetzung hat für diese Übung Vorteile. Während homogene Gruppen Teilnehmenden starken Rückhalt bieten, weil sie ähnliche Situationen kennen und diese bewältigen, lernen die Teilnehmenden in heterogenen Gruppen breitere Sichtweisen und andere Strategien ken-

4.3 Tool: Strategien zum kurzfristigen Stressabbau

nen und können dadurch ihr eigenes Repertoire deutlich vergrößern. Das Tool bietet sich an, wenn sich eine Gruppe etwas möglichst Konkretes wünscht, um Stress zu begegnen.

Methode

Zunächst erläutert die Trainerin bzw. der Trainer, wie es zu dieser Herangehensweise an Stress kommt: „In den meisten Situationen, in denen wir in Stress kommen, versuchen wir die Stressoren abzubauen, sodass die Situation keinen oder zumindest weniger Stress bei uns auslöst. Hierzu stellen wir zum Beispiel das Telefon, das häufig klingelt und uns stört, leise oder sprechen einen Konflikt an und versuchen, ihn zu lösen. Dabei geht es darum, Lösungen zu entwickeln. In manchen Situationen haben wir allerdings keine Zeit, die Situation zu lösen, und manchmal haben wir auch nicht die Möglichkeit, weil die Lösung der Situation z.B. nicht in unserer Macht liegt. Trotzdem und gerade deswegen lösen solche Situationen bei uns Stress aus. Gleichzeitig erfordert es unsere Arbeitssituation, dass wir schnell wieder arbeitsfähig sind und zügig weiterarbeiten. Um den Stress in solchen Situationen abzubauen, werden in dieser Sequenz Strategien entwickelt, die helfen, sich kurzfristig abzulenken oder Ausgleich zu finden."

Zum Einstieg kann die Trainerin bzw. der Trainer ein paar Beispiele für Strategien zum kurzfristigen Stressabbau nennen, um den Teilnehmenden eine erste Idee zu geben und zu verdeutlichen, dass es für solche Fälle sehr wohl hilfreiche Tipps gibt. Anschließend wird das Vorgehen erläutert:

Ziel der Einheit ist es, in einem gemeinsamen Brainstorming möglichst viele verschiedene Strategien zum kurzfristigen Stressabbau zu bedenken und festzuhalten. Die Trainerin bzw. der Trainer regt die Teilnehmenden an, neben Strategien, die sie selbst regelmäßig nutzen, auch bewusst querzudenken und ungewöhnliche Strategien aufzunehmen – durchaus auch solche, die sie nur vom „Hörensagen über Dritte" kennen. Je nach Gruppenzusammensetzung kann es sinnvoll sein, dass sich ein Gruppenteil auf Strategien konzentriert, die sich einsetzen lassen, wenn die Person alleine ist, und der andere auf Strategien, die sich nutzen lassen, wenn die Person nicht alleine ist (siehe Abb. 1). Die Aufteilung in Kleingruppen kann durch die Trainerin bzw. den Trainer oder nach inhaltlichem Interesse der Teilnehmenden erfolgen. Die Teilnehmenden verteilen sich an zwei vorbereitete Pinnwände und beginnen mit dem Aufschreiben der Strategien. In dieser Phase geht die Trainerin bzw.

Abb. 1: Arbeitsauftrag

der Trainer in beide Gruppen und versucht, die Kreativität anzuregen, falls eine Gruppe ins Stocken gerät. Wenn die Ideen beider Gruppen erschöpft sind (dieser Zeitpunkt wird in der Regel nach etwa zehn Minuten erreicht), wechseln die Gruppen von einer Pinnwand zur anderen. Sie bekommen nun Zeit, die Strategien der anderen Gruppe zu lesen, und ergänzen die Strategien mit weiteren Vorschlägen (siehe Abb. 2 und 3).

Abb. 2: Strategien zum kurzfristigen Stressabbau, wenn ich alleine bin – ein Überblick

Abb. 3: Strategien zum kurzfristigen Stressabbau, wenn ich nicht alleine bin – ein Überblick

4.3 Tool: Strategien zum kurzfristigen Stressabbau

Nach Abschluss der zweiten Runde versammelt sich die Gruppe wieder im Plenum, um sich einen Überblick über die gemeinsam erarbeiteten Strategien zu verschaffen. Zunächst bekommen die Teilnehmenden Zeit, die ergänzten Strategien auf der zuerst erarbeiteten Pinnwand nachzulesen und Verständnisfragen zu klären. Anschließend kann die Trainerin bzw. der Trainer bei Bedarf weitere alternative Strategien ergänzen – wie z.B. häufig noch unbekannte Strategien zur Selbstberuhigung (siehe Abb. 4).

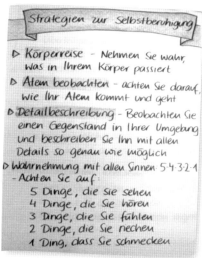

Abb. 4: Strategien zur Selbstberuhigung als Ergänzung

▸ Bei der **Körperreise** handelt es sich um eine Wahrnehmungsübung, bei der die Konzentration auf das gelenkt wird, was im Körper passiert. Die Person versucht wahrzunehmen, wie sie sitzt, wie ihr Kontakt zum Boden ist, wie ihre Füße sich dabei anfühlen usw. Eine Körperreise kann selbst durchgeführt werden und dazu dienen, im Stress auf andere Gedanken zu kommen und sich abzulenken. Sie wird auch als Entspannungsübung eingesetzt. Hierfür gibt es verschiedene Anleitungen (Kabat-Zinn/Kesper-Grossman 1999).

▸ Die **Beobachtung des Atems** stärkt die Wahrnehmung. Sie kann dabei unterstützen, sich in einer als stressig wahrgenommenen Situation zu beruhigen und hilft, sich im Hier und Jetzt zu verankern. Die Person nimmt wahr, wie der Atem kommt und geht, was in ihrem Körper passiert, wenn sie einatmet, was passiert, wenn sie ausatmet usw.

▸ In einer Situation, in der der eigene Fokus auf Stress gerichtet ist, kann die **Detailbeschreibung** helfen, den Fokus auf etwas anderes zu lenken und dadurch Ablenkung zu erzeugen. Die Gedanken richten sich auf einen Gegenstand in der Umgebung und werden durch dessen detaillierte Beschreibung gezielt umgeleitet.

▸ Die Umgebung **mit allen Sinnen** wahrzunehmen, ist Zweck der Übung **5-4-3-2-1**. Der Stresssituation wird mit gezielter Sensibilisierung begegnet und die Person fühlt sich abgelenkt. Dabei wird in einer bestimmten Reihenfolge ein innerer Dialog zu verschiedenen Wahrnehmungen geführt: fünf Dinge, die ich sehe; vier Dinge, die ich höre; drei Dinge, die ich fühle; zwei Dinge, die ich rieche; ein Ding, dass ich schmecke. Bei der Übung handelt es sich um eine Abwandlung der Betty-Erickson-Induktion, die diese zur Selbsthypnose entwickelt hat (Weiss/Harrer/Dietz 2010, S. 118 f.).

Im nächsten Schritt soll
1. ein Überblick darüber geschaffen werden, welche Strategien bereits von den Teilnehmenden genutzt werden und
2. welche Strategien darüber hinaus von ihnen als hilfreich empfunden werden.

Beiden Punkten kann dafür beispielsweise ein Symbol oder eine Farbe zugeordnet und jeder Person ein bzw. zwei Stifte in entsprechender Farbe ausgeteilt werden. Die Teilnehmenden markieren nun einzeln an der Pinnwand, welche Strategien sie bereits nutzen und welche sie gerne ausprobieren möchten. Damit die Teilnehmenden die Strategien, die sie gerne für sich austesten möchten, verankern und auf ihren Arbeitsalltag übertragen können, ist ein Austausch hilfreich. Die Teilnehmenden erörtern hierfür in Lerntandems, welche Strategien sie in Zukunft nutzen, in welchen Situationen und in welcher Art und Weise sie diese einsetzen möchten.

Auswertung

Zur Auswertung des Tools bietet sich zunächst eine gemeinsame Reflexion der entwickelten Strategien an:
- „Was ist unser Eindruck von den entwickelten Strategien?"
- „Wie viele Strategien nutzen wir bereits in unserem Alltag?"
- „Welche Strategien werden häufig genutzt?"
- „Welche Strategien wollen wir ausprobieren?"
- „Wie lassen sich die Strategien in unserem Arbeitsalltag einsetzen?"

Abschließend kann eine Meta-Diskussion zum Tool angeleitet werden:
- „Welchen Nutzen haben die Strategien zum kurzfristigen Stressabbau in unserem Alltag?"
- „Wofür sind die Strategien hilfreich?"
- „Welche Grenzen sehen wir beim Einsatz der Strategien?"

Technische Hinweise

Für die Übung sollten folgende Flipcharts und Pinnwände im Vorfeld vorbereitet werden: ein Flipchart zur Anleitung der Aufgabe, zwei Pinnwände zum Notieren der Strategien (je nach Gruppe und Aufgabenstellung), ggf. ein Flipchart mit weiteren Strategien, ggf. ein Flipchart mit der Anleitung zum Markieren der Strategien und zum Austausch im Tandem. Die Übung braucht Platz, damit die Teilnehmenden in zwei Kleingruppen von vier bis sechs Personen an zwei verschiedenen Orten vor den Pinnwänden arbeiten können. Außerdem werden pro Person Stifte in zwei bis drei Farben benötigt (z.B. schwarz, rot und ggf. blau).

Kommentar

In der Übung entwickeln die Teilnehmenden immer wieder interessante Ideen zum Stressabbau. Ein möglicher Stolperstein kann fehlende Energie und Einfallslosigkeit beim Brainstorming in den Kleingruppen sein. Hier ist es entscheidend, dass die Trainerin bzw. der Trainer die Gruppe anregt und motiviert querzudenken. Die Übung ist immer nur so gut, wie die Ideen, die eingebracht werden.

Typisches Feedback von Kunden
- „Super, das ist konkret und hilft sofort, mit Stress besser umzugehen."
- „Interessant, dass es doch so viel gibt, was wir machen können, und wie viel wir davon schon tun. Jetzt haben wir einen Katalog, aus dem wir uns einfach etwas greifen können."
- „Bei vielen Sachen ist es aber sehr situationsbedingt, was man da einsetzen kann."

Quellen, Literaturhinweise

- Kabat-Zinn, J. & Kesper-Grossman, U. (1999): Stressbewältigung durch die Praxis der Achtsamkeit. Freiburg: Arbor.
- Weiss, H./Harrer, M. E./Dietz, T. (2010): Das Achtsamkeitsbuch. Stuttgart: Klett-Cotta.

Tool: Just say „No"

Seine eigenen Grenzen kennen(-lernen), bewusst Grenzen setzen und gegenseitigen Respekt wahren, rhetorische Umgangsweisen, um konstruktiv Grenzen zu setzen

Von Melanie Hyll und Mathias Hofmann

Dauer	30 bis 90 Min.
Gruppengröße	6 bis 15
Technischer Aufwand	mittel

Ziel   Eine gute Zusammenarbeit mit Kolleginnen und Kollegen ist ein wesentlicher Faktor für die eigene Zufriedenheit und das Wohlbefinden in der Organisation. Im Arbeitsalltag kann es in stressigen Situationen allerdings auch dazu kommen, dass wir gegenüber den individuellen Bedürfnissen unserer Mitmenschen unachtsam sind. Auch wenn Grenzüberschreitungen häufig ohne Absicht passieren, kann es bei den Betroffenen zu unmittelbaren Auswirkungen führen: Die Arbeit wird unterbrochen, man fühlt sich angegriffen und die Situation wird als belastend empfunden. Im Rahmen des Stress-Managements ist das Setzen und Kommunizieren von Grenzen von hoher Bedeutung. Das Stressempfinden ist individuell, Menschen haben unterschiedliche Grenzen und für die Zusammenarbeit ist es unverzichtbar, die Grenzen der anderen zu respektieren. Doch dazu müssen diese bekannt sein, also im Zweifelsfall explizit kommuniziert werden.

> „It's a very fine line between your life and mine – don't step on my toes."
> – The Fonda-Stevens-Group –

Das Tool dient der Wahrnehmung persönlicher Grenzen im Arbeitsalltag und dem Erlernen von rhetorischen Techniken zum Neinsagen. Ziel ist es,

1. sich die eigenen Grenzen bewusst zu machen, indem eine Grenzverletzung emotional erlebt wird,

4.4 Tool: Just say „No"

2. verschiedene Techniken zum Grenzensetzen und Neinsagen zu kennen und ihre Anwendungsmöglichkeit einzuschätzen,
3. in abschließenden Rollenübungen zu konkreten Alltagsfällen die besprochenen Umgangsweisen zu erproben und die Handlungssicherheit zu erhöhen.

Das Tool „Just say ‚No'" wird am zweiten Tag oder am Transfertag eingesetzt. Zu einem früheren Zeitpunkt ist das Tool eher nicht geeignet, weil eine Bereitschaft zu Gesprächen über persönliche Grenzen und zu einem Rollenspiel gegeben sein muss. Dafür ist es hilfreich, wenn sich die Teilnehmenden bereits kennengelernt haben und eine angemessene Atmosphäre für konstruktive Arbeit besteht. Im Rahmen des Tools können Themen deutlich werden, die Personen bisher nicht thematisiert haben. Für den guten Umgang vor allem mit der „Seil-Übung" ist eine Stopp-Regel sehr hilfreich, die jedem die Möglichkeiten gibt, eine Praxisübung sofort zu beenden. Eine falsch verstandene Anleitung kann auch zu wirklichen Grenzverletzungen führen, die für einzelne über den Rahmen der Übung hinausgeht. Den Rahmen gilt es daher genau zu klären und eventuell empfundene Rahmenverletzungen in der Gruppe anzusprechen und zu „heilen".

Anlässe und Anwendungsbereiche

1. Die emotionale Ebene (Erlebnisebene)

Methode

Da Grenzverletzungen von Person zu Person unterschiedlich erlebt werden und Stress in unterschiedlichem Ausmaß und Qualität verursachen können, wird in der Eingangssequenz eine emotionale Erfahrung zur Grenzüberschreitung gemacht. Dazu legt die Moderation ein Seil auf den Boden und bittet zwei Teilnehmende, sich gegenüber aufzustellen. Da nun die Grenze – symbolisch dargestellt durch das Seil – überschritten werden soll, werden Rollen als „Grenzübertreter" und „Grenzverteidiger" verteilt. Die Rolle „Grenzübertreter" hat die Aufgabe, das Seil zu überschreiten. Die Rolle „Grenzverteidiger" soll dies verhindern. Erlaubt ist verbale und nonverbale Kommunikation, verboten ist massiver körperlicher Einsatz (Schubsen, Pieksen, Schlagen und Ähnliches). Die anderen Teilnehmenden bekommen einen Beobachtungsauftrag: „Was fällt auf, was passiert, wer macht was, wie geht es den Personen dabei? Was löst diese Beobachtung bei mir aus?"

Nach der Sequenz werden die persönlichen Eindrücke und Beobachtungen gesammelt. Für den Transfer fragt die Moderation, ob den Teilnehmenden ähnliche Eindrücke und Beobachtungen im Arbeitsalltag bekannt sind. Als Alternative können mehrere Kleingruppen parallel diese Sequenz durchführen.

Die eigenen Grenzen zu kennen, ist eine Voraussetzung, um Grenzverletzungen zu vermeiden und Stress mit Kolleginnen und Kollegen vorzubeugen. Im Anschluss an die erlebte bzw. beobachtete Sequenz bekommen die Teilnehmenden die Möglichkeit, die eigenen Grenzen aufzuschreiben. Dazu können folgende Fragen gestellt werden:

- ▶ Was ist Ihnen wichtig?
- ▶ Was muss jemand tun, um Ihre Grenzen zu überschreiten?
- ▶ Was muss passieren, damit Sie Ihre Grenzen bewusst wahrnehmen?
- ▶ Wie machen Sie Ihre Grenzen deutlich?

Die Grundlage dieser Grenzerfahrung bildet u.a. die soziologische Handlungstheorie. So zeigt Erving Goffman in seiner Studie „Territorien des Selbst" (1974) auf, dass Menschen Territorien für sich beanspruchen. Die Einhaltung verschiedener sozialer Regeln und Normen sorgt dafür, dass das Territorium nicht verletzt wird. Wird hingegen beispielsweise die Abstandsregel zwischen Menschen nicht eingehalten und man kommt sich zu nahe, so kann dies zu Unbehagen führen. Territoriale Übertretungen können sowohl bewusst als auch unbewusst stattfinden und sind situationsabhängig.

Abb. 1: Nein sagen

2. Die rationale Ebene (rhetorische Ebene)

Im nächsten Schritt wird auf der rationalen Ebene weitergearbeitet. Die Moderation erklärt verschiedene rhetorische Mittel, um Grenzverletzungen zu vermeiden und um leichter Nein zu sagen (siehe Abb. 1). Des Weiteren sind konkrete Möglichkeiten und Strategien, um beispielsweise die Bedingungen für zusätzliche Arbeit auszuhandeln, in der Tabelle rechts zusammengefasst.

Um einen Transfer der rhetorischen Mittel in den Arbeitsalltag zu ermöglichen, werden in einer abschließenden Rollenübung, die konkrete Alltagsfälle als Grundlage haben, die Umgangsweisen geübt. Dazu werden in 4er-Gruppen reihum Fälle beschrieben und gelöst. Eine Person ist Fallgeberin, nach den folgenden Schritten ist die nächste Person an der Reihe.

1. Die Fallgeberin beschreibt eine Situation, in der es ihr schwerfällt, auf eine Anfrage „Nein" zu sagen, obwohl sie es gerne machen würde.
2. Gemeinsam sammelt die Gruppe konkrete Ausführungen zu den vorgestellten rhetorischen Techniken, um nicht sofort und bedin-

4.4 Tool: Just say „No"

Titel	Formulierung	Thema	Weitere Argumente und Gedanken
Leistung kostet	„Ja, das mache ich gerne. Das ist natürlich ein besonderer Aufwand ..."	Wir thematisieren nicht die Leistung, sondern die Kosten, die wir bezahlt sehen wollen.	Das ist ein besonderer Aufwand. Auf welcher Kostenstelle können wir das verrechnen? Das ist wirklich ein besonderer Gefallen. Da lass dir mal einfallen, wie du das wiedergutmachst.
Ich zuletzt	„Ja gerne, wenn das die einzige Lösung ist. Gibt es keine bessere Lösung?"	Wir thematisieren die Entscheidungsfindung und wir unterstützen sie.	Wen hast du schon gefragt? Welche Alternativen gibt es? Was brauchst du genau wann, was könntest du sonst verschieben? Wie kann ich dich unterstützen, diese (oder eine andere) Aufgabe an andere zu delegieren oder später zu erledigen?"
Gesamtpaket	„Ja gerne, und was soll ich mit meinen anderen Aufgaben machen?"	Wir binden die fragende Person in die Verantwortung für unser Zeitmanagement ein.	Da muss ich meine andere Aufgabe jetzt liegen lassen, ist das okay? Also lass uns mal gemeinsam schauen, was ich dann verschieben soll oder was jemand anders für mich machen kann. Kannst du mir dann das abnehmen?
Projektmanagementdreieck	„Ja gerne, und wann brauchst du es spätestens?" oder „Ja gerne, und wie gut muss es wirklich sein?"	Wir thematisieren nicht die Bereitschaft, es zu tun (die Ressource), sondern verhandeln die Zeit der Lieferung oder die Qualität der Leistung.	So schnell, das wird knapp, also wenn es weniger dringend ist, dann bekomme ich es gut unter. So gut bekomme ich das aber nicht sofort hin, da brauche ich mehr Zeit. Reicht es nicht, wenn ich nur den Anfang mache und du machst es dann weiter?
Leistung – Gegenleistung	„Das mache ich gerne für dich, wir müssen ja zusammenhalten. Es kommt bestimmt mal etwas, wo ich dich brauche."	Eine Hand wäscht die andere und wir haben einen Gefallen gut. Wenn es zu oft in die eine Richtung geht, dann kann man es thematisieren.	Ich mache das gerne für dich, weil ich mich darauf verlassen kann, dass du auch für mich da bist, wenn ich Unterstützung brauche.
Dreiecksverträge	„Für wen ist das denn? Die Person soll doch am besten direkt zu mir kommen, dann kann ich das konkret mit ihr besprechen."	Wenn ich schon zusätzlich was mache, dann soll die Endkundschaft das direkt mitbekommen und keiner dazwischen das Lob oder den Profit einstecken.	

Tab.: Möglichkeiten und Wege, um Bedingungen auszuhandeln

IV. Stress-Management-Trainings für Mitarbeitende

gungslos „Ja" zu sagen. Die Optionen werden am Flipchart gesammelt.
3. Die Fallgeberin sucht die für sie am besten geeignete Möglichkeit aus.
4. Die Situation wird als Rollenübung nachempfunden: Ein Mitglied der Kleingruppe formuliert die kritische Anfrage und die Fallgeberin versucht sich an der gewählten Option (diese Übung ist meist sehr kurz).
5. Die verbleibenden Mitglieder und die Partnerin in der Rollenübung geben kurz und knapp Feedback. Die Fallgeberin reflektiert ihre Grenzsetzung.
6. Eventuell wird die Rollenübung wiederholt.

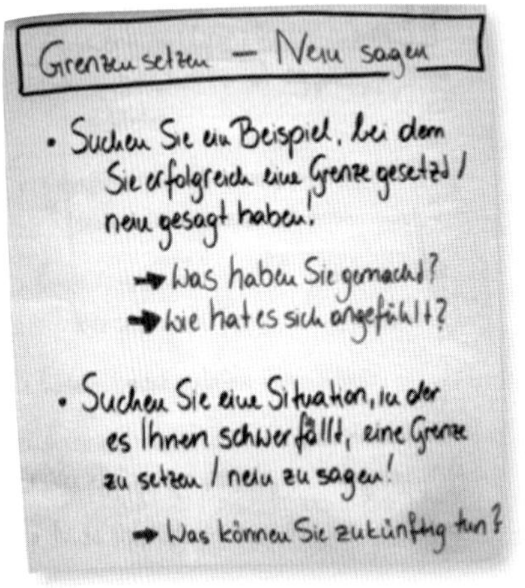

Abb. 2: Übung für einen Austausch im Lerntandem

Abschließend werden im Plenum Erkenntnisse aus der Übung festgehalten. Alternativ kann ein Austausch zum zukünftigen Neinsagen auch im Tandem stattfinden (siehe Abb. 2). Dabei reflektieren die Lernpartner jeweils eine Situation, in der sie erfolgreich Grenzen setzen konnten bzw. in der es ihnen besonders schwerfällt. Gemeinsam werden dann für beide Situationen erfolgreiche bzw. Erfolg versprechende Strategien erarbeitet.

Technische Hinweise

Für dieses Tool wird ein Seil benötigt, um eine Grenze zu symbolisieren. Wenn mehrere Sequenzen parallel durchgeführt werden, sind entsprechend mehrere Seile und genügend Platz notwendig. Die Ergebnisse können auf einem Flipchart mitgeschrieben werden. Um in der Rollenübung leichter in die ungewohnte Rolle schlüpfen zu können, macht es Sinn, verschiedene Utensilien zur Verfügung zu stellen (Krawatte, Brille, Hut etc.).

Kommentar

Die Eingangssequenz ist sehr einfach durchzuführen. Auch wenn sie meist nur einige Sekunden dauert, so kann diese sehr intensiv ausgewertet werden.

Typisches Feedback von Kunden
- „Das Rollenspiel hat mir klargemacht, wie ich zukünftig leichter Nein sagen kann."
- „Es hat Spaß gemacht, die Grenze zu verteidigen, aber es ist nicht leicht."
- „Ich bin skeptisch, ob mir diese Formulierungsmuster dann in der bestimmten Situation auch tatsächlich einfallen."

- Goffman, Erving (1974): Die Territorien des Selbst. In: Ders.: Das Individuum im öffentlichen Austausch. Mikrostudien zur öffentlichen Ordnung. Frankfurt/M.: Suhrkamp.

Quellen, Literaturhinweise

Tool: Ressourcen und Selbstkompetenz im Stress

Durch positive Selbstwahrnehmung belastenden Stresssituationen begegnen und eigene Handlungsspielräume erweitern

Von Friederike Michel

Dauer	60 Min.
Gruppengröße	Wechsel zwischen Plenumsarbeit (bis 15 TN) und Arbeit im Tandem
Technischer Aufwand	gering = drei vorbereitete Flipcharts (Johari-Fenster; Anleitung Ressourcenlauf, Anleitung Tandem), Moderationskarten, Kreppband, Stifte

Ziel Das Ziel dieses Tools ist es, den Teilnehmern den Zugang zu ihren bewussten und unbewussten Ressourcen zu erschließen und damit den Einsatz der eigenen Kompetenzen im Alltag, insbesondere in Stresssituationen, zu erleichtern und zu fördern. Durch den Abgleich von Eigen- und Fremdwahrnehmung werden die Selbstwahrnehmung und der Handlungsspielraum erweitert. Im Austausch zu zweit soll der Übertrag von Ressourcen auf Stresssituationen reflektiert und gefördert werden. Dabei sollen die Teilnehmenden ihre Ressourcen als solche erkennen und bewerten und in ihr Selbstbewusstsein integrieren. Dies ist entscheidend, da nach der sozial-kognitiven Lerntheorie (Bandura 1977) unser Denken und Handeln von unseren persönlichen Überzeugungen bestimmt wird. Ist eine Person davon überzeugt, die Kompetenz zur Bewältigung einer Situation zu besitzen, erhöht dies die tatsächliche Erfolgswahrscheinlichkeit. Ein weiteres Ziel der Arbeitseinheit ist eine Stärkung der Zukunftsorientierung. Die Teilnehmenden sollen sich konkrete Szenarien vorstellen, in denen diese Ressourcen zum Einsatz kommen. Erkenntnisse aus der Hirnforschung belegen, dass die Imagination zukünftiger Handlungen ähnliche hirnorganische Prozesse auslöst wie entsprechende konkrete Tätigkeiten (Hanswille und Kissenbeck 2008). Sie werden somit zu gemachten Erfahrungen, können leichter erinnert und eingesetzt werden.

4.5 Tool: Ressourcen und Selbstkompetenz im Stress

Ressourcenkonzepte gewinnen heutzutage u.a. im Bereich der Gesundheitsförderung an Wichtigkeit (Hurrelmann 2009; Schemmel & Schaller 2003) und sollten deshalb auch in einem Training zu Stress-Management nicht fehlen. Die Orientierung auf unsere Kompetenzen stärkt uns in unserem Handeln und Problemlösen. Ein gesundes Selbstbewusstsein unserer Ressourcen ist somit für die Bewältigung von Stresssituationen essenziell. Dem ressourcenorientierten Arbeiten liegt die Annahme zugrunde, dass jeder Mensch eigene Bewältigungsstrategien entwickeln kann, um bestimmte Anforderungen zu meistern.

Anlässe und Anwendungsbereiche

Das Tool beinhaltet durch die lebhafte Sequenz des „Ressourcenlaufs" viel Bewegung und kann daher gut zur Auflockerung nach intensiven Phasen auf inhaltlicher Ebene oder am Nachmittag eingesetzt werden. Methodisch eignet sich das Tool sowohl für homogene als auch für heterogene Gruppen. Ein fundiertes Feedback ist jedoch eher möglich, wenn sich die Teilnehmenden etwas besser und über den Trainingskontext hinaus kennen. Insgesamt stellt das Tool einen wichtigen Baustein zur Ressourcenorientierung dar, indem sich die Teilnehmenden vertieft mit sich selbst auseinandersetzen und eigene Ressourcen definieren. Das Tool lebt von einem lebendigen Erfahrungsaustausch, für den eine gewisse Vertrautheit von Vorteil ist.

Zu Beginn des Tools führt die Trainerin bzw. der Trainer in das Thema Ressourcen und Selbstkompetenz ein. Dabei verweist sie auf die sozialkognitive Lerntheorie nach Bandura (1977; wie oben beschrieben) und knüpft an das transaktionale Stressmodell nach Lazarus (siehe Kap. 1.2.4, S. 30 ff.) an. Den Teilnehmenden wird vermittelt, dass das Tool auf der Ebene der persönlichen Stressverstärker verortet ist und es darum geht, eine positive, selbstbewusste und zukunftsorientierte Haltung zu entwickeln, mit der sie Stress auf verschiedene Weise begegnen können. Eine Person wird eine Situation eher als Herausforderung denn als Bedrohung annehmen, wenn sie über subjektiv vorhandene Ressourcen und die Überzeugung verfügt, diese anwenden zu können. Nach Grawe (1999) beinhalten Ressourcen alle Möglichkeiten, die einem Menschen zur Befriedigung seiner Grundbedürfnisse zur Verfügung stehen. Es kann des Weiteren zwischen internen und externen Ressourcen unterschieden werden (intern: Selbstwertgefühl, Realitätssinn, Belastbarkeit, Einfühlsamkeit etc.; extern: Hobbys, Einkommen, Arbeitsplatz etc.; siehe Becker 2006), wobei dieses Tool sich vorwiegend auf die internen Ressourcen beschränkt.

Methode

Das Ziel dieses Tools – die Stärkung von Ressourcen – wird u.a. durch die Erweiterung der Selbsterkenntnis und der Verringerung blinder

IV. Stress-Management-Trainings für Mitarbeitende

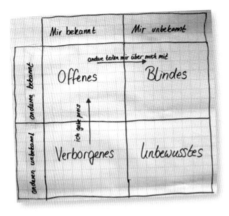

Abb. 1: Beispiel Johari-Fenster

Flecken erreicht, womit die Trainerin bzw. der Trainer auf das Johari-Fenster (nach Luft und Ingham 1955) überleitet. Das Modell veranschaulicht, wie sich durch Feedback das Wissen und Bewusstsein über eine Person verändern kann. Die Perspektive der Person selbst wird dabei mit dem Blick der Mitmenschen kombiniert abgebildet (siehe Abb. 1). Ein Ziel dieses Tools ist es, den blinden Fleck bzgl. eigener Kompetenzen durch die Rückmeldung von Kolleginnen und Kollegen zu reduzieren. Durch das Feedback werden neue Erkenntnisse gewonnen und der persönliche Handlungsspielraum erweitert sich.

- **Bereich des Offenen:** Der öffentliche Bereich ist sowohl der Person selbst als auch ihrer Umgebung bekannt und umfasst somit das gemeinsame Wissen. Hierzu zählen u.a. sichtbares Handeln, Tatsachen und Sachverhalte. Die Selbst- und Fremdeinschätzung stimmen hier überein.
- **Bereich des „blinden Flecks":** Dieser Bereich umfasst Charakteristika, die einem selbst kaum, anderen jedoch deutlich bewusst sind. Hierzu gehören unbewusste Gewohnheiten, Vorurteile, Vorlieben und Abneigungen, welche sich oft auf nonverbaler Ebene zeigen, z.B. im Tonfall und in Gestik und Mimik.
- **Bereich des Verborgenen:** In diesem Bereich der privaten Person behält die betroffene Person bewusst geheime Wünsche, Absichten, Einstellungen und Gefühle für sich. Mit zunehmendem Vertrauen zu anderen verringert sich der intime Bereich.
- **Bereich des Unbewussten:** Dieser Bereich ist weder der Person selbst noch den anderen direkt zugänglich. Hierzu können verborgene Talente und Begabungen zählen, welche durch Förderung und Forderung der Person entdeckt werden können.

Im Anschluss wird die Übung „Ressourcenlauf" erklärt. Jeder Teilnehmende befestigt mithilfe von Kreppband eine Moderationskarte am Rücken seines Sitznachbarn. Die Aufgabe ist dann, sich im Raum zu verteilen und möglichst vielen Kolleginnen und Kollegen eine positive Rückmeldung zu wahrgenommenen Kompetenzen und Eigenschaften zu geben und diese auf der Karte zu notieren. Die Trainerin bzw. der Trainer ermutigt die Teilnehmenden, auch weniger bekannten Kolleginnen und Kollegen Rückmeldungen zu geben – dies können auch offensichtliche Dinge sein, wie ein guter Kleidungsstil, eine angenehme Art und Weise zu sprechen, aufmerksames Zuhören etc. Die Übung kann auf zwei Arten durchgeführt werden:

4.5 Tool: Ressourcen und Selbstkompetenz im Stress

1. Die positiven Rückmeldungen werden nicht kommuniziert, sondern nur auf die Karte geschrieben,
2. die positiven Rückmeldungen werden zuerst als mündliches Feedback kommuniziert und anschließend auf die Karte geschrieben.

Die zweite Variante hat den Charme, dass die Rückmeldungen zugeordnet und eventuelle Verständnisfragen geklärt werden können. Zudem üben sich die Teilnehmenden im aktiven Geben und Nehmen von positivem Feedback. Dazu geht die Trainerin bzw. der Trainer vorab kurz auf die allgemeine Funktion und Regeln von Feedback ein (z.B. Fengler 2004; siehe Kap. 6.5, S. 342 ff.), damit das Feedback nur kurz und knapp mitgeteilt wird und kein Gespräch entsteht. So bleibt die Dynamik erhalten, da die Teilnehmenden jederzeit ansprechbar sind und jederzeit Feedback bei der gewünschten Person platziert werden kann. Die erste Variante ist vorzuziehen, falls Variante zwei für die Gruppe zu komplex ist, Hemmungen oder Widerstände in der Gruppe bestehen oder wenig Zeit zur Verfügung steht. Ziel der Übung ist es, dass jeder Teilnehmende einen bunten Strauß an Ressourcen auf seiner Karte stehen hat (siehe Abb. 2). Wenn alle ihr Feedback platziert haben, werden die Karten vom Rücken entfernt und jede Person schaut sich ihre Ressourcenkarte an.

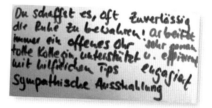

Abb. 2: Beispiel für eine Ressourcenkarte

Anschließend können Rückfragen – moderiert durch die Trainerin bzw. den Trainer – gestellt und beantwortet werden. Zudem ist es sinnvoll, die Übung an dieser Stelle durch moderierte Fragen auszuwerten:

▶ Wie haben Sie sich in der Rolle des Feedback-Gebers bzw. Feedback-Empfängers gefühlt?
▶ Welche neue Ressource konnten Sie für sich entdecken?

Um die Arbeit an den Ressourcen in Bezug auf Stressbewältigung zu vertiefen, findet anschließend ein Austausch im Tandem statt. Als Vorarbeit überlegt sich jeder Teilnehmende, welche Ressourcen er selbst bei sich sieht, und ergänzt somit die Rückmeldungen. Im Austausch mit dem Tandempartner geht es nun darum, gemeinsam zu überlegen, welche der Ressourcen gezielt für Stresssituationen genutzt werden können. Hierzu können zwei Fragen hilfreich sein:

▶ Wie reagiere ich bereits gut in Stresssituationen?
▶ Welche Ressourcen möchte ich bewusst in Stresssituationen einsetzen?

Weiterführendes Beispiel

Die Teilnehmenden können zusätzlich eine ganz bestimmte Situation betrachten, in der sie zukünftig kompetent reagieren möchten. Dabei versuchen sie, sich zunächst kurz bildhaft in die Situation zu begeben und diese grob zu skizzieren. Anschließend werden drei Ressourcen benannt, die der Person helfen können, die Situation zu bewältigen (z.B. Ruhe bewahren, Distanz schaffen, mit Kollegen sprechen). Um den Transfer in den Alltag zu erhöhen, ist es hilfreich, sich Situationen vor Augen zu führen, in denen der Person der Einsatz der Ressourcen bereits gelungen ist („Wann konnte ich gut Ruhe bewahren bzw. mich distanzieren?"). Anhand dieser Situationen kann abgeleitet werden, was die Person für die Umsetzung braucht (z.B.: „Ich habe mir damals im Kopf einen ruhenden Buddha vorgestellt." Oder: „Ich habe mich bewusst auf meine Atmung konzentriert."). Wenn keine vergangene Situation gefunden werden kann, analysieren die Lernpartner ausschließlich den Einsatz der Ressourcen in der zukünftigen Situation (siehe Abb. 3).

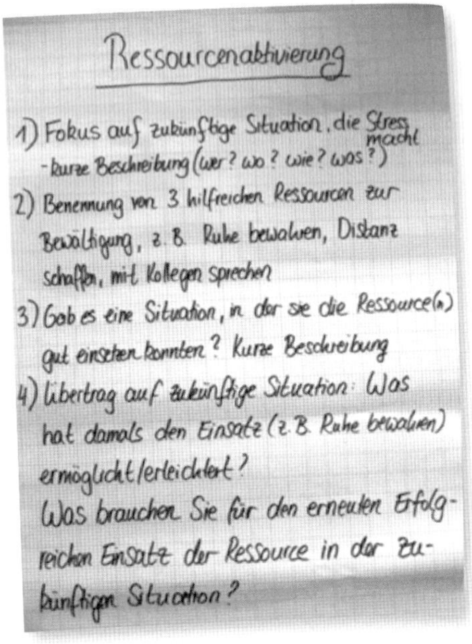

Im Anschluss an die Arbeit im Lerntandem erfolgt erneut eine kurze Auswertung im Plenum anhand verschiedener Fragen:

Abb. 3: Beispiel für eine Ressourcenkarte

▶ Welche Ihrer Ressourcen setzen Sie bereits in Stresssituationen ein und welche möchten Sie verstärkt nutzen?
▶ Was sind Bedingungen für einen Einsatz und Transfer der Ressourcen in den Arbeitsalltag?

Kommentar Einer anfänglichen Scheu oder Scham, sich dem Ressourcenlauf zu stellen, kann die Trainerin bzw. der Trainer bestimmt und ermutigend mit kleinen Kommentaren entgegenwirken: „Auch kleine Beobachtungen sind wertvolles Feedback.", „Nutzen Sie die Gelegenheit, sich in einem geschützten Raum Rückmeldungen einzuholen.", „Es besteht kein Zwang, Feedback zu geben – schauen Sie in Ruhe, wem Sie was mitgeben möchten."

Der Ressourcenlauf bereitet erfahrungsgemäß viel Spaß und es werden viele Ressourcen notiert. Teilnehmende berichten oft, dass die Ressourcenkarte aufbewahrt wurde und einen besonderen Platz gefunden habe. Das Rückmelden positiver Eigenschaften und Fähigkeiten wird als durchgehend wertvoll angesehen, zumal es im Arbeitsalltag nach Aussagen der Teilnehmenden oftmals zu kurz kommt. Durch die Übung wird eine angenehme und wertschätzende Atmosphäre erzeugt.

Die Aufgabenstellung im Tandem, insbesondere der Übertrag von bereits eingesetzten bzw. erlebten Ressourcen auf eine antizipierte Situation ist sehr komplex. Je nach Gruppe kann daher die Unterstützung durch die Trainerin bzw. den Trainer gefordert sein.

Typisches Feedback von Kunden
- „Die Rückmeldungen durch die Kolleginnen und Kollegen waren wertvoll und bereichernd."
- „Die Übung hat mir viel Spaß bereitet und mich in meiner Selbstwahrnehmung gestärkt."
- „Die anfängliche Überwindung, anderen Feedback zu geben und selber welches zu empfangen, hat sich gelohnt."

Quellen, Literaturhinweise

- Antonovsky, A. (1997): Salutogenese. Zur Entmystifizierung der Gesundheit. Tübingen: DGVT-Verlag.
- Bandura, A. (1977): Self-Efficacy: Toward a Unifying Theory of Behavioral Change. Psychological Review, 84 (2), S. 191–215.
- Fengler, J. (2004): Feedback geben. Strategien und Übungen. Weinheim: Beltz.
- Grawe, K. & Grawe-Gerber, M. (1999): Ressourcenaktivierung. Ein primäres Wirkprinzip der Psychotherapie. Psychotherapeut, 44(2), S. 63–73.
- Hanswille, R. & Kissenbeck, A. (2008): Systemische Traumatherapie. Konzepte und Methoden für die Praxis. Heidelberg: Carl-Auer.
- Luft, J. & Ingham, H. (1955): The Johari Window, a graphic model for interpersonal relations. Western Training Laboratory in Group Development, August 1955, University of California at Los Angeles, Extension Office.

Tool: Sinnesfreuden – Ausgleich und Genuss

Die Teilnehmenden werden ins Erleben geschickt und erfahren die Bedeutung von Genuss mit allen Sinnen

Von Friederike Michel

Dauer 60 bis 120 Min.
Gruppengröße bis 20 Personen, ggf. Unterteilung in Kleingruppen
Technischer Aufwand mittel = Anleitung Genussübung, Farbkarten und Farben, Motivkarten, zwei vorbereitete Flipcharts und Flipchart-Papier

Ziel — Jeder Mensch trägt von Natur aus die Fähigkeit in sich, zu genießen. Durch den Einsatz erlebnisbasierter Verfahren wird die Wahrnehmungsdifferenzierung, Aufmerksamkeitsfokussierung und das Erforschen der Sinne gefördert, welche wesentliche Voraussetzungen für Genusserleben sind. Zudem wird die Fähigkeit zur Imagination, dem gedanklichen Vorstellungsvermögen, angeregt. Genuss steht in engem Zusammenhang mit positiven Emotionen, weshalb die Genussfähigkeit uns auch vor negativen Auswirkungen von Stress schützen kann. Durch die Reflexion der eigenen Bedürfnisse und Präferenzen und den Austausch untereinander wird deutlich, dass Genuss für jeden etwas anderes bedeutet und es wichtig ist, seine persönlichen Genussquellen zu kennen und zu nutzen. Die eigene Balance zwischen Beruf und Freizeit wird reflektiert, zugleich werden Ideen zu deren Umsetzung in den Alltag gesammelt. Die Teilnehmenden erarbeiten interaktiv, wie die Integration von Genuss in den Berufsalltag gelingen kann, und erstellen ein eigenes Genussrezept. Dabei werden wichtige Voraussetzungen und Rahmenbedingungen ins Blickfeld genommen, was die Transferwahrscheinlichkeit erhöht.

Anlässe und Anwendungsbereiche — Bestimmte Sequenzen zum Thema Entspannung lassen sich fortwährend einbinden, um bereits während des Trainings für Ausgleich zu sorgen. Die Einheit als Ganzes eignet sich für den 2. Trainingstag bzw.

4.6 Tool: Sinnesfreuden – Ausgleich und Genuss

den Transfertag. Es ist ratsam, diese Einheit nach dem Mittagessen einzubauen, wenn die Gruppe bereits inhaltlich viel erarbeitet hat, da die Trainingssequenz einen guten Ausgleich zur Arbeit auf der kognitiven Ebene darstellt.

Das Tool bietet die Möglichkeit, mit seinen eigenen Bedürfnissen in Kontakt zu treten und sich bewusst zu machen, was Genuss für einen persönlich bedeutet. Zudem kann das Tool als Reflexion der eigenen Balance dienen, um zu erkennen, wo man steht und welche Schritte nötig sind, um einen gesunden Ausgleich zwischen Beruf und Freizeit zu erlangen. Das Tool lebt von einem lebendigen Erfahrungsaustausch, dafür ist eine gewisse Vertrautheit der Teilnehmenden untereinander von Vorteil.

Methode

Zum Einstieg wird auf die Bedeutsamkeit von Ausgleich und Genuss in Zusammenhang mit Stresserleben eingegangen. Im Stress neigen viele Menschen dazu, sich zurückzuziehen und Interessen und Kontakte verkümmern zu lassen. Kurzfristig mag dies, um Kräfte zu sammeln, funktional sein, langfristig fehlen dadurch jedoch Ausgleich und Erholung. Dadurch begibt man sich in einen Teufelskreis und wird sogar noch anfälliger gegenüber Stress. Eine weitere Gefahr besteht darin, die Freizeit mit zu vielen Aktivitäten zu überladen. Dies führt dann zu keinem Erholungserleben mehr, sondern endet im Freizeitstress. Zudem gibt es Menschen, die Freizeit gar nicht mehr kennen, sie leben nur noch für die Arbeit. In diesem Fall ist es notwendig, die Fähigkeit zur Ruhe und Muße erneut zu erlernen, denn regelmäßige Erholung ist wichtig, um langfristig gesund und leistungsfähig zu bleiben (vgl. Kaluza 2012).

Es bietet sich an, die Teilnehmenden anschließend sofort ins Erleben zu schicken. Dafür ist eine Imaginationsübung geeignet, die alle Sinne anspricht, um so ein ganzheitliches Erleben zu erzeugen und die Teilnehmenden spüren zu lassen, ob alle ihre Sinne in gleichem Maße angesprochen werden oder ob es Präferenzen einzelner Sinne gibt, die zum Genusserleben beitragen. Hier kann z.B. eine Übung (nach Handler 2008) Einsatz finden, bei der sich jeder Teilnehmende eine Farbkarte (z.B. ein farbiges Tonzeichenpapier) seiner Wahl aussucht, die er als angenehm empfindet oder mit der er positive Emotionen verbindet. Nachdem alle eine Farbkarte gewählt haben, werden sie gebeten, sich eine bequeme Position auf ihrem Stuhl zu suchen und sich zu entspannen bzw. zur Ruhe zu kommen. Anschließend liest die Trainerin bzw. der Trainer die Genussanleitung vor, bei der ausgehend von einem positiven Farbeindruck alle Sinneskanäle ins Erleben einbezogen werden.

Im Anschluss an die Genussübung werden die Teilnehmenden gebeten, ihre Erfahrungen untereinander auszutauschen. Dafür können folgende Fragestellungen als Orientierung dienen:

▶ Wie haben Sie sich während der Genussübung gefühlt? Welche Assoziationen sind Ihnen gekommen? War das Erleben für Sie angenehm oder unangenehm?
▶ Bei welchen Sinnen fiel es Ihnen leicht, Assoziationen entstehen zu lassen, bei welchen fiel es nicht so leicht?

In der Regel wird bereits in der ersten Reflexionsrunde deutlich, dass das Genusserleben sich in unterschiedlichem Erleben und in unterschiedlichen Sinnespräferenzen äußert. Hier kann ein Hinweis der Trainerin bzw. des Trainers hilfreich sein, dass allen Menschen der Zugang zu allen Sinnen möglich ist, dass es jedoch durchaus kulturelle und personelle Unterschiede in der Präferenz des Sinneskanals gibt. Um schnell und zuverlässig ins Genusserleben zu kommen, ist es hilfreich, den bevorzugten Sinneskanal zu kennen. Ebenso ist es aber möglich, durch Übung auch andere Sinneskanäle zu schulen.

Abb. 1: Gesammelte Genussmomente

Im Anschluss an die Reflexionsrunde legt die Trainerin bzw. der Trainer verschiedene Bilder bzw. Postkarten in der Mitte des Raumes aus. Die Teilnehmenden werden aufgefordert, sich im Raum zu verteilen und in Ruhe die Bilder zu betrachten. Sie sollen sich dann für ein Bild entscheiden, dass sie spontan anspricht und stellvertretend für ihren Genuss steht. Es ist hilfreich, jedes Bild als Kopie dabeizuhaben, falls sich zwei Teilnehmende für das gleiche Motiv entscheiden. Alternativ kann das Bild auch weitergereicht werden. Haben sich alle für ein Bild entschieden, stellen die Teilnehmenden nacheinander ihr Bild mit dem einleitenden Satz vor: „Ich habe das Bild gewählt, weil ..." und „Genuss bedeutet für mich ..." (siehe Abb. 1)

Die unterschiedlichen Bedeutungen von Genuss werden auf dem Flipchart notiert. Wenn alle zu Wort gekommen sind, wird auf Grundlage der unterschiedlichen Assoziationen sehr schnell deutlich, dass Genuss etwas Individuelles ist und für jeden etwas anderes bedeutet. Diese Erkenntnis ist wichtig, da es bei der Suche nach möglichen Genussmomenten um ein persönliches Entdecken und Entscheiden geht. Es kann zwar durchaus hilfreich sein, die Mitmenschen als Ideengeber zu nutzen – was mir gut tut, kann ich

4.6 Tool: Sinnesfreuden – Ausgleich und Genuss

jedoch nur alleine wissen. Viele Menschen wissen bereits recht gut, wobei sie sich entspannen und wohlfühlen können, andere wissen dies noch nicht so genau. In dem Fall kann es helfen, gedanklich in die Vergangenheit zu reisen und sich zu erinnern, was einem früher Freude bereitet hat – als Kind, als Jugendlicher, als junger Erwachsener. Vielleicht fallen einem Hobbys und Aktivitäten ein, die ganz in Vergessenheit geraten sind.

Als Überleitung zum nächsten Schritt wird deutlich gemacht, dass Genuss sowohl etwas Großes (Urlaub in der Karibik) als auch etwas Kleines (Entspannungsbad) sein kann. In dieser Trainingssequenz sollen sich die Teilnehmenden nunmehr auf den Genuss konzentrieren, der „alltagstauglich" ist. Dem Genuss im Alltag – sowohl im Beruf als auch in der Freizeit – kommt eine besondere Bedeutung zu, da er als Puffer gegen die alltäglichen Stressoren fungieren kann. Wenn wir uns kleine Genussoasen bauen, können wir unsere Energiereserven regelmäßig auffüllen und Stressoren leichter begegnen.

Um den erfolgreichen Transfer von Genuss in den Alltag zu unterstützen, tauschen sich die die Teilnehmenden bei einem Genussspaziergang zu zweit zu folgenden Fragen aus:

▶ Was tut mir gut, wobei habe ich Spaß und kann entspannen? Was stellt für mich einen wirkungsvollen Ausgleich zu Belastungen dar?
▶ Welche der angenehmen Aktivitäten möchte ich in Zukunft in meinen Alltag integrieren bzw. fortsetzen? Was brauche ich dafür? Wie gelingt der Transfer in den Alltag?

Neben dem positiven Effekt eines Gesprächs in angenehmer Atmosphäre unterstützt ein Spaziergang auch Denkprozesse. Durch Bewegung werden kreative Prozesse angeregt und die Bereitschaft steigt, Dinge zu hinterfragen und gewohnte Rollen- und Verhaltensmuster zu durchbrechen. Es ist sinnvoll, dass sich die Teilnehmenden nach dem Genussspaziergang ihre gewonnenen Erkenntnisse und Ziele schriftlich notieren, um den Transfer zu sichern.

Ein Beispiel für ein Vorhaben könnte sein: Da ich während meiner Arbeit viel vor dem PC sitze, möchte ich mehr Bewegung in den Arbeitsalltag integrieren. Dies bedeutet für mich, dass ich die Mittagspause nutze, um an die frische Luft zu gehen, und dass ich mit dem Fahrrad zur Arbeit fahre. Damit ich dies in den Alltag umsetze, brauche ich eine klar definierte und zeitlich ausreichende Pause, die ich einhalte. Hierzu verabrede ich mich mit einer Kollegin und/oder setze mir bewusst eine Uhrzeit. Für den Weg zur Arbeit hin und zurück plane ich mehr Zeit ein, d.h., ich stehe etwas früher auf und mache pünktlich Feierabend.

Auswertung Im Anschluss an den Genussspaziergang und der Verschriftlichung der persönlichen Vorhaben findet eine Reflexion anhand folgender Fragen statt:

▸ Wie ist es, über angenehme Dinge zu sprechen?
▸ Was haben Sie für sich entdeckt, was wollen Sie mit in den Alltag nehmen?
▸ Was sind Bedingungen für genussvolles Erleben im Alltag, damit der Transfer gelingt?

Um den Transfer der geplanten Aktivitäten in den Alltag sicherzustellen, ist es wichtig, sich bestimmte Rahmenbedingungen und Voraussetzungen für Genuss zu vergegenwärtigen und zu antizipieren. Die Trainerin bzw. der Trainer erarbeitet an dieser Stelle anhand der genannten Bedingungen ein Genussrezept zusammen mit der Gruppe. Bei Bedarf kann der Trainer dieses durch die Genussregeln (vgl. Lutz 1999) ergänzen (siehe Abb. 2).

Abb. 2: Genussregeln

Kommentar Das Thema „Ausgleich und Genuss" wird von den Teilnehmenden als äußerst wichtig empfunden. Über angenehme Dinge intensiv zu sprechen, fördert eine positive Atmosphäre und lenkt den Fokus auf die Ressourcen. Durch die Genussübung und auch den Genussspaziergang gelangen die Teilnehmenden direkt ins Erleben, sodass das Tool sehr angenehm und kurzweilig ist.

Im Anschluss an die Genussübung kann es hilfreich sein, sich von jedem Teilnehmenden eine kurze Rückmeldung einzuholen. Bei Schwierigkeiten, sich auf die Übung einzulassen, ist es wichtig, darauf zu verweisen, dass die Schulung der Sinne Übung braucht und ein Genusserleben nicht immer auf Anhieb gelingt. Des Weiteren sollte die Frage „Wie ist es, über angenehme Dinge zu sprechen?" ausgekostet werden, um hier den positiven Emotionen Raum zu geben und den Teilnehmenden zu vergegenwärtigen, dass sie diese selbst beeinflussen können.

4.6 Tool: Sinnesfreuden – Ausgleich und Genuss

Auf folgende Stolperfallen ist zu achten:

▶ **Stolperfalle 1:** Bei manchen Menschen kann es bei der Beschäftigung mit dem Thema zu Betroffenheit kommen, da sie bemerken, wie lange sie den Genuss entbehrt haben. Die Betroffenheit kann in dem Fall gewürdigt und die Notwendigkeit, zu handeln, verstärkt werden. Beim Genussspaziergang kann erörtert werden, wieso der Genuss verloren gegangen ist und wie er wieder mehr Platz im Alltag finden kann.

▶ **Stolperfalle 2:** Innere Gebote und Verbote hindern manche Menschen am unbeschwerten Genuss. Es kann sein, dass Teilnehmende sich von dem Thema distanzieren und sich schwer darauf einlassen können. In diesem Fall können solche inneren Gebote und Verbote wie z.B. „Erst die Arbeit, dann das Vergnügen" thematisiert werden. Allerdings führt es über das Tool hinaus, diese Gebote und Verbote inhaltlich bearbeiten zu wollen. An dieser Stelle sollte darauf verwiesen werden, dass es sinnvoll sein kann, sich die Zeit an anderer Stelle zu nehmen, um auf solche Sätze zu schauen und zu analysieren, woher sie kommen und wann sie in Erscheinung treten.

Typisches Feedback von Kunden
- ▶ „Durch die Beschäftigung mit dem Thema ist mir deutlich geworden, wie wichtig es ist, sich Gutes zu tun, auch wenn es nur Kleinigkeiten sind."
- ▶ „Die Umsetzung des alltäglichen Genusses im Alltag ist nicht immer leicht und braucht viel Übung. Es tat gut, im Austausch mit Kolleginnen und Kollegen dafür neue Ideen zu gewinnen."

Quellen, Literaturhinweise

▶ Handler, B. (2008): Mit allen Sinnen leben. Tägliches Genusstraining. Wien: Goldegg. (Hier findet sich auch die auf Seite 247 beschriebene Übung.)
▶ Kaluza, G. (2012): Gelassen und sicher im Stress: Das Stresskompetenz-Buch – Stress erkennen, verstehen, bewältigen. Berlin: Springer.
▶ Koppenhöfer, E. (2004): Kleine Schule des Genießens. Lengerich: Pabst.
▶ Lutz, R. (1999): Beiträge zur Euthymen-Therapie. Freiburg: Lambertus.

Zusammenfassung

Die Stress-Management-Trainings für Mitarbeitende bilden das Mittel- und Bindestück zwischen Führungskräfte-Trainings und Team-Workshops. Die Mitarbeitenden haben hierbei die Gelegenheit, sich in einem geschützten Rahmen auszutauschen, zu entlasten und Unterstützung einzuholen. Durch die inhaltliche Auseinandersetzung mit dem Thema werden sie in ihrer Wahrnehmung von Stressauslösern und Stressreaktionen sensibilisiert und lernen frühzeitig, durch geeignete Strategien zu intervenieren. Die Zusammenarbeit in einer gemischten bzw. abteilungsübergreifenden Gruppe regt die Übernahme neuer Perspektiven und Erfahrungen an. Das Verständnis füreinander wächst und trägt zu einem Zusammengehörigkeitsgefühl bei. Neben der Erarbeitung von Lösungen konkreter Fälle aus der Praxis werden bewusst positive Aspekte der Arbeit fokussiert und in den Raum geholt. Hierdurch wird eine wertschätzende Haltung gefördert. Die Vernetzung untereinander wird durch Lerntandems über den Seminarkontext hinaus gestärkt, was die Bereitschaft erhöht, mit den Themen in Kontakt zu bleiben und sich Unterstützung zu holen.

Die Mitarbeiterinnen und Mitarbeiter sind in den Trainings erfahrungsgemäß sehr neugierig und engagiert. Die Bereitschaft, persönliche Stressverstärker zu benennen, wächst über den Trainingsverlauf und ist für alle Beteiligten äußerst bereichernd. Sie entwickeln Ideen zum Umgang mit verschiedenen Situationen und erproben diese in praktischen Übungen. Der intime Austausch außerhalb des Arbeitsumfeldes erzeugt Vertrauen und Entspannung.

Die Einbettung der Stress-Management-Trainings für Mitarbeitende in den strategischen Kontext der Organisation stärkt den nachhaltigen Umgang mit Stress. Die inhaltliche Auseinandersetzung mit Themen zum Stress-Management kann im Gespräch mit der Führungskraft oder im Team weitergeführt werden. So können persönliche Erkenntnisse und Einsichten aus der Ebene der Mitarbeitenden gefestigt und für weitere organisationale Kontexte nutzbar gemacht werden.

Stress-Management-Workshops
für Teams

Kapitel V

Kapitel 5 – Kurzübersicht

In **„Teams und Stress"** verdeutlichen *Sebastian Grab* und *Melanie Hyll*, was die besondere Stressbelastung in Teams ausmacht. Im Fokus stehen die Balance zwischen den Personen, der Gruppe und dem Thema Stress sowie die dynamische Entwicklung des Teams. ▶▶ *Seite 255*

Melanie Hyll stellt das **„Konzept für Team-Workshops"** vor. Da jedes Team einzigartig ist und unterschiedlichen Klärungsbedarf mitbringt, werden drei beispielhafte Team-Workshops mit Schwerpunkt Stress-Management erläutert: Kommunikation im Team, Alltagsbewältigung im Team und Teamweiterentwicklung. ▶▶ *Seite 261*

Das Tool **„Bild der Zusammenarbeit"** von *Melanie Hyll* liefert eine erste Bestandsaufnahme der Zusammenarbeit des Teams im Stress. Auf kreative Art und Weise wird in Kleingruppenarbeit aufgezeigt, wie das Team die Situation von heute wahrnimmt. Positive Aspekte wie die gegenseitige Unterstützung werden ebenso sichtbar wie Stress verursachende Belastungssituationen. ▶▶ *Seite 272*

Mathias Hofmann beschreibt in **„Ist denn heut schon Weihnachten?"** ein Tool, das eine strukturierte Kommunikation von Wünschen einzelner Teammitglieder zulässt. Um eine verbesserte Zusammenarbeit zu erreichen, richten die Teammitglieder ihre individuellen Wünsche an das gesamte Team. Gemeinsam wird entschieden, ob und wie der Wunsch erfüllt werden kann. ▶▶ *Seite 276*

Der **„Aufgabentisch"** von *Mathias Hofmann* dient der Visualisierung und (Neu-)Verteilung von Aufgaben im Team. Deren gemeinsame Reflexion führt zu einem besseren Verständnis individuell wahrgenommener Belastung und einem möglichen Ungerechtigkeitsempfinden mancher Teammitglieder. Das Tool liefert Einsicht in die alltäglichen Aufgaben aller Beteiligten und hilft, Konflikte zu vermindern, Wertschätzung zu geben und Aufgaben angemessen zu verteilen. ▶▶ *Seite 281*

Louisa Reisert und *Lena Jeckel* zeigen im Tool **„Krisen im Team"** Möglichkeiten zur präventiven Vorbereitung auf Stresssituationen. Dazu werden Szenarien bearbeitet, die die Zusammenarbeit im Team deutlich gefährden würden. Eventuelles Konfliktpotenzial sowie belastende Situationen werden reflektiert, die Selbstverantwortung und Beeinflussbarkeit in der jeweiligen Situation verdeutlicht. ▶▶ *Seite 285*

In **„Regeln und Rituale"** beschreiben *Sebastian Grab* und *Melanie Hyll* ein Tool zur Analyse von bereits vorhandenen und möglichen Regeln und Ritualen im Team. Der Fokus wird dabei sowohl auf informelle als auch auf formale Regeln und Rituale gelenkt, die in Zusammenhang mit Stressvermeidung bzw. Stressverursachung stehen. ▶▶ *Seite 290*

Teams und Stress

Im Team aktiv Stress begegnen, aus einer gemeinsamen Haltung verschiedene Handlungsansätze entwickeln, unterstützende Zusammenarbeit fördern

Von Sebastian Grab und Melanie Hyll

Kurt Lewin entwickelte in den frühen 50er-Jahren den Begriff der Gruppendynamik und wendete sich damit gegen den Taylorismus, der unter anderem die optimale Anpassung des Menschen an die Arbeitstätigkeiten anstrebt. Der Mensch mit seiner Persönlichkeit gewinnt im Arbeitskontext an Bedeutung, die steigende Arbeitsleistung wird in Abhängigkeit von seinem sozialen Arbeitsumfeld gesehen. Es wird deutlich, dass der Einzelne im Team mehr und besser lernt und arbeitet als alleine. Abraham Maslow zeigte 1954 mit seinem Modell der Bedürfnispyramide auf, dass die sozialen Bedürfnisse wie auch die Zugehörigkeit zu einem Team über den materiellen Bedürfnissen der Mitarbeitenden stehen.

Somit spricht viel für die Förderung von Teams in Organisationen: Die Menschen in Organisationen arbeiten motivierter und besser, wenn es ihnen gut geht und sie in einer wechselseitigen Abhängigkeit zueinander stehen. Lewin nennt den Begriff der Interdependenz und zeigt im Zuge der Gruppendynamik auf, dass durch Kommunikation, Vertrauen, Mitsprache und Verantwortung die einzelne Mitarbeiterin bzw. der einzelne Mitarbeiter in einem Team stärker ist als alleine. Das Team unterstützt sich gegenseitig auch in schwierigen Situationen, was beispielsweise durch das Anforderungs-Kontroll-Modell nach Karasek deutlich wird. Das Modell setzt die Arbeitsanforderungen und die Entscheidungsspielräume in Beziehung und beschreibt, je nach Ausprägung der beiden Komponenten, eine mögliche Entstehung von Stress (siehe Kap. 1.2.3, S. 27 ff.).

Im Kontext der Organisation zeigt sich, dass hohe Arbeitsanforderungen durch die soziale Unterstützung und die größeren Handlungsspielräume eines Teams als positive Herausforderung gesehen werden und sich der Stress für den Einzelnen minimiert. Eine ressourcenorientierte Teamkultur in Organisationen stärkt also die Organisation von innen und motiviert den Einzelnen.

V. Stress-Management-Workshops für Teams

Ziel der Stress-Management-Workshops für Teams

Während der Workshops identifizieren die Teammitglieder unterschiedliche Stressoren, die auf das Team wirken. Sie entwickeln eine gemeinsame Haltung hierzu und erarbeiten umsetzbare Strategien für den Umgang mit den Belastungen. Der Fokus liegt auf den Teammitgliedern als Personen, die Gesamtheit des Teams wird berücksichtigt und die vorhandenen Ressourcen werden gestärkt. Die Workshops geben Raum, die unterschiedlich wahrgenommenen Belastungen zu thematisieren, Erwartungen zu klären und gemeinsame Vereinbarungen zu treffen. Das Team bearbeitet aktuelle Themen und schließt vergangene ab, um für die Zukunft als Team gut aufgestellt zu sein. Im Gesamtkonzept „Stress-Kompass" werden Team-Workshops mit den Trainings für Mitarbeiterinnen und Mitarbeiter sowie für Führungskräfte abgestimmt.

Definition der Besonderheiten

Die Herausforderung eines Stress-Management-Workshops für Teams liegt in der Zielsetzung: Das Team verfügt über eine gemeinsame Haltung zu Stress und abgestimmte Strategien im Stress-Management. Im Mittelpunkt steht das „Gemeinsame" auf der Grundlage individueller Haltungen und Vorstellungen der Teammitglieder. Die Perspektive in den Team-Workshops richtet sich demnach einerseits auf den einzelnen Teilnehmenden, um andererseits das gesamte Teamkonstrukt zu erfassen und zu erkennen.

Abb. 1: Das Modell der Themenzentrierten Interaktion (in Anlehnung an Cohn)

Die Balance zwischen dem einzelnen Teilnehmenden, der Gruppe per se und dem gemeinsamen Thema Stress ist die Grundlage der Konzeption. Eine theoretische Basis hierzu bietet die Themenzentrierte Interaktion nach Ruth Cohn (vgl. Cohn 2009). Dieses theoretische Modell (siehe Abb. 1) verbindet alle Faktoren, die in einem Teamprozess wirken, und stellt deren Beziehung zueinander dar. Dieses Modell zeigt mit der Beschreibung der Beziehungen zwischen den Ecken des Dreiecks die Chancen und Risiken eines Team-Workshops:

▶ Durch den „Globe" werden die Rahmenbedingungen des täglichen Arbeitshandelns im Team abgesteckt. Der „Globe" stellt dabei die vielfältigen Aspekte der Umwelt dar, die vom Team u.a. als Stressoren gedeutet werden können.

5.1 Teams und Stress

- In der Beziehung „Ich – Thema" steht das Individuum im Vordergrund, seine individuelle Art und Weise, Stress und die beruflichen Belastungen zu verstehen und zu interpretieren. So gibt es innerhalb eines Teams verschiedene Wahrnehmungen von Stressoren und unterschiedliche individuelle Umgangsweisen in belastenden Situationen.
- Die Herausforderung, aus den unterschiedlichen Sichtweisen einen Konsens zu finden, bildet sich in der Beziehung zwischen dem „Wir" und dem „Thema" ab. Wie wichtig ist es dem Team, eine gemeinsame Haltung zu finden, wie viel Energie bindet das Thema im Team?
- Wie das Team jedoch einen gemeinsamen Konsens findet, ist abhängig von der Beziehung zwischen dem „Ich" und dem „Wir". In einem Team treffen unterschiedliche Persönlichkeiten aufeinander. Im dynamischen Zusammenwirken gestalten sie ihren Umgang mit Stress. So ist es einerseits möglich, eine positive, ressourcenorientierte Sicht auf Stress einzunehmen und sich gegenseitig zu bestärken und zu entlasten. Andererseits kann sich eine stark negative und lähmende Sicht auf Stress entwickeln, die in eine Stressspirale münden kann.

So ist, gerade in neu zusammengesetzten Teams, oft unklar,

- „warum Menschen in an sich gleichartigen sozialen Situationen unterschiedlich reagieren,
- warum an anderen etwas auf uns fremd, faszinierend oder störend wirkt und womit das zusammenhängen mag und
- wie wir die Unterschiedlichkeit [...] zum gemeinsamen Wohl nutzbar machen können." (Langmaack 2010, S. 157)

Ein weiteres Modell, das sehr relevant für die Bearbeitung von Stressoren in Teams ist, ist das Teamphasenmodell nach Tuckman (1965). Ursprünglich beschrieb das Modell den linearen Verlauf eines Teams durch vier Phasen:

1. **Forming:** Das Team findet sich.
2. **Storming:** Die Teammitglieder finden über Auseinandersetzungen ihre Rollen und das Team entwickelt seine Arbeitsweise.
3. **Norming:** Die Teammitglieder regeln die Zuständigkeiten und Prozesse (formell und informell).
4. **Performing:** Das Team arbeitet.

Später ergänzte Tuckman als fünfte Phase:
5. **Ending:** Der Auftrag ist erfüllt, das Team löst sich auf.

Aus der zunächst linearen Vorstellung wurde ein zirkuläres Modell entwickelt, das als Alternative zum Ending durch hinzufügen einer fünften verbindenden Phase das Ende der ursprünglichen Teamarbeit mit der Option eines Neuanfangs nach einer Umwandlung beschreibt.

5. **Transforming** (bzw. „Reforming" bei Stahl, 2012): Das Team schließt den Teamprozess ab und verabschiedet sich – oder findet sich eventuell mit zum Teil neuen Mitgliedern und veränderten Aufgaben wieder in einer neuen Norming-Phase zusammen.

Mit der Zirkularität des Modells verbindet sich auch der Begriff bzw. das Bild der „Team-Uhr" (siehe Abb. 2). Mittlerweile wird die zunächst sehr strenge Abfolge eher dynamisch interpretiert: Nicht mit jedem neuen Mitglied, das ein bestehendes Team ergänzt, beginnt der gesamte Prozess von vorne, eventuell gibt es nur kurze Storming- und Norming-Zwischenphasen.

Es gibt weitere ähnliche Modelle, denen gemeinsam ist, dass zu Anfang eine Investition in Orientierung und Auseinandersetzung steht, bevor ein Team seine höchste Leistungsfähigkeit entwickelt, und dass zum Ende diese wieder nachlässt, falls kein Reformprozess einsetzt. Dauer und Intensität der einzelnen Phasen sind höchst unterschiedlich und folgen keiner Gesetzmäßigkeit.

Abb. 2: Team-Uhr nach Tuckman

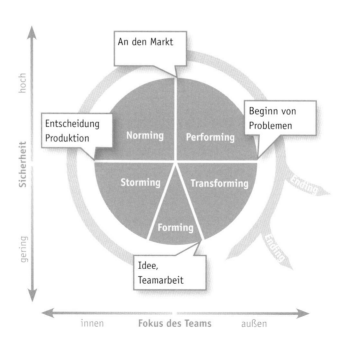

Das zirkuläre Tuckman-Modell ist außerordentlich nützlich, um Konflikte auf der Beziehungsebene von denen auf der Prozessebene zu unterscheiden. Es ist außerdem hilfreich, um das Team als dynamisch sich entwickelnde Gestalt zu begreifen, den aktuellen Stand zu identifizieren und Entwicklungen gemeinsam zu planen.

Organisationale Voraussetzungen

Um die Inhalte der Stress-Management-Workshops für Teams möglichst nahe an die Vorstellungen und Bedürfnisse der Teams anzupassen, stimmt die Moderation die konkreten Bedarfe und die Ausrichtung des Workshops mit der Führungskraft und den Teammitgliedern (bzw. deren Vertretenden) im Vorfeld ab. Zur Orientierung können mehrere Themen angeboten werden, die sich inhaltlich unterscheiden („Kommunikation im Team", „Alltagsbewältigung im Team", „Teamweiterentwicklung"). In diesem Gespräch beginnt schon die erste Phase des Team-Workshops, indem sich die Teammitglieder auf eines der Themen einigen und Erwartungen über mögliche Ziele klären. Die Moderation sucht das Gespräch mit der Führungskraft und einigen Mitarbeiterinnen und Mitarbeitern, um sich im Detail über das Thema, die Erwartungen, Wünsche und Ziele auszutauschen. So gelingt es, das Konzept des Workshops nah an die aktuelle Situation und Anforderungen des Teams anzuschließen.

Die Teilnahme aller Teammitglieder ist hilfreich, da nur so einvernehmliche nachhaltige Regelungen getroffen werden können.

Erwartete Folgen für das Team und die Organisation

Ein erfolgreicher Team-Workshop zum Umgang mit Stress wirkt in die Organisation hinein. Im Rahmen ihrer Entwicklung und neuer Erkenntnisse fordern Teams regelmäßig Veränderungen in und Unterstützungen aus anderen Teilen der Organisation ein. Diese Prozesse und die Kommunikation dazu steuert das strategische Stress-Management: Zu Beginn der Workshops wird der Rahmen für Veränderungen abgesteckt, nach Abschluss werden die Anregungen in der Steuerungsgruppe aufgegriffen und weiter bearbeitet. Die Kommunikation zwischen Organisation, Team und Moderation ist ein Schlüsselfaktor für erfolgreiche Stress-Management-Workshops für Teams. Insgesamt erhöht der Workshop die Veränderungsfähigkeit sowie die Veränderungsbereitschaft des Teams und somit der Organisation.

Quellen, Literaturhinweise

- Cohn, R. C. (2009): Von der Psychoanalyse zur Themenzentrierten Interaktion. 16. Aufl., Stuttgart: Klett-Cotta.
- Langmaack, B. & Braune-Krikau, M. (2010): Wie die Gruppe laufen lernt. Anregungen zum Planen und Leiten von Gruppen; ein praktisches Lehrbuch. 8. Aufl., Weinheim und Basel: Beltz.
- Stahl, E. (2012): Dynamik in Gruppen. Handbuch der Gruppenleitung. 3. Aufl., Weinheim und Basel: Beltz.
- Tuckman, B. W. (1965): Developmental sequence in small groups, Psychological Bulletin, 63, S. 384–399.

Konzept für Team-Workshops

Stress im Team an- und besprechbar machen, mit ausgewählten Werkzeugen eine produktive Zusammenarbeit auch in Stresssituationen ermöglichen

Von Melanie Hyll

Ziel

Im Team-Workshop entwickelt das Team eine gemeinsame Haltung zu Stress und trifft Vereinbarungen für die zukünftige Zusammenarbeit. Durch die Klärung von als stressbelastend empfundenen Situationen werden verschiedene Prozesse, die Organisation alltäglicher Arbeit sowie die Kommunikation im Team reflektiert und optimiert. Der Team-Workshop bietet den Teammitgliedern außerdem die Möglichkeit, den Fokus auf die vorhandenen Ressourcen im Team – wie beispielsweise die soziale Unterstützung – zu richten, da diese in stressigen Situationen wichtige Entlastung bringen können. Da jedes Team einzigartig ist und unterschiedlichen Klärungsbedarf hat, sind die Team-Workshops inhaltlich verschieden ausgerichtet. Unserer Erfahrung nach lassen sich die Themen in drei Grundkategorien einordnen, die sicher nicht trennscharf voneinander sind, aber eine Orientierungshilfe bieten. Anhand verschiedener Tools wird der Fokus auf

1. die Kommunikation im Team,
2. die Alltagsbewältigung oder
3. die Teamweiterentwicklung

gelenkt. Ziel des ersten Schwerpunktes ist es, gegenseitiges Verständnis und Akzeptanz im Team zu erzeugen, gegenseitige Erwartungen zu klären sowie Ideen zur optimierten Zusammenarbeit zu entwickeln. Der zweite Schwerpunkt bietet Raum für organisatorische und kommunikative Verbesserungen zur Bewältigung alltäglicher Belastungen. Der dritte Schwerpunkt zielt darauf ab, die Stärken des Teams zu kennen und für die zukünftige Zusammenarbeit zu nutzen sowie Stressrisiken präventiv zu steuern.

Inhaltlicher und methodischer Aufbau

Der Team-Workshop findet an zwei aufeinander folgenden Tagen statt, denen mit einem zeitlichen Abstand ein Transfertag folgt. Vorgespräche mit der Führungskraft sowie einigen Mitarbeiterinnen und Mitarbeitern gewährleisten, dass klare Entscheidungen für die Themen und den Prozess getroffen werden sowie der Sinn des Workshops an die Teilnehmenden kommuniziert wird (siehe Kap. 5.1, S. 255 ff.).

Phase 1: Einstieg und Analyse

Zum Einstieg in den Team-Workshop (Phase 1, siehe Abb. 1, rechts) werden Erwartungen und Anliegen geklärt sowie Regeln der Zusammenarbeit vereinbart. Zur Rahmung wird der Team-Workshop im strategischen Stress-Management verortet und als geschützter Rahmen definiert. Die Moderation stellt das Chart vor, auf welchem die getroffenen Vereinbarungen während des gesamten Workshops festgeschrieben werden. Kurz: Es geht darum, die Grundlagen für die Arbeitsfähigkeit der Gruppe und eine konstruktive Arbeitsatmosphäre herzustellen.

Um zu einem gemeinsamen Verständnis von Stress im Team zu kommen, befasst sich die erste Workshop-Phase mit dem Thema „Team und Stress". Die Besonderheit von Teams an sich (siehe Kap. 5.1, S. 255 ff.) wird beispielsweise mit Assoziationen von „Dreamteams" besprochen und der Fokus auf das Thema „Teams und Stress" gelenkt. Erste Er-

Abb. 1

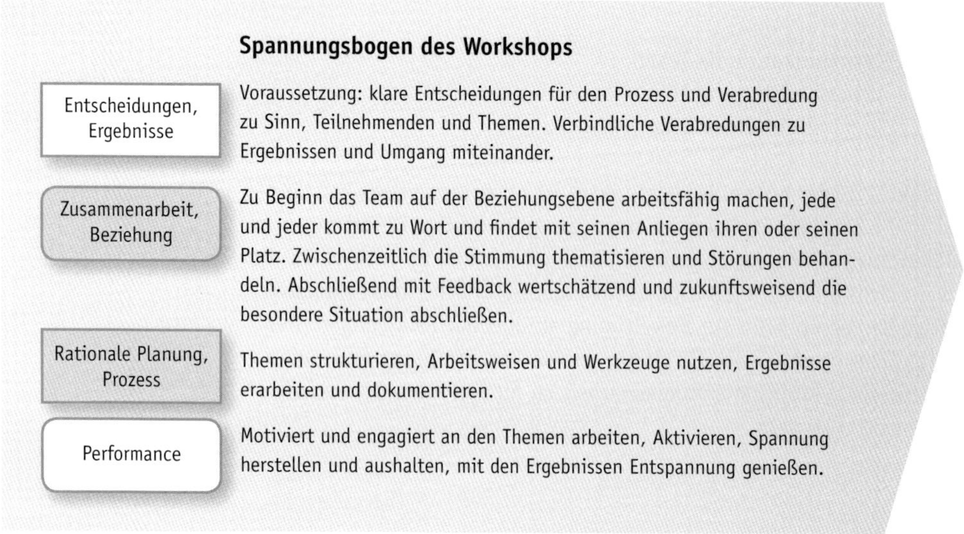

Spannungsbogen des Workshops

Entscheidungen, Ergebnisse	Voraussetzung: klare Entscheidungen für den Prozess und Verabredung zu Sinn, Teilnehmenden und Themen. Verbindliche Verabredungen zu Ergebnissen und Umgang miteinander.
Zusammenarbeit, Beziehung	Zu Beginn das Team auf der Beziehungsebene arbeitsfähig machen, jede und jeder kommt zu Wort und findet mit seinen Anliegen ihren oder seinen Platz. Zwischenzeitlich die Stimmung thematisieren und Störungen behandeln. Abschließend mit Feedback wertschätzend und zukunftsweisend die besondere Situation abschließen.
Rationale Planung, Prozess	Themen strukturieren, Arbeitsweisen und Werkzeuge nutzen, Ergebnisse erarbeiten und dokumentieren.
Performance	Motiviert und engagiert an den Themen arbeiten, Aktivieren, Spannung herstellen und aushalten, mit den Ergebnissen Entspannung genießen.

5.2 Konzept für Team-Workshops

Meta-Ebene
Stimmung reflektieren, Konflikte klären
„Gute Beziehung für gute Ergebnisse"

Themen bearbeiten
mit ausgewählten Werkzeugen Details herausarbeiten, Optionen entwickeln, Lösungen entscheiden
„Aktive Zusammenarbeit für zunehmende Klarheit"

Themen bearbeiten
mit ausgewählten Werkzeugen Details herausarbeiten, Optionen entwickeln, Lösungen entscheiden
„Aktive Zusammenarbeit für zunehmende Klarheit"

Phase 2: Themen bearbeiten

Neues erleben
Ungewöhnliche Aufgaben gemeinsam lösen
„Neue Erfahrungen miteinander"

Themen benennen
Analyse verdichten, Klarheit gewinnen
„Konstruktive Bereitschaft"

Themen bearbeiten
mit ausgewählten Werkzeugen Details herausarbeiten, Optionen entwickeln, Lösungen entscheiden
„Aktive Zusammenarbeit für zunehmende Klarheit"

So ist es
Analyse Ist-Situation, analoge Arbeit eröffnet Blicke
„Die Spannung steigt"

Phase 3: Zusammenfassung und Ausblick

Arbeitsfähig werden
Erwartungen aufnehmen, Ziele, Agenda und Regeln vereinbaren
„Gemeinsame Basis zum Start"

Ergebnisse zusammenfassen, abschließende Vereinbarungen
„Zufriedenes Commitment, Blick nach vorne"

Come together
Begrüßung
„Jede und jeder hat einen Platz"

Feedback
Auswertung
„Zufriedenheit und Entspannung"

Vorgespräche
Vereinbarungen vorab – Einladung

Phase 1: Einstieg und Analyse

Umsetzung
neue Praxis
„Im Alltag implementieren"

Transfertag
Ergebniskontrolle, Zufriedenheit im Team
„Wahrnehmung der Veränderungsfähigkeit"

kenntnisse liefern unterschiedliche Bilder zur Ist-Situation des Teams im Stress (siehe Kap. 5.3, S. 272 ff.). Es wird deutlich, inwiefern das Team Stress ausgesetzt ist, sich selbst in Stress versetzt und im Stress reagiert. Ziel der ersten Phase ist es, Stress besprechbar zu machen sowie konkrete und als belastend wahrgenommene Situationen zu identifizieren. Die zu bearbeitenden Themen werden benannt und die Teilnehmenden sind für deren Bearbeitung bereit. Die erste Phase verläuft in allen Team-Workshops nach demselben Muster.

Phase 2: Themen bearbeiten

Für jedes Team sind je nach empfundenen Stressoren und erlebten Haltungen spezifische Themenschwerpunkte relevant. Beispielhaft werden nun drei inhaltliche Schwerpunkte vorgestellt, die jedoch als Mischformen auftreten können (siehe Abb. 2). Außerdem kommen sie während des Workshops flexibel zur Anwendung. Ziel ist es, mit ausgewählten Werkzeugen Optionen für die zukünftige Zusammenarbeit im Team zu erarbeiten und zu diskutieren. Diese werden als Vereinbarung festgehalten und auf ihre Umsetzung hin überprüft. Während des Workshops wird an verschiedenen Stellen – beispielsweise wenn Konflikte auftreten oder am Ende des ersten Tages – die Stimmung auf der Meta-Ebene reflektiert, um auch am nächsten Tag gut zusammenarbeiten zu können. Außerdem erlebt das Team stressige Situationen in Teamübungen, in denen ungewöhnliche Aufgaben gemeinsam gelöst werden.

Abb. 2: Themenschwerpunkte der Team-Workshops

1. Kommunikation im Team

Geklärte Erwartungen stellen den Grundstein für eine gute Zusammenarbeit dar. Aus diesem Grund wird der Fokus sowohl auf die einzelnen Erwartungen an die Führungskraft und an sich selbst als Teammitglied als auch – aus der Perspektive der Führungskraft – auf die Erwartungen an die Mitarbeiter und an sich selbst als Führungskraft gerichtet. Nach einem Abgleich der Erwartungen verständigen sich die Teilnehmenden auf Vereinbarungen, um zukünftig besser zusammenzuarbeiten.

Um konkrete Aspekte der Zusammenarbeit anzusprechen, arbeiten die Teammitglieder an einzelnen Wünschen (siehe Kap. 5.4, S. 276 ff.). Dazu werden diese anhand eines kommunikativen Schemas von einzelnen Personen benannt, um schließlich zu entscheiden, inwiefern sie umgesetzt werden können. Die Moderation achtet hier auf eine wertschätzende Kommunikation untereinander.

Da das Aussprechen von Anerkennung im Arbeitsalltag häufig untergeht, widmet sich die Gruppe im Anschluss dem Lob-Feedback. Ziel ist es, sich die Stärken der einzelnen Teammitglieder bewusst zu machen. In methodischer Hinsicht wird die Frage gestellt, ob und wie eine Übertragung des Lob-Feedbacks in den Alltag gut, möglich und sinnvoll ist. Nach einer Kommunikationsübung im Team entwickeln die Teilnehmenden schließlich Szenarios, die die Kommunikation im Team deutlich gefährden würden (siehe Kap. 5.6, S. 285 ff.). Ziel ist es, einen Plan B zu erstellen sowie mit Blick Richtung Zukunft präventive Ideen zu sammeln und zu reflektieren.

Da Regeln und Rituale den Teammitgliedern einerseits Orientierung für die gemeinsame Zusammenarbeit geben, andererseits aber auch Stress verursachen können, konzentriert sich die abschließende Trainingssequenz auf bestehende formelle und informelle Regeln und Rituale (siehe Kap. 5.7, S. 290 ff.). Die Teammitglieder überlegen sich, welche neuen Regeln und Rituale sie einführen wollen, welche wegfallen sollen und wie viele Regeln sie sich geben wollen.

Agenda 1: Kommunikation im Team	
Tag 1	Erwartungen an die Zusammenarbeit
	Teamübung
	Feedback, Ausblick Tag 2
Tag 2	Guten Morgen: Begrüßung & Rückblick, Agenda
	Wünsche
	Lob-Feedback
	Kommunikationsübung im Team
	Stress-Szenarios
	Regeln und Rituale im Team

2. Alltagsbewältigung im Team

Soziale Unterstützung trägt wesentlich zur Bewältigung von Stress bei. Aus diesem Grund arbeiten die Teilnehmenden im ersten Schritt an den folgenden Fragen: Was gebe ich dem Team? Was bekomme ich vom

Team? Was wünsche ich mir vom Team? Ziel ist es, Übereinstimmungen und Lücken aufzuzeigen. Konkrete Wünschen an das Team werden benannt und Lösungen erarbeitet (vgl. Kap. 5.4, S. 276).

Da Geschäftsprozesse ein hohes Potenzial an Stressverursachern – beispielsweise durch konflikthafte Schnittstellen, Doppelungen im Kommunikationsprozess oder fehlende Abstimmungen untereinander – innehaben, werden diese in den Fokus genommen. Die Teilnehmenden visualisieren einzelne Arbeitsprozesse in Kleingruppen. Um die Prozesse zu optimieren, arbeiten sie anschließend mit den folgenden Reflexionsfragen:

- Wo gibt es wichtige Schnittstellen?
- Inwiefern und wo besteht Verbesserungsbedarf?
- Wo gibt es kritische Punkte?

Die Teammitglieder treffen Vereinbarungen für die zukünftige Umsetzung der Arbeitsprozesse. Um empfundene Ungerechtigkeiten und hohe Belastungen Einzelner zu klären, arbeiten die Teilnehmenden mit dem Tool „Aufgabentisch" (siehe Kap. 5.5, S. 281 ff.). Dabei werden im Team die Aufgaben der einzelnen Mitarbeiterinnen und Mitarbeiter visualisiert und reflektiert. Ziel ist es, Aufgaben neu zu verteilen, Wertschätzung einzuholen sowie Entlastungen innerhalb des Teams zu ermöglichen.

Nach einer Teamübung (siehe weiter unten, S. 268 f.) und der Bearbeitung von Regeln und Ritualen (vgl. Agenda „Kommunikation im Team") wird abschließend der Fokus auf die Verantwortung für die zukünftige Zusammenarbeit in stressigen Situationen gelenkt. Im Innovationsworkshop werden die Teammitglieder dazu aufgefordert, sich die besten Ideen zu überlegen, was sie im Team ab sofort neu machen bzw. lassen sollten, um den Stress gut zu meistern.

Agenda 2: Alltagsbewältigung im Team	
Tag 1	Soziale Unterstützung im Team
	Wünsche
	Feedback, Ausblick Tag 2
Tag 2	Guten Morgen: Begrüßung & Rückblick, Agenda
	Geschäftsprozessmanagement
	Aufgabentisch
	Teamübung
	Regeln und Rituale im Team
	Innovationsworkshop

3. Teamweiterentwicklung

Je nach Entwicklungsphase des Teams (vgl. Tuckman 1965, siehe Kap. 5.1, S. 257) variieren auch die stressverursachenden Themen. Um die Bewältigung vergangener Phasen zu reflektieren und sich auf zukünftige vorzubereiten, bearbeiten die Teilnehmenden Fragen zu den Herausforderungen verschiedener Teamphasen. Das Team wird sich seiner Stärken und Schwächen bewusst und hält Vereinbarungen für die zukünftige Zusammenarbeit fest.

Die Teammitglieder arbeiten im nächsten Schritt anhand des Stress-Risikoportfolios an konkreten belastenden Situationen, um diese zukünftig zu vermeiden bzw. bearbeitbar zu machen. Das Stress-Risikoportfolio lehnt sich an ein Risikoportfolio aus der Betriebswirtschaft an und wird hier auf das Thema Stress angewandt. Das Tool dient der Betrachtung möglicher Stressrisiken. Ziel ist es, vorbeugend geeignete Maßnahmen zu erarbeiten, um einen Eintritt der Stressrisiken zu verhindern bzw. deren Auswirkungen abzuschwächen. Die Bearbeitung schafft Handlungssicherheit in der Umsetzung der alltäglichen Arbeit und insbesondere dann, wenn Veränderungen jeglicher Art auftreten. Die Teilnehmenden identifizieren verschiedene Stressrisiken und bewerten sie nach ihrer Eintrittswahrscheinlichkeit sowie der Eintrittsauswirkung. Präventionsmaßnahmen werden benannt und erarbeitet sowie das eigene Verantwortungsbewusstsein geschärft.

Jedes Team setzt sich aus verschiedenen Personen mit unterschiedlichen Stärken und Qualitäten zusammen. Die Mitarbeiterinnen und Mitarbeiter diskutieren die vorhandenen Rollen im Team, um die Stärken Einzelner zu benennen. Die Teammitglieder können Wünsche an unterschiedliche Rollen äußern, um die Zusammenarbeit mit diesen zukünftig zu verbessern und Stress untereinander zu vermeiden. Eine komplementäre Perspektive dazu ist der Blick auf das Team als Einheit. Ziel ist es, zu verdeutlichen, wie sich das Team selbst wahrnimmt. Die Teilnehmenden bearbeiten die Frage, wohin sie sich als Team entwickeln wollen oder was passieren muss, damit das Team so bleibt, wie es ist.

Damit das Team zukünftig Stress durch soziale Unterstützung gemeinsam bewältigen kann, wird von den Teilnehmenden untereinander Lob-Feedback ausgesprochen (vgl. Agenda „Kommunikation im Team, S. 265). Abschließend erarbeiten die Teammitglieder im Innovationsworkshop Ideen für einen verbesserten Umgang in belastenden Situationen (vgl. Agenda „Alltagsbewältigung im Team").

V. Stress-Management-Workshops für Teams

Agenda 3: Teamweiterentwicklung	
Tag 1	Teamphasen
	Stress-Risikoportfolio
	Teamübung
	Feedback, Ausblick Tag 2
Tag 2	Guten Morgen: Begrüßung & Rückblick, Agenda
	Rollen im Team
	Team als Einheit
	Lob-Feedback
	Teamübung
	Innovationsworkshop

Teamübungen

Die zitierten Tools sind als Download verfügbar

Während des Workshops stellen Teamübungen eine Möglichkeit dar, Erinnerungsbilder zu schaffen, sich bei ungewohnten, oft stressigen Aufgabenstellungen als Team zu erleben und die Zusammenarbeit bei der Bewältigung der Aufgabe zu reflektieren. Ziel ist es, eine Übertragung der Zusammenarbeit im Team auf den Arbeitsalltag zu ermöglichen. Mögliche Teamübungen sind beispielsweise die „Tagesschau" (vgl. Wegener 2007) oder für einen Team-Workshop mit Abendprogramm „Dinner for 27" (vgl. Bongartz/Hofmann 2009).

Die Teamübungen werden anhand einer zweidimensionalen Matrix ausgewertet (siehe Abb. 3). Die Moderation fragt danach, wie das Ergebnis von 0 (= Ziel komplett verfehlt, kein Ergebnis sichtbar) bis 10 (= Top-Ergebnis, beste Qualität erreicht) bewertet wird. Als zweiter Schritt beurteilen die Teilnehmenden die Zusammenarbeit im Team von 0 (= keine Zusammenarbeit sichtbar) bis 10 (= hervorragende, effiziente Zusammenarbeit). Die Moderation verdeutlicht, dass die Zusammenarbeit im Team dem Teamergebnis dient, und stellt Fragen zur Auswertung:

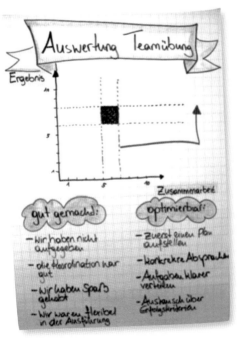

Abb. 3: Beispielhafte Auswertung einer Teamübung

5.2 Konzept für Team-Workshops

▸ Was war gut an der Zusammenarbeit und hat eine gute Zielerreichung bewirkt?
▸ Was können Sie bei der Zusammenarbeit noch optimieren?
▸ Inwiefern können Sie die Auswertungsergebnisse auf den Arbeitsalltag übertragen?

Phase 3: Zusammenfassung und Ausblick

Die dritte Phase des Team-Workshops orientiert sich – unabhängig von den Themenschwerpunkten – am Schema der ersten Phase. Das Ziel dieser Phase ist die Erstellung von Verbindlichkeit bezüglich der getroffenen Vereinbarungen zur zukünftigen Zusammenarbeit im Team. Außerdem wird den Teilnehmenden die Verantwortung für den weiteren Umgang mit den Vereinbarungen im Arbeitsalltag übergeben. Die Vereinbarungen wurden getroffen, um Entlastung zu schaffen und stressige Situationen für das Team beherrschbar zu machen. Deren schriftliche Fixierung stellt Commitment her (siehe Abb. 4).

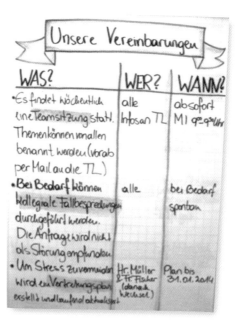

Abb. 4: Beispielhaftes Vereinbarungs-Chart

Die Teilnehmenden geben Feedback an die Moderation und äußern Wünsche für den Transfertag. Abschließend notiert die Moderation Rückmeldungen an die Steuerungsgruppe, damit die Einbindung in das Gesamtprojekt sichergestellt wird. Hier besteht die Möglichkeit, organisationale Themen zu benennen, die im Workshop so nicht zu bearbeiten waren.

Umsetzung im Alltag und Transfertag

Die Teammitglieder setzen die Vereinbarungen selbstverantwortlich im Alltag um. Nach ca. zwei Monaten erfolgt ein Transfertag, der der Ergebniskontrolle dient. Hier reflektieren die Teilnehmenden das Ausmaß und die Qualität der Umsetzung der getroffenen Vereinbarungen im Alltag, wobei der Grad der Zielerreichung mittels Selbsteinschätzung des Teams protokolliert und transparent gemacht wird (siehe Abb. 5, S. 270). Durch die Ergebniskontrolle wird die Veränderungsfähigkeit des Teams für die einzelnen Teammitglieder sichtbar. Anschließend ist

Zeit, um weitere für das Team relevante Themen im Umgang mit Stress zu bearbeiten.

Voraussetzungen für einen erfolgreichen Team-Workshop

Voraussetzung für einen erfolgreichen Team-Workshop ist eine angemessene Offenheit der Teilnehmenden, sich mit dem Thema Stress im Team auseinanderzusetzen. Das gilt sowohl für die Mitarbeiterinnen und Mitarbeiter als auch für die Führungskraft. Dazu ist es erforderlich, dass die Teammitglieder in einem Vorgespräch mit der Moderation die Möglichkeit bekommen, konkrete, als belastend empfundene Themen anzusprechen, Wünsche an den Team-Workshop zu äußern und Erwartungen zu klären. In zeitlicher Hinsicht ist es wünschenswert, dass die Organisation drei Tage Zeit zur Verfügung stellt. Eine weitere Komponente für einen gelungenen Workshop ist die Flexibilität der Moderation bezüglich der inhaltlichen Gestaltung des Workshops. Da die Gesprächsbereitschaft u.a. von den Bedürfnissen der Teilnehmenden abhängt, ist es sinnvoll, im Workshop aufkommende Themen zuzulassen und vom ursprünglichen Programm abzuweichen.

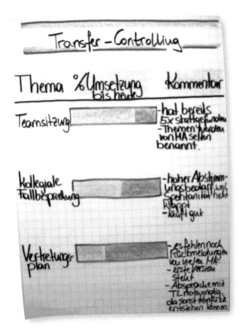

Abb. 5: Ergebniskontrolle am Transfertag

Fallstricke

Während des Team-Workshops können verschiedene Fallstricke auftreten. Neben dem Aufbrechen von Konflikten kann sich unverständliche Lustlosigkeit bzw. Disziplinlosigkeit ausbreiten oder die Sinnhaftigkeit des Stress-Management-Workshops infrage gestellt werden. Grundsätzlich sollen Störungen immer Vorrang haben. Für die Moderation ist es in diesem Fall wichtig, auf den Nutzen von Stress, Störungen und Konflikten hinzuweisen. Genau durch solche Situationen kann der Umgang mit Störungen gelernt werden. Erst wenn die zwischenmenschlichen Themen geklärt sind, kann auf der sachlichen Ebene gearbeitet werden.

Auswertung

Nach dem Team-Workshop wird der Steuerungsgruppe Rückmeldung gegeben. Diese reicht von einem grundsätzlichen Feedback der Workshopergebnisse bis hin zu konkreten Handlungsvorschlägen und Wünschen, an denen die Steuerungsgruppe weiterarbeiten soll.

Darüber hinaus werden die Ergebnisse in das organisationale Stress-Management eingegliedert. So könen beispielsweise der Bedarf an weiteren Team-Workshops ermittelt, die Weiterarbeit an bestimmten Themen durch (bereichsübergreifende) Arbeitsgruppen oder -zirkel beschlossen, Leitbilder für eine gemeinsame Stresskultur erstellt und eine organisationsweite Prozessoptimierung angeregt werden.

Rahmenbedingungen

Namensschilder, 4 Pinnwände, 2 Flipcharts, Flipchart-Papier, Moderationskoffer mit ausreichend Moderationsmaterialien, Stifte (einer pro Teilnehmendem), nach Bedarf vorbereitete Flipcharts, Ölkreiden, Materialien für die Teamübungen, Laptop, Kamera, Beamer, Mikrofon (für das Tool „Tagesschau").

Quellen, weiterführende Literatur

- Bongartz, K. & Hofmann, M. (2009): Dinner for 27. In: Leão, A. & Hofmann, M. (Hrsg.): Fit for Change II. 40 praxisbewährte Tools und Methoden im Change für Trainer, Moderatoren, Coaches und Change-Manager. Bonn: managerSeminare, S. 202–212.
- Wegener, G. (2007): Die Tagesschau. In: Leão, A. & Hofmann, M. (Hrsg.): Fit for Change. 44 praxisbewährte Tools und Methoden im Change für Trainer, Moderatoren, Coaches und Change-Manager. Bonn: managerSeminare, S. 228–233.
- Tuckman, B. W. (1965): Developmental sequence in small groups, Psychological Bulletin, 63, S. 384–399.

Tool: Bild der Zusammenarbeit

Bestandsaufnahme der gemeinsamen Zusammenarbeit unter Stress

Von Melanie Hyll

Dauer: 60 bis 90 Min.
Gruppengröße: 8 bis 25 Personen
Technischer Aufwand: niedrig

Ziel Der erste Schritt zur Arbeit an stressverursachenden Themen ist sinnvollerweise eine Bestandsaufnahme der Ist-Situation. Ziel des hier beschriebenen Tools ist es, den derzeitigen Zustand des Teams bildhaft auszudrücken. Durch das Tool baut sich eine Spannung auf, die für die engagierte Arbeit an den Themen sehr nützlich ist. Kleingruppen reflektieren die momentane Zusammenarbeit des Teams im Stress.

Die anschließende Analyse der Bilder verdeutlicht, was im gemeinsamen Umgang in stressigen Situationen bereits gut funktioniert. Außerdem werden die besonderen Belastungssituationen für das Team sichtbar. Die Teammitglieder tauschen sich schon beim Malen zum Thema Stress im Team aus. Sie treffen häufig bereits in der Auswertung der Bilder erste Vereinbarungen zur zukünftigen Zusammenarbeit im Stress. Die weiteren identifizierten Themen bearbeiten sie im Laufe des Team-Workshops.

Anlässe und Anwendungsbereiche Das Tool dient als Einstieg in das Thema und einer ersten Analyse der Zusammenarbeit des Teams im Stress. Gleichzeitig fördert es von Beginn an die Aktivierung der Teilnehmenden, da diese sich in intensiver Kleingruppenarbeit dem Thema widmen. Gerade bei aktuell belastenden Situationen ist die Kleingruppe gegenüber dem Plenum als Arbeitsweise von Vorteil. Die Aufgabe besteht schlicht darin, „ein Bild zu malen", da dadurch Emotionen, Konflikte und belastende Situationen beschrieben werden, die häufig schwer in Worte gefasst werden kön-

5.3 Tool: Bild der Zusammenarbeit

nen. Die Bilder eröffnen ungewöhnliche Blickwinkel und symbolisieren übersichtlich komplexe Zusammenhänge.

In den anschließenden Interpretationen und Erläuterungen werden alle gut laufenden und kritischen Beziehungsverhältnisse, positive Gegebenheiten, wahrgenommene Grenzen, aber auch sachliche und kommunikative Probleme gesammelt. Die Ist-Situation wird umfassend und ganzheitlich erkennbar. Damit eignet sich das Tool für die Anfangsphase eines Team-Workshops, unabhängig vom weiteren Themenschwerpunkt (Alltagsbewältigung, Kommunikation oder Teamweiterentwicklung). Das Ziel des Tools ist erreicht, wenn die Teilnehmenden die relevanten Themenfelder aus den Bildern herausgearbeitet haben und bereit sind, sich auf eine offene Diskussion einzulassen und ihre individuellen Wahrnehmungen der Zusammenarbeit im Stress zu teilen und zu bearbeiten.

Das Bild kann zusätzlich als Einstieg in den Transfertag dienen:
▶ Wie haben wir die Situation vor zwei Monaten wahrgenommen?
▶ Wie sehen wir uns heute?

Eine weitere Variante ist die Aufgabe, ein Bild der zukünftigen Zusammenarbeit zu zeichnen.

Methode

Einleitend erläutert die Moderation, dass als erster Schritt eine Bestandsaufnahme der Zusammenarbeit des Teams im Stress gemacht wird. Mit dem Hinweis, dass es innerhalb des Teams verschiedene Wahrnehmungen von Stressoren gibt, macht sie den Teilnehmenden verständlich, dass ein gemeinsamer Blick auf die Zusammenarbeit sinnvoll ist. Die Übung „ein Bild malen" wird damit begründet, dass ein Bild mehr als 1.000 Worte sagt. Mit der Arbeit in Kleingruppen werden viele Beiträge von allen in die Beschreibung der Situation aufgenommen. Der derzeitige Zustand des Teams wird so in mehreren Versionen bildhaft veranschaulicht. Die Moderation unterstützt ihre Einführung in die Aufgabe mit einem Flipchart (siehe Abb.).

Abb.: Der Rahmen ist vorgegeben ...

Es liegt im Ermessensspielraum der Moderation, den Teilnehmern eine Metapher vorzugeben („gemeinsames Haus", „alle in einem Boot" etc.), an der sich das Team bei der

Gestaltung orientieren kann. Dies erleichtert gegebenenfalls den Einstieg in die Aufgabe. Verzichtet die Moderation auf eine entsprechende Vorgabe, können die Teilnehmenden inhaltlich offen an die Aufgabe herangehen und ihr Bild frei gestalten. Nach der Einführung wird das Team in Kleingruppen à 4 bis 5 Personen eingeteilt. Aus zeitlichen Gründen ist es sinnvoll, bei großen Teams nicht mehr als fünf Bilder zu malen. Die Einführung in die Übung inkl. der Gruppeneinteilung dauert ca. 10 Minuten. Als zeitlichen Rahmen für die Erstellung der Bilder sind 30 Minuten empfehlenswert.

Die Kleingruppen nehmen sich die Materialien und arbeiten im Raum verteilt an ihren Bildern der Zusammenarbeit. Die Moderation kann die Gruppen beobachten, um zu sehen, wie die Bilder entstehen und welche Themen diskutiert werden. Nach 30 Minuten kommen die Teilnehmenden wieder im Plenum zusammen und hängen die Bilder an Pinnwänden auf. Als nächster Schritt folgt die Auswertung der Bildergalerie.

Auswertung

Die Frage nach dem schönsten Bild erleichtert ein erstes Sprechen über die Bilder. Die Aussagen verdeutlichen, dass die Bilder von den einzelnen Teammitgliedern ganz unterschiedlich bewertet werden. Erfolgt die Interpretation durch diejenigen Personen, die das Bild nicht gemalt haben, sind sofort neue Blickwinkel und Sichtweisen in der Diskussion. Anschließend ergänzen die eigentlichen „Künstlerinnen" und „Künstler" der Werke die Ausführungen. Durch den Vergleich der Bilder der Zusammenarbeit werden Ähnlichkeiten und Unterschiede herausgearbeitet. Die folgenden Fragen können zur Auswertung genutzt werden:

- ▶ Was ist ähnlich?
- ▶ Wo sehen Sie Unterschiede?
- ▶ Wieso ist das im Bild? Was war die Absicht?
- ▶ Was sehen wir hier, was positiv bzw. negativ ist?

Die Interpretation der Bilder dauert ca. 30 Minuten. Aus diesem Tool lassen sich wichtige Themen, unterschiedliche Haltungen und Perspektiven ableiten. Am besten werden die Aussagen und Kernthemen von der Moderation auf einem Flipchart mitgeschrieben.

Als Zusammenfassung werden die Hauptthemen, die sich aus der Übung ergeben, in positive und negative Punkte geclustert. Die Übung wird mit der Frage abgeschlossen, an welchen Stellen die Teammitglieder großen Handlungsbedarf sehen. Die Reflexion darüber kann bereits zu ersten Vereinbarungen führen, um die Zusammenarbeit des Teams im

5.3 Tool: Bild der Zusammenarbeit

Stress zu verbessern. Je nachdem, wie schnell Vereinbarungen getroffen werden, dauert der Abschluss ca. 15 Minuten.

Technische Hinweise

Für dieses Tool sollten im Raum (oder ggf. auch außerhalb des Raums) mehrere Tische zur Verfügung stehen, damit ca. 4 bis 5 Gruppen in Ruhe das Bild der Zusammenarbeit erstellen können. Bevor die Übung beginnt, legt die Moderation Flipchart-Papier, Ölkreiden, Stifte etc. bereit. Als Alternative (bei Teilnehmenden, die nicht gerne malen wollen) können zusätzlich Zeitschriften, Schere und Uhu für eine Collage zur Verfügung gestellt werden. Für die Galerie werden ein bis zwei Pinnwände benötigt.

Kommentar

Als Moderatorin bekomme ich mit dem Bild der Zusammenarbeit einen ersten Eindruck, welche Themen und Probleme Stress verursachen und womit das Team zu kämpfen hat. Häufig werden auch viele positive Dinge gezeichnet. Auch wenn dem Malen eines Bildes zu Beginn häufig mit Skepsis begegnet wird, so sind die Teilnehmenden anschließend meist sehr engagiert und haben Freude, die Bilder der anderen Teammitglieder zu interpretieren.

Typisches Feedback von Kunden

- „Können wir am Transfertag ein weiteres Bild malen, um zu sehen, was sich verändert hat?"
- „Ich bin schon zu alt zum Malen."
- „Das sieht doch gar nicht so schlecht aus."
- „Kann ich das mitnehmen?"

Tool: Ist denn heut' schon Weihnachten?

Verständnis für individuell erlebte Stresssituationen entwickeln,
Wünsche äußern und in den Dialog kommen

Von Mathias Hofmann

Dauer 2 Stunden
Gruppengröße bis 12 Personen gut, darüber besser Gruppen bilden
Technischer Aufwand gering: Raum, Ruhe, Zeit, Flipchart, Stifte, Moderation nach fixierten Regeln. Plakat zu Theorie U und Plakat zu Regeln für Diskussion

Ziel Ziele des Tools sind:
- Gegenseitiges Verständnis, wann und wieso Teammitglieder in Stress kommen
- Kreativ gemeinsam Optionen für Lösungen entwickeln
- Vereinbarungen zur Zusammenarbeit und zur Bewältigung von Stress und belastenden Situationen
- Zusammenhalt im Team als Ressource für Stress-Management fördern

Anlässe und Anwendungsbereiche Das Tool kann besonders hilfreich sein, um das Verständnis füreinander für subjektiv empfundene Belastungen im Team zu verbessern. Es hilft eher zurückhaltenden Personen, ihre Interessen zu formulieren und Verständnis zu erzielen. Es dient dazu, das Tempo in Debatten zu verringern und unterstützt das gegenseitige Zuhören. In verhärteten Diskussionen weckt es den Blick für die Sicht der anderen Beteiligten im Team und fördert Kreativität zur Entwicklung von gemeinsamen Lösungen.

Methode Das Tool ist von zwei Theorien angeregt. Zum einen geht es zurück auf die Gedanken von Otto Scharmer, die er in seiner Theorie U bündelt. Sehr vereinfacht verbindet er Phasen eines Veränderungsprozesses mit verschiedenen Kommunikationsmustern (siehe Abb.). Die ersten Phasen sind:

5.4 Tool: Ist denn heut' schon Weihnachten?

1. **Download:** Informationen aufnehmen.
2. **Debatte:** Position beziehen, die Äußerungen anderer aufnehmen und eigene Standpunkte darstellen. Das Ziel ist kein gemeinsames Ergebnis, es ist ein Wettstreit der Meinungen.
3. **interessierter Dialog:** der Versuch, sich zu verstehen, die Interessen und Hintergründe einer Position erfragen. Das Ziel ist das Verständnis für die Interessen und Anliegen anderer.
4. **Presensing:** gemeinsame weiterführenden Fragen entwickeln. Das Ziel ist das Einvernehmen zu den relevanten Themen und Fragen, die für eine Veränderung zu bearbeiten sind.

Aus den Antworten auf diese Fragen folgen dann neue Konzepte und Prozesse (vgl. Scharmer 2009).

Abb.: Theorie U – Phasen der Veränderung und Kommunikationsmuster

Die zweite Anregung liefert die Harvard-Verhandlungstheorie nach Fischer, Ury, Patton. Wesentliche Elemente ihrer Technik, die sie in sehr festgefahrenen politischen Verhandlungen entwickelt haben, sind die Fokussierung von Interessen statt Positionen und die gemeinsame Sammlung von Lösungsoptionen, deren Güte wie von einem unabhängigen Dritten zu bewerten seien (Fisher/Ury/Patton 2004).

Diese Denkweisen lassen sich für das gegenseitige Verständnis von empfundenen Belastungen und für die Entwicklung von neuem Umgang mit Stressoren nutzen. Hierzu erläutert die Moderatorin bzw. der Moderator zunächst die Ausgangsüberlegungen und Unterschiede zwischen Debatte und Dialog:

▸ Die Debatte erleben wir in politischen Talkshows. Sie dient dazu, Standpunkte darzustellen, und nutzt Sichtweisen der anderen lediglich, um sich selbst zu positionieren. Die rhetorische Wendung hierfür ist das „Ja, aber …". Ein gemeinsames Ergebnis wird nicht erzielt.
▸ Im Dialog steht das Interesse im Vordergrund. Die rhetorische Wendung hierfür ist die offene Frage (W-Frage), die keine Mutmaßung oder Unterstellung bedient, sondern in ihrem Charakter neugierig-wertschätzend ist. Das Ziel ist das Verstehen von Positionen als Basis für die Bearbeitung von identifizierten Themen.

Die Moderation holt sich das Einverständnis ein, einen Dialog zu versuchen – was regelmäßig nach dem Erlebnis längerer Debatten gut gelingen sollte.

Die Regeln für den Dialog sind:

1. Eine Person äußert einen persönlichen Wunsch zum Umgang mit Belastungen und Stress. Der Wunsch richtet sich an anwesende Personen. Dieser Wunsch ist eine Zielvorstellung, eine Erwartung dieser Person an einzelne aus dem Team oder an das gesamte Team. Mit dieser Formulierung führt die Moderation bereits von der negativen Darstellung im Sinne von „Das macht Stress!" hin zu einer lösungsorientierten Vorstellung: „Ich wünsche mir Unterstützung bei ..." Die Form des Wunsches hat den Vorteil, dass Wünsche grundsätzlich legitim sind. Es ist mit dem Wunsch an sich ja noch nicht entschieden, dass er auch erfüllt wird. Die Moderation notiert den Wunsch auf dem Flipchart.

2. Alle anderen Personen sind aufgefordert, mit offenen, interessierten Fragen die Person zu interviewen, die den Wunsch geäußert hat. Andere Äußerungen sind nicht erlaubt: keine geschlossenen Fragen, die einfach nur mit Ja oder Nein zu beantworten sind, erst recht nicht schnelle Lösungen à la „Mach doch einfach ..." oder ablehnende Äußerungen wie „Das stimmt doch gar nicht, in Wirklichkeit ist doch ...", die zurück zur Debatte führen. Die geschlossene Frage ist unerwünscht, da mit ihr vielfach Mutmaßungen, Unterstellungen und eigene Standpunkte transportiert werden, die nicht hilfreich für ein wirkliches und ehrliches Verstehen-Wollen sind („Ist es nicht so, dass ...").

   Die Moderation in dieser Phase erfordert enge Führung, Werbung für offene Fragen und fördert eine freundlich-neugierig erkundende Atmosphäre. Zudem notiert sie alle Erkenntnisse, die sich aus Antworten der wünschenden Person ergeben, in einer neuen Farbe unter die Frage auf dem Flipchart.

3. Nach 15 bis 20 Minuten erschöpfen sich die Fragen, bei einem guten Verlauf beginnen die Beteiligten zu verstehen und erkennen Lösungsmöglichkeiten. Die Moderation schließt mit Einverständnis der Beteiligten die Fragerunde ab.

4. Nun ergeben sich zwei Abschlussoptionen:
   A) Der Wunsch kann erfüllt werden: Die Moderation fragt diese Option ab und klärt mit der wünschenden Person und den wunscherfüllenden Personen die Details.
   B) Der Wunsch kann nicht ohne Weiteres erfüllt werden: Die Moderation sammelt mit den Beteiligten die relevanten Fragen, die

5.4 Tool: Ist denn heut' schon Weihnachten?

gemeinsam bearbeitet werden müssen, um den Wunsch später erfüllen zu können. Beispiel: „Wie können wir kommunizieren und für unser Anliegen werben, um externe Stressoren zu verringern?" Diese Fragen sind nicht schnell zu beantworten (sonst Option A), sondern fordern mehr Aufwand und werden im Themenspeicher aufgenommen. Sie sind nun gemeinsame zukunftsorientierte Fragen.

In mehreren Durchläufen können so die Wünsche mehrerer Personen aufgegriffen und geklärt werden. Zudem besteht die Möglichkeit zu „Gegenwünschen", die nun an die Person herangetragen werden, die in einer vorherigen Runde selbst einen Wunsch äußerte. Diese Fortsetzung aus anderem Blickwinkel ist sehr hilfreich für das Verständnis von Zusammenhängen bei Belastungen und Stressempfinden im Team. Nach mehreren Runden ergeben sich bezüglich der zu lösenden Fragen häufig Dopplungen, aus verschiedenen Wünschen kommt das Team auf die gleichen Stressthemen.

Die Lösungen werden als Vereinbarungen kontinuierlich auf Flipchart dokumentiert, ebenso auf einem zweiten Flipchart die offenen Fragen und Bearbeitungsvorhaben (die im Anschluss in einer neuen Einheit aufgegriffen werden). Zum Abschluss der Einheit werden die so gesammelten Ergebnisse zusammengefasst und von allen nach ihrer Umsetzbarkeit bewertet: Was ist die beste Alternative zum aktuellen Umgang? Eine Option ist dabei auch immer die Entscheidung, alles so zu lassen, wie es ist – und nun zu wissen, dass es keine wirklich brauchbaren Alternativen dazu gibt.

Auswertung

Für die Auswertung bietet sich zunächst eine Meta-Diskussion zu der Methode und zum Diskussionsstil im Team an: „Wie fanden wir die Diskussion?", „Was war anders als sonst?", „Welche Chancen bietet der interessierte Dialog für uns als gestresste Personen im gestressten Team?" Des Weiteren bietet sich die Diskussion darüber an, wie das Team diese Gesprächsform (und -kultur) für den Umgang mit Stress im Team zukünftig nutzen kann.

Technische Hinweise

Ruhe, Raum, Flipchart

Kommentar Führt immer wieder zu erstaunlichen Erfahrungen ...

Stolperstein: Die Moderation muss sehr eng sein, dazu bedarf es des Einverständnisses der Beteiligten und eines sehr wertschätzend regelnden Moderators. Auch kleine Lösungen sind gute Lösungen. Wichtig dabei: alles unbedingt dokumentieren!

Typisches Feedback von Kunden
- „Ist ja verrückt. Jetzt verstehe ich, was Sie meinen. Ist das echt so?"
- „Im Stress verfallen wir immer wieder zurück in die Debatte, aber ich merke es jetzt und kann es stoppen."

Quellen,
Literaturhinweise
- Fisher, R./Ury, W./Patton, B. (2004): Das Harvard-Konzept. Der Klassiker der Verhandlungstechnik. 22. durchgesehene Aufl., Frankfurt/M.: Campus.
- Scharmer, O. (2009): Theorie U. Von der Zukunft her führen: Presencing als soziale Technik. Heidelberg: Carl-Auer.

Tool: Aufgabentisch

Aufgaben im Team visualisieren und deren Aufteilung managen

Von Mathias Hofmann

Dauer	*je nach Anzahl der Teammitglieder und der Komplexität der Themen 60 bis 120 Min.*
Gruppengröße	*2 bis 20*
Technischer Aufwand	*mittel, kleine räumliche Veränderungen, einzelne Materialien*

Respekt, Verhandlungsbereitschaft und Ausgleich der Interessen. Das Tool dient der Visualisierung und (Neu-)Verteilung der Aufgaben im Team, wie sie von den einzelnen Teammitgliedern übernommen werden. Ziel ist die Verminderung von Stress und Konflikten durch eine (Neu-)Verteilung, bei der einerseits alle bestehenden Aufgaben angemessen aufgeteilt und Prozesse mit Schnittstellen geklärt sind und andererseits die Interessen der einzelnen Teammitglieder berücksichtigt werden.

Ziel

Anlass für Interventionen im Team sind geäußerte oder vermutete Stressoren wie zu hohe Belastungen oder empfundene Ungerechtigkeit in der Belastungsverteilung. Dies zeigt sich an Störungen in den Prozessen und Abläufen, in Bemerkungen über Unzufriedenheiten mit der Arbeitsverteilung und vor allem an Belastungen Einzelner durch zu viele Aufgaben. Konflikte und Konkurrenz bei gleichen Aufgaben können ebenfalls ein Anlass sein, Störungen in der Zusammenarbeit zwischen Koordinierungsaufgaben und operativer Abwicklung und auch persönlicher Stress wegen empfundener mangelnder Wertschätzung.

Anlässe und Anwendungsbereiche

Außerdem kann der Wechsel von Teammitgliedern ein willkommener Anlass sein, die Aufgabenverteilung neu zu erörtern und den Kompetenzen anzupassen. Schließlich gibt es gute Gründe, auch ohne konkreten Anlass regelmäßig die Aufgabenverteilung im Team gemeinsam zu reflektieren, um Stress vorzubeugen: „Der Kopf ist rund, damit das Denken seine Richtung ändern kann" (Francis Picabia).

Methode Ein Tisch, an dem alle Teammitglieder einschließlich Teamleitung rundherum Platz haben, wird komplett mit Pinnwandpapier abgedeckt, überstehende Ränder werden umgeklappt und unter dem Tisch mit Krepp verklebt. Die Teammitglieder nehmen reihum Platz, auf dem Tisch liegen Moderationskarten und Filzstifte.

Die Moderation führt in die Übung ein. In die Mitte des Tisches wird ein Kreis mit etwa 40 bis 50 Zentimeter Durchmesser gezeichnet (bei sehr großen Tischen auch größer). Jedes Teammitglied zeichnet von diesem Kreis aus bis zum Tischrand vor sich einen Sektor ab und schreibt seinen Namen oben oder unten an den Rand (siehe Abb.).

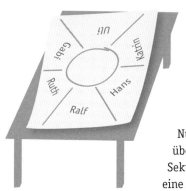

Abb.: Der beschriftete Tisch

Nun notiert jedes Teammitglied jede Aufgabe, die es im Team übernimmt, auf jeweils eine Karte und legt sie in seinen Sektor. Die Moderation sorgt im Dialog mit den Beteiligten für eine angemessene Differenzierung, sodass eine überschaubare Zahl von Karten in den einzelnen Sektoren liegt (bei mehr als 15 wird es unübersichtlich). Es geht um die originär operativen Aufgaben genauso wie um Koordinierungsaufgaben (z.B. Postverteilung, Protokoll führen etc.) und Teamdienste (Kaffee einkaufen, Spülen, EDV-Unterstützung etc.). Das Schreiben dauert etwa 10 bis 15 Minuten.

Nun stehen alle auf und gehen reihum, um zu sehen, was die anderen geschrieben haben. Eventuell kommen weitere Ideen, die dann noch nachträglich auf Karten geschrieben werden. Dabei wird sich locker unterhalten. (5–10 Minuten)

Anschließend stellt jedes Teammitglied zügig seine Aufgaben vor. Auch hier kann es zu Kommentaren und Korrekturen im Gespräch kommen. Die Moderation sorgt für die nötige Wertschätzung bei der Übernahme besonderer Aufgaben. Es darf auch Lob, Dank und Applaus geben! (15–30 Minuten)

Nun darf gehandelt werden: Die Moderation führt durch den Prozess und achtet darauf, dass alle angemessen zu Wort kommen und keine Entscheidungen schnell oder gar gegen den ausdrücklichen Willen Einzelner gefällt werden. Nacheinander dürfen die Teammitglieder Auf-

5.5 Tool: Aufgabentisch

gaben, die sie nicht mehr haben wollen, in den aufgezeichneten Kreis in der Mitte legen. Sie erläutern, wieso sie diese Aufgabe nicht mehr übernehmen wollen und es entwickeln sich im Gespräch Verständnis für die Gründe oder es finden sich Hinweise zum Umgang damit. Im einfachsten Fall übernimmt ein anderes Teammitglied die Aufgabe. Wenn sich dies nicht ergibt, bleibt die Aufgabe zunächst in der Mitte. Eventuell nimmt auch die Teamleitung die Aufgabe an sich und entlastet das Team, indem sie die Aufgabe streicht oder zu einem anderen Team oder ihrer vorgesetzten Führungskraft mitnimmt. Nacheinander werden so Zuständigkeiten geklärt, Aufgaben neu verteilt oder auch die Überlastung sichtbar, die Einzelne oder alle betrifft.

Falls Aufgaben in der Mitte verbleiben, sind alle gefragt, Ideen zu entwickeln, wie man diese verteilen kann oder was damit geschehen soll. Die Teamleitung ist gefordert, Orientierung zu Prioritäten aus Sicht des Arbeitsauftrags zu geben. Optimal ist es, wenn eine einvernehmliche Lösung entwickelt wird, etwa unter Berücksichtigung von Ausgleichen oder zeitlichen Beschränkungen. Ausschlaggebend ist dabei, was funktionieren könnte. Das Gespräch über Verteilungen, die nicht funktionieren, hilft nicht weiter.

Die Moderation sorgt in dieser Hinsicht dafür, dass der Prozess in konstruktiven Bahnen verläuft und alle Beteiligten ihre Kreativität einsetzen. Wenn sich Blockaden bilden, können auch Phasen mit Zweiergruppen helfen, alle in die Lösungsfindung einzubinden und Verantwortung zu übernehmen. Ebenso kann es Dinge in Bewegung bringen, wenn reihum alle zum Tausch aufgefordert werden: Welche Aufgabe würdest du abgeben wollen, wenn du die aus der Mitte übernimmst?

Auswertung

Für die weitere Bearbeitung ist eine sorgsame Dokumentation hilfreich. Neben der Niederschrift der Entscheidungen auf einem Flipchart ist die Fotografie des gesamten Tisches und der einzelnen Sektoren (mit Namen) unerlässlich, um die neue Aufgabenaufteilung festzuhalten. Für die Auswertung nach der eigentlichen Arbeit am Tisch bietet sich die Reflexion zum Unterschied zwischen „vorher" und „nachher" an. Die Moderation regt die Diskussion mit Fragen zum Verlauf an:

▶ Was war Ihr erster Gedanke zu Beginn der Übung?
▶ Was hat Sie richtig in Schwung gebracht, Aufgaben zu notieren?
▶ Was hat Sie überrascht und was war neu für Sie, als Sie andere mit Ihren Aufgaben gesehen und gehört haben?
▶ Was hat Sie gefreut an Kommentaren bei der Vorstellung Ihrer Aufgaben?

- ▶ Was war für Sie die entscheidende Veränderung durch den Handel mit den Aufgaben?
- ▶ Was macht den Unterschied für Sie aus?
- ▶ Mit welchem Gefühl gehen Sie an die neuen Aufgaben?
- ▶ Von welchen Aufgaben müssen Sie sich noch in Ruhe verabschieden, welche wollen Sie am liebsten so schnell wie möglich loswerden?
- ▶ Wie können Sie im Alltag mehr von den Aufgaben und der Belastung Ihrer Kolleginnen und Kollegen mitbekommen?
- ▶ Wann sollten Sie die Aufgabenverteilung erneut diskutieren?
- ▶ Was empfehlen Sie anderen Teams, wenn sie diese Übung durchführen? Auf was sollten sie besonders achten?

Technische Hinweise   Benötigt werden ein großer Tisch (oder mehrere zusammengerückte Tische), Stühle, Pinnwandpapier zum Bekleben des Tischs, Kreppband, Moderationskarten, Filzstifte, Flipchart.

Kommentar   Die Erfahrungen mit dem Tool sind äußerst positiv. Als erhellender Schlüsselmoment wird häufig zurückgemeldet, dass erstmals sichtbar wird, wer was macht, da die Aufgaben der Einzelnen vorher gar nicht so klar waren. Vielfach werden Dopplungen schnell sichtbar und leicht beseitigt. „Ungerechtigkeiten" werden in aller Regel einvernehmlich beurteilt und beseitigt sowie die „Mädchen für alles"-Dienste neu verteilt. Für Einzelne löst sich schnell Stress und sie erfahren viel Wertschätzung für ihre Tätigkeit. Bis dato blieb nie eine Karte in der Mitte liegen, was aber immer auch einer guten Vorbereitung der Moderation mit der Teamleitung geschuldet ist, der hier eine besondere Verantwortung zukommt.

Schwierig kann es werden, wenn ein Teammitglied sich komplett verweigert, konstruktiv mitzuarbeiten. Dann sollte die Art der Zusammenarbeit grundsätzlich besprochen werden, bevor die Verteilung der Aufgaben in den Fokus rückt.

Typisches Feedback von Kunden
- ▶ „Toll, wer ist denn auf die Idee gekommen? Da wird ja alles ganz schnell klar. Das war der Schlüssel für den Erfolg."
- ▶ „Das war die beste Übung von dem Stress-Training. Jetzt wird mal klar, wer hier immer was für alle macht."
- ▶ „Da darf aber nix in der Mitte liegen bleiben. Das ist die Kunst."

Tool: Krisen im Team

Lösungen zum Umgang mit Krisen entwickeln und zukünftige Krisen vermeiden

Von Louisa Reisert und Lena Jeckel

Dauer	60 bis 90 Min.
Gruppengröße	8 bis 25
Technischer Aufwand	niedrig

Ziel

Die Teammitglieder beschäftigen sich mit möglichen Krisenszenarien, die in der Zukunft auf sie zukommen können. Sie entwickeln Präventionsmaßnahmen für reale zukünftige Situationen, um Stress zu vermeiden und die Eintrittswahrscheinlichkeit der Krise zu minimieren. Zudem befassen sie sich damit, wie sie mit möglichen Krisen umgehen können, falls sie trotz Prävention eintreten, und entwickeln gemeinsam Strategien. Durch die Bearbeitung von unterschiedlichen Krisenszenarien können die Teammitglieder ihre Selbstverantwortung erkennen und lernen die Beeinflussbarkeit der Situationen abzuschätzen. Sie erkennen ihre vorhandenen Ressourcen, treffen Vereinbarungen und treten zukünftigen Krisen vorbereitet und gestärkt entgegen.

Anlässe und Anwendungsbereiche

Das Tool kann Teams dabei unterstützen, sich frühzeitig auf mögliche Krisen vorzubereiten und gemeinsam zu reflektieren, in welchen Bereichen Krisen vorstellbar sind. Durch die Beschäftigung mit den Szenarien werden die Teammitglieder für mögliche Krisen sensibilisiert. Dieser Blick in die Zukunft eignet sich für Teams, die bereits eine hohe Stress-Management-Kompetenz mitbringen und Stress in ihrem Arbeitsalltag gut meistern. Auch in Teams, die ihre aktuellen Themen bereits bearbeitet haben, kann das Tool eingesetzt werden. Ein weiterer Anlass für den Einsatz des Tools kann eine reale Krise sein, die in absehbarer Zukunft auf das Team zukommt. In diesem Fall kann die reale Krise in der Übung als ein Szenario aufgegriffen werden.

Methode Die Moderation erläutert zum Einstieg, warum der Blick in die Zukunft ein wichtiges Element für Stress-Management im Team ist: „Wenn wir uns in einer Krise befinden und stark im Stress fühlen, beschäftigen wir uns vor allem mit den Themen im Hier und Jetzt. Wir betreiben Krisenmanagement und versuchen, einen passenden Umgang mit der Krise zu entwickeln. Dabei kann es passieren, dass wir uns von einer Krisensituation zur nächsten hangeln und uns wie gefangen in einem Kreislauf von Krisen fühlen, auf die wir sofort reagieren müssen. Um aus diesem reaktiven Verhalten herauszukommen und Krisen aktiv anzugehen, ist ein präventiver Blick auf die Zukunft hilfreich. Durch gute Vorbereitung können wir versuchen, uns gegen zukünftige Krisen zu schützen, die mit großer Wahrscheinlichkeit eintreten und mit großem Bewältigungsaufwand verbunden wären. Wir können gemeinsam planen, wie wir sie bestenfalls vermeiden bzw. sicher mit ihnen umgehen können. In dieser Sequenz beschäftigen wir uns daher mit verschiedenen Szenarien, die aus Ihrer Sicht in Zukunft auf Ihr Team zukommen könnten und die Zusammenarbeit deutlich gefährden würden. Krisen können in Teams durch sehr unterschiedliche Situationen entstehen (siehe Kap. 3.3, S. 167 ff.). Gründe dafür können Kontextänderungen wie strukturelle Umgestaltungen im Unternehmen oder Änderungen in der Teamzusammensetzung sein. Auch im sozialen Zusammenhalt eines Teams können Krisen aufbrechen."

Bevor nun die inhaltliche Arbeit beginnt und die Teammitglieder anfangen, Szenarien zu entwickeln, ist es hilfreich zu klären, ob das Team in der Zukunft bereits absehbare Krisen auf sich zukommen sieht. In diesem Fall kann dem Team nahegelegt werden, die konkrete Situation als ein Szenario während dieser Sequenz auszuarbeiten und sich dadurch aktiv auf sie vorzubereiten.

Anschließend leitet die Moderation die Aufgabenstellung an und bittet die Teammitglieder, in Kleingruppen ein Krisenszenario zu entwickeln, welches ihre Zusammenarbeit deutlich gefährden würde (siehe Abb. 1, rechts). Dabei kommt es darauf an, die Situation so konkret wie möglich auszuformulieren. Wenn beispielsweise eine Krise durch einen plötzlichen Personalausfall beschrieben wird, macht es einen Unterschied, 1) welche Funktion und Aufgaben die Person hat, die ausfällt, 2) wie lange sie ausfällt und 3) zu welchem Zeitpunkt, falls das Arbeitsaufkommen typischerweise im Jahresverlauf schwankt. Das Szenario wird von der Gruppe auf einem Flipchart oder einer Pinnwand notiert. Dabei können folgende Fragen hilfreich sein:

▶ Was muss gegeben sein, damit diese Krise eintritt?
▶ Wann tritt sie ein?

5.6 Tool: Krisen im Team

- Wie sieht die Teamkonstellation aus?
- Welche Rolle hat die Führungskraft in der Krise?
- Welche Auswirkungen hat die Situation auf das Team?

Zu diesem Zeitpunkt geht es ausschließlich um die Definition des Szenarios. Es sollen noch keine Lösungen entwickelt werden. Der Schritt nimmt etwa fünf bis zehn Minuten Zeit in Anspruch. Je nach Teamgröße und Anzahl der Kleingruppen können insgesamt zwei bis vier unterschiedliche Szenarien entwickelt werden. Für die Ausarbeitung bietet sich eine Gruppengröße von vier bis sechs Personen an. Dies führt zu einem Austausch mit vielfältigen Ideen und Meinungen und stellt sicher, dass jede Person sich einbringen kann.

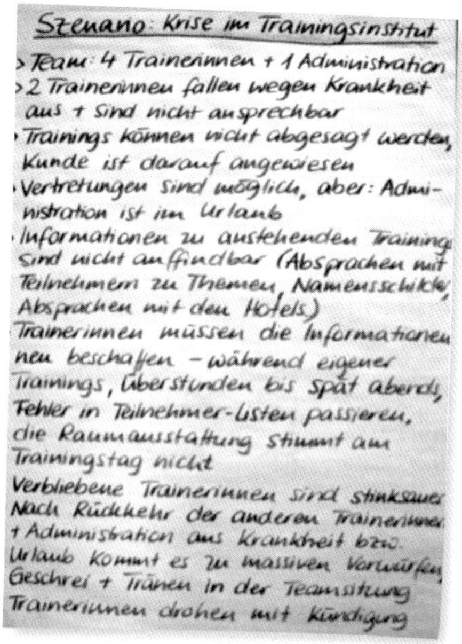

Die Moderation achtet darauf, dass eine möglichst große Vielfalt an Themen entsteht. Dies kann im Austausch mit den Kleingruppen geschehen. Alternativ können vor Beginn der Aufgabenstellung im Austausch mit dem Team grobe Themen für die einzelnen Gruppen festgelegt werden. Mögliche Schwerpunkte hierfür können sein:

Abb. 1: Szenario – ein Beispiel

- Personalwechsel und Teamveränderungsprozesse
- Sehr hohes oder sehr geringes Arbeitsaufkommen
- Unklare Arbeitsabläufe
- Kommunikation
- Veränderungen im Unternehmen
- Mangelnde Kundennachfrage
- Kritische äußere Einflüsse (Unfälle etc.)

Mit diesem Vorgehen kann die Moderation gezielt Schwerpunkte setzen und Themen aufbringen, die für das Team eine Rolle spielen.

Nachdem die Gruppen ihre Szenarien ausgearbeitet und ausformuliert haben, kommt das Team wieder zusammen. Die Gruppen stellen ihre Szenarien kurz und knapp vor. Sinnvoll kann hierfür eine Zeitvorgabe z.B. von einer Minute sein. Sachfragen aus dem Plenum zum Verständnis werden beantwortet, sodass allen die kritische Situation klar ist.

Anschließend wechseln die Gruppen zu einem Szenario, welches eine andere Gruppe ausformuliert hat, und arbeiten an diesem weiter. Dafür bekommen sie folgende Aufgabenstellung:

1. Welche Präventionsmaßnahmen können den Eintritt des Szenarios abschwächen oder verhindern?
2. Nicht jede Krise lässt sich verhindern. Was können Sie tun, wenn das Szenario eintritt, um mit vertretbarem Aufwand den Schaden so gering wie möglich zu halten?

Die Gruppe entwickelt konkrete Strategien und notiert diese ebenfalls auf dem Flipchart oder der Pinnwand. Dabei sind sowohl neue als auch altbewährte Strategien erlaubt (siehe Abb. 2 und 3). Nach ca. 20 Minuten kommen die Gruppen wieder im Plenum zusammen, um die Szenarien auszuwerten.

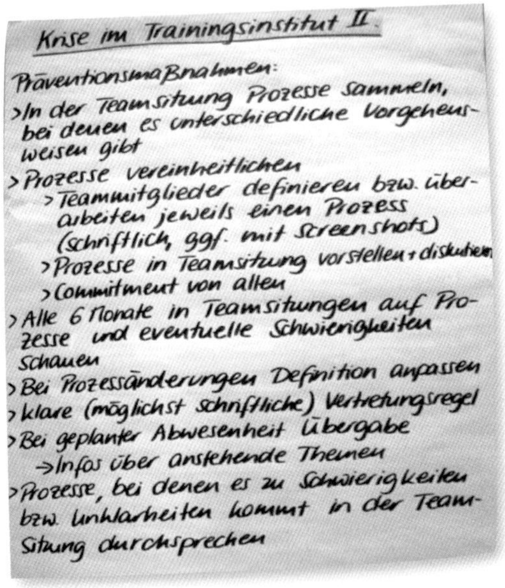

Abb. 2: Präventionsmaßnahmen für das Szenario – ein Beispiel

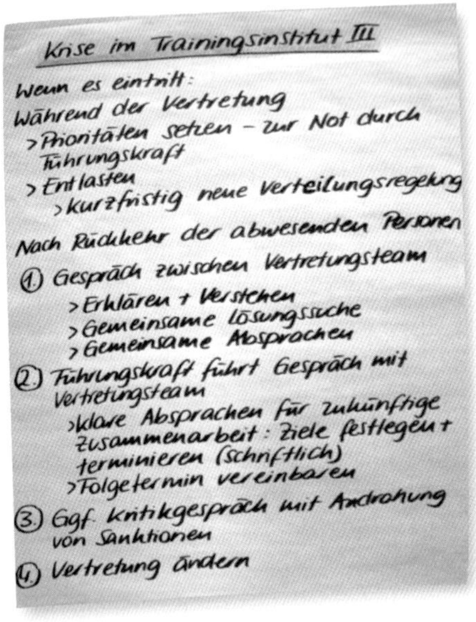

Abb. 3: Was tun, wenn das Szenario eintritt? – ein Beispiel

Auswertung Die erste Gruppe stellt ihre Strategien vor, die sie entwickelt hat, um mit der Krise im Falle eines Eintritts umzugehen bzw. sie präventiv abzuschwächen oder zu vermeiden. Zunächst folgt ein Austausch darüber, welche der Strategien vom Team bereits genutzt werden. Den Teammitgliedern wird damit deutlich, welche Ressourcen sie besitzen und wie viel sie bereits tun, um gut mit Krisen umzugehen. Anschließend wird diskutiert, welche der neuen Strategien zukünftig zum Einsatz kommen sollten. Dafür eignen sich folgende Fragen:

5.6 Tool: Krisen im Team

- Welche der neuen Strategien wollen wir in Zukunft nutzen?
- In welcher Form können wir die Strategien nutzen?
- Wann macht ein Einsatz Sinn?
- Wie können wir die neuen Strategien im Blick behalten?

Diese Reflexion kann bereits zu konkreten Vereinbarungen im Team führen. Nach Abschluss der ersten Gruppe folgen die weiteren Gruppen nach demselben Schema. Je nach Gruppengröße, Szenarienanzahl und Diskussionsbedarf kann die Auswertung zwischen 20 und 60 Minuten in Anspruch nehmen.

Technische Hinweise

Benötigt werden pro Gruppe Flipcharts bzw. Pinnwände und ausreichend Papier, um die Szenarien darzustellen, sowie Stifte, Pinn-Nadeln und vorbereitete Flipcharts zu den Aufgabenstellungen: ein Flipchart mit der Anleitung zur Ausformulierung des Szenarios, ein Flipchart mit der Anleitung zur Bearbeitung des Szenarios.

Kommentar

Die Beschäftigung mit Krisen entfacht Dynamik im Team und es macht Spaß, das Undenkbare auszusprechen und aufzuschreiben – ebenso, die Situation auch wieder aufzulösen, die andere sich ausgedacht haben. Die Teams entwickeln kreative Ideen und Strategien, die meist auf viele Alltagssituationen übertragbar sind. In der Arbeit werden zum Teil auch unterschwellige, unausgesprochene Themen eingebracht, die dann konstruktiv bearbeitet werden können. Falls die Moderation über solche Themen – beispielsweise durch die Führungskraft – informiert wurde, kann sie diese auch gezielt einbringen. Eine Stolperfalle können zu viele ähnlich gelagerte Szenarien sein. Dann haben die Teammitglieder nach der ersten Vorstellung ggf. keine Lust mehr, separat an den Krisen weiterzuarbeiten. Um dies zu verhindern, können grobe Schwerpunktthemen für die einzelnen Gruppen festgelegt werden.

Typisches Feedback von Kunden

- „Jetzt haben wir uns mit der Situation beschäftigt, die eh auf uns zukommt – und ich denke, wir sind ganz gut vorbereitet."
- „Also verhindern lässt sich das aber nicht und so richtigen Einfluss haben wir auch nicht. Aber wenn man so schaut, haben wir doch ein paar Möglichkeiten und machen auch schon eine ganze Menge."
- „Wir haben richtig konkrete Sachen ausgearbeitet, die wir jetzt tun können. Super!"

Tool: Regeln und Rituale

Teamregeln erarbeiten und formulieren – Teamrituale erkennen und diskutieren

Von Sebastian Grab und Melanie Hyll

Dauer:	je nach Anzahl der Teammitglieder und der Komplexität der Themen 60 bis 120 Min.
Gruppengröße:	2 bis 40 Personen
Technischer Aufwand	mittel = kleine räumliche Veränderungen, einzelne Materialien

Ziel

Das Ziel des Tools ist die Analyse und Reflexion bereits vorhandener Regeln und Rituale bezüglich der Zusammenarbeit im Team sowie die Erarbeitung neuer Regeln. Diese können zu einer Entlastung in stressigen Situationen führen. Das Tool schafft Transparenz und Verständnis, um gemeinsam den Weg in die Zukunft zu beschreiten. Durch Klärung von Regeln und Ritualen wird die gemeinsame Arbeit organisiert sowie die Teamdynamik gestärkt.

Anlässe und Anwendungsbereiche

Das Tool „Regeln und Rituale" eignet sich für nahezu alle Teams in nahezu jeder Phase ihrer Entwicklung. Hilfreich ist es insbesondere für Teams, die auf bestehende Ressourcen und Strategien zurückgreifen möchten, um sich weiterzuentwickeln und in eine gemeinsame Arbeitsphase zu starten. Für Teams, die sich in der akuten Startphase oder kurz vor der Auflösung befinden, eignet es sich in seiner klassischen Form hingegen nicht – es kann jedoch in verschiedenen Variationen eine gute Ergänzung bei der Teamentwicklung darstellen und entsprechend genutzt werden.

Regeln stellen für das Team Richtlinien des Handels dar. Sie halten somit fest, wie sich die Teammitglieder in bestimmten Situationen verhalten sollen. Inwiefern sich die Teammitglieder tatsächlich an die Regeln halten, hängt von deren Gewohnheitsgrad (Internalisierung), dem Legitimitätsgrad (ist die Regel berechtigt, vertretbar und begrün-

5.7 Tool: Regeln und Rituale

det?), der Härte der Sanktionen bei Regelbruch, deren Funktionalität sowie deren Wirksamkeit ab, um soziale Konflikte zu vermeiden bzw. zu entschärfen (vgl. Hillmann 1994, S. 615).

Für Teams ist es von Vorteil, wenn sich alle Mitglieder auf bestimmte Regeln zugunsten einer geordneten und kooperativen Zusammenarbeit einigen. Diejenigen Regeln, die allen bekannt und vielleicht sogar schriftlich festgeschrieben sind, werden als formale oder explizite Regeln bezeichnet (z.B.: Arbeitsabläufe, Weisungsbefugnisse, Urlaubszeiten etc.). In jedem Team können sich jedoch auch ungeplante, „naturwüchsige" Regeln herausbilden. Diese informellen Regeln haben häufig einen persönlichen bzw. exklusiven Charakter und sind stärker gefühlsbestimmt (z.B.: sich duzen, jeder kann jeden um Hilfe bitten, bei einer dringenden Anfrage geht man am besten zu Person X etc.). Auch diese Regeln sind für die Zusammenarbeit im Team funktional, da sie Macht- und Entscheidungsstrukturen erheblich mitbestimmen. Informelle Regeln können die Kommunikation und die Leistungsfähigkeit im Team dabei ebenso erleichtern wie erschweren.

Rituale stellen eine besondere Form von Regeln dar. Sie sind bereits stark verinnerlicht und beruhen auf Gewohnheit. Rituale beschreiben somit Handlungen, die mit großer Regelmäßigkeit in gleichen Situationen und im gleichen Ablauf stattfinden (vgl. Hillmann 1994, S. 741). Sie haben einen hohen Symbolgehalt und sind meist feierliche Angewohnheiten – wie beispielsweise die gemeinsame Weihnachtsfeier. Rituale zeichnen sich dadurch aus, dass sie häufig unreflektiert wiederholt werden. Sie können einen stark teambindenden Charakter haben, jedoch auch Stress im Team verursachen, wenn diese zur Belastung werden.

Je nachdem, in welcher Phase sich das Team befindet, können unterschiedliche Regeln und Rituale zum Tragen kommen. Das Tool stellt eine Gelegenheit dar, vorhandene Regeln und Rituale zu diskutieren, diese zu verändern bzw. anzupassen sowie neue Regeln und Rituale einzuführen, um die Zusammenarbeit im Team zu verbessern. Durch die Arbeit mit diesem Tool kann das Team „seine" Regeln und Rituale reflektieren und sich gemeinsam weiterentwickeln.

Methode

Die Arbeitsphase beginnt mit einer klaren Aufgabenstellung der Moderation (siehe Abb. 1, S. 292): Es gilt, Spielregeln zu entwickeln, die eine optimale Zusammenarbeit und gute Arbeitsergebnisse gewährleisten. Als Prämissen sind dabei zu beachten: Die Zahl der Spielregeln soll überschaubar bleiben, sie sollen zukünftig tatsächlich zur

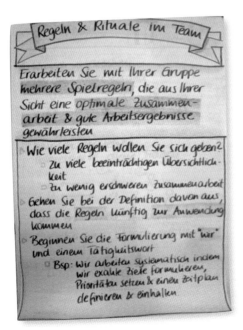

Abb. 1: Vorschlag: Aufgabenstellung „Regeln und Rituale"

Anwendung kommen und aktiv wie verbindlich formuliert sein (beginnend mit „Wir" und einem Tätigkeitswort).

Der Arbeitsauftrag kann individuell an das Team und dessen Situation angepasst werden. So kann die Zielsetzung des Auftrages dahingehend variieren, dass ein Team bestehende Regeln und Rituale mit dem Ziel auflistet, diese auf ihre Effektivität hin zu untersuchen. Ein Team kann jedoch auch Regeln und Rituale, die es gerne in der Teamarbeit einführen möchte, neu erarbeiten. Der Fokus der Aufgabenstellung ergibt sich aus der individuellen Zielsetzung des Teams und der Ausrichtung des Teamtrainings.

Ist die Aufgabenstellung geklärt, beginnen die Teilnehmenden mit der Arbeitsphase. Je nach Teamgröße ist es sinnvoll, kleinere Arbeitsgruppen à fünf bis sechs Teilnehmer zu bilden, damit sich alle aktiv einbringen können. Für die Arbeitsphase haben die Teilnehmenden ca. 20 Minuten Zeit, um ihre Ergebnisse auf Moderationskarten für die anschließende Plenumspräsentation festzuhalten. Die Moderation bereitet eine entsprechende Pinnwand vor, auf der in der Auswertungsphase gearbeitet wird.

Auswertung

Im Anschluss an die Arbeitsphase stellen die einzelnen Arbeitsgruppen ihre Ergebnisse im Plenum vor. Diese werden stichwortartig auf Moderationskarten notiert und auf einer Pinnwand gesammelt. Nachdem alle Ergebnisse gesichtet und Verständnisfragen geklärt worden sind, untersucht das Team die Ergebnisse auf Gemeinsamkeiten und Unterschiede:

▶ Welche Regeln und Rituale wurden von allen Teilnehmenden benannt?
▶ Welche fallen aus der Reihe?
▶ Welche lassen sich miteinander kombinieren?

Anhand dieser Fragen leitet die Moderation das Team durch die Diskussionsphase. Somit ergibt sich ein Bild aller Regeln und Rituale, die das Team erarbeitet hat. Durch ein anschließendes Clustern der Karten nach den Kriterien „Wir" (gemeinsam) versus „Ich" (individuell) wird deutlich, in welchen Regeln und Ritualen das Team übereinstimmt und welche eher individuell geprägt sind (siehe Abb. 2, rechts).

5.7 Tool: Regeln und Rituale

Nachdem alle Regeln und Rituale benannt und nach dem gemeinsamen Interesse sortiert wurden, werden diese auf ihre Umsetzung hin überprüft. In einer geführten Gesprächsrunde werden die Regeln, die für das Team neu gelten sollen, besprochen und die Umsetzung angedacht. Die Moderation strukturiert die Diskussion durch folgende Fragen:

▶ Was verändert sich?
▶ Gibt es verantwortliche Personen?
▶ Wie überprüfen wir diese Regel?
▶ Verletzt diese Regel andere Regeln?
▶ Was gibt es bei der Umsetzung zu beachten?

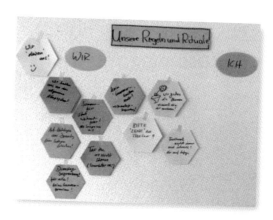

Abb. 2: Sortieren der Themen nach „Wir" und „Ich"

Dabei werden auch die Ergebnisse aussortiert, die für das Team nicht bedeutend sind. Individuelle Regeln und Rituale können allerdings auch als Wunsch an das Team formuliert werden (siehe Kap. 5.4, S. 276 ff.). Abschließend hält das Team die gemeinsam getroffenen Vereinbarungen zu Regeln und Ritualen schriftlich fest.

Flipchart mit Aufgabenstellung, Pinnwand für Auswertungsphase, Moderationskarten und Stifte (einer pro Teilnehmendem).

Technische Hinweise

Auch wenn gegenüber Regeln häufig eine gewisse Grundabwehr besteht, ist es mit diesem Tool möglich, bestehende sowie neue Regeln und Rituale besprechbar zu machen. Am Ende der Übung sind die Teilnehmenden häufig allein deshalb zufrieden, weil „selbstverständliche" Regeln und Rituale nochmals bewusst gemacht und neue Wege für ein stressfreies Miteinander gefunden wurden.

Kommentar

Typisches Feedback von Kunden

▶ „Die Übung hat alles noch einmal auf den Punkt gebracht."
▶ „Regeln haben wir sowieso schon genug."
▶ „Mir war nicht klar, dass die Regeln nicht für alle selbstverständlich sind. Jetzt weiß jeder Bescheid."

Zusammenfassung

Zu Beginn der Team-Workshops teilen in den meisten Fällen lediglich Einzelpersonen, die alleine oder in kleinen Gruppen an verschiedenen Maßnahmen teilgenommen haben, ihre Erfahrungen in Sachen Stress-Management. Die Team-Workshops bieten die Möglichkeit, diese persönlichen Erfahrungen erneut aufzugreifen, in das eigene Team zu transferieren und zu konkretisieren. Durch die gemeinsamen Erfahrungen und weil das Team als zentrales Bindeglied zur Organisation fungiert, bekommen die Team-Workshops einen besonderen Stellenwert. Die Personen im Team kommen im Workshop oft zu neuartigen Erkenntnissen, reflektieren die eigene Zusammenarbeit, identifizieren Stressoren und entwickeln zusammen Lösungswege.

Trainerinnen und Trainer erleben die Teams in den Team-Workshops mit viel Engagement. Im Verlauf der Tage trauen sie sich offen, stressverursachende Themen zu benennen und gehen gemeinsam auf Lösungssuche. Sie entwickeln eine gemeinsame Haltung zum Thema Stress, erkennen ihre Stärken und haben gemeinsam Spaß. In den Austausch zu kommen und gemeinsam an anderen Themen als im Arbeitskontext zu arbeiten, schafft Klarheit, erzeugt Entspannung, Vertrauen und stärkt den Teamgeist. Die hohe Verbindlichkeit, mit der in den Team-Workshops Vereinbarungen erarbeitet, festgehalten und nachgehalten werden, und die Möglichkeit, sich dem Thema mit Zeit zu widmen, wird darüber hinaus als besonders hilfreich zurückgemeldet. Gestärkt durch die gemeinsamen Erfahrungen können die Teams Stress in ihrem Arbeitsalltag bewusst begegnen und gemeinsam gezielt gegensteuern.

Die Einbettung von Stress-Management-Workshops für Teams in den strategischen Kontext der Organisation vervielfacht diese Effekte zu einem organisationalen Umgang mit Stress. Die positiven Erfahrungen der Teams gilt es auf Abteilungs- und Bereichsebene fortzuführen. Insbesondere teamübergreifende Prozesse und Projekte können so bei der Kommunikation an Schnittstellen und bei Ressourcenkonflikten ebenfalls vom Stress-Management profitieren. Die zentrale Steuerung hat dabei eine hohe Bedeutung für die organisationale Wirkung von Stress-Management-Workshops in Teams. Die Abgleichung der Aufträge und die konsequente Aufnahme der Ergebnisse verhindert Lösungen auf Kosten anderer Prozesse oder Ressourcen und fördern damit erst die strategische Wirkung.

Multiplikatorentrainings:
Stress-Lotsen qualifizieren

Kapitel 10

Kapitel 6 – Kurzübersicht

Eine besondere Rolle im strategischen Stress-Management kommt den internen Stress-Lotsen zu. Stress-Lotsen sind die Expertinnen und Experten einer Organisation für Stress-Management und sorgen für die nachhaltige andauernde Umsetzung. Ihre Rolle, ihre Aufgaben und Arbeitsweise, die Auswahl und organisatorische Anbindung beschreiben *Klaus Schuler, Sandra Masemann, Susanne Recknagel* und *Mathias Hofmann* im Kapitel **„Wir sind da und kümmern uns!"** ▶▶ *Seite 297*

Sandra Masemann und *Gerlind Pracht* erläutern entlang fünf entscheidender Bewertungskriterien das **„Konzept zum Stress-Lotsen-Training"**. Anschauliche Beispiele und Umsetzungsvarianten sowie der Modulplan zur Stress-Lotsen-Qualifizierung bieten eine praxisnahe Beschreibung zur eigenen Verwendung. ▶▶ *Seite 308*

„Kritische Seminarsituationen" stellen vor allem zu Beginn eine große Herausforderung im Stress-Lotsen-Alltag dar. *Louisa Reisert* und *Susanne Recknagel* beschreiben im gleichnamigen Tool anhand des Modells der Themenzentrierten Interaktion, wie solche Situationen in der Qualifizierung aufgenommen und bearbeitet werden können. Die Unterscheidung auf vier Ebenen erleichtert die Herangehensweise und die Definition von Handlungsalternativen. ▶▶ *Seite 325*

Das Tool **„Reingeschaut und angepackt"** von *Sandra Masemann* beschreibt in kleinen und gut nachvollziehbaren Schritten, wie verschiedenste Alltagssituationen reflektiert und analysiert werden können, um daraus alternative Handlungsoptionen zu kreieren. Es beinhaltet viele Tipps und Tricks, um Rollenspiele für die Teilnehmenden verständlich aufzubauen und zu gestalten. Nicht zuletzt gibt Sandra Masemann Hinweise, Widerständen zur Methode zu begegnen, und betont die Effektivität der Methode für den Umgang mit schwierigen Alltagssituationen und dem Abgleich von Selbst- und Fremdbild. ▶▶ *Seite 334*

Das Tool **„Ich sehe was, was du nicht siehst"** dient dem strukturierten Aufbereiten von Feedback für zukünftige interne Stress-Lotsen. Die Besonderheit der fünf Bewertungskriterien wie auch der durchgängige ressourcenorientierte Grundton stellen gerade für Stress-Lotsen ein wertvolles Element von Reflexion und Vorbildlernen dar. Zusätzlich stellen *Gerlind Pracht* und *Sandra Masemann* zwei intensive Varianten des persönlichen Feedbacks auf, um Stärken und Begabungen offenzulegen und zu verankern. ▶▶ *Seite 342*

„Lerntandems" als Methode zur Selbst- und Fremdreflexion der Lerninhalte sowie der internen Lotsen-Haltung werden von *Juliane Bohnsack* und *Susanne Recknagel* prägnant dargestellt und erläutert. Beispielhandouts erleichtern die Umsetzung des Tools im Trainingsgeschehen. ▶▶ *Seite 350*

Wir sind da und kümmern uns!

Interne Stress-Lotsen gestalten nachhaltiges und wirksames Stress-Management

Von Klaus Schuler, Sandra Masemann, Susanne Recknagel und Mathias Hofmann

Die Entwicklung eines dauerhaften und strategisch wirksamen Stress-Managements in Organisationen erfordert eine lebendige innere Struktur, die sich dem Thema Stress und Stressbewältigung über eine längere Zeit selbstverständlich annimmt. Professionelle Beratungs- und Trainingsanbieter können die Einführung unterstützen, für den nachhaltigen und langfristig gesteuerten Prozess sind sie als Externe weniger geeignet. Dagegen kann ein internes Team so mit den strategischen Entscheiderinnen und Entscheidern und den verwandten Fachkompetenzen verbunden sein, dass es dauerhaft fach- wie entscheidungskompetent in der Organisation Wirkung erzielt. In diesem Team müssen keine vollständig freigestellten Mitarbeiterinnen oder Mitarbeiter tätig sein, eine Spezialisierung als Stress-Lotse neben der Tätigkeit und Einbindung in das operative Geschäft verspricht bereits eine große Nähe zu den Themen, die die Beschäftigten im Stress bewegen, und ist ein Erfolgsfaktor. Damit versetzt sich die Organisation in die Lage, die Trainings der Mitarbeiterinnen, Mitarbeiter und Teams entsprechend der strategischen Stress-Management-Idee in eigener Regie fortzuführen. Auch alle neu in die Organisation eintretenden Beschäftigten können qualifiziert und damit eine dauerhafte Wirkung sichergestellt werden.

Wie werden nun die richtigen Personen für diese Aufgabe als Stress-Lotse gefunden, welche Kompetenzen können sie sich wie aneignen, welche Modelle sind bezüglich der organisationalen Anbindung sinnvoll und mit welchen Fallstricken ist bei der Auswahl, bei der Qualifizierung und der Tätigkeit von internen Stress-Experten zu rechnen? Vier Thesen sind für uns Ausgangspunkt der Konzeption:

1. **Bei Veränderungen ist es förderlich, Betroffene zu Mitgestaltern zu machen.** Beteiligte bringen ihre persönliche Sichtweise ein und wirken als positive Multiplikatorinnen und Multiplikatoren (siehe Beiträge Kap. 1 auf S. 36 ff., S. 41 ff. und S. 50 ff.).

2. **Glaubwürdigkeit: Wer sich fachlich auskennt, dem wird auch bei anderen Themen geglaubt.** Wer den Stress selbst erlebt und die Instrumente des Stress-Managements selbst erfolgreich erprobt hat, der wirkt auf gestresste Kolleginnen und Kollegen glaubwürdig. Man kennt sich und sitzt in einem Boot.

3. **Verantwortungsübernahme und Entwicklungschancen motivieren und binden Mitarbeitende.** In jeder Organisation schlummern unbekannte Talente. Die Tätigkeit als interne Stress-Lotsen bietet neue Entfaltungs- und Entwicklungsmöglichkeiten und ist ein starker Motivator!

4. **Nachhaltigkeit wird durch den Aufbau interner Kompetenzen und Verantwortlichkeiten erreicht.** Ein Projekt mit langfristiger Wirkung zeichnet sich von Anfang an dadurch aus, dass sowohl Konzepte für den Übergang in einen Prozess entwickelt als auch Personen benannt und ausgebildet sind, die diesen aktiv antreiben, sodass die Abhängigkeit von externen Experten gering ist.

1. Interne Stress-Lotsen gewinnen – „Fair die Richtigen finden"

Bei der Auswahl der Mitarbeiterinnen und Mitarbeiter für die Aufgabe als Stress-Lotse sind persönliche und organisationale Kriterien relevant.

Persönliche Kriterien
- Motivation, Interesse am Thema und Spaß an der Tätigkeit
- Kompetenz (und evtl. Vorerfahrung) als Trainerin und Trainer/Moderatorin und Moderator innerhalb und außerhalb der Organisation
- Akzeptanz in der Organisation
- Bereitschaft zur Mehrarbeit (im geklärten Rahmen)
- Loyalität zum Arbeitgeber, zugleich angemessene Kritikbereitschaft und -fähigkeit
- Mentale Stärke, um mit den Herausforderungen professionell umzugehen

Wichtig erscheint auch ein gewisser Grad an Beliebtheit, zumindest aber eine Grundakzeptanz seitens der Mitarbeitenden, um so schneller Vertrauen zueinander zu schaffen. Schließlich muss die Person in der Lage sein, mögliche Kritikpunkte, die die Organisation betreffen, angemessen an die Geschäftsführung zu kommunizieren und gegensätzliche Auffassungen zwischen der Mitarbeiterschaft und der Leitung neutral zu vermitteln, sodass Probleme offen dargelegt und bearbeitet werden können. Dies erfordert im Einzelfall auch Mut.

Organisationale Kriterien
▸ Berücksichtigung aller Fachbereiche der Organisation (für eine organisationsweite Akzeptanz)
▸ Repräsentative Auswahl der Bewerberinnen und Bewerber entsprechend der Kriterien Geschlecht, Alter, Migrationshintergrund, (Schwer-)Behinderung, ggf. auch Beteiligung von Führungskräften als Stress-Lotsen
▸ Längerfristige Beschäftigungsperspektive
▸ Verfügbarkeit, Möglichkeit zur zeitweisen Befreiung von der üblichen Tätigkeit für Qualifizierung und Stress-Lotsen-Tätigkeit
▸ Bereitstellung von Mitteln zur Ausbildung zum Stress-Lotsen und für deren fortlaufende Qualifizierung

Wie vom Stress-Lotsen eine Loyalität zur Arbeitgeberin und zum Arbeitgeber erwartet werden muss, so ist umgekehrt ein Rückhalt seitens der Organisation unabdingbar. Diese muss sich neben der Bereitstellung von Ressourcen auch zum Einsatz der Stress-Lotsen deutlich bekennen, ihn/sie ggf. vor Anfeindungen der Kollegen schützen, aber auch den Willen haben, selbst unangenehme Wahrheiten zu hören und darauf lösungsorientiert zu reagieren.

Zugleich müssen auch realistische Gründe geschaffen werden, geeignete Mitarbeitende langfristig als Stress-Lotsen zu gewinnen. Diese Gründe sollten sich nicht auf monetäre Anreize beschränken, sondern vielmehr die Möglichkeit eröffnen, positive Veränderungsprozesse anzustoßen. Ein wichtiger Aspekt ist die Wahrnehmung individueller Entwicklungschancen. Neben dem Erwerb von Fachwissen zum Thema Stress gehören hierzu auch der Aufbau und die Erweiterung der eigenen Handlungs- und Methodenkompetenzen.

Gewinnung und Qualifizierung geeigneter Kandidatinnen und Kandidaten
Mit einer Interessensbekundung – inklusive einer angemessenen Bewerbungsfrist – für eine Tätigkeit als Stress-Lotse stellt die Organisation die erforderliche Transparenz her und spricht alle Mitarbeitenden motivierend an, sich zu bewerben. Von Anbeginn werden wie in einer klassischen Ausschreibung die Chancen und die Erwartungen kommuniziert sowie die besonderen Anforderungen an die Person des Stress-Lotsen nachvollziehbar beschrieben. So können sich in Trainings- oder Beratungsfällen belastende Situationen ergeben, die bei dem Stress-Lotsen einen hohen Grad an Fach- und Sozialkompetenz erfordern. Dazu gehören auch die „Nebenwirkungen", die sich durch die Rollenwahrnehmung ergeben könnten, wie zum Beispiel zusätzlicher Arbeitsaufwand. In dem Aufruf werden auch die Erwartungen an

Ein Ausschreibungsentwurf und Interview-Leitfragen inkl. Auswertung sind als Download verfügbar

eine Bewerbung formuliert, also welche Nachweise oder Referenzen gewünscht werden, und auch, wie das weitere Auswahlverfahren aussieht.

Mit (möglichst) allen Bewerberinnen und Bewerbern werden im Anschluss daran Auswahlgespräche geführt. In einer kleinen Kommission sind neben der Projektleitung auch Personalrat und eventuell Gleichstellungsbeauftragte oder Schwerbehindertenvertreter eingebunden. Die Kriterien für die Auswahl sind in erster Linie Motivation sowie Kompetenz und Vorerfahrung.

Die Organisation sollte von Beginn an bedenken und aktiv kommunizieren, dass sowohl sie selbst als auch die oder der einzelne Beschäftigte jederzeit entscheiden kann, als Stress-Lotse wieder zurückzutreten. Das abschließende Feedback der Ausbilderinnen und Ausbilder ist schließlich auch ein Auswahlkriterium. Viele Interessierte starten danach ihren Einsatz als Stress-Lotse, andere gehen zunächst als Co-Lotse mit anderen in Schulungen. Es kann unter Umständen auch vorkommen, dass die Qualifizierung und/oder die ersten Einsätze zeigen, dass die Person nicht als Stress-Lotse geeignet ist – aus welchen Gründen auch immer.

2. Aufgaben, Verantwortlichkeiten und organisationale Anbindung

Gerade weil es sich um keine Kernaufgabe der Organisation handelt, ist die frühzeitige Klarheit über die Aufgaben, Verantwortlichkeiten und die organisationale Anbindung der Stress-Lotsen wichtig, um Missverständnisse zu vermeiden und die Bedeutung der Rolle zu belegen.

Aufgaben der Stress-Lotsen können sein:
- ▶ Expertin bzw. Experte für Stress und Stress-Management, Knowhow zu Trends, Themen und Techniken
- ▶ Coach für Mitarbeiterinnen und Mitarbeiter oder Teams im Stress
- ▶ Trainerin/Trainer für Stress-Management-Trainings für Mitarbeitende und Teams, ggf. auch für Führungskräfte
- ▶ Weiterentwicklung spezifischer und grundsätzlicher Stress-Management-Konzepte und Schnittstellen zu anderen Diensten (z.B. Arbeitsschutz oder Gesundheitsfürsorge)

Die Organisation formuliert verbindlich in einer Beschreibung, welche Aufgaben und Rechte die Stress-Lotsen bekommen und auch welche Tätigkeiten nicht dazu gehören (analog zu anderen Zielvereinbarungen, Stellenbeschreibungen oder Tätigkeitsprofilen in der Organisation; ähnlich den verwandten Profilen z.B. im Betrieblichen Gesundheitsmanagement).

Rollenverteilung
Bei mehreren Stress-Lotsen in einer Institution organisieren sich diese als Team. Sie vereinbaren Verantwortlichkeiten und die Verteilung und Differenzierung der Aufgaben. Die Rolle als Koordinatorin oder Koordinator, Sprecherin oder Sprecher, Organisatorin oder Organisator, Ansprechpartnerin oder Ansprechpartner etc. wird genauso eindeutig geklärt wie andere Verantwortlichkeiten, beispielsweise Medienbeschaffung, -verwaltung, Zielgruppen- und Themendifferenzierung.

Organisationale Anbindung
Stress-Lotsen sollten fest in der Institution verankert sein. Dazu ist eine eindeutige Anbindung und Führung innerhalb der Aufbauorganisation erforderlich und eine klar umrissene Zuständigkeit. Denkbar sind verschiedene Modelle wie die Einrichtung als Stabsstelle, die Angliederung beim Betrieblichen Gesundheitsmanagement oder die Zuordnung zur Personalentwicklung. Als Entscheidungskriterium für diese Festlegung können die Art der Tätigkeit der Kollegen, die der Organisation zur Verfügung stehenden Ressourcen, Berichtswege und -häufigkeit, Zielvereinbarungen und Ähnliches sein.

3. Ressourcen
Auch wenn die Stress-Lotsen als interne Beschäftigte eine Eigenleistung der Organisation sind, entsteht mit der Rollenzuweisung ein erheblicher Ressourcenbedarf:

- Die **Qualifizierung** zu Stress-Lotsen wird in der Regel extern oder mit externer Unterstützung organisiert. Die Kosten für die Schulung sind zu ergänzen durch Reise- und Ausfallkosten der auszubildenden Stress-Lotsen. Die Qualifizierung wird in den folgenden Kapiteln beschrieben, sie kann je nach Vorerfahrung/Vorwissen und Stellenprofil fünf Tage plus Supervision erreichen. Fortbildung ist eine fortgesetzte Herausforderung, die auch in späteren Jahren wiederkehrend Aufwand bedeutet.
- Die Stress-Lotsen stehen während der **Ausübung ihrer Tätigkeit** (z.B. Trainings inkl. Vor- und Nachbereitung) für ihre originären Aufgaben nicht zur Verfügung, sodass dieser Personalausfall anderweitig kompensiert werden muss.
- Je nach Konzept fallen **Sachkosten** wie Raummiete (Schulungs- und/oder Beratungsraum), Trainingsmaterial (Kopierkosten, Moderationsmaterial), Technik (PC, Beamer), Anschaffung von Fachliteratur und ggf. ergänzender Medien an.

Das Konzept der Stress-Lotsen, die aus der Belegschaft gewonnen werden und die für die Belegschaft tätig sind, wird überall da, wo ihre Arbeitskraft im eigentlichen Dienst fehlt, nicht auf ungeteilte Begeisterung treffen. Wie in jedem Projekt werden Ressourcenkonflikte mit der Linie auftreten, die bis in die konkreten Einsatzpläne reichen. Die Geschäfts- und Projektleitung sollte bereits vor der Auswahl einzelner Personen die Führungskräfte einbeziehen und allgemein für das Projekt gewinnen, auf eine angemessene Lastenverteilung achten und bei der konkreten Einsatzplanung die Interessen der jeweiligen Führungskräfte der Stress-Lotsen berücksichtigen.

4. Ausbildung der Stress-Lotsen

Ziel der Maßnahme
Die Stress-Lotsen werden auf ihre zukünftige Tätigkeit vorbereitet, indem ihnen ein besonderes Trainings- und Beratungs-Know-how, orientiert am Bedarf der Organisation, zum Thema Stress-Management vermittelt wird. Dazu gehören die Auseinandersetzung mit der neuen Rolle als interne Stress-Lotsen, die Sicherheit im Umgang mit verschiedenen Trainingsmethoden und -tools zur Durchführung der Seminare sowie Inputs zu Inhalten und Modellen des Stress-Managements. Denn die Stress-Lotsen als Themenbewahrer und Thementreiber halten das Stress-Management im Unternehmen lebendig und sind dessen Fürsprecher.

Ein ressourcenvoller Umgang mit sich selbst zum Thema Stress-Management ist Voraussetzung, um in der Rolle als interne Stress-Lotsen glaubwürdig und kongruent aufzutreten. Daher fokussiert ein Part der Qualifizierung das Thema innere Haltung und ressourcenorientiertes Feedback. Die Ausbilderinnen und Ausbilder vermitteln diese Haltung nicht nur methodisch, sondern ebenso als Vorbild (siehe Kap. 6.5, S. 342 ff.). Zudem bietet die Qualifizierung einen breiten Rahmen für gegenseitigen Austausch und Ausprobieren. Durch die Einführung von Mini-Trainings innerhalb der Qualifizierung bekommen die Lotsen-Tandems die Möglichkeit, sowohl Inhalte als auch ihre Zusammenarbeit zu trainieren und weiterzuentwickeln. Mini-Trainings sind Element der Ausbildung, in denen die Stress-Lotsen Stressinputs, -methoden oder -tools didaktisch im Trainertandem vorbereiten und durchführen. Ein hoher Mix aus verschiedenen Fachbereichen tut sein Übriges. Im Gesamtkonzept „Strategisches Stress-Management" richten sich die Qualifizierungsinhalte für die Stress-Lotsen idealerweise an den Trainings für Mitarbeiterinnen und Mitarbeiter sowie an den Team-Workshops aus.

6.1 Wir sind da und kümmern uns!

Definition der Besonderheiten
Die internen Stress-Lotsen übernehmen im strategischen Stress-Management eine zentrale und zugleich herausfordernde Rolle. Sie qualifizieren Kolleginnen wie Kollegen und sind zugleich Teil der Organisation. Dies weist einen besonderen Vorteil auf: Sie verknüpfen das wesentliche Fachwissen zum Thema Stress-Management mit den spezifischen internen Bedingungen. Sie kennen die Organisation von innen heraus und wissen so um typische Herausforderungen und Stressoren. Sie verfügen über institutionsspezifisches Wissen und kennen die Unternehmenskultur sowie den größeren Kontext, in dem das Stress-Management eingebettet ist. Sie werden von den Trainingsteilnehmerinnen und Trainingsteilnehmern als „eine/einer von uns" wahrgenommen! Dies verlangt allerdings auch, Sicherheit in der Rolle als Stress-Lotse zu erlangen, um Rollenkonflikten vorzubeugen.

Organisationale Voraussetzungen
Klären Sie im Vorfeld möglichst viele Aspekte, wie mit besonderen Situationen umgegangen wird.

- Was passiert, wenn bei Trainingsbeginn nicht genügend Teilnehmende vor Ort sind?
- Ab wann kann ein Abbruch eines Trainings gut und richtig sein?
- Was passiert, wenn ein Trainertandem feststellt, dass die Zusammenarbeit nicht gut miteinander gelingt?
- Wie sollen interne Stress-Lotsen damit umgehen, wenn ein Teilnehmender im Training zusammenbricht?
- Welche Informationen bleiben im Trainingsraum, was muss an die Organisation weitergegeben werden?

Da man nicht alle Fälle im Vorfeld klären kann, ist es von zentraler Bedeutung, dass die verantwortliche Person einen nahen und vertrauensvollen Draht zu den Stress-Lotsen pflegt. So können Probleme auf kurzem Weg geklärt werden. Zudem ist es von großem Vorteil, wenn die Stress-Lotsen die Trainings für Führungskräfte oder Mitarbeiterinnen und Mitarbeiter sowie für die Teams selbst als Teilnehmende erleben. Diese Erfahrung ist für die eigene Qualifizierung sehr wertvoll, um die einzelnen Inhalte der Stress-Lotsen-Qualifizierung von zwei verschiedenen Blickwinkeln reflektieren zu können. Diese Erkenntnis stellt eine gute Basis für die Durchführung eigener Trainings dar.

Aufgrund der Intensität des Trainings und der Auseinandersetzung mit individuellen Fragestellungen auf allen Trainingsebenen (Inhalte zum Stress-Management und didaktische Inhalte für Train-the-Trainer siehe Kap. 6.2, S. 308 ff.) ist es sinnvoll, die Teilnehmendenzahl auf maximal zwölf Personen zu begrenzen. Ein Mix der Teilnehmenden aus verschiedenen Fachbereichen belebt den Austausch und erweitert den eigenen internen Blick auf die Organisation.

Um die ersten Schritte im eigenen Training im Vorfeld sicher zu gestalten, empfehlen wir die bereits angesprochene Einrichtung von Tandems für die Trainings. Der Vorteil eindeutig definierter Stress-Lotsen-Tandems liegt darin, dass sie bereits in der Qualifizierung zum Stress-Lotsen Stärken und Kombinationsmöglichkeiten miteinander trainieren und ausfeilen können. Eine zu rigide Regelung hat jedoch auch den Nachteil der Inflexibilität, vor allem bei Ausfall, Ausstieg oder ähnlichen Ereignissen.

Die internen Stress-Lotsen benötigen aber auf jeden Fall mehrfach Gelegenheiten für fachlichen Austausch im Trainerteam, aber auch zum Stress-Management im Allgemeinen. Gerade zu Beginn ist es wichtig, dass sie Unterstützung in der didaktischen und methodischen Planung erhalten. Aber auch nach der Qualifizierung gibt es Möglichkeiten: Laden Sie Referentinnen und Referenten zu bestimmten Fachthemen ein oder geben Sie internen Stress-Lotsen die Möglichkeit, Tagungen bzw. weitere Fortbildungen zum Thema zu besuchen. Die Anschaffung von Fachliteratur unterstützt dies ebenfalls.

Wie schon bei den bereits beschriebenen Trainings- und Workshop-Konzepten ist es auch hier empfehlenswert, den Durchführungsort des Trainings aus dem alltäglichen Arbeitsumfeld zu verlagern, damit alle Beteiligten mit ihrer Aufmerksamkeit im Training sind und nicht zwischendurch in den Pausen noch „schnell ins Büro huschen", um E-Mails zu beantworten.

5. Erwartete Folgen und Fallstricke für die Stress-Lotsen und die Organisation

Neben der Sensibilisierung der Organisation und der Beschäftigten zum Umgang mit Stress und dem persönlichen Engagement, das Thema inhaltlich und praktisch vor Ort umzusetzen, hat auch das neu erworbene Wissen selbst Konsequenzen auf die Organisation. Durch die neue Aufgaben- und/oder Arbeitsplatzgestaltung werden unter Umständen neue Veränderungsbedarfe benannt. Dies kann zur Folge haben, dass eben jener Personenstamm eigene entwickelte Vorstellungen zum Thema vorantreibt und platzieren möchte. Die Frage, die sich daher für jedes Unternehmen stellt: Möchte es diese Änderung beziehungsweise Mitbestimmung tatsächlich? Es stellt zumindest eine große Chance dar, da das implizite Firmenwissen steigt und nutzbar gemacht wird.

6.1 Wir sind da und kümmern uns!

Aus unseren Erfahrungen heraus gibt es einen gesteigerten Kommunikationsbedarf zum Thema, der sich unmittelbar aus den Trainings und Workshops ableitet. Der Umgang mit diesen Rückmeldungen und deren Beantwortung und Weiterverfolgung im Rahmen eines strategischen Stress-Management-Konzeptes sollte folglich mitbedacht werden. Ein weiterer organisationaler Effekt entsteht durch die Ausbildung eines gemeinsamen Vokabulars und einer gemeinsam gelebten Kommunikation zum Thema Stress und Stressbewältigung, die durch die strategische Ausrichtung vorgegeben und von den Stress-Lotsen entsprechend weitergetragen werden.

Ein sehr positiver Nebeneffekt entsteht durch die geänderte persönliche Wahrnehmung der eigenen Person im Unternehmen. Mit der zusätzlichen Aufgabe entwickelt sich eine neue Rolle und die Identifikation und Motivation mit dem Unternehmen steigt. Hier werden neben den klassischen Karrierewegen neue Wege und Möglichkeiten eröffnet, um andere oder weitere Aufgaben und damit einhergehend Verantwortung zu übernehmen. Die Implementierung eines professionellen Stress-Managements eröffnet der Organisation und den Beschäftigten viele Chancen. Allerdings verbergen sich darin auch einige Risiken – auch solche, die die Person des Stress-Lotsen selbst betreffen.

Ein Risiko ist die persönlich empfundene Überforderung oder die Erkenntnis, für eine solche Tätigkeit nicht geeignet zu sein, sei es durch die Herausforderungen, die sich durch die Wahrnehmung dieser Tätigkeit als Stress-Lotse ergeben (z.B. in Form schwieriger Gesprächssituationen, komplexer und multipler Problemlagen, Auslassen der Überforderung und des Frustes an den Stress-Lotsen), sei es durch Rollenkonflikte zwischen der originären Arbeit und der Lotsentätigkeit (mangelnde Akzeptanz der Teamkollegen und der unmittelbaren Vorgesetzten, „eigene" Arbeit bleibt liegen usw.). Manche Anforderungen werden erst im Laufe der Tätigkeit erfahrbar. Vorbeugend sollten daher bereits in der Auswahl und in der Qualifizierung diese Fallstricke angesprochen und mit den Stress-Lotsen geeignete Umgangsweisen erarbeitet werden. Zudem ist es hilfreich, hier auch die jeweiligen Vorgesetzten der Stress-Lotsen mit einzubeziehen.

Als Wagnis kann es sich zudem erweisen, Personen mit zu geringem Potenzial „mitzunehmen", weil die Verantwortlichen die Reflexion und klare Rückmeldung an die vermeintlich ungeeigneten Interessenten scheuen. Sowohl die Auswahlkommission als auch die Ausbilderin oder der Ausbilder müssen entsprechend gut die Potenziale wie auch die Grenzen der Stress-Lotsen-Kandidaten erkennen und benennen, um daraus die entsprechenden Konsequenzen abzuleiten. Außerdem sollten

Ausstiegszenarien von Beginn an mit berücksichtigt werden, um im Falle eines Abgangs die Stress-Lotsen durch die Personalentwicklung oder die Projektleitung angemessen zu begleiten. Die Motivation und das Engagement zu schätzen und gleichzeitig den Ausstieg einzuleiten, ist eine Herausforderung.

Weitere Fallstricke für die Tätigkeit als Stress-Lotse können eine (gefühlte) fehlende Anerkennung der Organisation und der Kolleginnen und Kollegen, mangelnde organisatorische Einbindung sowie wenig Akzeptanz und/oder Rückhalt seitens der Geschäftsführung sein. Schließlich ist zu berücksichtigen, dass die Stress-Lotsen nicht die Mit-

Kommentar einer Praktikerin

Das Aha-Erlebnis, wenn aus Vorurteilen Synergie-Effekte werden

Petra Riemer ist interner Stress-Lotse und Gleichstellungsbeauftragte des Jobcenter Arbeit*plus* Bielefeld:

„Mit meiner Aufgabe als Gleichstellungsbeauftragte ließ sich die Aufgabe des Stress-Lotsen gut vereinbaren, da niemand meine Arbeit übernehmen musste. Die einzige Herausforderung bestand für mich in der Koordination der Termine, und dennoch: Ohne Mehrstunden und Vorbereitung außerhalb der Arbeitszeit habe auch ich es nicht geschafft.

Zwei Dinge sind mir im Training zugutegekommen: die Tatsache, dass ich von Beginn an im Jobcenter beschäftigt bin und dass ich die meisten Kolleginnen und Kollegen kenne. Ich weiß, wovon ich rede, und kann die Belastungssituationen durch meine vorherige Tätigkeit als Sachbearbeiterin in den Geldleistungen gut nachvollziehen; mit gleichem Atemzug kann ich aber auch benennen, was sich in der Zeit schon alles zum Besseren verändert hat.

Dadurch, dass mir die meisten Teilnehmenden bekannt sind und auch ich ihnen bekannt bin, fiel es mir auch nicht schwer, die eine oder andere sehr persönliche „Schwachstelle" im Vier-Augen-Gespräch direkt anzusprechen. Daraus sind nicht immer, aber häufig Beratungssituationen außerhalb des Trainings entstanden. Einen größeren Vertrauensbeweis kann man als Lotse wohl kaum bekommen.

6.1 Wir sind da und kümmern uns!

arbeitenden (oder die Führungskräfte) ihres eigenen Teams oder ihres nahen Arbeitsumfeldes qualifizieren sollten, um daraus resultierende Rollenkonflikte und Komplikationen zu vermeiden.

Trotz dieser Fallstricke bleibt festzuhalten: Stress-Lotsen wirken in die Organisation als wiederkehrender Puls zum Thema Stress-Management und erhöhen die Veränderungsfähigkeit sowie die Veränderungsbereitschaft der gesamten Organisation. Sie sind damit Garanten für die konkrete und dauerhafte Umsetzung eines Stress-Managements mit strategischem Anspruch.

Nicht unbedingt schwierig, aber schon etwas merkwürdig waren dagegen Trainingssituationen mit Teilnehmenden, zu denen man nicht nur ein kollegiales, sondern ein freundschaftliches Verhältnis hat. Hier gilt es, sich nicht aus der Ruhe bringen zu lassen und konsequent in der Rolle des Stress-Lotsen zu bleiben, auch wenn diese Kolleginnen und Kollegen versuchen, einen mit privatem Wissen aus der Reserve zu locken. Aber solche Anfängerfehler passieren einem dann auch nur einmal, denn danach geht man bereits vor dem Schulungstermin in ein klärendes Gespräch oder aber trifft Vorkehrungen, damit bestimmte Personen durch andere Stress-Lotsen geschult werden.

Als durchweg positiv hat sich die Durchmischung der Schulungsteilnehmenden erwiesen. Der Aha-Effekt, wenn aus anderen Bereichen und den dortigen Belastungen berichtet wird, ist erstaunlich. Vorurteile gegen andere Bereiche werden abgebaut und weichen dem Synergie-Effekt der Solidarisierung. Bei vielen Gruppen wurde bereits im Training der Wunsch nach weiteren Treffen der Teilnehmenden geäußert.

Hierzu hat auch der extern gewählte Schulungsort einen großen Beitrag geleistet. Die Teilnehmenden konnten sich so auf sich, die Gruppe und das Geschehen konzentrieren. All dies wäre in Räumen innerhalb der Organisation nicht möglich gewesen. Für einen nachhaltigen Trainingserfolg muss der Weg zum „Nur mal kurz die Mails checken" schon ordentlich verbaut werden.

Wir haben in den Trainings gute Ergebnisse erzielt und viel positives Feedback bekommen, auch wenn nicht alles direkt in die Praxis umzusetzen ist. Aber das ist im Moment auch nicht das Wichtigste, denn die eigentliche Herausforderung liegt darin, das Thema am Leben zu halten."

Konzept zum Stress-Lotsen-Training

Fachwissen zum Stress-Management vermitteln, methodisch-didaktisches Know-how trainieren, Standing und Selbstverständnis als Stress-Lotse fördern

Von Sandra Masemann und Gerlind Pracht

Ziele

Drei Aspekte unterscheiden diese Train-the-Trainer-Ausbildung von vielen anderen: Die Zielgruppe ist Teil der Organisation, ihre berufliche Hauptrolle besteht nach wie vor in ihrer regulären Arbeitstätigkeit in der Organisation und sie benötigt Fachkompetenz zum Thema Stress-Management sowie methodische Kompetenz, um diese innerhalb der Organisation zu vermitteln und zu trainieren. Innerhalb des Trainings stehen deshalb folgende drei Zielebenen im Fokus:

1. fachliches Know-how zum Stress-Management erwerben,
2. methodisch-didaktisches Trainer-Know-how erlernen,
3. eigene Stress-Lotsen-Rolle und Lotsenhaltung entwickeln.

Auf jeder Zielebene werden Anregungen, methodisch-didaktische Struktur sowie konkrete Tipps und Tools vermittelt, die die künftigen internen Stress-Lotsen motivieren, eigeninitiativ weiterzulernen. In der Ausbildung werden zum einen Orientierung und Sicherheit durch das „Lernen am Modell" gegeben und zum anderen viele Gelegenheiten zum Selbst-Ausprobieren geschaffen. Innerhalb der Qualifizierung sol-

Tab. 1: Zielebenen des Stress-Lotsen-Trainings

Zielebenen Bewertungs- kriterien	1. Wissen rund um Stress-Management: Kommunikation und Stress	2. Vermitteln von Methoden und Didaktik	3. Stress-Lotsen-Rolle und -Haltung entwickeln
Beziehung zur Gruppe		X	X
Fachkompetenz	X		
Standing Lotsen-Rolle	X	X	X
Methodenkompetenz		X	
Haltung			X

len alle Teilnehmenden für sich persönlich Klarheit gewinnen, ob sie nach dem Abschluss tatsächlich als Stress-Lotsen für Stress-Management in der Organisation tätig werden möchten und wo ihre eigenen Stärken als Stress-Lotsen liegen. Aus den genannten Zielen lassen sich Erfolgs- und Bewertungskriterien ableiten, zu denen die internen Stress-Lotsen im Ausbildungsverlauf Feedback erhalten (siehe Tab. 1). Damit können sie gezielt an sich arbeiten und in ihre neue Lotsenrolle hineinwachsen.

Ein Beispiel soll dies verdeutlichen: Die Gestaltung der „Beziehung zur Gruppe" beinhaltet die Fähigkeit, den Gruppenprozess zu steuern, in Kontakt mit Einzelnen und der Gruppe zu kommen und lernförderlich miteinander zu kommunizieren. Teilnehmende erlernen, mit welchen Methoden – eingebettet in ein schlüssiges didaktisches Konzept – sie künftig eine Trainingsgruppe situationsangemessen führen können (2. Zielebene in Tab. 1). Dies wird jedoch nicht ohne Reflexion ihrer eigenen inneren Haltung und Werte (3. Zielebene in Tab. 1) möglich sein. Abbildung 1 fasst die Bewertungskriterien nochmals zusammen, die die Train-the-Trainer-Ausbildung von Beginn an begleiten.

Neben den Zielen sind jedoch auch Grenzen der Qualifizierung zu konkretisieren: Die Teilnehmenden sind keine lizenzierten Trainerinnen und Trainer, wie sie im Kontext psychologischer Gesundheitsförderung anzutreffen sind. Auch werden sie nicht als Berater zur Burnout-Prävention oder für anderweitige Einzelberatungen ausgebildet.

Abb. 1: Bewertungskriterien für Evaluation und als Feedback-Grundlage

Inhaltlicher und methodischer Aufbau

Die Ausbildung dauert fünf Tage und findet in zwei Modulen statt. Zwischen den Modulen mit drei bzw. zwei Tagen Dauer liegen mindestens drei Monate, damit die künftigen internen Stress-Lotsen in der Zwischenzeit den Transfer in den Alltag erproben können und Trainingspraxis bekommen. Die Modulbeschreibung in Abbildung 2 (siehe S. 310 f.) macht die Schritte deutlich, die die künftigen internen Stress-Lotsen von der ersten Interessensbekundung zum fertig ausgebildeten Stress-Lotsen und darüber hinaus durchlaufen.

Das didaktische Grobkonzept sieht somit explizit Lern-, Reflexions-, Transfer- und Feedback-Schleifen vor. Besonderes Augenmerk gilt dem

VI. Multiplikatorentrainings: Stress-Lotsen qualifizieren

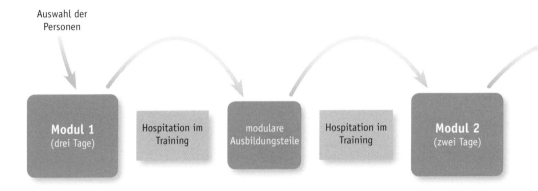

Abb. 2: Aufbau und Ablauf der Ausbildung

Transfer. Im Rahmen dieser Ausbildungskonzeption geschieht Lern- und Trainingstransfer auf unterschiedliche Weisen und wird mit verschiedenen Methoden sichergestellt:

- Austausch im Lerntandem (siehe Kap. 6.6, Seite 350 ff.)
- Vorbereitung einer Trainingssequenz im internen Stress-Lotsen-Team für das Modul 2: Als Themen stehen Inhalte zum Thema „Know-how Stress-Management" oder zum Thema „Trainer-Know-how" zur Auswahl. Zur Vorbereitung bekommen die Teilnehmenden ein ausführliches Trainermanual mit fachlichen Texten, praktischen Tools und Literaturempfehlungen zu allen Zielebenen ausgehändigt. Die Trainerinnen der Ausbildung stehen bei Bedarf für Fragen und Unterstützung per Telefon oder E-Mail zur Verfügung.
- Als Team bereiten sich die internen Stress-Lotsen gemeinsam auf die organisatorische Verankerung und die Rahmenbedingungen ihrer Lotsentätigkeit vor und stehen dazu im Austausch mit der Steuerungsgruppe und der internen Projektleitung.
- Ein bis zwei Hospitationen bei den dreitägigen Mitarbeitenden-Trainings neben einer professionellen Trainerin geben Raum zur Anwendung. Als Co-Trainerin bzw. Co-Trainer übernehmen sie in vorheriger Absprache einzelne Bausteine und haben die Gelegenheit, aus ihrer „Co-Rolle" das Mitarbeitenden-Training zu erleben und danach mit der professionellen Trainerin zu reflektieren.
- Im Anschluss an die selbst durchgeführte Trainingssequenz in Modul 2 erhalten die internen Stress-Lotsen während des Moduls direktes Feedback durch die Ausbildenden. Für Transparenz sorgen die dabei zuvor festgelegten und kommunizierten Kriterien (siehe Abb. 1).
- Ein persönliches einstündiges Coaching-Telefonat ergänzt die Ausbildung (siehe Kap. 6.5, S. 347)

6.2 Konzept zum Stress-Lotsen-Training

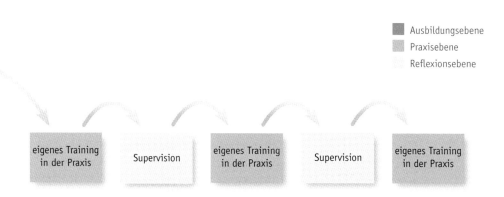

- Alle internen Stress-Lotsen werden im Verlauf der eigenen Trainingspraxis in zwei Gruppensupervisionssitzungen begleitet und im Transfer des Gelernten unterstützt.
- Das Erlernen und Anwenden Kollegialer Fallbearbeitung begleitet die internen Stress-Lotsen in ihrer praktischen Tätigkeit und ermöglicht Unterstützung.

Grundsätzlich kann auch bei diesem Konzept der methodisch-didaktische Ablauf eines jeden Moduls in drei Phasen eingeteilt werden:

- Phase 1: Einstieg, Analyse und Bestimmen des Ausgangszustandes und Lernbedarfs
- Phase 2: Themenbearbeitung und Reflexion
- Phase 3: Zusammenfassung, Ergebnissicherung und Ausblick

Phase 1: Einstieg und Analyse

Beim Einstieg in die interne Stress-Lotsen-Ausbildung gilt es, eine vertrauensvolle, Orientierung gebende und zugleich neugierig-freudige Atmosphäre herzustellen sowie miteinander anzukommen. Manche der Teilnehmenden kennen einander noch nicht, viele sind unsicher, was in ihrer neuen Rolle auf sie zukommt. Hier ist es wichtig, von Anfang an bewusst zu machen, welche unterschiedlichen Rollen und Rollenanforderungen sie künftig innehaben werden und dass die Ausbildung sie beständig darin unterstützen wird, Klarheit für die eigene Lotsenrolle zu entwickeln und mit Rollenkonflikten gelassen umzugehen. Zudem bringen die Teilnehmenden aktuelle Themen aus dem Gesamtprozess des strategischen Stress-Managements der Organisation mit, die teils recht unterschiedlich sind und dazu einladen, voneinander zu lernen.

Arbeitsfähig werden

Zunächst werden die Ziele der Ausbildung und die Agenda für das Modul 1 vorgestellt, sowie gemeinsame Spielregeln vereinbart. Im nächsten Schritt stellen sich alle Teilnehmenden mit der Methode „Kleine Bühne" (siehe Abb. 3) auf merkwürdige Weise vor. Die Auswahl der Methode beruht auf zwei Überlegungen: Zum einen kann eine kreative Präsentationssituation mit ungewohnter Methode eine kleine Stressinduktion sein, sodass das Thema „Umgang mit Stress" möglicherweise gleich im Raum ist und inhaltlich genutzt werden kann. Zum anderen stehen die Teilnehmenden in ihrer künftigen Stress-Lotsen-Rolle immer wieder auf der „Bühne" und damit im Fokus. Sich zu präsentieren und dabei Zuschauende bzw. Trainingsteilnehmende positiv und möglichst nachhaltig anzusprechen, ist zentraler Bestandteil der Lotsentätigkeit und wird auf diese Weise gleich vom Start weg eingeübt. Darüber hinaus erhalten die Train-the-Trainer-Akteure einen ersten Eindruck von ihren Mitstreitern.

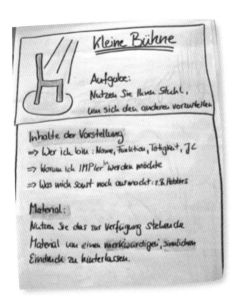

Abb. 3: Beschreibung der Methode „Kleine Bühne" (nach Masemann/Messer 2011)

Anschließend werden individuelle Erwartungen an die Ausbildung und der eigene Beitrag zum Gelingen kommuniziert. Genutzt wird hierzu eine spezielle Methode, „Die Wäscheleine" (siehe Abb. 4). Ziel ist es, die Teilnehmenden eine eher ungewöhnliche Methode direkt erleben zu lassen und damit die Neugier und Freude zum kreativen Arbeiten zu wecken. Zudem werden mehr als nur Wünsche geäußert oder Erwartungen abgefragt. Wie zwei Seiten einer Medaille kann Trainingserfolg nicht nur auf Erwartungen beruhen oder sich daran orientieren. Es

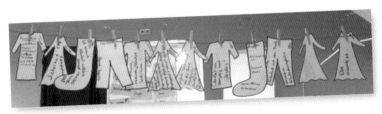

Abb. 4: Erwartungen und Selbstverpflichtungen an der „Wäscheleine" (nach Masemann/Messer 2011)

braucht auch die Bereitschaft, Lust und Eigenverantwortung, daran mitzuwirken und diesen mitzugestalten. Entsprechend formulieren die Teilnehmenden, wie ihr persönlicher Beitrag aussehen wird. Die Wäschestücke symbolisieren diese zwei Seiten und hängen stets von beiden Seiten sichtbar im Raum. Sie schaffen so Verbindlichkeit für alle Beteiligten.

Überblick verschaffen und Trainingskonzept verstehen

Im nächsten Schritt wird das Konzept der Mitarbeitenden-Trainings zum Thema Stress-Management vorgestellt. Ziel ist es, einen Überblick und ein tieferes Verständnis für das didaktische Konzept des Trainings zu bekommen und nachzuvollziehen, was überhaupt ein didaktisches Konzept ist und wie es entwickelt werden kann. Des Weiteren wird in Kurzform das zugrunde gelegte Stress-Management-Trainingskonzept mit seinem roten Faden der Stress-Ampel (Kaluza 2004) inhaltlich vorgestellt (siehe Kap. 3.2, S. 151 ff.) und es wird gemeinsam reflektiert.

Themen priorisieren

Die Teilnehmenden priorisieren nun die einzelnen Themenblöcke unter dem Gesichtspunkt: Hier bin ich schon relativ sicher und hier benötige ich noch am meisten Unterstützung. Im Anschluss wird gemeinsam entschieden, welche Themen tiefer und welche oberflächlicher bearbeitet werden.

Phase 2: Themen bearbeiten

Der rote Faden dieser Phase besteht darin, gemeinsam in einer Art Zyklus Lernsequenzen bzw. -schleifen zu durchlaufen (siehe Abb. 5, S. 314). Dies geschieht in nachstehender Reihenfolge:

1. **Inhalt einführen:** Die Themen – Stress-Management und Train-the-Trainer – werden inhaltlich exploriert und mit dazugehörenden Tools erarbeitet.
2. **Methodenreflexion:** Auf der Meta-Ebene wird das Trainingshandeln der professionellen Trainerinnen und Trainer methodisch reflektiert und begründet.
3. **Trainingshandeln:** Die Teilnehmenden haben Gelegenheit, selbst ins Tun und Trainieren zu kommen.
4. **Reflexion und Feedback:** In der abschließenden Reflexion erhalten sie ein konstruktives persönliches Feedback.

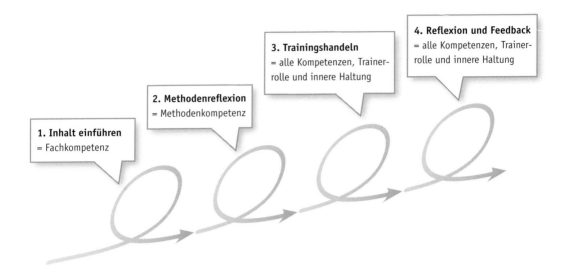

Abb. 5: Lernschleifen und konzeptionell verankertes Erfahrungslernen

Zwischenzeitlich besteht in Übungen zur Aktivierung, Entspannung oder zum Perspektivwechsel die Möglichkeit zum gemeinsamen Erleben und Im-Kontakt-Sein. Es sind unterschiedliche Kombinationen dieser Phasen möglich. Der Prozess verläuft zu den Trainingseinheiten beider Module schleifenartig nacheinander wie in Abbildung 5 schematisch dargestellt.

Abbildung 5 macht auch deutlich, dass die erfahrungsbasierten Lernschleifen auf die drei eingangs genannten Zielebenen des Trainings ausgerichtet sind (Tab. 1). Dabei unterstützt die Inhaltseinführung und -aufbereitung in erster Linie den Erwerb von Fachkompetenz, die daran anschließende Methodenreflexion spricht die Kompetenz an, Inhalte methodisch zu vermitteln und zu verinnerlichen. Sowohl im eigenständigen Tun als auch im abschließenden Feedback kommen alle drei Zielkompetenzen zum Tragen, wobei insbesondere die Aspekte der Lotsenrolle und -haltung erlebt und bewusst gemacht werden. Die vier Schritte mit ihren Prozessschleifen werden nun für die Arbeitsphasen der fünf Tage von Modul 1 und 2 inhaltlich präsentiert.

Am **ersten Tag (Modul 1)** liegt der Fokus der Zielebene Stress-Management in der Vertiefung von Themen wie „Biologische Prozesse rund um Stress", „Arbeitspsychologische Stressmodelle", „Notfallstrategien im Stress" und „Stressbewältigungsstrategien im Überblick". Auf der Ebene Train-the-Trainer geht es maßgeblich um die konkrete Aufbereitung, Visualisierung und motivierende Präsentation von (Kurz-)Inputs. Während die ausbildenden Trainerinnen ein Thema als Modell selbst vorstellen (Schleife 1 und 2, Abb. 5), erarbeiten die Teilnehmenden in Kleingruppen ihr präferiertes Thema selbstständig und präsentieren es im Verlauf des Tages (Schleife 3). Als Vorbereitung auf die Phasen der Reflexion auf Meta-Ebene und des Feedback-Gebens (Schleife 4) werden die Bewertungskriterien aus Abbildung 1 eingeführt und das Tool Feedback-Regeln vorgestellt. Phasen der weiteren Reflexion, Klärung und Beantwortung inhaltlicher und methodischer Fragen schließen sich stets unmittelbar an (Schleifen 2 und 4). So ist es möglich, Verständnis zu sichern, Lernchancen transparent zu machen und sich an den Lernbedürfnissen der Teilnehmenden zu orientieren. Dabei werden alle Lernziele angesprochen: Fach- und Methodenkompetenz erwerben sowie Klarheit in der Stress-Lotsen-Rolle gewinnen und eine positive Lotsenhaltung entwickeln.

Am **zweiten Tag (Modul 1)** liegt der Fokus der Vermittlung von Stress-Management-Themen (Schleife 1) auf dem Problemlösetraining mit systematischer Selbstbeobachtung und Fallarbeit (Schleife 2). Die Anwendung dieser Methoden erfolgt in Mini-Trainings in Kleingruppen und gibt Teilnehmenden die Gelegenheit, ins Tun und Ausprobieren zu kommen (Schleife 3) sowie Sicherheit in ihrer Lotsenrolle zu gewinnen. Der inhaltlich-methodische Schwerpunkt liegt klar im Train-the-Trainer-Feld (Schleife 2), wobei die Didaktik von Trainings den Teilnehmenden mittels einer Lernlandschaft (Bloom 1976 – siehe Abb. 6) nahegebracht wird. In diesem Kontext werden vier didaktische Säulen (nach Nitschke 2013) eingeführt, die sich gegenseitig bedingen und bei der Trainingsplanung und -durchführung eine zentrale Rolle spielen:

Abb. 6: Das Einmaleins der Didaktik wird mittels Lernlandschaft erfahrbar.

▶ **Stress-Lotsen-Kompetenz** – fachliche Kompetenz, methodische Kompetenz, soziale Kompetenz und Selbstkompetenz. Die zentrale Frage ist: Welche der Kompetenzen benötige ich auf welchem Niveau, um ein Training erfolgreich durchzuführen bzw. welche sollte ich mir im Vorfeld noch aneignen?
▶ **Seminarrahmen** – Zielgruppe, Erwartungen des Auftraggebers, Zeitkontingent, Ort und räumliche Gegebenheiten. Die zentralen Fragen sind: Unter welchen

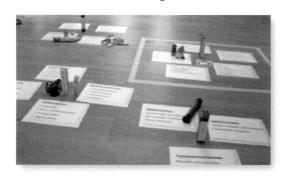

Rahmenbedingungen findet das Training statt? Wer genau sind meine Teilnehmenden? Welche Erwartungen hat der Auftraggeber an mich? Welches Zeitkontingent steht zur Verfügung bzw. ist erforderlich? Wie sind die örtlichen Gegebenheiten bzw. was benötige ich für eine gelungene Durchführung?

▶ **Lernziele definieren** – Lernzielarten, Schwierigkeitsgrad/Kompetenzniveau und Konkretisierungsgrad (nach Bloom 1976). Die zentralen Fragen sind: Welche kognitiven (Wissen, Denken, intellektuelle Fähigkeiten), affektiven (Interessen, Einstellungen, Werte und Haltungen) und psychomotorischen Lernziele (Handlungskompetenzen) sollen durch das Training erreicht werden? Welches Kompetenzniveau sollen die Teilnehmenden bei den jeweiligen Lernzielen erreichen? Was sollen die Teilnehmenden ganz konkret können und umsetzen?

▶ **Methodik** – lernzielangemessene Methoden, Rhythmisierung der Trainings, Berücksichtigung unterschiedlicher Lerntypen, unterschiedliche Arbeitsformen. Die zentralen Fragen sind: Welche Methoden sind geeignet, um formulierte Lernziele zu erreichen? Wie kann durch eine gelungene Rhythmisierung die Aufmerksamkeitsspanne der Teilnehmenden möglichst hochgehalten werden? Welche

Tab. 2: Agenda zu Modul 1 (Tag 2 und Tag 3 auf den folgenden Seiten)

Tag 1 – Modul 1	
9:00	Begrüßung, Centering zum Ankommen, Kennenlernen mit Methode „Kleine Bühne"
	Projekteinbindung, Agenda, Spielregeln, Erwartungen mit Methode „Wäscheleine" – *Kaffeepause* –
	Überblick Trainingskonzept der Mitarbeitertrainings, Rahmenmodell Stress-Ampel vertiefen, Themen priorisieren
	Mini-Training „Sprung ins kalte Wasser": Trainingsinhalte zum Thema Stress in Kleingruppen als kurze Trainingssequenz selbst erarbeiten
12:30	– *Mittagspause* –
	Aktivierung: Körper abklopfen und Überkreuzbewegungen
	Kurz-Input durch Trainerin: Stressbewältigungsstrategien
	Einführung Feedback-Regeln und Feedback-Techniken
	Mini-Trainings: Präsentation der kurzen Trainingssequenzen und Feedback im Plenum anhand von Beobachtungsaufgaben – *Kaffeepause* –
	Methodenreflexion an der Tool-Wand zu den beiden Zielebenen: 1. Know-how Stress-Management und 2. Trainer-Know-how
	Selbstreflexion: „Ich als interne Trainerin" in Form von Lerntandem-Interview
	Schlussrunde/Feedback zu Tag 1: Blitzlicht
17:00	Abschluss

6.2 Konzept zum Stress-Lotsen-Training

Formen der Inhaltsvermittlung und Inhaltsbearbeitung benötigen die unterschiedlichen Teilnehmenden-Lerntypen, um optimal zu lernen? Welche verschiedenen Arbeitsformen können genutzt werden, um optimale Trainingsergebnisse zu erzielen?

Am Nachmittag wird der Umgang mit kritischen Trainingssituationen durch Input, Rollenspiele und Probehandeln (Schleife 3) thematisiert (siehe Kap. 6.4, S. 334 ff.). Phasen der Reflexion sorgen für Klärung, erweitern das eigene Handlungsrepertoire und schaffen Sicherheit aufseiten der Teilnehmenden (Schleife 4).

An **Tag drei (Modul 1)** steht mit der Einführung in das Kognitionstraining als fachlicher Input (Schleife 1) das Thema mentale Stresskompetenz im Mittelpunkt. Tools (Schleife 2) zur Erarbeitung und späteren Umsetzung im Mini-Training (Schleife 3) sind das „Einführen des stressverschärfenden Denkstils", die „Fallarbeit mit dem Transaktionalen Stressmodell nach Lazarus" und „Methoden des Positiven Umdenkens" z.B. mittels lösungsorientierter Fragen. Feedback (Schleife 4) wird von den Ausbildenden zu den Mini-Trainings gegeben.

Mit dem Eisenhower-Prinzip (Schleife 1) und dessen praktischer Anwendung (Schleife 2) zur Erarbeitung von Strategien im Umgang mit Störungen und Unterbrechungen ist am Nachmittag ein weiteres Stress-Management-Thema vertreten. Auf Train-the-Trainer-Ebene erarbeiten die Teilnehmenden in Mini-Trainings (Schleife 3) eigenständig verschiedene Sequenzen zum Eisenhower-Modell für die Trainingspra-

Tag 2 – Modul 1	
9:00	Begrüßung, Fragen und Rückblick Tag 1, Agenda
	Inhaltlicher Einstieg mit Geschichte und Reflexion im Plenum Thema: Ressourcenorientierung und Trainerhaltung
	Kleine Didaktikschule zu den Säulen: Seminarrahmen, Lernziele, Trainerkompetenz, Methoden – *Kaffeepause* –
	Kurz-Input durch Trainerin: Fallarbeit zum Thema Problemlösestrategien
	Mini-Training Fallarbeit in Kleingruppen anleiten
12:30	– *Mittagspause* –
	Entspannungstechnik ausprobieren: Progressive Muskelentspannung
	Umgang mit herausfordernden Seminarsituationen – Rollenspiele zu eigenen Befürchtungen/Erlebnissen – *Kaffeepause* –
	Methodenreflexion an der Tool-Wand: Zielebene 1 und 2
	Tagesrückblick: Pose des Tages
17:00	Abschluss

VI. Multiplikatorentrainings: Stress-Lotsen qualifizieren

Abb. 7: Die Tool-Wand wächst mit dem Fortschreiten des Trainings.

xis, präsentieren diese und begründen ihre Wahl. Das anschließende Feedback (Schleife 4) durch die Trainer bezieht sich wieder auf die Zielebenen und Bewertungskriterien. Des Weiteren wird die Methode Rollenspiel (Schleife 2) vertieft und in Übungen zur Kommunikation in kritischen Situationen im Rahmen der eigenen Tätigkeit erprobt (Schleife 3). Alternative Verhaltensweisen für derartige Stresssituationen sowie Tipps zur Umsetzung der Inhalte in künftigen Trainings werden in der folgenden Reflexion (Schritt 4) gemeinsam erarbeitet. Damit werden sowohl fachliche und methodische als auch persönliche Kompetenzbereiche trainiert.

Der Tag endet mit einer Gesamtreflexion der Inhalte und Methoden des ersten Moduls. Zur Veranschaulichung werden alle verwendeten Methoden auf der Stress-Management- wie der Train-the-Trainer-Ebene des Tages an einer mitwachsenden Tool-Wand visualisiert, die gleichzeitig Methode und Reflexions-Tool darstellt (siehe Abb. 7).

Tag 3 – Modul 1	
9:00	Begrüßung, Fragen und Rückblick Tag 2, Agenda
	Inhaltlicher Einstieg mit Geschichte und Reflexion im Plenum Thema: Kognitionstraining
	Input durch Trainerin: Trainingseinheit Stressverschärfendes Denken und Kognitionstraining (Transaktionales Stressmodell Lazarus)
	Mini-Training: Fallarbeit mit dem Transaktionalen Stressmodell in Kleingruppen – *Kaffeepause* –
	Input und Mini-Training: Lösungsfokussierte Fragen, Vorteil – Nachteil – Alternative – Konsequenz
12:30	– *Mittagspause* –
	Aktivierungsspiel
	Kurz-Input: Eisenhower-Prinzip – Strategien zum Umgang mit Störungen und Unterbrechungen im Umgang mit Kunden
	Kommunikation in schwierigen Situationen – Input Rollenspiel, Mini-Training im Fish Bowl zum Erproben von alternativen Handlungen – *Kaffeepause* –
	Methodenreflexion an der Tool-Wand: Zielebene 1 und 2
	Ich als interne/-r Trainer/-in: Rüstzeug und weitere Lernbedürfnisse erkunden – Selbstreflexion und Lerntandem
17:00	Abschluss

6.2 Konzept zum Stress-Lotsen-Training

Am **vierten Tag (Modul 2)** können die Teilnehmenden bereits über erste Trainingserfahrungen aus der Praxis berichten, da sie zwischenzeitlich an Hospitationen teilgenommen haben (siehe Abb. 2) und live mit einer eigenen Trainingssequenz in die Co-Trainerrolle geschlüpft sind. Die Reflexionen und der Austausch fokussieren neben den ersten Trainingserfahrungen und Rollenüberlegungen auch das Präsentsein des Themas „Stress-Management" im eigenen Arbeitsalltag. Dies dient dem Wiederholen und Erweitern wichtiger Inhalte.

Im Mittelpunkt des Tages findet sich das Thema „Arbeit mit den Inneren Antreibern", wobei neben der fachlichen (Schleife 1), auch die methodische (Schleife 2) Kompetenz im Mini-Training (Schleife 3) trainiert wird. Die Inneren Antreiber werden zudem genutzt, um den Stress-Lotsen ihre innere Haltung bewusst zu machen, zu hinterfragen und zu reflektieren, was besonders wertvoll für das Herausbilden der eigenen Lotsenrolle ist. Die Reflexion richtet sich dabei an alle Teilnehmenden, während das Feedback (Schleife 4) individuell die Einzelpersonen und ihre Mini-Trainings betrifft. In der zweiten Tageshälfte stehen vertiefend zu Tag 2 aus Modul 1 die Themen Kommunikation und Interaktion in kritischen Trainingssituationen im Fokus, was insbesondere dem Erwerb von Trainings-Know-how und methodischen Kompetenzen dient (Schleife 1 und 2). Auch hier werden die Teilnehmenden aktiv, schlüpfen in die Lotsenrolle (Schleife 3) und präsentieren nun eine selbst vorbereitete Trainingssequenz zu diesem Themenbereich. Anschließend erhalten sie dazu persönliches Feedback, das neben ihren persönlichen Ressourcen als Stress-Lotse auch weitere Entwicklungsmöglichkeiten aufzeigt (Schleife 4). Die erste und zweite Schleife zum Thema „Umgang mit kritischen Seminarsituationen" ist in diesem Zyklus bewusst nach dem selbst erarbeiteten Mini-Training platziert, um Inhalte erst im Anschluss an die Präsentation für alle Teilnehmenden zu vertiefen und sie zuvor ins Erleben zu schicken.

Der **fünfte Tag (Modul 2)** startet mit der Fallarbeit zur instrumentellen Stresskompetenz im Mini-Training in Kleingruppen (Schleifen 1 bis 4). Zudem präsentieren die Teilnehmenden mehrere Mini-Trainings und erhalten dazu ihr persönliches Feedback (Schleife 3 und 4). Die Mini-Trainings widmen sich jeweils verschiedenen Stress-Management-Themen (Schleife 1) und wurden von den Teilnehmenden im Vorfeld methodisch erarbeitet (Schleife 2). Zu den Themen gehören Regeneration, Ausgleich und Balance im Arbeitsalltag, Genusstraining sowie Glücksinterventionen.

Eine ausführliche Methodenreflexion zum zweiten Modul (Schleife 2) unter Verwendung der Tool-Wand der beiden Tage vermittelt Know-how, Stresskompetenzen und stärkt die Teilnehmenden für ihre künftige Stress-Lotsen-Tätigkeit. Es wird darüber hinaus im Rahmen einer ausgiebigen Selbstreflexion (Schleife 4) allen Teilnehmenden Raum gegeben, sich selbst mit Blick auf die neue Stress-Lotsen-Rolle und -Aufgabe zu reflektieren und sich dabei persönlicher Stärken, Ressourcen sowie weiterer Lernbedarfe bewusst zu werden. Den Abschluss bildet ein feierliches Abschlussritual.

Zusammenfassend sei festgehalten, dass jeder Trainingstag den Teilnehmenden die Möglichkeit gibt, in die Lotsenrolle zu schlüpfen und sich in verschiedenen Methoden und Sequenzen auszuprobieren (Schleife 3). Doch auch die Rolle als Teilnehmender ist dabei sehr wertvoll. Im Feedback wird auch diese Erlebensebene berücksichtigt (siehe Kap. 6.5, S. 342 ff.). Die Mini-Trainings haben das Ziel, zu erlernen, Input anschaulich, verständlich und einprägsam zu vermitteln (Tag 1), Sicherheit im Durchlaufen der Schritte des Problemlösetrainings und Kognitionstrainings zu gewinnen und Fallarbeit zu moderieren (Tag 2, 3, 4 und 5) sowie Standing und ein breites Handlungsrepertoire im Umgang mit kritischen Trainingssituationen zu erlangen (Tag 2 und 4). Ziel der Feedback-Schleifen und Reflexionsphasen ist es, den jeweiligen

Tab. 3: Agenda zu Modul 2

Modul 2	Tag 4	Tag 5
9:00	Einstieg Geschichte	Bewegungsübung
	Agenda und Begrüßung	Rückblick und Klären offener Fragen
	Zwischenfazit, Erfahrungsaustausch	Problemlösetraining durch Fallarbeit in Mini-Trainings
	Arbeit mit Inneren Antreibern mit Input, Lerntandem und Plenumsarbeit	Mini-Training: Regenerative Stresskompetenzen – Genuss im Alltag
	Kognitives Umstrukturieren mit lösungsorientierten Fragen	Neurobiologie von Akutstress kennen und Regulationsstrategien erarbeiten
12:30	– Mittagspause –	– Mittagspause –
	Aktivierungs-/Regenerationsübung	Genussübung
	Mini-Training: Kommunikation im Kundenkontakt und Rollenspiele	Mini-Training: Ausgleich von Belastung – regenerative Stresskompetenz
	Input Drei-Punkt-Kommunikation	Input/Mini-Training: Glücksintervention
	Kritische Seminarsituationen meistern – Rollenspiele, Feedback	Methodenreflexion Tool-Wand und Rückmeldungen an Steuerungsgruppe
	Methodenreflexion Tool-Wand	Selbstreflexion mit Rück- und Ausblick
		Feierlicher Ausbildungsabschluss
17.00	Abschluss Telegramm des Tages	Feedback und Abschied
	Feedback für Anker bzw. Geschenk vorbereiten durch Trainerinnen	

Phase 3: Zusammenfassung und Ausblick

▶ **Methodenreflexion – Was haben wir gemacht?** Für jeden Tag verschafft die chronologisch mitwachsende Tool-Wand (siehe Abb. 7) einen Überblick zu den verwendeten Methoden auf beiden Zielebenen. Neben der Reflexion der Inhalte und dem Darstellen von Begründungszusammenhängen für konkretes Trainingshandeln ermöglicht die Tool-Wand in beiden Modulen jeweils am Ende eines Tages eine abschließende Reflexion der kennengelernten Inhalte und Tools (Schleife 2). Damit soll den Teilnehmenden neben Sicherheit auch Flexibilität für ihre künftige Aufgabe vermittelt werden. Der Lerntransfer wird später in der Nachbereitung durch Tipps und Tricks durch die professionellen Trainer zur Arbeit mit der Tool-Wand ergänzt.

▶ **Selbstreflexion – Ich als interner Stress-Lotse!** Ziel dieser im Lerntandem realisierten Selbstreflexion ist das Bewusstmachen von persönlichem inhaltlichen und methodischen Rüstzeug, über das die Teilnehmenden verfügen, um ihrer künftigen Aufgabe gerecht zu werden. Zudem erkunden die Teilnehmenden im Vier-Augen-Gespräch ihre Lernbedürfnisse und stellen Vorüberlegungen an, wie sie diese im Rahmen von Hospitationen ansprechen können. Die Reflexion im Lerntandem ermöglicht einen unterstützenden Austausch, der das Potenzial hat, die künftige Kollegiale Beratung zu fördern und zu initiieren (siehe Kap. 6.6, S. 350 ff.).

▶ **Rückmeldung an die Steuerungsgruppe:** An dieser Stelle der Qualifizierung geht es darum, einen zusammenfassenden Blick auf die organisationale Verankerung der internen Stress-Lotsen zu werfen, mögliche Rollenkonflikte in der Ausübung der Tätigkeit zu antizipieren, offene Fragen zu klären und den Unterstützungsbedarf durch die Organisation näher zu beschreiben. Diese werden zu späterer Zeit als Rückmeldungen an die Steuerungsgruppe weitergegeben, um die Implementierung der internen Stress-Lotsen optimal zu unterstützen.

▶ **Ausbildungsabschluss:** Die Ausbildung wird in Form eines feierlichen Rituals gemeinsam abgeschlossen (siehe Kap. 6.5, S. 342 ff.). Das Ritual dient dem wertschätzenden und bewussten Rückblick auf die gemeinsame Zeit und die damit verbundenen Lerninhalte, Erlebnisse und Begegnungen im Miteinander. Zudem werden die Lernschritte der einzelnen Teilnehmenden gewürdigt, sie erfahren Stärkung für ihre neue Rolle als interne Stress-Lotsen in der Organisation und der Gruppenprozess wird über das Ausbildungsende hinaus positiv beeinflusst.

▶ **Feedback an das Modul:** Am Ende des ersten Moduls konzentriert sich das abschließende Feedback auf die Frage, was die Teilnehmenden bereits „gefischt" bzw. mitgenommen haben und was sie im zweiten Modul „fischen" bzw. noch dazulernen wollen. Symbolisch wird dazu ein Flipchart als Fischernetz genutzt, wobei das Feedback auf kleinen Fischen (entsprechend geschnittenen Moderationskarten, siehe Abb. 8) notiert wird. Die Feedback-Runde zum Abschluss der fünf Tage enthält Leitfragen in zwei Richtungen. Es wird 1) um Rückmeldungen zu den Trainingsmodulen mit ihren Inhalten, zu der Gruppe und zu den Ausbildenden gebeten. Und 2) kommen die Erwartungen ins Spiel, die am ersten Tag an der „Wäscheleine" (siehe Abb. 4, S. 312) festgehalten wurden, indem die Wäschestücke in der Runde ausgelegt werden. Die Teilnehmenden überlegen dann „Mit Blick auf meine Erwartungen: Wie geht es mir jetzt? Inwieweit sind diese erfüllt worden?" und notieren auch dieses Feedback auf Karten (siehe Abb. 8).

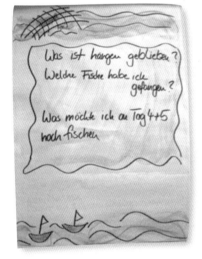

Abb. 8: Der „Fang" aus dem Training wird thematisiert.

Diese Auswertung zum Abschluss der beiden Module ermöglicht den professionellen Trainerinnen und Trainern einen Einblick in weitere Lernbedarfe sowie die aktuell erlebte Sicherheit der Teilnehmenden mit Blick auf ihre künftige Rolle und gibt Raum, um weitere Themenwünsche und -anregungen einzubringen. Darüber hinaus erhalten sie eine Rückmeldung zum Training selbst.

Umsetzung und Transfer in die Praxis

Mehrere verschiedene Techniken runden die Umsetzung des Gelernten in die Praxis ab und begleiten die internen Stress-Lotsen dabei, ihren Platz und ihre Rolle zu finden. Ein besonders hilfreiches Instrument, das sich direkt an ihre praktischen Erfahrungen in selbst durchgeführten Stress-Management-Trainings ankoppelt, ist die Fall-Supervision. Sie gibt Raum, den eigenen Umgang mit Rollenkonflikten, schwierigen Situationen und Herausforderungen zu reflektieren und Handlungsoptionen zu erweitern. Vor allem die Möglichkeit zum

Austausch mit anderen internen Stress-Lotsen, das Teilen ähnlicher Erfahrungen und das Lernen voneinander im Sinne eines Best-Practice-Ansatzes ist von unschätzbarem Wert. Die Supervision dient sowohl der emotionalen Entlastung als auch dem Erweitern von Trainingskompetenzen. Abbildung 9 veranschaulicht den Ablauf einer Supervision, auf die sich die Teilnehmenden bereits im Vorfeld vorbereiten und jeweils einen für sie bedeutsamen Fall schriftlich einbringen. Supervisionen sollten in Abständen von zwei bis drei Monaten erfolgen und sind hervorragend geeignet, um zunehmende Sicherheit im Trainingshandeln zu erlangen und Rollenklarheit zu finden. Nach einer systematischen Schilderung des Fallbeispiels durch den bzw. die Fallgebenden folgt unter Leitung des Supervidierenden auf Realitätsebene ein Nachfragen der tatsächlichen Begebenheiten in der Situation, der unternommenen Lösungen sowie der Vorstellung, wie sich eine vergleichbare Situation künftig im Idealfall darstellen könnte. Im nächsten Schritt werden Eindrücke zum emotionalen Geschehen und zur Beziehung der Beteiligten untereinander gesammelt. Erst danach werden mit geeigneter Methode Lösungen erfasst und notiert.

Abb. 9: Phasen der Supervision

Anschließend erhält die falleinbringende Person ein stärkendes Feedback aus der Runde, was bemerkenswert an ihrem Verhalten oder ihrer Haltung in dieser Situation und an den gewählten Lösungen war und was sie zukünftig noch ausprobieren könnte. Den Abschluss bildet das Feedback des Fallgebenden und – in größeren Runden – eines reflektierenden Teams, das den Supervisionsprozess unter bestimmten Fragestellungen beobachtet hat.

Voraussetzungen für ein erfolgreiches Stress-Lotsen-Training
- Sehr kompetente Ausbildende, die die Themen „Train-the-Trainer" und „Stress-Management" gleichermaßen auf hohem Niveau vermitteln können und als Expertinnen/Experten ausgewiesen sind
- Freiwillige Teilnahme
- Lernbereitschaft und Neugierde der Teilnehmenden
- Unterstützung durch die Organisation
- Viel Gelegenheit zum Ausprobieren und Üben
- Kontakt, Feedback und Austausch während des gesamten Prozesses

Fallstricke

▸ Teilnehmende mit wenig Bereitschaft zur Selbstreflexion und zum Annehmen von Feedback.
▸ Rollenkonflikte: Einerseits wird die gleiche Tätigkeit in der Organisation ausgeübt wie bisher, andererseits die neue Aufgabe als interner Stress-Lotse. Eigene Kolleginnen und Kollegen zu trainieren ist heikel und anspruchsvoll.
▸ Ängste und Einwände der internen Stress-Lotsen werden nicht ernst genommen.
▸ Mangel an organisationaler Begleitung, Unterstützung und Verankerung der internen Lotsentätigkeit.
▸ Rückmeldungen aus den Trainings an die Steuerungsgruppe bleiben ohne Konsequenzen.
▸ Konkurrenzkämpfe innerhalb der internen Stress-Lotsen.

Rahmenbedingungen

▸ Unterstützung durch die Organisation (siehe Kap. 6.1, S. 297 ff.)
▸ Raum und Gelegenheit für kollegialen Austausch der internen Stress-Lotsen

Quellen, weiterführende Literatur

▸ Bloom, B. S. (1976): Taxonomie von Lernzielen im kognitiven Bereich. Weinheim und Basel: Beltz.
▸ Masemann, S. (2011): Trainings inszenieren – Theater im Training. Offenbach: Gabal.
▸ Masemann, S. & Messer, B. (2011): Trainings inszenieren – Inhalte! Merkwürdig! Vermitteln! (CD) Offenbach: Gabal.
▸ Masemann, S. & Messer, B. (2011): Trainings inszenieren – Prozesse inszenieren! (CD) Offenbach: Gabal.
▸ Masemann, S. & Messer, B. (2012): Touch it. Teilnehmer emotional berühren – der Schlüssel zum Trainingserfolg. Bonn: managerSeminare.
▸ Nitschke, P. (2013): Trainings planen und gestalten. Bonn: managerSeminare.
▸ Schulze-Seeger, J./Masemann, S./u.a. (2013): Abenteuer aus der Trainerhölle. Weinheim und Basel: Beltz.

Tool: Kritische Trainingssituationen

Im Dreieck der Gruppe

Von Susanne Recknagel und Louisa Reisert

Dauer	4 Einheiten von 45 bis 60 Min., insg. 210 Min. zzgl. Pausen
Gruppengröße	10 bis 12 Personen
Technischer Aufwand	niedrig

Ziel der Einheit ist es, dass die angehenden Stress-Lotsen … *Ziel*
- anhand des Modells der Themenzentrierten Interaktion (TZI) nach Ruth Cohn (2009) (siehe Abb. 1, Kap. 5.1, S. 255) verstehen, auf welchen Ebenen kritische Trainingssituationen entstehen können,
- den Umgang mit kritischen Trainingssituationen auf den verschiedenen Ebenen reflektieren und zu jeder Ebene Strategien erproben,
- sich mit ihren persönlichen Sorgen auseinandersetzen und verstehen, welche Bedürfnisse ihnen in ihrer Rolle als Stress-Lotse besonders wichtig sind,
- Vertrauen und Selbstvertrauen in die eigene Person im Rahmen ihrer neuen Tätigkeit erhalten.

Der Umgang mit kritischen Trainingssituationen gehört zu den Grundqualifikationen der Stress-Lotsen. Das Tool lässt sich sowohl in einzelne Einheiten aufteilen, die an den verschiedenen Trainingstagen aufgegriffen und je nach Bedarf der Gruppe vertieft werden, oder am Stück als eine Sequenz anwenden. Beim Einsatz der Einheiten zu verschiedenen Zeitpunkten empfehlen wir einen Einstieg mit den Sequenzen „Input kritische Trainingssituationen" und „Ängste und Bedürfnisse in der Rolle als Stress-Lotse" am Stück. Die Ebenen „Ich – Wir", „Ich/Wir – Thema" und „Ich/Wir – Globe" können je nach Gruppenbedarf in Reihenfolge und Tiefe variieren.

Anlässe und Anwendungsbereiche

Methode 1. Für ein Verständnis der **Natur kritischer Trainingssituationen** erfolgt zunächst eine gemeinsame Reflexion kritischer Seminarereignisse im Plenum. Anhand des TZI-Modells werden dann die vier Ebenen – Ich, Wir, Thema, Globe –, auf denen kritische Trainingssituationen entstehen können, unterschieden und verdeutlicht. (20 Minuten)
2. Im zweiten Schritt tauschen sich die Teilnehmenden im Lerntandem über ihre **Ängste und Bedürfnisse in der Rolle als Stress-Lotse** (Ebene „Ich") aus und entwickeln erste Ansätze zum Umgang. (35 Minuten)
3. Eine dritte Einheit befasst sich mit **kritischen Trainingssituationen**, die in der **Beziehung zwischen „Ich" und „Wir"** entstehen, also mit Situationen, die zwischen dem Stress-Lotsen und der Gruppe auftreten. Die Teilnehmenden bekommen verschiedene Strategien an die Hand und erproben den Umgang an persönlichen Beispielen. (40 Minuten)
4. In der vierten Einheit werden **kritische Trainingssituationen, die zwischen „Ich" bzw. „Wir" und „Thema" auftreten**, bearbeitet. Im Rollenspiel üben die Stress-Lotsen beispielhafte Situationen und bringen die Strategien in die Anwendung. (50 Minuten)
5. Eine fünfte Einheit fokussiert **kritische Trainingssituationen zwischen „Ich" bzw. „Wir" und dem „Globe"**.

Kritische Trainingssituationen

Laut Duden (Bibliographisches Institut 2013) ist eine Situation kritisch, wenn sie eine „starke Gefährdung" bedeutet bzw. eine Wendung zu einer gefährlichen Entwicklung ankündigt. Kritische Trainingssituationen können dementsprechend als Situationen verstanden werden, in denen die Trainerin bzw. der Trainer nicht mehr sicher ist, ob sie/er das Training erfolgreich weiter durchführen kann. Entscheidend für die Einstufung einer Trainingssituation als kritisch ist die subjektive Bewertung der Trainerin bzw. des Trainers.

Das TZI-Modell zeigt auf, wie in den Beziehungen zwischen dem „Ich" der Trainerin/des Trainers, dem „Wir" der Gruppe, dem „Thema" sowie dem Umfeld „Globe" herausfordernde Situationen in Trainings entstehen können (vgl. Kap. 5.1, S. 255). Daraus ergeben sich drei unterscheidbare Ebenen kritischer Trainingssituationen:

▶ **„Ich" – „Wir":** Kritische Trainingssituationen entstehen zwischen dem „Ich", also dem Stress-Lotsen, und dem „Wir", der Gruppe. Beispiele für kritische Situationen mit der Gruppe sind Konflikte durch die Verweigerung einzelner Teilnehmender oder das Gefühl des Stress-Lotsen, keinen guten Arbeitskontakt zur Gruppe zu haben.

▶ **„Ich/Wir" – „Thema":** Kritische Trainingssituationen zwischen dem Stress-Lotsen – bzw. der Gruppe – und dem Thema entstehen, wenn zum Beispiel die Gruppe Inhalte oder Methoden als unpassend empfindet oder neue Themen aufbringt, auf die der Stress-Lotse nicht genügend vorbereitet ist.

▶ **„Ich/Wir" – „Globe":** Auch zwischen dem „Ich" (dem Stress-Lotsen) bzw. dem „Wir" (der Gruppe) und dem „Globe", dem gemeinsamen (Trainings-)Kontext, können kritische Trainingssituationen aufkommen. So kann der Unternehmenskontext kritisch in das Training hineinwirken, wenn aktuelle Unternehmensthemen die Teilnehmenden stark beschäftigen und aufwühlen. Störungen durch den Trainingskontext können beispielsweise bei einem zu kleinen Raum oder Lärm entstehen.

Ängste und Bedürfnisse in der Rolle als Stress-Lotse

Jede Person bringt individuelle Ressourcen und Erfahrungen und gleichzeitig auch persönliche Sorgen und Ängste mit in die Arbeit als Stress-Lotse. Hinter den verschiedenen Sorgen und Ängsten stehen psychische Grundbedürfnisse, die nicht erfüllt zu werden drohen. Die Tabelle 1 veranschaulicht, wie sich diese Grundbedürfnisse in Kategorien zuordnen lassen.

Kategorien psychischer Grundbedürfnisse			
Orientierung	Bindung	Selbstwertschutz	Lustgewinn
Kontrolle	Zugehörigkeit	Selbstwerterhöhung	Unlustvermeidung
Autonomie	Liebe	Kompetenzerleben	Wohlbefinden
Selbstbestimmung	Anerkennung	Leistungsstreben	

Tab. 1: Kategorien psychischer Grundbedürfnisse (Reisert, Hofmann, Pracht 2014, S. 212)

Nach einer kurzen Einführung hierzu geht es für die Stress-Lotsen im ersten Schritt darum, sich selbst zu reflektieren, um zu verstehen, welche Ängste und Bedürfnisse sie in Bezug auf ihre neue Rolle mitbringen. Dafür nehmen sie sich zunächst Zeit, allein Fragen für sich zu beantworten. Anschließend kommen sie mit dem Lerntandem (siehe Kap. 6.6, S. 350 ff.) in den Austausch über Trainingssituationen, die ihnen besondere Angst machen, notieren diese auf Moderationskarten und entwickeln erste Ideen für den eigenen Umgang mit den Befürchtungen. Insgesamt dauert die Reflexion ca. 30 Minuten. Hierfür eignen sich folgende Fragen:

VI. Multiplikatorentrainings: Stress-Lotsen qualifizieren

- Vor welchen Trainingssituationen habe ich besondere Angst?
- Welche Bedürfnisse stehen hinter meinen Sorgen?
- Was hilft mir, einen guten Umgang mit meinen Ängsten zu entwickeln?
- Wie kann ich mit der Situation umgehen, wenn sie eintritt?

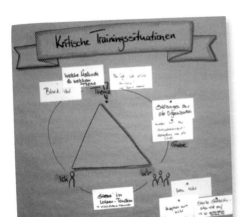

Abb. 1: Kritische Trainingssituationen werden im TZI-Modell verortet

Für die weitere Arbeit an den drei Ebenen, auf denen kritische Trainingssituationen entstehen können, ordnen die Teilnehmenden ihre Moderationskarten mit den Situationen anschließend an einer Pinnwand dem TZI-Modell zu (siehe Abb. 1).

Eine vertiefende Arbeit im Lerntandem zum Umgang mit kritischen Trainingssituationen, die die Stress-Lotsen besonders beschäftigen und beunruhigen, kann mithilfe lösungs- und ressourcenorientierter Fragen durchgeführt werden (siehe Kap. 3.4, S. 176 ff.).

Kritische Trainingssituationen zwischen „Ich" und „Wir"

Zum Umgang mit herausfordernden Situationen im Training zwischen „Ich" und „Wir" eignen sich zwei Strategien:

- **Strategie 1:** Der Stress-Lotse thematisiert die Situationen durch Meta-Kommunikation und macht sie damit besprechbar.

Die Meta-Kommunikation eignet sich, wenn der Stress-Lotse deutliche Spannungen mit der Gruppe bzw. einzelnen Gruppenmitgliedern wahrnimmt oder ein Konflikt zwischen Gruppenmitgliedern auftritt, den er im Training ansprechen möchte. Typische Beispiele für Meta-Kommunikation und entsprechende Redewendungen sind:

- „Damit sehen wir ganz deutlich: Im Stress ist jeder anders. Es gibt nun ganz unterschiedliche Sichtweisen und Bedürfnisse im Raum."
  - *Ziel:* Normalität aufzeigen (jeder ist anders – Rückzug vs. Klärung), Akzeptanz unterschiedlicher Umgangsweisen
- „Ich sehe, wir haben jetzt x verschiedene Positionen und Meinungen im Raum. Lassen Sie uns schauen, was das Besondere an jeder Perspektive ist und welche Bedürfnisse dahinter stehen."
  - *Ziel:* Raum für Perspektivwechsel geben, alle Bedürfnisse ernst nehmen, Verständnis schaffen

6.3 Tool: Kritische Trainingssituationen

▶ „Wenn ich mir das von außen anschaue, dann könnte ich mir vorstellen, dass … aber ich arbeite nicht in Ihrem Bereich/Team und weiß nicht, was für Sie hilfreich ist. Was können Sie sich denn vorstellen?"
  - *Ziel:* Perspektivwechsel, Lösungen und Realitätscheck anregen

▶ „Das kann und möchte ich jetzt so nicht in dieser Weise fortführen. Ich denke wir brauchen eine kurze Pause."
  - *Ziel:* emotionale Distanzierung, Druck rausnehmen, Nachdenken für Stress-Lotsen, direktiv sein und führen

▶ „Das möchte ich jetzt hier nicht so stehen lassen. Lassen Sie uns draufschauen: Was ist hier los? Was ist die Sachebene? Welche Gefühle spielen aktuell eine Rolle? Was geschieht auf der Beziehungsebene? Woran wollen Sie arbeiten?"
  - *Ziel:* Spiegeln der Ebenen und Beziehungen, Zielfokussierung, erste Klärung

■ **Strategie 2:** *Durch Reframing (Umdeutung, Neurahmung) und positive Selbstinstruktionen entwickelt der Stress-Lotse eine positive Haltung zu der Situation.*

Das Reframing in Form der positiven Selbstinstruktion kann zur Selbstberuhigung eingesetzt werden und hilft, eine positive innere Haltung zu entwickeln. In Abbildung 2 sind Beispiele hierfür aufgeführt.

Anschließend werden die Teilnehmenden in Kleingruppen von vier Personen aufgeteilt. Sie nehmen sich von der Pinnwand (siehe Abb. 1) zwei bis drei Moderationskarten mit konkreten Beispielen für kritische Trainingssituationen zwischen „Ich" und „Wir" mit. Dann haben sie 20 Minuten Zeit, die Beispiele in der Kleingruppe zu diskutieren und gemeinsam herauszuarbeiten, welche Formen der Meta-Kommunikation und des Reframings in diesen Situationen hilfreich wären. Ihre Ergebnisse halten sie auf Flipchart fest und stellen sie nach Abschluss der Kleingruppenarbeit im Plenum vor. Gemeinsam wird im Plenum reflektiert, was die Teilnehmenden aus der Übung für sich mitnehmen.

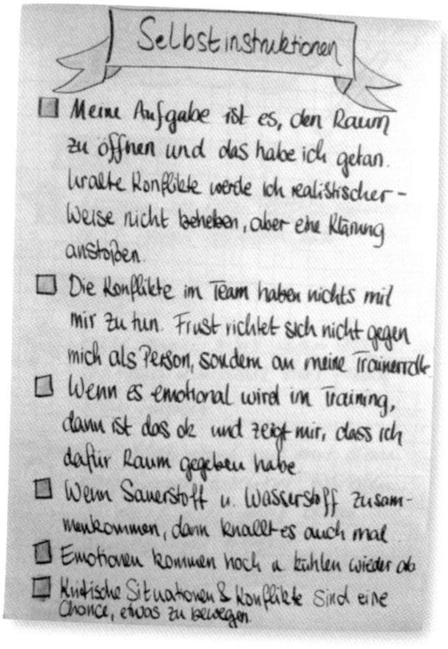

Zur Vertiefung des Themas können kritische Trainingssituationen ergänzend im Rollenspiel geübt werden (siehe Kap. 6.4, S. 334 ff.).

Abb. 2: Beispiele positiver Selbstinstruktionen

Kritische Trainingssituationen zwischen „Ich"/„Wir" und „Thema"

■ **Strategie 1:** *Themen mit dem Wissen der Teilnehmenden bearbeiten*

Kritische Trainingssituationen zwischen dem „Ich" (dem Stress-Lotsen) oder „Wir" (der Gruppe) und dem „Thema" entstehen, wenn die Gruppe beispielsweise neue Themen aufbringt, die vom Stress-Lotsen nicht geplant und vorbereitet sind und in denen er über kein besonderes Fachwissen verfügt. In diesem Fall werden die Themen mit dem Wissen der Teilnehmenden bearbeitet und der Stress-Lotse nutzt Moderationstechniken, um das Thema zu analysieren oder Handlungsoptionen zu entwickeln und Entscheidungen zu treffen. Die Moderation steuert den Prozess, wechselt zwischen Plenum und Kleingruppen und visualisiert Zwischenstände und Ergebnisse.

■ **Strategie 2:** *Verantwortung in die Gruppe geben*

Wenn Teilnehmende kein Interesse an bestimmten Themen haben, wirkt eine positive innere Haltung beim Stress-Lotsen, um sowohl die Beziehung zur Gruppe als auch die eigene Expertise und Einstellung zum Thema Stress-Management aufrechtzuerhalten, die z.B. lautet: „Teilnehmende sind die besten Expertinnen und Experten für sich und ihre Situation und wissen daher selbst am besten, welche Themen für sie hilfreich sind und welche nicht." Der Stress-Lotse verdeutlicht in der Situation, dass er lediglich Ideen und Modelle vorstellt, die eine Anregung zur Diskussion bieten, jedoch nicht für jede Person passend sind. Zudem erläutert er, warum die Sequenz aus Lotsensicht sinnvoll ist, welches Ziel sie hat und wie andere Teilnehmende sie bewertet haben. Außerdem lohnt sich der Versuch, die Hintergründe der Teilnehmenden zu verstehen. Die Entscheidung, wie mit der Sequenz umgegangen werden soll, wird letztlich in die Gruppe gegeben. Dies ist auch passend, wenn es in der Gruppe unterschiedliche Vorstellungen zum weiteren Vorgehen gibt. Beispiele, um die Verantwortung über das weitere Vorgehen in der Gruppe zu belassen:

▶ „Ich sehe, es gibt unterschiedliche Wünsche und Vorstellungen über das weitere Vorgehen. Wie wollen wir jetzt damit umgehen? Was wollen Sie als Gruppe, als Team tun?"

▶ „Ich habe Ihnen erläutert, warum ich diese Übung zum Thema sinnvoll finde und was mein Ziel damit ist. Sie sind die Expertinnen und Experten für sich und wissen, was für Sie hilfreich ist. Deswegen möchte ich Ihnen die Entscheidung, ob wir die Übung machen, gerne selber überlassen. Was denken Sie?"

Nachdem die unterschiedlichen Strategien zum Umgang mit kritischen Trainingssituationen zwischen „Ich"/„Wir" und „Thema" deutlich geworden sind, erproben die Teilnehmenden diese mit einer Rollenübung. Dafür werden zunächst zwei Stress-Lotsen-Tandems ausgewählt, die sich dem Rollenspiel als Lotsentandem stellen möchten. Die beiden Tandems bereiten sich in zehn Minuten auf ihren Mini-Input vor. Währenddessen teilen sich die restlichen Teilnehmenden in zwei Gruppen auf, wobei sich jede Gruppe Strategien überlegt, wie sie im Rollenspiel einen Methoden- oder Themenwechsel erzeugen kann. Anschließend wird das Rollenspiel parallel in zwei Gruppen durchgeführt und jeweils von einem Trainer betreut und ausgewertet. Für das Rollenspiel benötigt die Gruppe insgesamt etwa 30 Minuten (siehe Kap. 6.4, S. 334 ff.).

Anschließend trifft sich die gesamte Gruppe im Plenum und tauscht sich zu den Erkenntnissen des Rollenspiels und deren Möglichkeit zur Übertragung in den Trainingsalltag aus.

Kritische Trainingssituationen zwischen „Ich"/„Wir" und „Globe"

Im Training können kritische Situationen zwischen dem „Ich" (dem Stress-Lotsen) bzw. dem „Wir" (der Gruppe) und dem „Globe" (dem gemeinsamen Kontext) auftreten. Dies sind Störungen, die durch die Beschaffenheit des Seminarorts (zu kleiner Raum, keine Fenster, nicht genügend Moderationsmaterial o. Ä.), durch äußere Umwelteinflüsse (wie Hitze, Straßen- oder Baulärm) oder durch Einflüsse aus dem eigenen Unternehmen (bspw. Neu-Aufteilung der Teams, geänderte Arbeitsabläufe) aufkommen. Zum Umgang mit diesen herausfordernden Situationen im Training eignen sich die folgenden Herangehensweisen.

Der Stress-Lotse thematisiert Störungen wie Baulärm und dunkle Räumlichkeiten und bespricht den gemeinsamen Umgang mit der Störung direkt mit der Gruppe. Oft hilft ein kurzes gemeinsames Murren, um sich mit der Situation für den weiteren Verlauf des Trainings zu arrangieren.

Wenn Teilnehmende allerdings starke negative Emotionen in Bezug auf Unternehmensentscheidungen im Training äußern und hierüber in der Gruppe Diskussionen entstehen, können Stress-Lotsen und Gruppe nicht ohne Weiteres die Arbeit am Thema fortsetzen. Falls die Teilnehmenden sehr stark in einen negativen Fokus gehen, sich Diskussionen wiederholen und der Stress sich eher aufzubauen scheint, statt dass ein Lösungsfokus gewählt wird, regt der Stress-Lotse bei den Teilnehmenden einen Perspektivwechsel an. Dazu suchen die Teilnehmenden in zwei Kleingruppen Antworten zu folgenden Fragestellungen und sammeln sie auf Moderationskarten:

VI. Multiplikatorentrainings: Stress-Lotsen qualifizieren

▶ Das können wir beeinflussen.
▶ Das können wir nicht beeinflussen.

Die Gruppen sammeln parallel ca. 10 Minuten zu jeweils einer der beiden Fragestellungen. Der Stress-Lotse heftet die Karten an eine Pinnwand (siehe Abb. 3). Anschließend wechseln die Gruppen die Fragestellungen, betrachten die Ergebnisse der anderen Gruppe und ergänzen die Punkte. Zum Abschluss wird im Plenum das Ergebnis diskutiert.

Abb. 3: Die Antworten zu jedem Aspekt werden gesammelt.

Die Übung erzeugt bei den Teilnehmenden einen Perspektivwechsel und verdeutlicht, auf welche Punkte sie Einfluss nehmen können. Dadurch wird der Fokus auf die Punkte gelenkt, bei denen es sich für die Teilnehmenden lohnt, ihre Energie einzusetzen. Bei Aspekten, auf die sie keinen Einfluss haben, können sie bewusst entscheiden, wie viel Energie sie in ihre weitere Unzufriedenheit investieren wollen bzw. ob und wann es für sie sinnvoller ist, die Situation zu akzeptieren oder hinzunehmen, um ihre Energie anderweitig einzusetzen (vgl. die im Kap. 1.3.2 erwähnte Haltung der „radikalen Akzeptanz", S. 47). Im Anschluss an diese Übung werden die beeinflussbaren Themen, die für die Teilnehmenden relevant sind, in die Agenda des Trainings als Fälle mit aufgenommen.

Auswertung

Das Tool wird nach den verschiedenen Sequenzen zu kritischen Trainingssituationen auf den drei verschiedenen Ebenen „Ich – Wir", „Ich/Wir – Thema" und „Ich/Wir – Globe" ausgewertet. Nach Abschluss der gesamten Einheit erfolgt eine gemeinsame Reflexion:

▶ „Welche Erkenntnisse haben wir über kritische Trainingssituationen gewonnen?"
▶ „Welchen Nutzen hatten die Einheiten für uns?"
▶ „Wie nehmen wir das Geübte in unseren Trainingsalltag mit?"
▶ „Welche Grenzen sehen wir?"

6.3 Tool: Kritische Trainingssituationen

Technische Hinweise

- Für die Einheit „kritische Trainingssituationen": TZI-Modell auf Pinnwand
- Für die Einheit „Ängste und Bedürfnisse in der Rolle als Stress-Lotse": TZI-Modell auf Pinnwand, Moderationskarten, ein Flipchart-Stift pro Teilnehmenden, Pinn-Nadeln, ggf. die Fragen für das Lerntandem als Handout
- Für die Einheit „Ich – Wir": vorbereitete Flipcharts zu Meta-Kommunikation und Reframing
- Für die Einheit „Ich/Wir – Thema": ggf. Flipcharts für Meta-Kommunikation bei eigener Unsicherheit mit dem Thema, Gruppenraum für das Rollenspiel mit der zweiten Gruppe
- Für die Einheit „Ich/Wir – Globe": 1–2 Pinnwände, Moderationskarten, ein Flipchart-Stift pro Teilnehmenden, Pinn-Nadeln

Kommentar

Der Umgang mit kritischen Trainingssituationen ist ein wichtiger Teil der Stress-Lotsen-Qualifizierung. Die Auseinandersetzung mit den Ängsten und Bedürfnissen wird sehr dankbar und positiv aufgenommen.

Typisches Feedback von Kunden

- „Das ist wirklich genau das, wovor ich immer Sorge habe. Als wir die Situation im Rollenspiel ausprobiert haben, hat es aber eigentlich ganz gut geklappt."
- „Ich fand es gut, dass wir uns damit beschäftigt haben. Allerdings weiß ich nicht, ob mir die Sachen alle einfallen, wenn ich wirklich einen Konflikt im Training habe."
- „Jetzt fühle ich mich schon viel sicherer und habe einige Ideen, wie ich mit kritischen Situationen im Training umgehen kann."

Quellen, Literaturhinweise

- Bibliographisches Institut GmbH (2013): Duden. Stichwort: kritisch. URL: http://www.duden.de/rechtschreibung/kritisch, Stand: 15.04.2015.
- Cohn, R. C. (2009): Von der Psychoanalyse zur Themenzentrierten Interaktion. 16. Aufl., Stuttgart: Klett-Cotta.
- Langmaack, B. & Braune-Krikau, M. (2010): Wie die Gruppe laufen lernt. Anregungen zum Planen und Leiten von Gruppen; ein praktisches Lehrbuch. 8. Aufl., Weinheim und Basel: Beltz.
- Reisert, L./Hofmann, M./Pracht, G. (2014): Innere Antreiber. In: Leão, A. (Hrsg.): Trainer-Kit Reloaded. Bonn: managerSeminare.

Tool: Reingeschaut und angepackt

Im Rollenspiel den Umgang mit herausfordernden Gesprächssituationen trainieren

Von Sandra Masemann

Dauer	*1 bis 2 Stunden*
Gruppengröße	*bis 12 Personen (2-3 Spieler), Zuschauer mit Beobachtungsaufgaben*
	alternativ: Teilung in Kleingruppen à 4 Personen (2 Spieler, 2 Beobachter)
Technischer Aufwand	*gering: störungsfreier/geschützter Raum, Ruhe, Zeit, Flipchart, Stifte, Moderationskarten, Beobachtungsaufgaben auf kleinen Karten. Flipchart mit Schritten im Rollenspiel und Flipchart mit Feedback-Regeln (siehe Kap. 6.5, S. 342 ff.).*

Ziel
- Reflexion von herausfordernden Gesprächssituationen im beruflichen Alltag (Umgang mit Kunden, Kolleginnen und Kollegen, Seminarteilnehmenden)
- Analyse von Verhaltens- und Denkmustern, die Situationen ent- oder verschärfen
- Finden und Probehandeln alternativer Lösungen im Umgang mit herausfordernden Gesprächssituationen
- Wahrnehmungs- und Beobachtungsfähigkeiten verfeinern
- Abgleich von Fremd- und Selbstbild ermöglichen
- Rollen- und Perspektivwechsel in das Gegenüber ermöglichen

Anlässe und Anwendungsbereiche
Das Tool ist besonders hilfreich, um neue Denk- und Verhaltensmuster für schwierige Kommunikationssituationen zu entwickeln. Im Rollenspiel können Situationen aus dem Berufsalltag ins Training geholt werden. Die Teilnehmenden entwickeln so praktisch im Tun neue Handlungsoptionen, probieren diese in einem geschützten Rahmen aus und erfahren direkt die Wirkung. Sich selbst und andere im Handeln zu beobachten und in einen lösungsorientierten Austausch darüber zu gehen, stehen im Fokus des Tools.

6.4 Tool: Reingeschaut und angepackt

Rollenspiele sind höchst effektiv, doch zugleich stehen Seminarteilnehmende ihnen häufig skeptisch gegenüber – aus Angst, sich zu blamieren oder etwas sehr Persönliches zu zeigen. Sicherheit, Vertrauen und Zutrauen zu geben, ist bei dieser Methode zentral für das Gelingen, um die Vorzüge für die Praxis auch bestmöglich zu nutzen (siehe Abb. 1). Dies lässt sich durch die Beachtung folgender Tipps und Tricks erreichen:

Methode

1. Geben Sie klare Anleitungen und machen Sie das Vorgehen nachvollziehbar und transparent.
2. Heben Sie den Nutzen hervor, damit Teilnehmende von vornherein den Sinn der Methode erfahren und es nicht als „bloßes Spiel" erleben.
3. Definieren Sie die Regel „Alles bleibt im Raum". Um sich auf diese Methode einzulassen, hilft es allen Beteiligten zu wissen, dass die preisgegebenen Informationen im Raum bleiben und nicht via Flurfunk oder auf anderen Wegen weitergetragen werden.
4. Vermeiden Sie es, mit Kamera zu arbeiten. Das erhöht nur den Leistungsdruck und verhindert eher das tatsächliche Einfühlen der Spielenden in die Rolle.
5. Nehmen Sie eine deutliche Abgrenzung zum Theater vor. Es geht nicht darum, zu schauspielern oder etwas besonders gut zu machen, sondern sich auszuprobieren.
6. Geben Sie den Beobachtern gezielte Beobachtungsaufgaben, um möglichst viel der verbalen und nonverbalen Zeichen und interpersonalen Prozesse sichtbar zu machen.
7. Legen Sie besonderen Wert auf eine lösungsorientierte Auswertung, die sich konsequent an der Ausgangsfrage bzw. der Problemstellung orientiert.

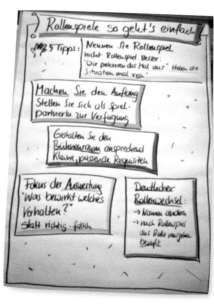

Abb. 1: Tipps zum Rollenspiel

1. Schritt: *Alltagssituationen finden und Überschrift wählen* (5 Min.)
Hier geht es um die Exploration der Frage- und Problemstellung zu einem bestimmten Thema. Die Trainerin sammelt von den Teilnehmenden typische herausfordernde Kommunikationssituationen, z.B. mit Moderationskarten. Jeder Teilnehmende notiert für sich oder auch im Zweier-Team eine typische Situation. Je griffiger das Problem benannt wird, desto besser lässt sich später daran arbeiten.

In der Arbeit mit den internen Stress-Lotsen, die künftig Kolleginnen und Kollegen zum Thema Stress-Management ausbilden, stehen vor allem zwei Themen im Fokus:

1. Der Umgang mit schwierigen Kunden. Denn dieses Thema ist ein Baustein in dem Mitarbeitendentraining zum Thema „Stress-Management".
2. Der Umgang mit schwierigen Teilnehmenden im Training. Dieses Thema bezieht sich auf ihre eigene Lotsenrolle und speziell auf die Frage, wie sie mit kritischen Kolleginnen und Kollegen als Teilnehmende in ihren Trainings adäquat und lösungsorientiert umgehen können.

Als herausfordernde Situationen zum Umgang mit schwierigen Kunden am Beispiel Jobcenter wurden unter anderem folgende genannt:

▶ „Ich gebe nichts preis!": Vermeidungsverhalten des Kunden im Vermittlungsgespräch
▶ Gespräche mit verbal und körperlich aggressiven Kunden
▶ Verhängung von Sanktionen (z.B. keine Auszahlung von Geldern) im Beisein von Kunden
▶ Kunden, die unangemeldet kommen und sofort Geld verlangen

Als herausfordernde Situationen zum Umgang mit schwierigen Teilnehmenden im Training wurden u.a. „der Besserwisser", „der ständig Das-bringt-doch-nix-Sager", der „Boykott der Mehrheit" und die „Demonstration von Desinteresse" genannt (siehe auch Abb. 2).

2. Schritt: *Themenauswahl in der Gruppe* (5 Min.)
Die Gruppe wählt aus den genannten Alltagssituationen jene aus, die sie für die relevantesten hält. Dies kann z.B. mit einer Punktabfrage geschehen. Je nach Zeit können dann ein bis drei Situationen gespielt werden.

Abb. 2: Belastende Situationen im Training

3. Schritt: *Situationsbeschreibung durch Fallgebenden* (5 Min.)
Die ausgewählte Situation wird vom Fallgebenden etwas näher skizziert, sodass alle Teilnehmenden ein ungefähres Bild von der Situation gewinnen. Wer sind die Beteiligten in der geschilderten Situation? Gibt es eine „relevante" Vorgeschichte? Wie ist das Setting? Wo findet das Gespräch statt? Wer ist anwesend? Was sind typische Sätze, die gefallen sind? Was war hilfreich, um die Situation zu meistern?

4. Schritt: *Auswahl der Darstellungsweise* (3 Min.)
In besonders festgefahrenen Situationen kann es manchmal hilfreich sein, die Problemsituation zu verfremden. Sie kann z.B. an einem anderen Ort, in einem anderen Unternehmen, in einer anderen Branche, zu einer anderen Zeit/Epoche oder mit anderen Rollen stattfinden. Der Vorteil ist, dass die Teilnehmenden, befreit von der Realität, „verrückte" Lösungen finden können. Es kommt Spiel und Leichtigkeit in die Problemsituation, was zu einer angenehmen Entlastung führen kann. Ein Beispiel: In einem Unternehmen geht es darum, Mitarbeitergespräche anders als bisher zu führen. Die Darstellung kann so erfolgen, dass die Teilnehmenden die Gespräche an einen Königshof aus dem 17. Jahrhundert verlegen oder in den Friseursalon um die Ecke. Ziel ist – und bleibt – es, die zentralen Schwierigkeiten in der verfremdeten Situation so fokussiert wie möglich zu zeigen.

5. Schritt: *Rollenbesetzung und kurze Rollenbeschreibung* (ca. 7 Min.)
Der Fallgebende wählt aus der Gruppe die Spieler aus. Er selbst kann natürlich auch eine Rolle übernehmen, da er die Situation am besten kennt. Wichtig ist jedoch, dass er nicht sich selbst, sondern den Problembeteiligten (Person B) spielt. Der Fallgebende gibt den Spielern notwendige Informationen zur jeweiligen Rollenbiografie, um die Person möglichst treffend zu spielen. Hilfreich sind Angaben zum Charakter, zur Funktion und zu typischen Verhaltensmustern. Aufgabe der Trainerin ist es hier, durch den Prozess zu führen und die Schilderung des Fallgebenden auf das Wesentliche zu reduzieren.

6. Schritt: *Beobachtende in der Teilnehmendengruppe festlegen* (1 Min.)
Hilfreich ist es, wenn die Trainerin vorbereitete kleine Karten mit Beobachtungsaufgaben an den nicht agierenden Teil der Gruppe zur Verfügung stellt, die er bzw. der Fallgebende verteilt. Der Vorteil ist, dass die Wahrnehmung fokussierter ist und das Feedback in der Regel gehaltvoller ausfällt. Tipp: nicht mehr als fünf Beobachterinnen und Beobachter einsetzen (siehe Kap. 6.5, S. 342 ff.). Mögliche Aufgaben können sein:

- Was nimmst du bei Person A/Person B an Körpersprache wahr?
- Was sagt/tut Person A/Person B, um die Situation zu verschärfen?
- Was sagt/tut Person A/Person B, um die Situation zu entschärfen?
- Welches Bedürfnis/Ziel hat Person A/Person B?
- Was vermutest du, ist der Konflikt zwischen A und B?

7. Schritt: *Rollenspiel durchführen* (ca. 7 Min.)
Hierbei wird zunächst das Setting eingerichtet, z.B. mittels Stühlen und Tischen sowie anderen für das Gespräch wichtigen Requisiten (Telefon, Stift, Unterlagen etc.), um möglichst nah an der Echtsituation zu sein. Auch Kleidungsstücke können hilfreich sein (Hut, Jacke, Tasche), die es den Teilnehmenden erleichtern, in die Rolle hineinzuschlüpfen. Die Spieler bekommen außerdem einen anderen Namen, um leichter einen Rollenwechsel zu vollziehen und um allen Beteiligten deutlich zu machen: „Das bin nicht ich. Ich agiere stellvertretend."

Die Trainerin gibt ein deutliches Startsignal für das Rollenspiel (z.B. eine Regieklappe) und das Rollenspiel beginnt. In der Regel gehen die Spieler so in der Rollenspielsituation auf, dass es ihnen schwerfällt, ein Ende zu setzen. Hier kann und darf die Trainerin ruhig von außen intervenieren. Als Orientierung für den richtigen Zeitpunkt gilt: Das Problem sollte sichtbar und für alle Anwesenden spürbar sein. Ein gutes Ende ist der Höhepunkt des Konfliktes. Grundsätzlich gilt: lieber kurz und knackig als lang und zäh.

8. Schritt: *Rollenspiel auswerten* (10 bis 20 Min.)
Als Erstes entlässt die Trainerin die Spieler aus ihren Rollen. Das „Entrollen" kann durch ein Händeschütteln und die Ansprache mit dem echten Namen, durch das Ausziehen des Kleidungsstückes oder durch einen räumlichen Positionswechsel geschehen.

Die Auswertung zur gespielten Situation geschieht in folgender Reihenfolge:

1. Fallgebender
2. Spieler
3. Beobachtende
4. Trainerfeedback

Bei der Auswertung der Situation wird als Erstes der Fallgebende gefragt: „Stimmt die gezeigte Situation im Wesentlichen mit der realen Situation überein?" Falls nicht, benennt der Fallgebende die Unterschiede. Sind diese für den Konfliktverlauf wesentlich, wird die Situation ein zweites Mal angespielt.

6.4 Tool: Reingeschaut und angepackt

Nun werden die Spieler gefragt. Mögliche Fragen an sie können sein:

▸ Wie ist es dir in der Rolle ergangen?
▸ Was, glaubst du, hast du beim Gegenüber erreicht?
▸ Wie zufrieden bist du mit dem Ergebnis/dem Ausgang der Situation?
▸ Was hat dich überrascht? Gefreut? Geärgert? Irritiert?
▸ Was hast du vom Gegenüber Neues erfahren?

Danach geben die Beobachtenden ihr Feedback entsprechend der Beobachtungsaufgaben. Hier kann es noch einmal hilfreich sein, auf grundlegende Feedback-Regeln hinzuweisen (siehe Kap. 6.5, S. 342 ff.).

Statt Beobachtende festzulegen, können auch Fragen an alle Zuschauer gerichtet werden, wie z.B. diese:

▸ Was habt ihr von außen wahrgenommen?
▸ Welches Ziel hat Rolle A verfolgt, welches Rolle B?
▸ Was war erfolgreich am Verhalten der Rolle A/Rolle B? Was war hinderlich?
▸ Was hat zur Lösung der Situation beigetragen? Was hat sie verschärft?
▸ Hättet ihr noch Tipps, wie Person A ihr Ziel noch besser erreichen kann?

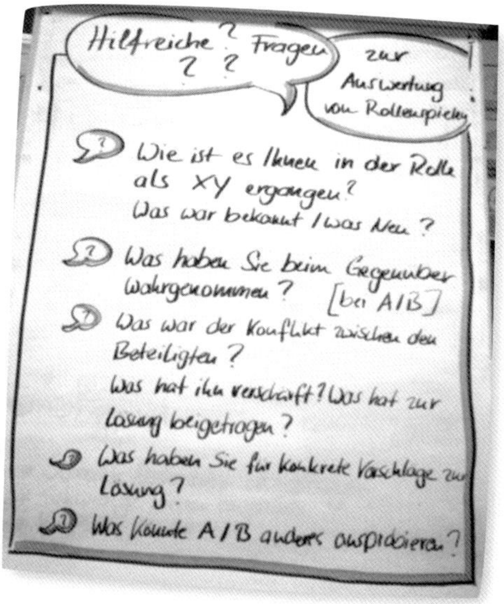

Abb. 3: Hilfreiche Auswertungsfragen zum Rollenspiel

An dieser Stelle ist es wichtig, Wahrnehmung und Interpretation zu unterscheiden. Die Trainerin sollte daher zunächst die konkret beobachtbaren Verhaltensweisen sammeln, erst im nächsten Schritt dürfen Beobachtende ihre Interpretation nennen. Alle Aussagen werden auf einem Flipchart festgehalten, wobei beobachtbares Verhalten und Interpretationen getrennt aufgeführt werden. Dies kann beispielsweise tabellarisch geschehen.

9. Schritt: *Lösungssuche für alternative Handlungs- und Denkweisen*
(10 Min.)
Jetzt überlegen alle Anwesenden gemeinsam, was Person A (die Rolle des Fallgebenden) anderes tun, denken, fühlen kann, um ihre Bedürfnisse und Ziele in der Situation besser zu verwirklichen. Hierzu konkretisiert der Fallgebende noch einmal sein Anliegen. Dieses wird auf dem Flipchart festgehalten. Jetzt werden Vorschläge gemacht. Wichtig ist, dass die Ideen in dieser Phase nicht diskutiert oder ausgebremst

werden, um eine Fülle an Ansatzpunkten zu finden, egal wie abwegig sie dem ein oder anderen erscheinen mögen. Verständnisfragen sind selbstverständlich erlaubt und gewünscht. Alle Ideen werden auf einem Flipchart notiert. Im Anschluss daran markiert der Fallgebende jene Ideen, die er für ausprobierenswert hält.

10. Schritt: *Rollenspiel die Zweite – Lösungsidee im Rollenspiel ausprobieren* (5 bis 7 Min.)
Der Fallgebende entscheidet sich für eine der ausgewählten Lösungsideen. Nun wird das Rollenspiel erneut durchgeführt. Der Fallgebende schlüpft in seine eigene Rolle. Sollte es dem Fallgebenden aufgrund der Schärfe des Konfliktes und der persönlichen Belastung nicht möglich sein, selbst zu spielen, kann er auch hier einen Stellvertretenden aus der Gruppe wählen. Sollte niemand in der Gruppe dazu bereit sein (was erfahrungsgemäß praktisch nicht vorkommt), stellt sich die Trainerin zur Verfügung. Denn auch aus der Beobachtung kann der Fallgebende für sich äußerst hilfreiche Impulse erlangen.

Variante „Freeze": Zur Vertiefung der Wahrnehmung und Reflexion des Fallgebenden kann die Trainerin auch in die Szene eingreifen und diese kurz einfrieren bzw. quasi die Pausentaste drücken. Nun ist die Gelegenheit da, die Spieler in ihrer Rolle direkt zu fragen:

- ▶ Was spürst du gerade?
- ▶ Was denkst du?
- ▶ Was würdest du jetzt gern tun?

Auch die Spieler selbst können dies tun, wenn ihnen danach ist. In diesem Moment kommen häufig wesentliche Informationen aus der Innensicht der jeweiligen Rolle zum Vorschein, die von außen nicht unbedingt wahrnehmbar bzw. verständlich sind.

11. Schritt: *Auswertung des zweiten Rollenspiels* (10 Min.)
Dies erfolgt anlog zur Auswertung des ersten Rollenspiels. Der Fokus liegt jetzt allerdings auf der Beobachtung der Unterschiede zum vorherigen Rollenspiel.

- ▶ Was ist in der Situation anders?
- ▶ Was bewirkt das neue Verhalten bei Person A und Person B?
- ▶ Was trägt zur Lösung bei?
- ▶ Was könnte der nächste Schritt sein?

Diese Aussagen können ebenfalls wieder auf dem Flipchart festgehalten werden.

12. Schritt: *Abschluss der Methode* (2 Min.)
Nach der Auswertung beschließt die Trainerin die Methode, indem sie sich bei allen Beteiligten für ihren Einsatz bedankt. Die beschriebenen Flipcharts werden dem Fallgebenden – sofern dieser es wünscht – übergeben.

▶ Sorgen Sie für einen störungsfreien und geschützten Raum. *Technische Hinweise*
▶ Notieren Sie den technischen Ablauf des Rollenspiels auf Flipchart.
▶ Vereinbaren Sie vorher Feedback-Regeln, die ebenfalls sichtbar sind.
▶ Notieren Sie Beobachtungsaufgaben auf kleine Karten.
▶ Stellen Sie notwendige einfache Requisiten zur Verfügung (Tisch, Stuhl, Papier, Unterlagen, evtl. Kleidungsstücke für den Rollenwechsel).

Häufig nennen Teilnehmende vorab oder zu Beginn von Seminaren unter den Punkten, die sie nicht erleben wollen: Rollenspiele. Dies sollte Sie nicht davon abhalten, diese durchzuführen. Warum? Wenn ich am Ende eines Seminars frage, was den Teilnehmenden am meisten geholfen hat, lautet bei vielen die Antwort: „Rollenspiele. Die Rollenspiele haben mir am meisten gebracht!" *Kommentar*

Deshalb: Schrecken Sie nicht vor Widerstand zurück, orientieren Sie sich an den wesentlichen Tipps und Tricks. Unterstützen Sie Teilnehmende darin, Widerstände zu überwinden. Diese tauchen meist dort auf, wo Teilnehmende eigene Grenzen oder Ängste überwinden müssen. Um Neues zu lernen, müssen wir Menschen jedoch immer wieder genau solche Grenzen überschreiten. Als Trainerin und Trainer haben Sie deshalb die Rolle, genau darin zu begleiten.

▶ Heß, S. & Neumann, E. (2009): Mit Rollen spielen: Rollenspielsammlung für Trainerinnen und Trainer. Bonn: managerSeminare. *Quellen, Literaturhinweise*
▶ Masemann, S. & Messer, B. (2011): Trainings inszenieren – Theater im Training. Offenbach: Gabal.
▶ Masemann, S. & Messer, B. (2009): Improvisation und Storytelling im Training. Weinheim, Basel: Beltz.

Tool: „Ich sehe was, was du nicht siehst"

Ressourcenorientiertes Feedback geben, nehmen, trainieren – von Anfang bis Ende

Von Gerlind Pracht und Sandra Masemann

Dauer	je nach Variante zwischen 10 Min. und 1 Stunde
Gruppengröße	Einzelfeedback unter vier Augen oder im Gruppenkontext (12 Pers.)
Technischer Aufwand	abhängig von der Ankerqualität niedrig bis hoch

Ziel
- ▶ Prozesse der Selbstreflexion und Selbstaufmerksamkeit anregen
- ▶ Abgleich Selbstbild und Fremdbild ermöglichen
- ▶ Ein realistisches Selbstbild als interne Stress-Lotsen entwickeln und persönliche Stärken und Begabungen entdecken
- ▶ Entwicklungspotenziale für interne Stress-Lotsen aufzeigen
- ▶ Die konkrete Umsetzung neuen Verhaltens im Trainingskontext unterstützen
- ▶ Erlebensraum „Feedback" als Lernfeld öffnen: Feedback zum Feedback nutzen
- ▶ Methodenkompetenz im Geben von Feedback in Trainingssituationen entwickeln
- ▶ Lernprozesse für Einzelne und die Gruppe anregen und intensivieren

Anlässe und Anwendungsbereiche

Feedback als Schlüssel, um Lern-, Selbstreflexions- und Entwicklungsprozesse anzuregen sowie zum Erhellen „blinder Flecken" beizutragen, ist eng mit den Zielen der Qualifizierung zu Stress-Lotsen verknüpft. Feedback beruht auf verbindlichen Bewertungskriterien, die aus den Schulungszielen resultieren und stets transparent sein sollten (siehe Kap. 6.2, S. 308 ff.). Es bildet auch die Basis zur Evaluation der Qualifizierung. Als Tool wird Feedback bewusst an verschiedenen Stellen im Gesamtprozess und in unterschiedlichen Spielarten eingesetzt, um die eingangs formulierten Ziele zu realisieren. Es wird als Reflexions-, Erlebens- und Lernraum gleichermaßen genutzt und findet sich in allen

6.5 Tool: „Ich sehe was, was du nicht siehst"

Phasen des Trainingsprozesses und im gesamten Qualifizierungsverlauf wieder:

▶ Anfangs wird Feedback zum Erkennen von Lernbedarfen genutzt, im Verlauf der Qualifizierung als Trainingsmethode eingeübt und dessen theoretischer Hintergrund vermittelt.
▶ Am Ende des Trainings ist es mit einem emotionalen Anker verknüpft und wird im feierlichen Rahmen des Ausbildungsabschlusses persönlich als Geschenk überreicht.
▶ In der Transfer- und Umsetzungsphase nach der Qualifizierung kommt es 1. in einem Feedback-Gespräch unter vier Augen und 2. im Kontext der Supervision (siehe Kap. 6.2, S. 308 ff.) zum Einsatz.
▶ Nachfolgend werden die verschiedenen Anwendungsfelder und ihre praktische Bedeutung anhand von Umsetzungsbeispielen näher beschrieben.

1. Feedback und zugrunde liegende Bewertungs- und Evaluationskriterien

Methode

Ausgehend von den Zielen der Qualifizierung werden die fünf zentralen Bewertungskriterien bestimmt, um daraus konkrete Verhaltens- und Kompetenzmerkmale der internen Stress-Lotsen abzuleiten (siehe Tab. 1).

Diese Ausdifferenzierungen erlauben und lenken gezielte Beobachtungen im Train-the-Trainer-Kontext. Sie erleichtern den professionellen Trainerinnen und Trainern die Einschätzung der Stress-Lotsen

Bewertungskriterien	Verhalten und Kompetenzen als interne Stress-Lotsen
Beziehung zur Gruppe	Wahrnehmen und Steuern des Gruppenprozesses im Hinblick auf die Gruppenmitglieder und Einzelpersonen, in Kontakt kommen und bleiben, Beziehung und Interaktion gestalten
Fachkompetenz	Wissen rund um die Themen Stress-Management, Kommunikation und Zusammenarbeit, Beratung, Umgang mit Teilnehmenden
Methodenkompetenz	Inhaltsvermittlung, Medieneinsatz, Methodenwechsel, Moderations- und Steuerungskompetenz, An- und Abmoderieren, Instruktionen zur Gruppenarbeit
Standing in der Lotsenrolle	Sicherheit und Klarheit in der Rolle, Präsenz, Konfliktkompetenz, Umgang mit Unsicherheit und Rollenkonflikten, Selbstwahrnehmung, Strategien zur Emotionsregulation
innere Haltung als Stress-Lotse	Ressourcenorientierung, Verständnis von Lernprozessen, Werte, Bedürfnisorientierung, Wertschätzung und authentisches Interesse am anderen

Tab. 1: Die fünf Bewertungskriterien der Kompetenzen

und ihrer Lernbedarfe. Ziel ist es, als künftige Stress-Lotsen Fach- und Methodenkompetenzen sowie eine innere Haltung zu entwickeln, Klarheit für die neue Rolle zu gewinnen und diese auszufüllen. Darin soll sie das Feedback unterstützen.

2. Feedback als Trainingseinheit

Bereits am ersten Tag kommunizieren die Trainer vor den ersten Präsentationen und Mini-Trainings der Stress-Lotsen die fünf Kriterien und deren konkrete Umsetzung in der Lotsenrolle. Feedback wird als Methode mit den ihm zugrunde liegenden Regeln und Prinzipien eingeführt (siehe Abb. 1).

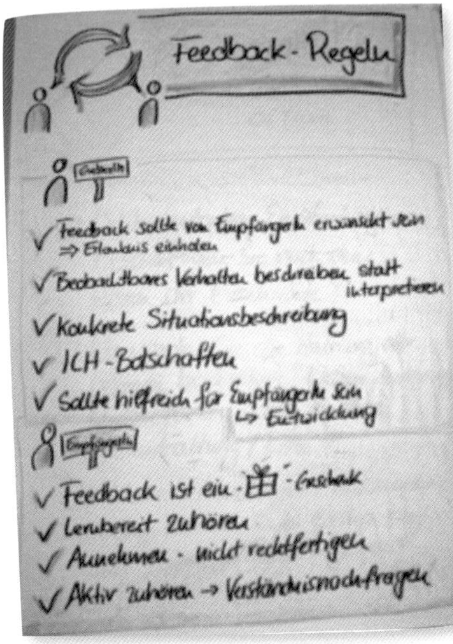

Unterschieden werden Regeln beim Geben und (An-)Nehmen von Feedback. Ein leicht verständlicher und gut nachvollziehbarer theoretischer Kurzeinstieg in das Thema Feedback gelingt mit dem Johari-Fenster (Luft/Ingham 1955) und der Abgrenzung von Selbst- und Fremdbild (siehe Kap. 4.5, S. 240 ff.). Feedback von anderen erhellt „blinde Flecken" und hilft insbesondere durch Selbstreflexion, unbewusstes Verhalten bewusst zu machen. Offenbarungen über die eigene Person geben etwas preis, was für Außenstehende nicht sichtbar ist. Dies kann zum Beispiel in Form von „Feedback zum Feedback" geschehen. Zudem werden die Stress-Lotsen für die Bedeutung von Feedback in Trainings auf zwei Ebenen sensibilisiert:

Abb. 1: Zentrale Feedback-Regeln

1. Zur Selbsterfahrung für sie als interne Stress-Lotsen, um persönliche Lernbedarfe, „blinde Flecken" und Potenziale zu entdecken, und als Erlebensraum, um die Wirkung von Feedback selbst zu spüren und darüber Rückmeldungen zu bekommen bzw. zu geben – z.B. in Form von „Feedback zu Feedback".
2. Als Trainingsmethode mit großem Nutzen für künftige Teilnehmende, die Feedback insbesondere in verhaltensbezogenen Trainings wie z.B. zum Stress-Management erhalten, um ihrerseits zu lernen, eigene Stresskompetenzen zu hinterfragen und zu erweitern.

Nach der Einführung von Feedback(-Regeln) kommt es zur praktischen Anwendung im Train-the-Trainer-Kontext. Die Mini-Trainings und Prä-

6.5 Tool: „Ich sehe was, was du nicht siehst"

Beobachtungsfokus	Beobachtungsfrage als Basis zum Feedback geben
Beziehung Lotse und Gruppe	Wie hast du die Beziehung und Interaktion zwischen Stress-Lotse und Gruppe erlebt?
Gruppe	Was hast du in der Gruppe wahrgenommen?
Inhalt	Was war für dich gut verständlich und wo hättest du andere Erklärungen gebraucht?
Methode	Was hat dich methodisch angesprochen und wovon hätte es mehr sein dürfen für dich?
Das Besondere am Stress-Lotsen	Was macht ihn/sie aus?

Tab. 2: Beobachtungsfragen im Feedback

sentationssituationen dienen den Stress-Lotsen als wichtiges Übungsfeld, das anschließend reflektiert wird. Neben den professionellen Trainerinnen und Trainern erhalten auch Personen der Trainingsgruppe Beobachtungsfragen, um dazu anschließend Feedback zu geben (Ebene „Feedback geben"). Beobachtungsaufträge fordern zur Beschreibung konkreten Verhaltens auf und helfen, den Unterschied zwischen Bewertung und Beobachtung bewusst zu machen. Tabelle 2 listet Beobachtungsfragen auf. Feedback als Methode wird zudem auf der Ebene „Feedback nehmen" (durch die Stress-Lotsen in ihrer Präsentationsrolle) realisiert.

Der Ablauf der Feedback-Runde selbst empfiehlt sich strukturiert nach einem Schema und einer verbindlichen Zeitvorgabe (siehe Abb. 2). Dabei gilt für alle, sich verbindlich an die eingeführten Feedback-Regeln zu halten (siehe Abb. 1, links).

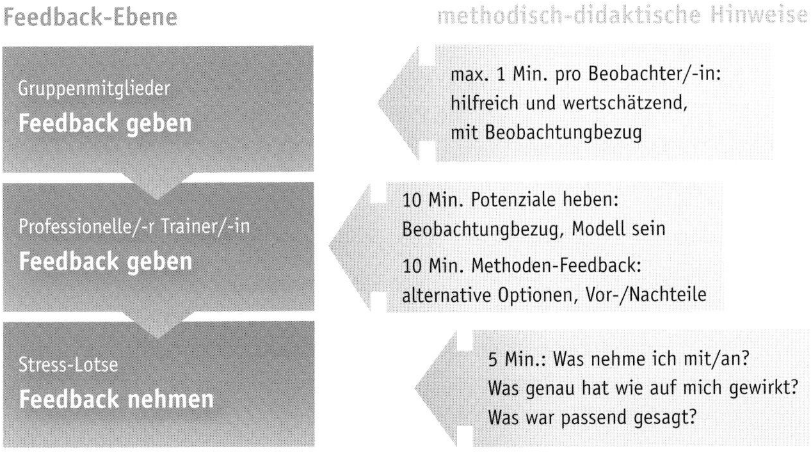

Abb. 2: Ablauf strukturierter Feedback-Runden

Feedback-Ebene — methodisch-didaktische Hinweise

Gruppenmitglieder – Feedback geben
max. 1 Min. pro Beobachter/-in: hilfreich und wertschätzend, mit Beobachtungbezug

Professionelle/-r Trainer/-in – Feedback geben
10 Min. Potenziale heben: Beobachtungbezug, Modell sein
10 Min. Methoden-Feedback: alternative Optionen, Vor-/Nachteile

Stress-Lotse – Feedback nehmen
5 Min.: Was nehme ich mit/an? Was genau hat wie auf mich gewirkt? Was war passend gesagt?

Die Sequenz ist für alle Beteiligten mit folgenden Herausforderungen verbunden und birgt besondere Chancen:

▶ Gruppenmitglieder sollten ihre Rückmeldung auf die gemachte Beobachtung stützen. Es fällt ihnen oft schwer, in der Ich-Form eigene Wahrnehmungen zu berichten, ohne dabei zu bewerten. Das knappe präzise Beschreiben braucht meist Übung. Von den Trainern ist dabei auf Zeitdisziplin zu achten und diese auch einzufordern.

▶ Die Trainerinnen und Trainer fungieren als Modell für das Geben von Feedback unter Einhalten der Feedback-Regeln, was sie unter Umständen unter Druck bringt. Je treffender sie ihre Rückmeldungen formulieren, desto eher ist ihre gewünschte Wirkung beim Feedback-Nehmer wahrscheinlich. Das Trainerfeedback hat zwei Funktionen: Zum einen ist es Anstoß für die persönliche Weiterentwicklung, das Erkennen „blinder Flecken" und dahinter liegender Haltungen der Stress-Lotsen. Zum anderen dient es der Erweiterung ihrer Methodenkompetenzen, indem alternative Methoden für ihre präsentierten Trainingssequenzen aufgezeigt werden, ohne jedoch die gebrachte Leistung zu schmälern. Hier braucht es Klarheit und Fingerspitzengefühl seitens der Trainer.

▶ Indem die Stress-Lotsen die Wirkung des erhaltenen Feedbacks reflektieren und kommunizieren, entsteht die Chance, Feedback als Erlebensraum im Training und für sich selbst zu nutzen. Widerstände beim Annehmen von Feedback sind zum einen auf Formulierungen des Feedback-Gebers zurückzuführen. Zum anderen dürften auch persönliche Bedürfnisse nach Anerkennung, Selbstwertschutz und Kompetenz sowie Reflexions- und Kritikfähigkeit eine Rolle spielen. Bewertungen durch andere im Beisein von anderen können eventuell als selbstwertbedrohlich erlebt werden. Damit birgt das „Feedback zum Feedback" die große Chance, potenzielle Leistungs- und Drucksituationen wie Präsentationen als etwas Positives und Hilfreiches zu erfahren.

3. Ressourcenorientiertes Feedback als Geschenk und Anker

In Anlehnung an das Konzept der Ressourcenaktivierung (Grawe/Grawe-Gerber 1999) und Lösungsorientierung (Bamberger 2010; de Shazer 2012) kommt diese Feedback-Variante zum Ausbildungsabschluss am Ende des fünften Tages zum Tragen. Sie besteht aus einer persönlichen, einzigartigen Nachricht, die von den Ausbildenden individuell für alle Stress-Lotsen kreiert wird. Sie beginnt standardmäßig mit dem Satzanfang „Das Besondere an dir ist für uns …" (Pracht 2013, S. 156 f.).

Ziel ist es, die besonderen Stärken und Begabungen jedes Stress-Lotsen bewusst zu machen, zu kommunizieren und für die eigene Trainingspraxis als Ressource zu verankern. Die Botschaft ist Ausdruck von Anerkennung und Wertschätzung und dient sowohl als selbststärkendes als auch entwicklungsbezogenes Feedback. Ein anderes Anliegen ist es, die Regel „Feedback ist ein Geschenk" (vor-) zu leben. Ein fiktives Beispiel lautet: „Das Besondere an dir ist für mich, wie du anderen Menschen offen und wertschätzend begegnest und dabei klar zu deinen eigenen Positionen stehst." (Pracht 2013, S. 157). Die Vorbereitung dieser persönlichen Botschaft ist etwas aufwendig, da sie die Trainerin bzw. der Trainer mit Blick auf die erlebten Trainingstage entwickelt, formuliert, auf vorbereiteten ansprechenden Kärtchen verschriftlicht und persönlich unterschreibt.

Die Übergabe der Feedback-Kärtchen erfolgt in einer kleinen Schatzkiste, die die Bedeutung des persönlichen Feedbacks als Schatz, Geschenk und Ressource unterstreicht (siehe Abb. 3). Eine besondere emotionale Färbung bekommt diese Übergabe im Zuge einer feierlichen Abschlusssequenz: Alle Stress-Lotsen laufen nacheinander jeweils für sich in ihrem eigenen Tempo durch ein Spalier aus Teilnehmenden, entlang eines symbolischen Zeitstrahls mit Anfangs- und Endpunkt der Qualifizierung sowie der Zeit danach. Am Punkt des aktuellen Datums auf dem Zeitstrahl erwarten die Trainer jeden Teilnehmenden, gratulieren zur abgeschlossenen Qualifizierung und überreichen die kleine Schatzkiste als Anker für diesen besonderen Moment. Während der Zeremonie bleiben die Schatzkisten verschlossen, sodass alle die volle Aufmerksamkeit der Person schenken, die gerade durch das Spalier geht.

Abb. 3: Feedback – überreicht in der Schatzkiste

4. Feedback-Gespräche

Nach der Qualifizierung sollen die differenzierten Beobachtungen und Eindrücke aus der Ausbildungszeit anhand der fünf Bewertungskriterien gebündelt und entwicklungsbezogen den Stress-Lotsen rückgemeldet werden. Dazu finden etwa 30- bis 45-minütige persönliche Telefongespräche mit dem Trainer statt:

▶ Das Gespräch beginnt mit der Bitte, eine **kurze Selbsteinschätzung** vorzunehmen (Selbstbild). Danach wird zunächst der **Gesamteindruck** des Trainers hinsichtlich der erreichten Qualifizierungsziele geschildert und anhand der Bewertungskriterien vor dem Hintergrund gemeinsam erlebter Trainingssituationen konkretisiert (Fremdbild). Dabei ist es sinnvoll, Bezüge zum eingangs geäußerten Selbstbild herzustellen. Auch hier gilt es, als Trainer ein gutes Modell des Feedback-Gebens zu sein und treffende Aussagen zu finden.

▶ Das Feedback beinhaltet zudem eine Einschätzung zur Eignung für die Tätigkeit als Stress-Lotse sowie den weiteren Übungsbedarf. Ziel ist es, eine differenzierte **Rückmeldung zum persönlichen Entwicklungsstand** und zu **künftigen Lernfeldern** zu geben und dabei vor allem die besonderen Begabungen als Ressourcen einfließen zu lassen. „Do's and Don'ts" geben praktische Hinweise.

▶ Das anschließende **„Feedback zum Feedback"** dient dem Klären offener Fragen, der Wirkung des erhaltenden Feedbacks, dem Abgleich von Selbst- und Fremdbild und somit dem Vertiefen der Reflexion und dem Hineinwachsen in die neue Rolle. An dieser Stelle äußern die Stress-Lotsen häufig, wie gut es sich anfühlt, ein offenes und wertschätzendes Feedback zu bekommen, das die persönlichen Stärken hervorhebt.

Auswertung   Die Feedback-Kriterien (siehe Abb. 1, S. 344) werden sowohl auf Flipchart als auch auf Auswertungsbögen schematisch festgehalten. Sie dienen der Dokumentation des Trainingsprozesses und der Entwicklung aller Stress-Lotsen im Verlauf der Schulung und bilden die Grundlage für das Feedback-Gespräch. Qualitativ besonders wertvoll sind Rückmeldungen des Feedback-Nehmenden zum erhaltenen Feedback. Dieses Feedback zum Feedback findet sich an vielen Stellen wieder.

Technische Hinweise
▶ zu Punkt 2, Feedback als Trainingseinheit: Flipcharts für Kriterien und Feedback-Regeln, Kärtchen mit Beobachtungsaufträgen
▶ zu Punkt 3, Ressourcenorientiertes Feedback als Geschenk und Anker: Kärtchen für ressourcenorientiertes Feedback, Schatzkisten
▶ zu Punkt 4, Feedback-Gespräche: Dokumentation, digitale Vorlagen

Kommentar
▶ **Feedback** ist **als Methode** fester Bestandteil aller Trainingstage der Qualifizierung und wird von den Stress-Lotsen meist sehr geschätzt. Die verbindenden Elemente der hier beschriebenen Feedback-Varianten sind neben den vereinbarten Bewertungskriterien die gängigen Feedback-Regeln sowie eine ressourcenorientierte Grundtönung. Sie machen Feedback zu einem Werkzeug, das Teilnehmende wachsen und sich entwickeln lässt, das ihre Selbster-

fahrung bereichert und ihnen neue Einsichten über sich schenkt. Daher ist es für den Train-the-Trainer-Kontext unerlässlich.

▶ **Rückmeldungen von Teilnehmenden** zeigen, dass Feedback im Ausbildungskontext nicht wegzudenken ist. Insbesondere die ressourcenorientierte Herangehensweise erleichtert und unterstützt das Annehmen von Feedback ungemein. Das heißt jedoch nicht, dass auf ganz praktische Hinweise und Ratschläge aus Trainersicht verzichtet wird. Die Herausforderung liegt in der Formulierung eines lernförderlichen, hilfreichen und ungeschminkt authentischen Feedbacks, dass die Stress-Lotsen darin unterstützt, sich mit ihren „Baustellen" auseinanderzusetzen – unter Zuhilfenahme ihrer Stärken.

▶ **Stolpersteine** sind im Zeitaufwand zu sehen. So ist im Training selbst unbedingt auf Zeitdisziplin und strukturiertes Vorgehen zu achten, damit keine Diskussionen und lange Monologe entstehen. Persönlich herausfordernd sind Situationen, in denen Selbst- und Fremdbild so weit auseinanderliegen, dass das Feedback (z.B. im Feedback-Gespräch) vom Teilnehmenden nicht angenommen wird. In diesen Fällen kann es zu Reaktanz und Verweigerung oder Rechtfertigungen kommen. Die Trainerinnen und Trainer sind hier gefragt, Widerstände nicht zu vergrößern, sondern sie zunächst anzunehmen und nicht persönlich zu nehmen und sie dann als gegebene Beobachtung zu benennen. Möglicherweise kann das später weitergeführt werden. Folgende Selbstreflexionsfragen dienen zur gedanklichen Einstimmung: „Was hindert mich am meisten daran, dass ..." oder „Was macht mich als künftiger Stress-Lotse aus und wo habe ich noch zu lernen?".

▶ Bamberger, G. G. (2010): Lösungsorientierte Beratung: Praxishandbuch. 4., vollständig überarb. Auflage. Weinheim, Basel: Beltz.
▶ de Shazer, S. (2012): Wege der erfolgreichen Kurztherapie. 11. Aufl., Stuttgart: J.G. Cotta'sche Buchhandlung Nachfolger GmbH.
▶ Grawe, K. & Grawe-Gerber, M. (1999): Ressourcenaktivierung: Ein primäres Wirkprinzip der Psychotherapie. In: Psychotherapeut 44, S. 63–73.
▶ Pracht, G. (2014): Stressbewältigung durch Blended Training – Entwicklung und Evaluation eines ressourcenorientierten Online-Coachings. Dissertation. Münster: MV-Verlag.

Quellen, Literaturhinweise

Tool: Lerntandems

Der persönliche Austausch unter vier Augen

Von Juliane Bohnsack und Susanne Recknagel

Dauer	30 bis 40 Min.
Gruppengröße	Partnerarbeit
Technischer Aufwand	niedrig

Ziel Die Methode des Lerntandems fördert den persönlichen Austausch zwischen zwei Teilnehmenden und damit die Reflexion des eigenen Handelns und der neuen Situation als Stress-Lotse. Im vertrauensvollen Gespräch wird die eigene Rolle gefestigt, die persönliche Weiterentwicklung angeschoben und der Transfer der Lerninhalte in den Trainingsalltag hergestellt. Zudem wird die Zusammenarbeit zwischen den Stress-Lotsen gefestigt. Sie lernen, Gruppenprozesse miteinander zu reflektieren, Inhalte aufzuarbeiten sowie kritische Situationen miteinander zu besprechen.

Anlässe und Anwendungsbereiche Die Methode der Lerntandems findet im Laufe der einzelnen Module der Stress-Lotsen-Ausbildung in Erarbeitungs-, Abschluss- und Reflexionsphasen immer wieder Anwendung. Für die Arbeit in Lerntandems wählen die Stress-Lotsen ihre Partnerin bzw. ihren Partner aus, mit der/dem sie sich über die Zeit der Ausbildung und darüber hinaus in teils angeleiteter und eigenverantwortlicher Form zu verschiedenen Fragestellungen und Themen austauschen. Die Einführung des Tools empfiehlt sich im Modul I am ersten Nachmittag. Die Teilnehmenden haben sich kennengelernt und erste Themen bearbeitet, sodass eine Reflexion bzw. ein Austausch sinnvoll ist.

Der Austausch im Tandem findet
1. zum Abschluss und der Reflexion von Sequenzen und
2. zur thematischen und methodischen Reflexion von Inhalten statt,

6.6 Tool: Lerntandems

um Inhalte und Verhalten parallel für die neue Lotsen-Rolle aufzuarbeiten und das Erlebte zu reflektieren. Es werden relevante Aspekte des Selbstkonzepts sowie der inneren Einstellung und Werte besprochen. Die Selbstreflexion wird durch gegenseitiges Feedback ergänzt. Dies führt nach Greif (2000, S. 23) zu einer Reflexion der eigenen Handlungsmöglichkeiten. Selbstreflexion und Selbstbild-Fremdbild-Abgleich tragen damit zur Festigung der Stress-Lotsen-Rolle bei.

Weiterhin dient das Lerntandem der gegenseitigen Unterstützung und Motivation, Veränderungen von Verhaltensweisen direkt im Trainingskontext auszuprobieren (Kaluza 2005, S. 66 f.). Persönliche Entwicklungsziele werden von den Stress-Lotsen selbst bestimmt. So werden Erfahrung und Wissen konstruktiv miteinander verbunden.

Die Methode der Lerntandems wird zudem für den Transfer des Erlernten eingesetzt. Durch vorgegebene Fragen werden die Stress-Lotsen angeregt, die selbst gemachten Erfahrungen zu abstrahieren und die wesentlichen Prinzipien zu unterscheiden. So ist es möglich, diese Erfahrungen auch auf andere Situationen anzuwenden. Dies ist besonders für die Stress-Lotsen bedeutsam, um neue Trainingssituationen gut zu bewältigen (Alke 2009, S. 56).

Die Kollegiale Beratung zwischen den Stress-Lotsen in Form eines Lerntandems wird auch zwischen und nach der Stress-Lotsen-Ausbildung empfohlen. Die Lernpaare können gemeinsam praxisbezogene Erfahrungen reflektieren, schwierige Seminarsituationen auswerten oder Ängste und Bedürfnisse in der neuen Rolle als Stress-Lotse thematisieren. Sie unterstützen sich gegenseitig und entwickeln gemeinsam Strategien, wie sie zukünftig ähnliche Seminarsituationen bewältigen. Durch den Austausch im Lerntandem erkennen sie zum einen, dass sie Ähnliches erleben und mit der Erfahrung nicht alleine sind, zum anderen erweitern sie ihren Erfahrungshorizont durch die Andersartigkeit der Lernpartnerin bzw. des Lernpartners. Häufig sinkt durch den Austausch die subjektive Belastung des Einzelnen und die Distanz zum eigenen Erleben vergrößert sich, was den Zugang zu weiteren Handlungsalternativen erleichtert (Kaluza 2005, S. 66 f.).

Methode

Das Lerntandem basiert auf zwei verschiedenen Formen der Wissensaneignung: dem sozialen Lernen und dem Erfahrungslernen. Lernen ist ein sozialer Prozess, in dem Lernende durch die vielfältige Auseinandersetzung mit dem Fachwissen und den Kenntnissen anderer Lernpartner eigene Kompetenzen erwerben. Kommunikation, Diskussionen und Handlungen werden in einem Umfeld, das sich auf einen ähnlichen Erfahrungshorizont und vergleichbare Einflüsse durch seine Umwelt berufen kann (Peergroup), positiv gefördert. Diese Erkenntnis kann bei der Arbeit im Lerntandem konstruktiv genutzt werden. Prozesse wie das Lerntandem, die individuell und selbstorganisiert ablaufen und auf Fremdsteuerung oder eine institutionelle Einbindung so weit wie möglich verzichten, sind unter dem Aspekt des Erfahrungslernens zu fassen. Die sich wiederholende Reflexion des eigenen Handelns und Lernens findet im Lerntandem seine praktische Anwendung. Dieses Konzept basiert auf den Erkenntnissen des Anthropologen Gregory Bateson und beschreibt die bewusste Steuerung von Lernprozessen in Systemen. Bateson unterscheidet drei Lernstufen: das Single-, Double- und Triple-Loop-Learning. Die Arbeit im Lerntandem berücksichtigt vor allem die ersten beiden Stufen. Das Single-Loop-Learning kann auch unter dem Begriff des Anpassungslernens zusammengefasst werden. Durch den Austausch zu zweit werden die Handlungen in den Trainingssituationen in Bezug auf das Ergebnis reflektiert. Im nächsten Schritt, dem Veränderungslernen, beginnt der Lernende, seinen Lernprozess zu hinterfragen und stellt die Erfolgsfaktoren seines Lernens fest, um den effektivsten Weg zum Erreichen der gesteckten Ziele zu finden (Hofmann 2014, S. 77 ff.).

Nach einer kurzen Einführung seitens der Trainerin bzw. des Trainers zum theoretischen Hintergrund und der Methodik des Lerntandems werden die Lerntandems gebildet. Im Zuge dessen wird auch der Einsatz des Tools in den verschiedenen Modulen zu unterschiedlichen Zwecken und über die Präsenzphasen und Ausbildung hinaus erläutert. Gibt es Befürchtungen oder Hemmnisse seitens der Stress-Lotsen zu dieser Methode, sind diese von den Trainern direkt zu thematisieren.

Voraussetzung für eine konstruktive Arbeit im Lerntandem ist ein vertrauensvoller und wertschätzender Umgang sowie die freiwillige Teilnahme. Die Auswahl der Lernpartnerin bzw. des Lernpartners erfolgt selbstbestimmt. Die Trainer geben jedoch den Hinweis, hierfür eine Person auszuwählen, die für die Reflexion und Bearbeitung des persönlichen Lernprozesses einen Mehrwert bietet. Von Vorteil ist eine Person, mit der der Stress-Lotse noch nicht intensiv im Austausch steht, um Fragestellungen im Rahmen des Lernprozesses aus einer anderen Perspektive als der eigenen oder bereits bekannten zu betrachten.

1. Einsatz der Lerntandems zum Abschluss und zur Reflexion von Sequenzen

Für die Arbeit im Lerntandem werden Handouts mit spezifischen Fragestellungen und Platz für eigene Gedanken vorbereitet. Die Fragen regen den gemeinsamen Austausch und die Reflexion zu speziellen Themen der Stress-Lotsen-Qualifizierung an. Auf den Handouts werden die besprochenen Ergebnisse schriftlich festgehalten. Dadurch wird der Trainingsprozess dokumentiert und kann zu einem späteren Zeitpunkt erneut vergegenwärtigt werden: die eigene Entwicklung wird dadurch erkennbar.

Am Ende des ersten Tages von Modul 1 dient das Tool als Tagesrückblick. Hierfür ist es ausreichend, dass sich die Tandems etwa 30 Minuten austauschen, 15 Minuten pro Person (siehe Ablauf Tag 1, S. 316).

Lerntandem I – Ich als Stress-Lotse

Tauschen Sie sich zu folgenden Fragestellungen aus:

1. Welcher inhaltlicher Input zum Thema Stress war für mich besonders bereichernd?
2. In welchen zukünftigen Seminarsituationen kann ich diese Inhalte nutzen?
3. Der Tipp meiner Lernpartnerin bzw. meines Lernpartners für mich: Das soll ich bei der Umsetzung beachten:

Am dritten Tag des Moduls 1 dient das Lerntandem dazu, die eigene Lotsenkompetenz zu reflektieren. In Einzelarbeit vergegenwärtigen sich die Teilnehmenden ihre Stärken, Entwicklungspotenziale sowie Ideen zur Umsetzung und besprechen diese anschließend mit der Tandempartnerin bzw. dem Tandempartner. Sie reflektieren ihre neue Stress-Lotsen-Rolle und die damit verbundenen Aufgaben. Sie werden sich ihrer Kompetenzen, Ressourcen sowie weiterer Lernbedürfnisse bewusst und entwickeln Strategien, um sie im Rahmen von Hospitationen abzubauen. Dauer: etwa 30 Minuten (siehe Ablauf Tag 3, S. 318).

Lerntandem II – Ich als interner Stress-Lotse

Tauschen Sie sich zu folgenden Fragestellungen aus:

1. Wo sehe ich meine Stärken und meine Entwicklungspotenziale?
2. Welche Ideen habe ich zur konkreten Umsetzung meiner Weiterentwicklung?
3. Der Tipp meiner Lernpartnerin bzw. meines Lernpartners für mich: Das soll ich bei der Umsetzung beachten:

Am zweiten Tag des Moduls 2 wird das Lerntandem als Rückblick des bisherigen Prozesses verwendet bzw. als Ausblick für die zukünftige Tätigkeit als Stress-Lotse. Zudem soll der Transfer in den Alltag festgehalten werden. Dauer: etwa 30 Minuten (siehe Ablauf Tag 5, S. 320).

Lerntandem III – Rückblick Modul 1 und 2 und Ausblick

Tauschen Sie sich zu folgenden Fragestellungen aus:
1. Wie gut fühle ich mich für meine bevorstehende Aufgabe als Stress-Lotse gerüstet?
2. Worauf möchte ich in den eigenen Trainings besonders achten?
3. Der Tipp meiner Lernpartnerin bzw. meines Lernpartners für mich: Das soll ich bei der Umsetzung beachten:

2. Einsatz der Lerntandems zur thematischen und methodischen Reflexion

Das Lerntandem dient hier zur Selbstreflexion der Inhalte zum Stress-Management und setzt diese in Bezug zur Stress-Lotsen-Rolle. Im kollegialen Dialog werden sowohl Strategien erörtert, wie die Inhalte persönlich bewertet und genutzt werden können, als auch Methoden besprochen, mit denen die Inhalte für die eigene Arbeit aufbereitet und angewandt werden. Am Beispiel der Inneren Antreiber (Reisert/Hofmann/Pracht 2014) können die folgenden Fragen für das Lerntandem formuliert werden. Dauer: ca. 40 Minuten.

Lerntandem – Innere Antreiber

Tauschen Sie sich zu folgenden Fragestellungen aus:
1. Reflektieren Sie Ihre Inneren Antreiber mit Blick auf Ihren Arbeitsstil. Tauschen Sie sich dabei über die kritischen Aspekte und persönlichen Stärken aus.
2. Mit Blick auf Ihre Stress-Lotsen-Rolle: Inwieweit können die Antreiber in Trainingssituationen für Sie als Stress-Lotsen zur Herausforderung werden?
   - zwischen Ihnen und den Teilnehmenden
   - zwischen Ihnen und einem anderen Stress-Lotsen
3. Der Tipp meiner Lernpartnerin bzw. meines Lernpartners für mich: Das soll ich bei der Umsetzung beachten:

6.6 Tool: Lerntandems

Eine Auswertung der Tandemarbeit im Plenum findet **nicht** statt.

Auswertung

Zur Arbeit im Lerntandem benötigen die Teilnehmenden didaktisch aufbereitete Materialien (Handouts) mit Fragen, die eine gemeinsame Bearbeitung ermöglichen und den Lernfortschritt sicherstellen. Der Raum sollte groß genug sein, damit die Teilnehmenden in Ruhe miteinander sprechen können. Eine gute Möglichkeit ist es, dass die Tandems für einen Spaziergang nach draußen gehen und sich dabei austauschen. Klemmbretter für die Handouts und die Arbeit an verschiedenen Orten sind dafür praktische Hilfsmittel.

Technische Hinweise

Der intensive Austausch innerhalb der Tandems wird von den Teilnehmenden als sehr wertvoll wahrgenommen. Sie haben die Möglichkeit, sich über gezielte Fragestellungen auszutauschen, voneinander zu lernen und sich gegenseitig Feedback zu geben. Besonders der Selbstbild-Fremdbild-Abgleich wird von den Teilnehmenden als sehr positiv beschrieben, ebenso die Möglichkeit, nach dem Training die eigenen Trainingserfahrungen und auftretenden Probleme im Tandem zu erörtern.

Kommentar

Stolpersteine können auftreten, wenn zwischen den Lernpaaren persönliche Differenzen entstehen, die die Zusammenarbeit und insbesondere den Austausch erschweren. –▶ In dem Fall sind Sie als Trainerin oder Trainer gefordert, Unterstützung anzubieten und das Gespräch mit beiden Stress-Lotsen zu suchen.

Typisches Feedback von Kunden

▶ „Das Lerntandem fand ich sehr gut, um ein intensives Feedback zu bekommen, ohne gleich alles im Plenum zu besprechen."
▶ „Im Alltag ist unser Lerntandem fast untergegangen, aber wir haben uns zumindest einmal zum Mittagessen getroffen."
▶ „Am Lerntandem fand ich gut, einmal den Blick aus einer ganz anderen Abteilung unserer Firma mitzubekommen."

▶ Alke, M. (2009): So gelingt der Praxistransfer. Kombinierte Lernprozesse. In: managerSeminare Heft 134, Mai. Bonn: managerSerminare, S. 54–60.

Quellen, Literaturhinweise

- Greif, S. (2000): Selbstorganisierende Prozesse beim Lernen und Handeln. Neue Erkenntnisse aus der Grundlagenforschung und ihre Bedeutung für die Wissensgesellschaft. Abrufbar unter: http://www.home.uni-osnabrueck.de/sgreif/downloads/neuro-sol4.pdf.
- Hofmann, M. (2014): Triple Loop Learning. In: Leão, A. (Hrsg.): Trainer-Kit Reloaded. Die wichtigsten Theorien, Beratungsformate, Prozessdarstellungen – und ihre Anwendung im Seminar. Bonn: managerSeminare, S. 77–89.
- Kaluza, G. (2005): Stressbewältigung. Trainingsmanual zur psychologischen Gesundheitsförderung. Springer: Heidelberg.
- Reisert, L./Hofmann, M./Pracht, Dr. G. (2014): Das Modell der Inneren Antreiber. In: Leão, A. (Hrsg.): Trainer-Kit Reloaded. Die wichtigsten Theorien, Beratungsformate, Prozessdarstellungen – und ihre Anwendung im Seminar. Bonn: managerSeminare, S. 210–220.

Zusammenfassung

Für die nachhaltige Sicherung des Konzeptes des strategischen Stress-Managements sind die Stress-Lotsen-Qualifizierungen ein entscheidendes Mittel. Die internen Stress-Lotsen erleben die Trainings- und Workshop-Maßnahmen von zwei Seiten und stellen die wichtigste Multiplikatorengruppe der Organisation dar. Durch die Verbindung der Erfahrungen aus den eigenen erlebten Trainings mit der Hospitation und der Aufarbeitung der Inhalte in der Qualifizierung wird ein besonderes organisationsspezifisches Wissen aufgebaut, welches die Stress-Lotsen in die Organisation zurückgeben. Sowohl ihre persönliche Betroffenheit als Teil der Organisation als auch ihr Know-how zum Thema Stress-Management überzeugen die Kolleginnen und Kollegen, nicht nur gerne an Mitarbeitenden- und Team-Trainings teilzunehmen, sondern sich zudem mit dem Thema Stress und Stressbewältigung tiefer gehend zu beschäftigen. Auch die Umsetzung der Methoden und Werkzeuge zum Stressabbau und zur persönlichen Stressbewältigung im Arbeitsalltag werden durch ihre Bindung zum Unternehmen und ihre Vorbildfunktion zum Thema Stress-Management eher angenommen und ausprobiert.

Durch die intensive Zusammenarbeit in den zwei Modulen wird der Kontakt zwischen den Stress-Lotsen gestärkt und die kollegiale Unterstützung auch langfristig aufgestellt. Trainerinnen und Trainer erleben die Stress-Lotsen in der Qualifizierung mit viel Verve, Ernsthaftigkeit und Spaß an der Arbeit. Sie setzen sich aktiv mit ihren persönlichen Stress- und Lotsenkompetenzen auseinander und erweitern das Thema Stress-Management auf ihre Organisation. Sie erlernen nicht nur Methoden, sondern entwickeln weitere Ideen zum Umgang mit verschiedenen Trainingssituationen und üben diese in Mini-Trainings und Rollenspielen.

Die Effekte aller Trainings werden in ihrer Gesamtheit durch die Einbettung in den strategischen Kontext der Organisation verstärkt und stoßen einen organisationalen Umgang mit Stress an. Somit kann Stress-Management in der gesamten Organisation gelebt und umgesetzt werden und die Organisation mit ihren Beschäftigten von der strategischen Gesamtausrichtung profitieren.

Die Autorinnen und Autoren

Die Autorinnen und Autoren

Juliane Bohnsack

Industriekauffrau, MEd Wirtschaftspädagogik (Georg-August-Universität Göttingen), NLP-Practitioner. Trainerin und Moderatorin. Consultant bei der SHS CONSULT GmbH in Bielefeld. Lehrbeauftragte für die IHK-Akademie Ostwestfalen und die Fachhochschule des Mittelstands.
Schwerpunkte: Stressmanagement, Betriebswirtschaftslehre, Prüfungsvorbereitung für Auszubildende, Teamentwicklung, strategische Karriereplanung und Selbstmanagement und Selbstmarketing.

SHS CONSULT GmbH
August-Bebel-Straße 58
D-33602 Bielefeld

Tel.: 0521 – 32995000
buero@shs-consult.de

Andreas Dünow

Der Potenzialentwickler und Industriekaufmann fungierte zuletzt als Geschäftsführer in der Elektro- und Halbleiterindustrie und verfügt über langjährige nationale und internationale Führungs- und Managementerfahrung. Er ist Business- und Management-Coach ECA (European Coaching Association) und leitet als Geschäftsführender Gesellschafter im Quest-Team seit fast 10 Jahren den Standort Berlin. Seine Schwerpunkte liegen in Langzeit-Qualifizierungen, Moderationen und strategischen Prozessbegleitungen.

Andreas Dünow
Quest-Team GmbH & Co. KG
Standort Berlin
Zerbster Str. 63
D-12209 Berlin

Tel.: 030 – 83409137
andreas.duenow@quest-team.de
www.quest-team.de

Sebastian Grab

Diplom-Pädagoge, langjähriger Moderator, Trainer und Changemanager mit den Schwerpunkten Prozessgestaltung, Kommunikation und Teammanagement. Lehrbeauftragter und Tutor an der Europäischen Fernhochschule Hamburg im Masterstudiengang Business Coaching und Change Management. 2010 Gründung der Arbeitsgemeinschaft Rübbe & Grab Moderation – Training – Coaching.

Sebastian Grab
Rübbe & Grab
Obernstraße 12
D-33602 Bielefeld

Tel.: 0521 – 8018858
sg@ruebbeundgrab.de
www.ruebbeundgrab.de

Die Autorinnen und Autoren

Carmen Gronau

Diplom-Pädagogin (Christian-Albrechts-Universität Kiel), Master of Business Coaching und Change Management (Euro-FH Hamburg). Seit 1994 Tätigkeiten als Trainerin und Coach, sowie Führungserfahrung im Profit- und Non-Profitbereich. Selbstständige Beraterin, Coach, Trainerin und Moderatorin seit 2014. **Derzeitige Schwerpunkte** in verschiedenen Branchen: Coaching von Führungskräften, Führungskräftequalifizierung, Karrierecoaching, Kommunikation, Begleitung in Change-Prozessen, Stressmanagement, Zeit- und Selbstmanagement.

Carmen Gronau
Im Lehmbruch 12
42109 Wuppertal

Tel.: 0202 – 4957552
carmengronau@t-online.de

Mathias Hofmann

Dipl.-Pädagoge (Univ. Bielefeld), Master of Business Consulting (Hochschule Wismar) zertifizierter Coach (EASC) und Berater (FPI). Langjährige Projekt- und Führungserfahrung. Seit 2002 geschäftsführender Gesellschafter SHS CONSULT GmbH Bielefeld. Lehrbeauftragter verschiedener Universitäten und Dualen Hochschulen zu Change-Management und Führung; Fachbuchautor und -herausgeber.
Schwerpunkte: Beratung und Steuerung in Change-Prozessen, Change-Controlling, Führungskräftequalifizierung und Coaching von Führungskräften, Führen und managen komplexer Projekte, Teamentwicklung, Konfliktklärung und Konfliktmanagement, Stressmanagement. Tätig branchenübergreifend in Konzernen und mittelständischen Unternehmen.
Und außerdem: Verheiratet, analoge Fotografie, Musik und jede Bewegung an der frischen Luft.

SHS CONSULT GmbH
August-Bebel-Straße 58
D-33602 Bielefeld

Tel.: 0521 – 32 99 5000
mh@shs-consult.de
www.shs-consult.de

Dr. Melanie Hyll

Dr. phil., Studium der Soziologie (Karl-Franzens-Universität Graz), Promotion über Karrierereformen im Wandel (Universität Bielefeld), systemische Coach (DGfC). Von 2009 bis 2014 wissenschaftliche Mitarbeiterin und Dozentin an der Universität Bielefeld im Bereich Arbeits- und Wirtschaftssoziologie. Im Jahr 2014 Trainerin bei SHS CONSULT GmbH im Projekt KOMPASS. Derzeit Projektleiterin im Hochschulmarketing an der Martin-Luther-Universität Halle-Wittenberg.
Schwerpunkte: Teamentwicklung, Stressmanagement, Karrierecoaching, Organisationsberatung, Projektmanagement, Hochschullehre und Hochschulmarketing.

Dr. Melanie Hyll
Goethestraße 7
D-06114 Halle (Saale)

Tel.: 0176 – 44688967
melanie.hyll@gmail.com

Die Autorinnen und Autoren

Lena Jeckel

Dipl.-Pädagogin (Univ. Bielefeld), Geschäftsführerin Bunker Ulmenwall e.V. Seit 2006 selbstständige Seminar- und Projektleiterin in Bildungskontexten mit den Schwerpunkten in Training, Beratung und Moderation. Seit 2013 Dozentin an der Fachhochschule des Mittelstandes. Im Jahr 2014 Trainerin bei SHS CONSULT GmbH im Projekt KOMPASS. Zudem in der Entwicklung der Musik- und Medienförderung tätig.

lenajeckel@gmx.de

Ralph Lauhoff-Baker

Dipl.-Soziologe, arbeitet seit 2001 in der Beschäftigungsförderung. Nach der Arbeit als zertifizierter Fallmanager und Coach, Projektleiter sowie als Trainer für Fallmanagement und Assessments ist er seit 2009 Pressesprecher im Jobcenter Arbeit*plus* Bielefeld. Neben der Öffentlichkeitsarbeit ist er zuständig für die interne Kommunikation und für arbeitsmarktpolitische Grundsatzfragen.

Ralph Lauhoff-Baker
Jobcenter Arbeit*plus* Bielefeld
Herforder Straße 67
D-33617 Bielefeld

Tel.: 0521 – 55617605
mobil: 0160 – 90188215
ralpf.lauhoff-baker@jobcenter-ge.de

Sandra Masemann

Diplom-Pädagogin. Seit 2006 selbstständige Trainerin, Beraterin, Coach, Fachbuchautorin. Qualifikationen: Spiel- und Theaterpädagogin (BUT), NLP-Practitioner, TMS©-Trainerin, Systemische Strukturaufstellungen. **Schwerpunkte:** Train-the-Trainer & Trainerausbildungen, Kommunikation & Präsenz, Unternehmenstheater & Veranstaltungsinszenierung, Moderation & Teamcoaching, Stressmanagement. Ihre Fachbücher inspirieren Trainer für merkwürdige & wirksame Trainingsansätze. **Im Projekt Kompass:** Konzeption sowie Durchführung der Führungskräftetrainings und der Stress-Lotsenausbildung.

Sandra Masemann
Minister-Stüve-Straße 15
D-30449 Hannover

Tel: 0511 – 70812286
info@sandra-masemann.de
www.sandra-masemann.de

Henning Matthes

Seit Beendigung des Studiums der Verwaltungswissenschaften an der FHöV Bielefeld war der heute 36 Jahre alte Dipl.-Verwaltungswirt in verschiedenen Bereichen der kommunalen Sozialverwaltung tätig, in den letzten zehn Jahren mit Leitungsaufgaben im Jobcenter. Frei nach seinem Motto „SGB II ist ein Synonym für Veränderung" war er in diesen Jahren federführend für die Umsetzung von Organisations- und Prozessveränderungen in diesem stressbelasteten Aufgabenbereich verantwortlich. In einem Jobcenter trug er die Gesamtverantwortung für das Etablieren eines strukturierten Stressmanagements. Heute leitet er ein kommunales Jobcenter mit 360 Mitarbeiterinnen und Mitarbeitern.

Friederike Michel

Diplom-Psychologin, Psychologische Psychotherapeutin und Coach (DGVT). Mehrjährige Tätigkeit in verschiedenen Kliniken der Suchtrehabilitation und Psychosomatik. Seit 2013 Trainerin und Beraterin bei der SHS CONSULT GmbH und selbstständig unterwegs.
Schwerpunkte in Training, Beratung, Coaching und Moderation: gesunde Führung, Stressmanagement, Teamentwicklung, Persönlichkeitsentwicklung, Prozessbegleitung.

SHS CONSULT GmbH
August-Bebel-Straße 58
D-33602 Bielefeld

Tel.: 0521 – 32 99 5000
friederike.michel@outlook.com
www.shs-consult.de

Dr. Gerlind Pracht

Dr. phil., Studium der Psychologie, Erziehungswissenschaften, Rechtswissenschaft, Arbeits- und Organisationspsychologin (M.A.), Trainerin (Deutsche Psychologen Akademie), Promotion zur Entwicklung von Stressmanagement-(online)-Interventionen 2013, (Online-)Coach und Beraterin seit 2007, Trainerin „Gelassen und sicher im Stress" (Kaluza), virtuelle Lehre und Präsenzlehre an der FernUniversität in Hagen, Forschungsschwerpunkt „Entwicklung und Evaluation von Stressmanagement-Interventionen".
Schwerpunkte: Stressmanagement und Betriebliche Gesundheitsförderung, Gesunde Führung, Stress im Team, Gesundheitskommunikation und -marketing, Ressourcenorientiertes Online-Coaching zur Stressbewältigung, (Groß-gruppen-)Moderation, Train-the-Trainer, Evaluation und Prozessbegleitung.
Und außerdem: Verheiratet, zwei Söhne, Laufen, Ballett, schreiben & lesen.

Dr. Gerlind Pracht
Pracht und Partner
Augustaweg 7
D-32427 Minden

Tel.: 0571 – 9419942
gp@pracht-und-partner.de
www.pracht-und-partner.de
www.gerlind-pracht.de
www.stressmanagement-e-coaching.de

Die Autorinnen und Autoren

Rainer Radloff

Dipl.-Kaufmann, seit 1987 in der Arbeitsmarktpolitik und Wirtschaftsförderung tätig. Geschäftsführer der Wirtschaftsentwicklungsgesellschaft Bielefeld mbH (WEGE) von 1990 bis 1992 und der Regionalen Personalentwicklungsgesellschaft mbH (REGE) von 1992 bis 2007. Leiter des Jobcenters Arbeit*plus* Bielefeld seit 2005. In Nebentätigkeit Organisationsentwicklungsberater, Coach und Supervisor (EASC), Ausbilder (EASC). Sprecher der Landesarbeitsgemeinschaft der Jobcenter in NRW.

Rainer Radloff
Jobcenter Arbeit*plus* Bielefeld
Herforder Str. 67
D-33602 Bielefeld

Tel.: 0521 – 55617600
rainer.radloff@jobcenter-ge.de

Susanne Recknagel

Dipl.-Pädagogin, Systemische Beraterin, NLP-Practitioner und Komplementär Coach (DVNLP). Selbstständige Trainerin und Beraterin, CONSULTANT bei der SHS CONSULT GmbH.
Schwerpunkte in Moderation, Beratung und Training: Strategisches Stress-Management, Prozessbegleitung, Projektmanagement, Teamentwicklung, Gestaltung und Durchführung von Großgruppenkonferenzen und Führung. Im Projekt KOMPASS: Projektleitung.

SHS CONSULT GmbH
August-Bebel-Straße 58
D-33602 Bielefeld

Tel.: 0521 – 32995000
sr@shs-consult.de
www.shs-consult.de

Louisa Reisert

Dipl.-Soziologin (Univ. Bielefeld und ISCTE, Lissabon), Zusatzstudium Wirtschaft (Univ. Bielefeld), Curso de formação pedagógica (IEFP, Portugal), systemische Organisationsberatung (Simon, Weber & Friends) und NLP Practitioner (DVNLP). Von 2012 bis 2014 Trainerin bei SHS CONSULT GmbH im Projekt KOMPASS sowie in anderen Kundenprojekten, seit 2012 Dozentin an der Fachhochschule des Mittelstandes und seit 2015 selbstständige Trainerin und Beraterin.
Schwerpunkte in Training, Beratung, Coaching und Moderation: Führung, Stress-Management, Veränderungsprozesse, Teamentwicklung.

SHS CONSULT GmbH
August-Bebel-Straße 58
D-33602 Bielefeld

Tel.: 0176 – 78115053
louisa.reisert@yahoo.de

Klaus Schuler

Dipl.-Verwaltungswirt, seit 1999 im Arbeitsmarktmanagement tätig. Zunächst als Vermittler und Budgetkoordinator für beschäftigungsorientierte Maßnahmen, danach als Ausbilder und Fachtrainer für Mitarbeitende in der Agentur für Arbeit Detmold. Seit 2012 im Schulungszentrum des Jobcenters Arbeit*plus* Bielefeld aktiv. Hier verantwortlich für interne Qualifizierungen und für die Entwicklung zukunftsorientierter und nachhaltiger Lösungen für ein spezifisches Stressmanagement in Jobcentern.

Klaus Schuler
Jobcenter Arbeit*plus* Bielefeld
Herforder Str. 67
D-33602 Bielefeld

Tel.: 0521 – 556170
klaus.schuler@jobcenter-ge.de

Dr. Thomas von Sehlen

Dipl.-Soziologe, Organisationsberater, NLP-Master und Coach. Inhaber und Geschäftsführer der ViaCon GmbH – Beratung im Wandel. Tätigkeitsschwerpunkt sind neue Formen der Zusammenarbeit in Unternehmen, Non-Profit- und öffentlichen Institutionen. Dabei liegt der methodische Schwerpunkt auf modernen Techniken der Moderation (Großgruppenverfahren, Dynamic facilitation, Design thinking u.a.) sowie neuartiger Projektentwicklung (Art of hosting).

ViaCon GmbH
Teutoburgerstraße 78
D-33607 Bielefeld

Tel.: 0521 – 32950257
von_sehlen@viacon-beratung.de
www.viacon-beratung.de

Dr. Frank Strikker

Dr. phil., Studium Germanistik, Pädagogik, Sportwissenschaft, Promotion über Arbeitsmarktpolitik, seit über 20 Jahren Berater, Trainer, Coach, NLP-Lehrtrainer, systemischer Berater, Geschäftsführender Gesellschafter SHS CONSULT GmbH Bielefeld, zudem mehrjährige Tätigkeit als Vertretungsprofessor, Studiengangsleitung für den Masterstudiengang Business Coaching und Change Management an der Euro-FH Hamburg.
Schwerpunkte: Führungskräftequalifizierung, (Executive-)Coaching, Change Management, Verhandlungstrainings, Rhetorik, Begleitung bei Verhandlungen, Beratung im Human Resource Management, deutsche und internationale Kunden in verschiedenen Branchen.
Und außerdem: Verheiratet, 2 Kinder, laufen, Ski fahren, Skihochtouren.

SHS CONSULT GmbH
August-Bebel-Straße 58
D-33602 Bielefeld

Tel.: 0521 – 32995000
buero@shs-consult.de
www.shs-consult.de

Heidrun Strikker

Geschäftsführende Gesellschafterin von SHS CONSULT GmbH mit den Themen Komplementär-Coaching, Mentoring, Karriereentwicklung, Kommunikations- und Strategieberatung, Moderation in Veränderungs- und Krisensituationen. Langjährige interne Erfahrung als Referentin im Vorstandsstab und Leiterin der Personalentwicklung bei Bertelsmann. Didaktische Leiterin der Coaching-Ausbildung im Masterstudium „Business Coaching und Change Management". DVNLP-Lehrtrainerin. Fachautorin im Bereich Change Management und Business Coaching.

SHS CONSULT GmbH
August-Bebel-Straße 58
D-33602 Bielefeld

Tel.: 0521 – 32995000
buero@shs-consult.de
www.shs-consult.de

Volker Jörn Walpuski, M.A.

Organisationsberater, Coach und Supervisor (DGSv), Mediator BM® u.a. Studium der Mehrdimensionalen Organisationsberatung an der Universität Kassel. Geschäftsführer von Orevo mit den Schwerpunkten innerbetriebliche Konfliktlösung, Coaching/Supervision, Teamentwicklung, Begleitung in Veränderungsprozessen im Profit- und Nonprofitbereich. Lehraufträge an der Leibniz-Universität und Hochschulen in Hannover. Fachbeiträge zur ständigen Erreichbarkeit sowie zu Konfliktmanagement.

Orevo
Volker Jörn Walpuski
Kötnerholzweg 7
D-30451 Hannover

Tel.: 05175 – 7716509
vjw@orevo.de
www.orevo.de

Stichwortverzeichnis

A
Anforderungs-Kontroll-Modell
... 27, 149, 217, 255
Arbeitsverdichtung ... 14, 195
Assoziationsmethode ... 124
Aufgabenverteilung ... 281
Aufmerksamkeitsfokussierung ... 246

B
Bateson, Gregory ... 352
Belastungssituationen ... 152, 272
Beobachtungsfragen ... 345
Bestandsaufnahme ... 272
blinder Fleck ... 66, 225, 241, 342
Burnout-Gespräch ... 185
Burnout-Phasenmodell (Burnout-Rad)
... 24, 158, 187

C
Change-Management ... 18, 36, 41
Cohn, Ruth ... 256, 325

D
Denkmuster ... 176, 334

E
Eisenhower-Methode ... 17, 221, 317
Entscheidungsfindung ... 117, 128
Entscheidungsverhalten ... 135
Entspannungsverfahren ... 219
erfahrungsbasierte Lernschleifen ... 314
ergebnisorientierte Evaluation ... 71
Evaluation ... 71, 89, 343
Evaluationsinstrumente ... 65, 68, 74, 77
externe Stressoren ... 42, 57, 64, 155, 213

F
Fachpromotor ... 46
Fall-Supervision ... 322
Feedback ... 243, 265, 322, 342
Feedback-Gespräche ... 63, 347
Feedback-Instrumente ... 64, 345, 353
Feedback-Regeln ... 344
Freudenberger, Herbert ... 24, 186
Führungsanforderungen ... 38, 108, 145, 196

G
Genusserleben ... 246
gewaltfreie Kommunikation ... 160
Glad-Sad-Mad-Methode (GSM) ... 111
Grenzen setzen ... 234
Gruppendynamik ... 17, 255

H
Harvard-Verhandlungskonzept ... 277
Hospitation ... 66, 310

I
Imaginationstechnik ... 219, 246
Incentive ... 95
individueller Burnout ... 25
individuelles Stressempfinden ... 30, 98, 234
Innere Antreiber ... 161, 203, 218, 319, 354
interne Stressoren ... 43, 64, 155, 214
Ist-Analyse ... 124, 156, 221, 272

J
Johari-Fenster ... 242
Jung, Carl Gustav ... 134

K
Karasek, Robert ... 27
Kirkpatrick, Donald ... 71
„Kleine Bühne"-Methode ... 312
Kognitionstraining ... 176, 317
kognitive Umstrukturierung ... 159, 176
Konsensfindung ... 102, 128
Kontingenz ... 37
Konzeptentwicklung ... 82, 104, 151, 213, 261, 308
Kopfstand-Brainstorming ... 157, 220
Krisenmanagement ... 167
Krisenprävention ... 285
kritische Trainingssituationen ... 325

L
Lazarus, Richard ... 30, 176, 241
Lernlandschaft ... 315
Lernschleifen ... 313
Lerntandem ... 350
Lewin, Kurt ... 255
lösungsorientierte Fragen ... 159, 181, 225, 320

M

Machtpromoter ... 45
Marktplatzmethode ... 113
Maßnahmen-Erfolgs-Inventar ... 75
Maßnahmenplanung ... 113, 269
Max-Mix-Gruppe ... 110
Meilensteine ... 50, 62
Metakommunikation ... 328
Mitarbeiterforen ... 45

N

Nachhaltigkeit ... 82, 136, 297
North, Gail ... 24

O

organisationaler Burnout (OBO) ... 25
organisationale Resilienz ... 22
organisationaler Stress ... 68, 98

P

Partizipation ... 36, 41, 83, 100
Persönlichkeitstypologie ... 134
Positive Psychologie ... 95
positive Selbstinstruktion ... 177, 203, 329
Problemanalyse ... 98, 118
Problembewusstsein ... 118
Projektarchitektur Stress-Management ... 50
Projektcontrolling ... 59
Projektplanung ... 98
Prozesscontrolling ... 61
prozessorientierte Evaluation ... 72
Perspektivwechsel ... 201, 328

R

radikale Akzeptanz ... 47
Reframing ... 329
Resilienz ... 20
Ressourcenlauf-Methode ... 241
Rituale ... 290
Rollenerwartungen ... 193, 311
Rollenspiel ... 112, 124, 183, 189, 234, 331, 334

S

Sandwich-Management ... 199
Sandwich-Position ... 15, 163, 193
Scharmer, Otto ... 276
schwierige Gesprächssituationen ... 334
Selbstberuhigung (Strategien) ... 231
Selbstbild-Fremdbild-Abgleich ... 240, 334, 342, 351
Selbstwahrnehmung ... 240
Speed-Meeting-Methode ... 214
Spielregeln ... 291

Steuerungsgruppe ... 52, 59, 64, 74, 84
strategisches Stress-Management ... 16, 50
Stressbewältigungskompetenzen ... 68, 193, 240
Stressbewältigungsstrategien ... 32, 155, 197, 228
Stressebenen, drei ... 155, 161, 216, 223
Stressempfinden ... 30, 68, 98, 209, 234, 276
Stresskompetenzen ... 157, 213, 240, 246, 317
Stress-Lotsen ... 46, 55, 297, 308
Stress-Lotsen-Qualifizierung ... 302, 308
Stress-Management-Konzept ... 82, 87
Stressmodelle ... 20
Stressoren ... 32, 42, 57, 64, 155, 193, 213, 256
Stress-Risikoportfolio ... 267
strukturierte Feedback-Runde ... 345
Szenario-Technik ... 285

T

Teamphasenmodell ... 257, 267
Teamregeln ... 290
Themenzentrierte Interaktion (TZI) ... 256, 325
Theorell, Töres ... 27
Theorie U ... 276
transaktionales Stressmodell ... 30, 220, 241
Transferkonferenz ... 51, 57, 134
Tuckman, Bruce ... 257, 267

U

Umsetzungserfolg ... 71
Umsetzungsmotivation ... 79
Unsicherheit ... 36, 167
Ursache-Wirkungsketten ... 99

V

Veränderungskompetenz ... 14, 39, 45
Veränderungskultur ... 39
vier didaktische Säulen ... 315
Vier-Quadranten-Modell ... 135
Visionsentwicklung ... 123
Visualisierungstechnik ... 272, 281

W

Wäscheleine-Methode ... 312
Weisbord, Martin ... 104
Wertschätzung ... 159, 281, 346
Wettbewerbsdruck ... 14, 36

Z

Zeitleiste ... 111
Zieldefinition/-formulierung ... 59
Zielerreichung ... 59, 269
Zukunftsbild entwickeln ... 123
Zukunftskonferenz ... 51, 57, 98, 104